高等学校应用型本科保险学

"十二五"规划教材

国际货物运输与保险

主　审　李国义

主　编　李　明

副主编　李海波　　赵世秀

中国金融出版社

责任编辑：丁　芊
责任校对：张志文
责任印制：陈晓川

图书在版编目（CIP）数据

国际货物运输与保险（Guoji Huowu Yunshu yu Baoxian）/李明主编．—北京：
中国金融出版社，2014.5
高等学校应用型本科保险学"十二五"规划教材
ISBN 978 - 7 - 5049 - 7338 - 2

Ⅰ.①国… Ⅱ.①李… Ⅲ.①国际货运—高等学校—教材②国际货运—交通
运输保险—高等学校—教材 Ⅳ.①F511.41②F840.63

中国版本图书馆 CIP 数据核字（2014）第 055705 号

出版
发行　中国金融出版社

社址　北京市丰台区益泽路 2 号
市场开发部　（010）63266347，63805472，63439533（传真）
网 上 书 店　http://www.chinafph.com
　　　　　　　（010）63286832，63365686（传真）
读者服务部　（010）66070833，62568380
邮编　100071
经销　新华书店
印刷　北京华正印刷有限公司
尺寸　185 毫米 ×260 毫米
印张　25.25
字数　562 千
版次　2014 年 5 月第 1 版
印次　2014 年 5 月第 1 次印刷
定价　48.00 元
ISBN 978 - 7 - 5049 - 7338 - 2/F. 6898
如出现印装错误本社负责调换　联系电话（010）63263947

前　言

　　进入 21 世纪以来，世界经济风云变幻，机遇与挑战并存，贸易形势复杂多变。面对严峻的国际经济环境，在 2012 年全球贸易只增长 2.5% 左右的情况下，中国外贸实现了 6.2% 的增长，应该说这样的增速是来之不易的，或者可以说是全球主要贸易体中表现最好的。根据世界贸易组织统计，2012 年前三季度，中国出口占全球贸易份额增加到 11.08%，比 2011 年的 10.47% 提高了 0.61 个百分点。更难能可贵的是，中国外贸的平稳增长，是在外贸发展方式进一步转变、外贸结构进一步优化的情况下取得的。随着中国对外贸易的发展，以及中国保险市场的全面开放，中国的国际货物运输保险也迎来了新的发展机遇和广阔的发展空间。在国际贸易中有 80% 的货物进出口是依靠海运来完成的，以海洋货物运输保险为核心的国际货物运输保险作为支持国际贸易和国际航运业的服务贸易以及风险管理的手段，对于国民经济的发展，尤其是外向型经济的发展至关重要。为此，从事国际贸易的专业人员不仅需要掌握国际贸易知识，而且还应充分学习国际货物运输与保险基本原理，了解相关的国际惯例与规则，掌握实务操作流程，在国际贸易实际业务中充分运用，发挥运输和保险的基本职能，保障我国国际贸易业务的顺利完成。

　　运输与保险作为两门独立的学科，涉及范围广泛，内容复杂。本书以国际贸易为立足点，将两门学科有机结合，针对国际贸易专业所设"国际货物运输与保险"课程教学，从国际货物运输保险业务人员的实际需要出发，以具有代表性的海上货物运输和保险为重点，阐明有关运输和货物运输保险的基本原理、基础知识以及保险实务中的基本技能。

　　本书由货物运输和运输保险两部分构成，共分为十二章，第一章到第四章为国际贸易运输基本知识，第五章到第十二章主要剖析了我国海运货物保险市场上的主要条款、在国际海运货物保险市场有着重要地位的英国伦敦保险协会货物条款和其他运输方式下的货物保险，以及国际货物运输保险的实务操作技能。全书对国际货物运输与保险进行了较为全面和详细的论述，具有以下几个特点：

　　第一，本书在编写过程中，注意丰富内容，联系实际，既有对基本原理的详细论述，也有对国际货物运输与保险实际业务的详细介绍，将理论知识与实际业务流程联系在一起。

　　第二，本书每章均设置了"学习目标"、"学习重点与难点"以及"本章知识结构"，便于学生在开始对本章内容学习前对其核心内容、学习目的，以及学习的重点和难点有一个初步的概览。

第三，本书每章穿插了大量的案例和"知识链接"，帮助学生理解一些关键概念和原理，并扩大学生的视野。

第四，本书每章结尾有"本章小结"，帮助学生对学过的知识进行整理和归纳，有助于复习。

第五，本书每章的结尾设有"课后习题"，按照一般考试题型出题，帮助学生在一章学习结束后进行自我测评，检验学习效果。

第六，在有关海运货物保险险别和条款的章节中，设计了一些表格，对各主要条款的差异进行了对比。

此外，本书收录了与海运货物保险有关的法律法规、条款和单证，方便学生查阅。

本书适合本科院校国际贸易专业或保险专业以及相关专业学生选用，也可作为从事对外经贸、外贸运输、保险工作的人员的学习和参考用书。

本书由哈尔滨金融学院李明担任主编并负责全书的统稿和定稿工作，黑龙江财经学院李海波和哈尔滨金融学院赵世秀担任副主编，哈尔滨金融学院付荣辉和黑龙江财经学院鲁彦彬参与编写。

参加本书编写的有关人员为：哈尔滨金融学院李明（第一章、第五章、第六章、第十章）、黑龙江财经学院李海波（第二章、第三章）、黑龙江财经学院鲁彦彬（第四章、第十二章）、哈尔滨金融学院付荣辉（第七章、第八章）、哈尔滨金融学院赵世秀（第九章、第十一章）。哈尔滨商业大学金融学院院长李国义任本书主审。

本书在编写过程中参考了众多专家、学者的著作，并得到了哈尔滨金融学院李丞北教授的大力支持，在此表示衷心的感谢！

本书由于内容复杂、涉及面广，再加上编者水平有限，书中错误或不妥之处在所难免，敬请读者和专家批评指正。

编者

2014 年 5 月

目 录

第一章
国际货物运输概述

【学习目标】

通过本章内容的学习，学生应掌握国际货物运输的含义、特征，了解国际货物运输的主体和方式，为进一步学习国际货物运输保险奠定基础。

【学习重点与难点】

国际货物运输的含义；国际货物运输的特征；国际货物运输的方式；国际货运代理的作用。

【关键术语】

运输　国际货物运输　承运人　货运代理人　运输代理人

【本章知识结构】

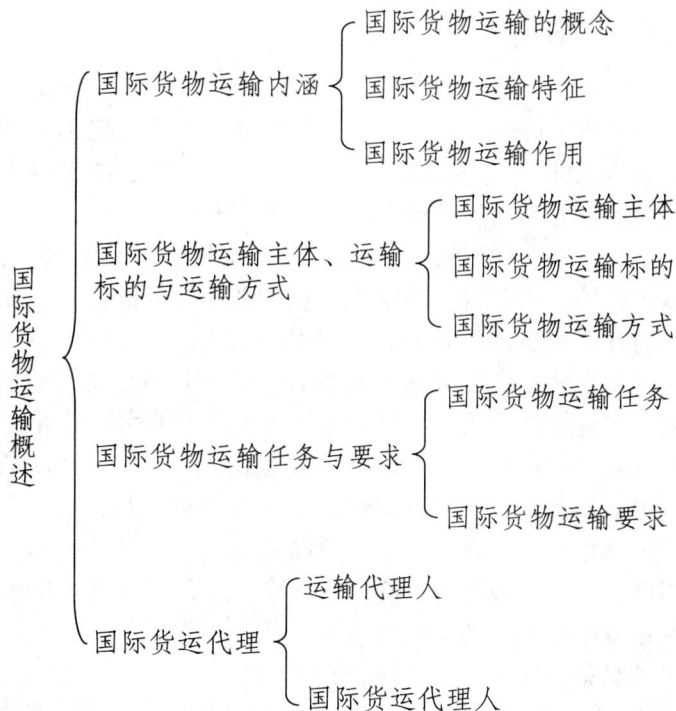

国际货物运输概述
- 国际货物运输内涵
  - 国际货物运输的概念
  - 国际货物运输特征
  - 国际货物运输作用
- 国际货物运输主体、运输标的与运输方式
  - 国际货物运输主体
  - 国际货物运输标的
  - 国际货物运输方式
- 国际货物运输任务与要求
  - 国际货物运输任务
  - 国际货物运输要求
- 国际货运代理
  - 运输代理人
  - 国际货运代理人

【案例引入】

2013 年第一季度浙江省客货运输情况分析

2013 年第一季度，经济逐渐回暖，各种运输方式的货物运输量均有不同程度上升，其中 3 月浙江省全省港口货物吞吐量达上亿吨，外贸形势趋于好转，外贸货物吞吐量、集装箱吞吐量同比继续保持增长。旅客运输量方面，除了道路客运量同比下降外都呈上升态势。

1 月至 3 月，道路运输累计发送货物 27 153 万吨，同比增长 2.2%，完成货物周转量 347.02 万吨公里，同比增长 4.5%。水路运输累计发送货物 15 962 万吨，同比增长 6%；完成货物周转量 1 856.29 万吨公里，同比 17.1%。港口累计完成货物吞吐量 30 834.7 万吨，同比增长 4.1%；累计完成外贸货物吞吐量 9 747.2 万吨，同比增长 7.6%，累计完成集装箱吞吐量 456.2 万标箱，同比增长 11.7%。民航机场累计完成货物吞吐量 10.9 万吨，同比增长 13.46%；起降飞机 73 710 架次，同比增长 8.84%。铁路累计发送货物 993.93 万吨，同比增长 11.72%。完成货物周转量 66.55 亿吨公里，同比增长 -3.68%。

（资料来源：中商情报网，www.askci.com，2013 - 04 - 17。）

第一节 国际货物运输内涵

一、国际货物运输的概念

（一）运输的含义

人类社会发展的历史证明：利用工具进行劳动，生产自己需要的产品，是人类社会不断进步的重要基础。在进行物质产品的生产过程中，必然会有生产工具、生产材料、产品、人的位置移动的活动，这就是"运输"。

自从有文字记载以来，就有人类从事运输活动的记载。原始社会中，我们的祖先为了取得赖以生存的生活资料，搬运及狩猎是必不可少的活动。在人类进入文明社会之前，是以肩扛、背驮或以头顶的方式进行运输的；其后，随着时间的推移，人们知道了利用动物来驮运货物来减少人类的负担。利用动物来运输，使运输的发展进入文明时期。到轮轴的发明、车辆的出现，揭开了现代陆路运输发展的序幕。

运输就是人和物的载运和输送，即以各种运载工具、沿着相应的地理媒介和输送线路将人和物等运输对象从一地运送到另一地的位移过程。在生产的全过程，无论是生产资料，还是生产、产成品，甚至劳动者自己，都需要通过运输环节来实现生产的目的。当然，消费领域同样也离不开运输。随着人类活动的领域越来越广阔，出行与运输的联系也越来越密切。

当代运输必须具备的要素如下所述：

1. 动力，包括自然动力和人工动力。自然动力是指以风力、畜力、水力等作为动力来源。人工动力是指使用蒸汽、电力、煤炭、石油等能源提供动力。

2. 运输工具，如铁路、汽车、船舶、航空器等。

3. 运输通路，包括陆路（铁路、公路、管路、输送带等）、水路（河流、湖泊、运河、海洋航线等）、空路（航空线、空中索道、空中钩运等）。

4. 电信设备，包括无线电、有线电、雷达、电视、广播等。

随着社会生产力的发展，分工日益明确，商品交换的领域不断扩大，对运输业务的需求也在逐渐增加，运输不仅成为企业内部生产过程中的一个重要组成部分，即发展成为一个独立的专门服务于企业之间、产销之间的行业，还成为非生产过程中专门以人为运载对象的行业，如客运中公共交通、旅游观光等。特别是在产业革命以后，运输工具的发明与改良以及新动力、新能源的发现，都为运输业的产生、发展提供了条件，使运输业逐渐独立，成为一个独立的物质生产部门。

（二）国际货物运输的含义

运输就其运送对象来说，分为货物运输和旅客运输，而从货物运输来说，又可按地域划分为国内货物运输和国际货物运输两大类。国际贸易的发展历史离不开货物运输业的发展。国际货物运输是为了适应国际贸易发展的需要而产生和发展起来的。

国际货物运输就是在国家与国家、国家与地区之间的运输。国际货物运输又可分为国际贸易物资运输和非贸易物资（如展览品、个人行李、办公用品、援外物资等）运输两种。由于国际货物运输中的非贸易物资的运输往往只是贸易物资运输部门的附带业务，所以，国际货物运输通常被称为国际贸易运输，从一国来说，就是对外贸易运输，简称外贸运输。从广义上说，国际货运是泛指交通运输部门、外贸部门或者其他货主和货运代理人办理的运输业务。国际货物运输在交通运输业中占着重要的比例，而且是由多种专业运输组成的。例如，我国国际海运中绝大多数是国际货物运输，航空运输、铁路运输在国际货物运输中的比例也不小。

在国际贸易中，商品的价格中包含有商品的运价，并且比重较大，一般占10%，有的甚至达到30%～40%。另外商品的运价也在变动，它的变化直接影响到国际贸易商品价格的变化，而国际货物运输的主要对象又是国际贸易商品。因此，国际货物运输也就是一种国际贸易，一种无形的国际贸易。

二、国际货物运输特征

国际货物运输是国际运输，与国内运输相比，具有以下特点：

（一）涉及国际关系问题，是一项政策性很强的涉外活动

国际货物运输是国际贸易的一个组成部分，在组织国际货物运输的过程中，需要经常同国外发生广泛的业务联系。国家间的政治关系、各国经济形势的变化往往会影响到国际贸易工作的顺利开展，因而，国际货物运输是一项政策性很强的工作，它要求我们不仅要懂得经济规律，还要有国家政策观念。

（二）国际货物运输路线长、环节多

国际货物运输是国与国之间的运输，运输距离长，一般来说，它往往需要使用多种运输工具，变换不同运输方式，有时中途还要经过多次装卸、搬运才能完成，

中间环节很多。其中任何一个环节发生问题，都会影响整个运输工作的正常进程。这就要求运输工作要做得扎实、细致，环环相扣，以免给整个工作带来损失。

（三）国际货物运输涉及面广，情况复杂多变

国际货物运输涉及国内外许多部门和方方面面的问题。我国进出口货物在运输过程中，需要同国内外货主、交通运输部门、商检机构、保险公司、银行、海关、各种中间代理人等各种层面的机构和人士打交道，情况复杂。同时，由于各国政治、法律、金融货币制度不同，贸易、运输习惯和经营做法有别，再加上自然条件的限制和影响，因此对外贸易运输工作可变因素很多，处理不好就可能影响整个对外贸易工作的顺利开展。

（四）国际货物运输的时间性特别强

国际市场竞争十分激烈，商品价格瞬息万变，进出口货物如不能及时运到目的地，很可能会造成重大的经济损失，特别是对某些鲜活商品或季节性商品的运输，更要抢时间，如不能按时运到目的地，将会造成更大的经济损失和信誉上的不良影响。为此，货物的装运期、交货期被列为贸易合同的重要条款，能否按时装运直接关系到重合同、守信用的问题，对贸易、运输的发展产生极为重要的影响。

（五）国际货物运输的风险较大

国际货物运输，由于运输距离长、中间环节多、涉及面广，再加上国际形势变化多端，社会动荡、各种自然灾害和意外以及战争、封锁禁运或海盗活动时有发生，这些都直接或间接地影响对外贸易运输，甚至有可能带来严重的后果。因此，对外贸易运输的风险较大。为了转嫁运输过程中的风险损失，各种进出口货物和运输工具均需办理运输保险。

三、国际货物运输作用

运输业的发展同国际贸易的发展是相联系的。国际贸易的发展要求运输业的规模与之相适应，而运输业的发展又有力地促进了国际贸易的发展。

（一）国际货物运输是国际贸易不可缺少的重要环节

国际货物运输在国际贸易这一系统工程中是一个重要的子系统，是不可替代的重要环节。没有国际货物运输，要进行国际交换是不可能的，进出口商品也就不可能产生价值和使用价值。因此，国际货物运输在国际贸易中起着桥梁和纽带的作用，它直接影响国际贸易的经济效益。

（二）国际货物运输是交通运输的重要分支，能促进国际贸易的发展

国际货物运输作为一项特殊的专业运输，也是交通运输业的重要分支和重要组成部分。从世界范围来说，国际货物运输在海上运输、航空运输的货运量中占有绝大部分或较大比重，在铁路、公路运输中也占有一定的比例。同时，国际货物运输能够促进国际贸易的发展。比如，在我国对香港地区鲜活商品的运输过程中，为了保障商品的优良品质，外贸运输部门与铁路部门共同组织了快运货车，这对于推动铁路的快速运输起到了很好的促进作用；国际集装箱运输、国际多式联运、大陆桥运输等先进的运输方式和运输组织技术都是率先在国际贸易运输中使用的，随之大大提高了交通部门推广和应用新技术的速度。

（三）国际贸易运输能够促进国际贸易的发展

由于世界各国生产的进一步发展以及国际贸易额的不断扩大，国际货物运输量也相应增加，这对运输工具提出了更高的要求。为了推动世界贸易的进一步发展，人们对各种运输工具不断加以改进，并使运输体系结构和经营管理工作不断完善和实现现代化，这对加强国际经济联系，深化国际分工，促进国际贸易的发展，都起到了而且仍在继续起着重要的作用。

（四）国际贸易运输是平衡国家外汇收入的重要手段

国际贸易运输是一种无形的国际贸易，它用于交换的是一种特殊的商品——运输服务。所以，就一个国家而言，从事国际货物运输的规模越大，效益越高，获得的外汇收入就越多。

第二节 国际货物运输主体、运输标的与运输方式

一、国际货物运输主体

（一）国际货物运输主体构成

1. 承运人，是指专门经营水上、铁路、公路、航空等客货运输业务的交通运输部门，如轮船公司、铁路或公路运输公司、航空公司等。它们一般都拥有大量的运输工具，面向社会提供运输服务。

2. 货主，是指专门经营进出口商品业务的外贸部门或进出口商。他们为了履行贸易合同，组织办理进出口商品的运输，向交通运输部门托运货物，他们是国际货物运输工作中的托运人或收货人。

3. 货运代理人，是指根据委托人的要求，代办货物运输业务的机构。在所有货运代理人中间，他们有的代理承运人向货主揽取货物，有的代理货主向承运人办理托运，有的兼营两方面的代理业务。他们都属于运输中间人的性质，在承运人和托运人之间起着桥梁作用。

在外贸流程中，大致是这样的顺序：托运人向货运代理人托运货物，接着货运代理人再向实际的承运人托运货物，然后经过承运人的运输，最后承运人将货物交付给收货人。

（二）我国国际货物运输主体构成

我国进行国际贸易运输的组织机构也是由承运人、货主和货运代理人三个主要方面构成。

1. 承运人

（1）水上运输：中国远洋运输公司、中国经贸船务公司、地方轮船公司、长江航运公司、珠江航运公司，以及中外合资、合营、外商独资轮船公司等。

（2）铁路运输：铁路管理总局和各地分局。

（3）公路运输：公路局和各运输公司。

（4）航空运输：中国民航公司及其分公司、地方民航公司、中外合资、合营的航空公司。

（5）邮电运输：中国邮电总局和各地分局。

2. 货主（托运人或收货人）

（1）原隶属于经贸部的各专业外贸总公司及地方外贸专业公司。

（2）从事外贸业务的其他企业或公司。

3. 货运代理人

（1）原隶属于经贸部的中国对外贸易运输总公司及其分支机构。

（2）有关部门批准的其他货运代理公司。

二、国际货物运输标的

国际货运的对象是指国际货物运输部门承运的各种进出口货物。

在实际业务中，货物的形态、用途、性质各不相同，在运输、装卸和仓储保管等方面也有不同的要求，本书从以下几方面分别介绍。

（一）从货物形态的角度分类

1. 包装货物

为了保证有些货物在装卸运输中的安全和便利，必须使用一些材料对它们进行适当的包装，这种货物就叫包装货物。按照货物包装的形式和材料，通常可分为箱装货物、桶装货物、袋装货物、捆装货物，以及如卷筒状、编筐状、坛罐瓶状等多种形状的包装货物。

2. 裸装货物

裸装货物又称无包装货物。不加包装而成件的货物称为裸装货物。裸装货物通常不便于包装，且不包装也不影响货运质量。常见的有各种钢材、生铁、有色金属以及车辆和一些设备等。有些裸装货物在运输过程中，需要采取防止水湿锈损的安全措施。

3. 散装货物

散装货物又称散货，指在运输中，没有包装、一般无法清点件数的粉状、颗粒状或块状货物。这种大批量的低值货物，不加任何包装，采取散装方式，以利于使用机械装卸作业进行大规模运输，把运费降到最低限度，包括干质散装货物和液体散装货物，如煤炭、铁矿、磷酸盐、木材、粮谷、工业用盐、硫磺、化肥、石油等。

（二）从货物性质的角度分类

1. 普通货物

（1）清洁货物，指清洁、干燥货物，这种货物在运输保管过程中，不能混入杂质，也不能被玷污，如茶叶、棉纺织品、粮食、陶瓷器、各种日用工业品等。

（2）液体货物，指盛装于桶、瓶、坛内的流质或半流质货物，如油类、酒类、药品、普通饮料等。

（3）粗劣货物，指具有油污、水湿、扬尘和散发异味等特性的货物，如包装外表有油腻的桶装油类、生皮、盐渍货物、水泥、烟叶、化肥、矿粉、颜料等，这种货物由于易造成其他货物污损，所以又称之为污染性货物。

2. 特殊货物

（1）危险货物，指具有易燃、易爆、毒害、腐蚀和放射性质等特征的货物，根据危险货物运输规则，它又分若干大类与小类。

（2）易腐、冷藏货物，指常温条件下易腐变质或指定以某种低温条件运输的货物，如果菜、鱼类、肉类等。

（3）贵重货物，指价值高昂的货物，如金、银、贵重金属、货币、高价商品、精密器械、名画、古玩等。

（4）鲜活动物、植物，指具有正常生命活动，在运输中需要特殊照料的动物、植物。

（三）从货物运量大小的角度分类

1. 大宗货物

同批（票）货物的运量很大者，称为大宗货物，如化肥、粮谷、煤炭等。大宗货物约占世界海运总量的75%～80%。由于大宗货物批量较大，在运量构成中，所占百分比也较大。

2. 件杂货物

大宗货物之外的货物称为件杂货物。它一般具有包装，可分件点数，约占世界海运总量的25%，但其货价要占到75%。

3. 长大笨重货物

在运输中，凡单件重量超过限定数量的货物称为重件货物或超重货物；凡单件某一体积（尺码）超过限定数量的货物称为长大货物或超长货物。一般情况下，超长的货物往往超重，超重的货物中也有一些是超长的，所以，这类货物统称为长大笨重货物。

（四）按货物的重量和体积比率划分

1. 重量货物，简称重货，是指重量1公（长）吨的货物，其体积小于1立方米（40立方英尺）。

2. 轻泡货物，或称体积货物、尺码货物或轻货，是指重量1公（长）吨的货物，其体积大于1立方米（40立方英尺）。

区别重货与轻货的临界标准：积载系数。积载系数大于1为轻货，小于1为重货。

$$积载系数 = 体积/毛重 = 立方米/公吨 = 立方英尺/长吨$$

（五）按集装箱划分

1. 整箱货，指托运人的货物能够装满一个整箱。

2. 拼箱货，是指托运人的货物不能装满一个集装箱，须由承运人将其他货主的货物拼装于一个集装箱。

三、国际货物运输方式

（一）海洋运输

海洋运输是在国内和国外港口之间提供一定的航线和航区，利用船舶运送货物和旅客的一种运输方式。

海洋运输是伴随着国际贸易的发展而发展起来的国际货物运输，国际贸易交易的货物中有近80%以上是通过海洋运输完成的。它具有运费低廉、通过能力大、通航能力强、对货物的适应性强等优点，也有受自然条件限制、风险大、速度较低等缺点。我国进出口货运总量的 90% 都是利用海洋运输。

海洋运输包括远洋运输和近洋运输，统称为海运。现代海洋运输使用的船舶具有突出的专业化、大型化、高速化的特点，即从 20 世纪 50 年代以后，海洋运输船舶发展成为具有油船、液化气船、化学品船舶、集装箱船、滚装船等的一系列专业化船舶；科技进步还使海洋船舶的容量大大增强，海运船舶一次最多可载几十万吨；此外，船舶航行速度也在不断提高，集装箱船舶的航速已超过 25 节。

目前，世界各个国家和地区形成了四通八达的海洋运输航线，包括太平洋航线、大西洋航线和印度洋航线。世界知名港口包括荷兰的鹿特丹，美国的纽约、新奥尔良和休斯敦，日本的神户和横滨，比利时的安特卫普，法国的马赛，英国的伦敦等。

我国的主要港口包括上海港、大连港、秦皇岛港、天津港、青岛港、黄埔港、湛江港、连云港、烟台港、南通港、宁波港、温州港、北海港、海口港等。

【资料链接】

海洋运输发展历程

海上运输已有几千年的历史，它的发展同造船和航海技术的进步有着密切的关系。它是世界贸易中最重要的一种运输方式，世界贸易总运量中有 2/3 以上是通过海运完成的。海上运输迅速发展，已成为人类发展经济和进行贸易往来的重要手段。

1. 早期海上运输与港口发展

历史资料证明，公元前 7000 年在地中海地区已有繁荣的航运。随着经济的发展，人们开始扩大交通和贸易。公元 1 世纪前后，罗马帝国征服地中海沿岸之后，势力抵达红海与波斯湾，便以亚历山大港为基地，积极开拓对东方的海上贸易。罗马商船大举进入印度洋，据说在奥古斯都时代，每年有 120 艘商船从红海起航，前往印度，采购东方各国商品。

而中国汉朝则早已在公元前 2 世纪就已经开辟了对印度的海上交通航线，到公元 1 世纪，汉朝商人更是频频抵达南印度。

几乎与此同时，南亚的文明古国印度也加强在海外，尤其在东南亚的商业扩张。从 1 世纪开始，印度商人大批向东方航行，来到东南亚和中国。

中国、罗马和印度三大势力在印度洋的汇合，使东西方海上交通和贸易空前繁忙起来。

15 世纪，航海技术和造船业已有很大的发展。海上运输随着造船业的发展、罗盘仪的改造和应用、航海技术的进步以及海上贸易的发展，作为运输业的一种形式出现。1405 年开始的中国明朝的郑和七次下西洋，遍访了亚非 30 多个国家，航行最远处已达赤道以南东非的索马里和肯尼亚。携带大量金银、绸缎、瓷器等换回香料、象牙和宝石。每次出航，船舶之多，船身之长，载人之众，在当时均属空前。

从 15 世纪开始，地中海沿岸一些城市已出现了资本主义生产的萌芽，南欧一些国家的手工业及商业贸易有了相当程度的发展，商人们渴望扩充海外市场，以获取更多的财富。1492 年，意大利人哥伦布发现了美洲新大陆。1519 年，葡萄牙航海家麦哲伦率领 5 艘船、265 名船员，实现了人类历史上首次环球航行。上述几次探险，统称"地理大发现"。这样，从欧洲绕过非洲或绕过南美洲到达亚洲的新的东西方贸易航路终于开辟出来了。地理大发现后，大大开拓了欧洲市场，国际贸易范围从地中海、北海、波罗的海扩展到大西洋、美洲、印度、中国和南亚群岛。当时，欧洲一面输出铁、毛织品、麻织品，一面从东方输入生丝、丝织品、棉织品、橡胶、茶叶；从美洲输入砂糖、烟草等，东方和美洲成了欧洲的贸易市场。

2. 近代、现代世界海上运输

19 世纪，海上运输有了很大发展。1807 年世界上诞生了第一艘蒸汽船，给古老的海运业注入了新的活力。资本主义国家的早期工业大多沿通航水道设厂，使得当时水运的发展对工业布局有很大的影响。同时由于国际贸易地理条件的限制（远隔重洋），加上海运运量大、成本低，国际贸易量的三分之二是通过海上运输的。

20 世纪的两次世界大战以及发生的重大海难，加速了科技前进的步伐，其中对海上运输起到重要作用的有：从无线通信到人造卫星通信发展到全球海难安全系统；船舶设计制造也在大型化、高速化方面有很大进步，几十万吨的油船、散货船，每小时几十海里航速的快速客船，正在世界各地航行。

第二次世界大战以后，世界经济逐步向一体化过渡，客观上工业、农业、原料、加工业等在不同国家、不同地区形成一定程度的专业分工，国际客货交流从数量上不断增加。其中海洋运输是世界国际货物运输的主要方式。20 世纪 80 年代初，世界国际海运量在国际货运总量中约占 82%，按货运周转量计算则占 94%。世界海运船舶保有量从 1950 年的 8 500 万总吨增加到 1973 年的 3.5 亿总吨。同时，港口实现现代化。

（资料来源：www. baike. com。）

（二）国际铁路货物运输

铁路运输已经有了多年历史，属于陆上运输。它具有运输的准确性和连续性强、运输速度快、运输量较大、安全可靠、运输成本较低、初期投资大等特点。2012 年底我国营运的铁路已经达到 9.8 万公里，居世界第二位，货物发送量完成 38.92 亿吨。铁路货物运输主要以国际铁路货物联运的方式进行，是仅次于海洋货物运输的重要货运方式，在国际贸易中起着重要作用。

（三）国际公路货物运输

公路货物运输是陆上运输的基本方式之一，也是现代运输的主要方式之一。在国际货物运输中，它是一个不可缺少的重要组成部分，具有机动灵活、简捷方便、应急性强、投资少、收效快、适应集装箱货运方式发展等优点，但载量小、运行中震动大、易造成货损事故、费用成本高。

（四）国际航空货物运输

国际航空运输以飞机作为运输工具，具有别的运输方式不具有的速度快，安全准确，手续简便，节省包装、保险、利息、储存费用等优点，但也有运量小、运价高等缺点。第二次世界大战后已经建立了全球性的航空运输网，有近 800 家承运人从事这项业务，从业人员也达到近 400 万人，通过航空运输的货物种类也不断扩大。

据预测，随着经济全球化的进一步发展，国际航空运输的发展速度会大大加快，航空运输业正成为国际货运的重要方式，成为洲际运输的主要工具。

（五）国际集装箱运输

集装箱外形像箱子，是一种有一定强度和刚度、能长期反复使用、可以将货物集装成组而专供周转使用并便于机械操作和运输的大型货物容器。集装箱运输就是以集装箱作为运输单位进行货物运输的一种现代化的、先进的运输方式。与传统的件杂货散运方式相比，它具有运输效率高、经济效益好及服务质量优的特点。正因如此，集装箱运输在世界范围内得到了飞速发展，已成为世界各国保证国际贸易的最优运输方式。尤其是经过几十年的发展，集装箱运输软硬件成套技术臻于成熟，到 20 世纪 80 年代，集装箱运输已进入国际多式联运时代。

1. 国际集装箱运输的特点

（1）在全程运输中，可以将集装箱从一种运输工具直接方便地换装到另一种运输工具上，而无须接触或移动箱内所装货物。

（2）货物从发货人的工厂或仓库装箱后，可经由海、陆、空不同运输方式一直运至收货人的工厂或仓库，实现"门到门"运输而中途无须开箱倒载和检验。

（3）集装箱由专门设备的运输工具装运，装卸快，效率高，质量有保证。

（4）一般由一个承运人负责全程运输。

2. 国际集装箱运输的优越性

（1）提高装卸效率，加速车船周转。

（2）提高运输质量，减少货损货差。

（3）便于货物运输，简化货运手续，加快货运速度，缩短货运时间。

（4）节省包装用料，减少运杂费；节省装卸费用，减少营运费用，降低运输成本。

（5）节约劳动力，改善劳动条件。

（6）节约仓容，压缩库存量，加速资金周转。

世界海运集装箱航线主要有：远东—北美航线；北美—欧洲、地中海航线；欧洲、地中海—远东航线；远东—澳大利亚航线；澳、新—北美航线；欧洲、地中海—西非、南非航线。

（六）国际多式联合运输

国际多式联合运输是在集装箱运输基础上产生并发展起来的，一般以集装箱为媒介，把海上运输、铁路运输、公路运输、航空运输和内河运输等传统的单一运输方式有机地结合起来，构成一种连贯的过程，来完成国际货物运输。即通过采用海、陆、空等两种以上的运输手段，完成国际连贯货物运输，从而打破了过去海、铁、公、空等单一运输方式互不连贯的传统做法。这种运输方式的优点是中间环节少、节省运杂费、实现门到门的运输，很好地适应了目前国际上对货物运输要求的速度快、损失少、费用低的标准。

如今，提供优质的国际多式联运服务已成为集装箱运输经营人增强竞争力的重要手段。

（七）其他运输方式

1. 托盘运输

托盘运输是指按照一定要求将货物组装在一个标准托盘上，组合成为一个元素单位，使用铲车或托盘升降机进行装卸、搬运和堆放的一种运输方式。

2. 国际邮政运输

世界各国的邮政业务均由国家办理，而且兼办邮包运输业务。各国邮政之间订有协定和公约，使邮件和邮包传递畅通。国际邮政运输具有广泛的国际性，同时也具有国际多式联运的性质，具有门到门的服务。国际邮政运输的邮件按运输方式不同可分为水陆运输邮件和航空运输邮件两种，对邮政运输资费，禁寄、限寄范围，邮寄物品的尺寸、封装、封面书写等也有专门规定。

3. 国际管道运输

管道运输是货物在管道内借助高压气泵的压力进行运输的一种特殊的运输方式。它是随着石油的生产而产生、发展的。它具有不受地面气候影响并可连续作业，运输的货物不需包装、节省费用，货物在管道内损失低、成本低、经营管理简单等优点，也具有运输货物过于专门，仅限于液体、气体货物运输，固体投资大，单向运输欠灵活性等缺点。

4. 成组运输

成组运输是借助于一定手段，把分散的单件货物组合在一起，成为一个规格化、标准化的大运输单位，以适应机械化、自动化的装卸操作。这样进行大量编组运输的运输方式可以加快运输周转速度，提高运输效率，减少货损，节省人力、财力。它的运输范围包括铁路、公路、内河、海上、港口、车站等运输，还包括各种运输方式之间组织连贯的成组运输。

成组运输需要具备机械化和自动化及产品标准化和规格化两个条件，目前大宗货物的成组运输较为发达，杂件货的成组运输由于集装箱的发展也已成为可能。

第三节　国际货物运输任务与要求

一、国际货物运输任务

国际货物运输的基本任务就是根据国家有关的方针政策，合理地运用各种运输方式和运输工具，多快好省地完成进出口货物的运输任务，为我国发展对外经济贸易服务，为我国外交活动服务，为我国经济建设服务。具体包括以下几方面内容：

（一）按时、按质、按量地完成进出口货物运输

国际贸易合同签订后，只有通过运输，及时将进口货物运进来，将出口货物运出去，交到约定地点，商品的流通才能实现，贸易合同才能履行。"按时"就是根据贸易合同的装运期和交货期的条款的规定履行合同；"按质"就是按照贸易合同质量条款的要求履行合同；"按量"就是尽可能地减少货损货差，保证贸易合同中货物数量条款的履行。如果违反了上述合同条款，就构成了违约，有可能导致赔偿、

罚款等严重的法律后果。因此，国际货物运输部门必须重合同、守信用，保证按时、按质、按量完成国际货物运输任务，保证国际贸易合同的履行。

（二）节省运杂费用，为国家积累建设资金

由于国际货物运输是国际贸易的重要组成部分，而且运输的距离长，环节较多，各项运杂费用开支较大，故节省运杂费用的潜力比较大，途径也多。因此，从事国际货物运输的企业和部门，应该不断地改善经营管理，节省运杂费用，提高企业的经济效益和社会效益，为国家积累更多的建设资金。

（三）为国家节约外汇支出，增加外汇收入

国际货物运输是一种无形的国际贸易，它是国家外汇收入的重要来源之一。国际贸易合同在海上运输一般采用 CIF 和 FOB 等贸易术语成交，按照 CIF 条件，货价内包括运费、保险费，由卖方派船将货物运至目的港；按照 FOB 条件，货价内则不包括运费和保险费，由买方派船到装货港装运货物。为了国家的利益，出口货物多争取 CIF 成交，进口货物多争取 FOB 成交，则可节省外汇支出，增加外汇收入。而国际货物运输企业为了国家利益，首先要依靠国内运输企业的运力和我国的方便旗船，再考虑我国的租船、中外合资船公司和侨资班轮的运力，再充分调动和利用各方面的运力，使货主企业同运输企业有机地衔接，争取为国家节约外汇支出，创造更多的外汇收入。

（四）认真贯彻国家对外政策

国际货物运输是国家涉外活动的一个重要组成部分，它的另一个任务就是在平等互利的基础上，密切配合外交活动，在实际工作中具体体现和切实贯彻国家各项对外政策。

二、国际货物运输要求

（一）选择最佳的运输路线和最优的运输方案，组织合理运输

各种运输方式有着各自较合理的适用范围和不同的技术经济特征，选择时必须进行比较和综合分析，首先要考虑商品的性质、数量的大小、运输距离的远近、市场需求的缓急、风险的程度等因素。比如鲜活商品、季节性商品，要求运输速度快、交货及时，以免贻误销售时机；贵重货物因商品价值高，要求严格地保证运输质量等；另外，要考虑运输成本的高低和运行速度的快慢，比如，货价较低的大宗商品则要求低廉的运输费用，以降低商品成本，增加竞争能力。在同一运输方式，如铁路或公路运输，可根据不同商品选择不同类型的车辆，海运可选择班轮或不定期船，以及充分利用运输工具回空来运输货物等。

正确选择运输路线和装卸、中转港口。一般说来，应尽量安排直达运输，以减少运输装卸、转运环节，缩短运输时间，节省运输费用。必须中转的进出口货物，也应选择适当的中转港、中转站。进出口货物的装卸港，一般应尽量选择班轮航线经常停靠的自然条件和装卸设备较好、费用较低的港口。进口货物的卸港，还根据货物流向和大宗货物用货地来考虑，出口货物的装港，则还应考虑靠近出口货物产地或供货地点，以减少国内运输里程，节约运力。

所谓合理运输，就是按照货物的特点和合理流向以及运输条件，走最少的里程，

经最少的环节，用最少的运力，花最少的费用，以最短的时间，把货物运到目的地。所以，国际货物运输就是要根据所运商品的特定要求，综合考虑速度、价格、质量等因素，求得其最佳效益。

（二）树立系统观念，加强与有关部门配合协作，努力实现系统效益和社会效益

在国际货物运输的过程中，要切实加强货主、运输企业、商检、海关、银行金融、港口、船代和货代等部门与企业之间的联系，相互配合、密切协作，充分调动各方面的积极性，形成全局系统观念，共同完成国际货物运输任务。特别是作为货运代理企业，还要综合运用各方面的运力，要以综合运输系统和国际贸易整体的系统利益出发，除了努力争取本企业的经济利益以外，更重要的是考虑系统效益和社会效益，在完善企业自身的同时，要考虑企业的社会责任。

（三）树立为货主服务的观点，实现"安全、迅速、准确、节省、方便"的要求

根据国际货物运输的性质和特点，针对国际货物运输的任务，经过多年的实践，中国外运集团提出的国际货物运输要"安全、迅速、准确、节省、方便"的"十字方针"，已被广大货运代理企业和有关部门所认可。所以，对国际货运企业特别是货运代理企业提出这"十字方针"的具体要求如下：

1. 安全。就是要求在运输过程中做到货物完好无损和各种运输工具的安全。如果运输过程中不能维护货物的质量，甚至造成大量货物的残次、破损和丢失，就不能保质保量地完成货物的运输；如果在运输中发生重大事故，车毁船沉，不仅不能完成任务，而且会造成生命和财产的重大损失，所以国际货物运输要把安全放在首位。

2. 迅速。就是要严格按照贸易合同的要求，把进出口货物及时地运进来或运出去。不仅国际市场有争时间抢速度的问题，国内市场也同样面临这一问题，时间就是效益。只有不失时机地把出口货物运到国外市场，才有利于巩固出口货物的市场地位。

3. 准确。就是要把进出口货物准确无误地运到交货地点，包括准确地办理各种货运单证手续，使单货相符；准确地计收、计付各项运杂费，避免错收、错付和漏收、漏付；只有准确才能说得上又好又省，发生任何差错事故必然会造成损失，这是显而易见的。

4. 节省。就是要求通过加强经营管理，精打细算，降低运输成本，节省运杂费用和管理费用，减少外汇费用支出，用较少的钱办较多的事，为国家和社会创造更大效益。

5. 方便。就是要简化手续，减少层次，为货主着想，急客户所急，立足于为客户服务。竭尽全力为客户排忧解难，要使客户感到在办事手续、办事时间、办事地点、采用的运输方式，以及配套服务等方面十分便利。

总之，"安全、迅速、准确、节省、方便"是相互制约、相辅相成的，要想成为有竞争力的、一流的货运代理，必须按照这一方针的要求去做，这"十字方针"是一个有机联系的整体，可以根据市场供求的缓急、商品特性，以及运输路线与运力的不同情况，全面考虑，适当安排，必要时可以有所侧重。

第四节　国际货运代理

一、运输代理人

（一）代理的法律规定

国际货物运输是在不同国家之间从事货物的运输业务，由于牵涉不同国家的广大地区，因此头绪繁多，情况复杂。在这种情况下，任何一个货主或承运人都不可能亲自处理好每一个环节的具体业务，不少工作都需要委托代理人代为办理。相应地，在运输领域里就产生了很多从事代理业务的代理行或代理人。他们接受委托人的委托，代办各种运输业务，并按提供的劳务收取一定的报酬，即代理费、佣金或手续费。随着国际货物运输业的发展，代理行业已经逐渐渗透到运输领域的各个环节，成为国际贸易中不可或缺的重要组成部分。

1. 代理关系的建立

代理关系是由委托人和代理人两方组成。代理关系必须是一方提出书面或口头的委托，经另一方用书面或口头表示接受才能成立。代理关系确立之后，代理人和委托人之间是一种委托和被委托的关系，有关双方的权利和义务按代理协议或合同的规定办理。在实际的代理业务中，代理人作为委托人的代表，对委托人负责，但代理人必须在委托人的授权范围内行事，否则由此产生的后果由代理人自己负责。

2. 代理关系的种类

代理人根据委托办理代理业务时，有的自己直接办理，有的自己不办理实际业务转而委托其他人办理，也有的以中间人身份为委托人与第三方促成交易，签订合同，此时这种代理称为经纪人。不管是哪一类代理，每一个代理合同或协议都会产生三种关系：

一是委托人和代理人的关系，这是每一个代理合同的主体；

二是委托人和第三者的关系，比如，通过租船代理，最终由委托人和船东签订租船合同；

三是代理人和第三者的关系。

在实践中，按照法律和业界的习惯做法，代理人在与第三者发生关系时，可以不向第三者公开自己的代理身份，因而从第三者的角度来看，代理人的性质和地位又有以下三种可能。

第一种，代理人不但公开自己代表委托人，而且公开其委托人的姓名。在与第三者签订的合同上，他在自己的签字前加注"经×××（委托人姓名）电传授权"，并在签字后加注"仅作为代表"字样，这种情况下，他代表的是显名的委托人。

第二种，代理人公开自己的身份是代理，但不公开其委托人的姓名。在与第三者签订的合同上，他在自己的签字后面加注"仅作为代表"字样。这种情况下，他代表的是隐名的委托人。

第三种，代理人不公开委托人，而是以自己的名义与第三者签订合同，在这种情况下，代理人代表的是未公开的委托人。

在上述第一种、第二种情况下，如果以后出现纠纷，第三者只能对委托人起诉，代理人不负个人责任，不过如果代理人鉴于某种原因不愿公开委托人的姓名，第三者也可以向代理人起诉。

在上述第三种情况下，第三者只能向代理人起诉，但如有确凿证据证明代理人所代表的委托人，第三者也可选择向委托人起诉。

3. 代理双方的责任和义务

（1）代理人的责任和义务

① 按照代理协议的规定和委托人的指示负责办理委托事项。代理人必须努力履行代理职责，而且必须在委托人授权范围内行事，如果因违反这些准则而造成损失，代理人要向委托人负责。

② 负保密义务。代理人在代理协议的有效期间，不得把代理过程中得到的保密情报和重要资料向第三者泄露。

③ 如实汇报一切重要事宜。在办理代理工作中，向委托人提供的情况和资料必须真实，如果有任何隐瞒或因提供的材料不实而造成损失，委托人有权向代理人追偿损失并撤销代理协议。

④ 如实向委托人报账。代理人有义务对因代理业务而产生的一切费用提供正确的账目并向委托人收账。个别特殊费用的开支应事先征得委托人的同意。

（2）委托人的责任和义务

① 及时给予代理人明确具体指示。委托人要求代理人做的工作，必须及时给予明确具体的指示，以便代理人执行。

② 支付费用和补偿。委托人必须支付代理人由于办理代理工作而产生的有关费用。

③ 支付代理佣金。委托人必须按事先约定支付代理人佣金，作为对代理人所提供的服务的报酬。

（二）运输代理人的种类

按照代理业务的性质和范围的不同，有各种各样的代理行业，一般将其分为租船代理人、船务代理人、货运代理人和咨询代理人四大类。

1. 租船代理人

租船代理人又称为租船经纪人，是指以船舶为商业活动对象而进行船舶租赁业务的人，其主要业务是在市场上为租船人寻找合适的运输船舶或为船东寻找货运对象，以中间人身份使租船双方达成租赁交易，从中赚取佣金。另外，根据其所代理的委托人身份的不同又可分为船东代理人和租船代理人。

租船代理人主要负责办理下列事项：按照委托人的指示要求，为委托人提供最合适的对象和最有利的条件并促成租赁交易的成交，这一项是租船代理人主要的业务；根据双方洽谈成交的条件制成租船合同并按委托方的授权代签合同；向委托人提供航运市场行情、国际航运动态及有关资料信息等；在双方当事人出现纠纷时，为双方斡旋调解，使纠纷最终取得公平合理地解决。

按照惯例，租船代理人佣金应由运费或租金收入方支付，即由船东支付，代理佣金一般会在租船合同中提前加以规定，一般是租金的1%～2.5%。中国对外贸易运输公司是我国外贸公司货方的总代理人，该公司根据货方的委托，通过中国租船公司向国际租船市场洽租所需船舶。在对外租船订舱工作中，中国租船公司就是以代理人的身份出现的。

2. 船务代理人

船务代理人是指接受承运人的委托，代办与船舶有关一切业务的人。船务代理业务范围很广，主要包括船舶进出港业务、货运业务、船舶供应工作和其他服务性业务。

根据委托方式的不同，船务代理关系可以分为航次代理和长期代理。航次代理是指委托人的委托和代理人的接受均以每船一次为限，在船务代理人按照委托人指示办妥该船在港一切业务并在该船驶离该港时，航次代理关系即告终止。而长期代理是指在船方和代理人之间签订有长期代理协议，一般是 15 年或更长时间。多数班轮公司在船舶经常挂靠的港口都采用长期代理方式。

我国港口的船务代理工作主要是由中国外轮代理公司负责办理。它代表外国委托人的利益办理外轮代理工作，并按照规定的收费标准收取一定费用。

3. 货运代理人

货运代理人是指接受货主的委托代表货主办理有关货物保管、交接、存储、调拨、检验、包装、转运、订舱等业务的人。货主与他们的关系是委托与被委托的关系，在办理代理业务时，他们是以货主的代理人身份对货主负责并按代理业务的项目和提供的劳务向货主收取代理费。

4. 咨询代理人

咨询代理人是指专门从事咨询工作，按委托人的需要，以提供有关咨询情况、情报、资料、数据和信息服务而收取一定报酬的人。这类代理人一般都拥有自己的研究人员和机构，而且与世界各贸易运输研究中心有广泛的联系，消息十分灵通。这些机构可以根据委托，选择合理的运输方式和路线、核算运输成本、设计运输方案、调查有关企业的信誉等。

以上代理人的分类，是根据他们各自业务的侧重面加以区别的，在实际工作中，由于他们的业务范围区分得并不是很清楚，往往互有交叉，有时候可能很难区别他们是哪一类代理。在主要的西方国家，由于代理行业的激烈竞争，他们之间不断合并和联营，使得代理业越来越集中，尤其是一些大的航运集团，通过各种方式把代理行业置于自己的控制之下，以维护集团的整体利益。

二、国际货运代理人

国际货运代理人是接受货主委托，办理有关货物报关、交接、仓储、调拨、检验、包装、转运、租船和订舱等业务的人。

（一）国际货运代理人的性质

从业务表面来看，国际货运代理人是以货主的代理人身份出现并且按照代理业务的项目和提供的劳务向货主收取劳务费。但从整个外贸运输的环节和法律上看，国际货运代理人和民法上的代理又有所不同，相应的权利和义务也不一样。

从对外贸易中运输的流程来看，进出口双方经过洽谈签订贸易合同后，为了履行合同，出口方也就是货主，会与货运代理人签订一份运输合同。这份合同中的托运人是货主，承运人是实际的货运代理人。然后，由于货运代理人一般不掌握运载工具，他还需要与拥有运载工具的承运人再签订一份运输合同，在这份运输合同中，货运代理人成为托运人，承运人就是掌握运载工具的实际承运人。

这两份运输合同在法律上是完全独立的合同，为了以示区别，我们把流程中货主与货运代理人签订的第一份合同称为运输合同 A，货运代理人与承运人签订的第二份合同称为运输合同 B。在这两份合同中，货运代理人都是以合同当事人的身份出现的，既非货主的代理人，又非承运人的代理人。现在，业界一般称运输合同 A 为"纸运输合同"，把货运代理人称为"契约承运人"；称运输合同 B 为"实际运输合同"，把拥有运载工具的承运人称为"实际承运人"。

（二）国际货运代理人的服务范围

货运代理人的业务范围有大有小，大的兼办多项业务，小的则专办一两项业务，比如某些速递公司，较常见的货运代理主要有以下几类：

1. 租船订舱代理，这类代理与国内外的承运人有着广泛的业务联系；

2. 集装箱代理，办理包括装箱、拆箱、转运、分拨及集装箱租赁和维修等业务；

3. 储存代理，办理包括货物保管、整理、包装等业务；

4. 货物报关代理，有些国家对这类代理应具备的条件规定较严，如美国规定必须向有关部门申请登记，必须是美国公民，并经过考试合格，发给执照才能营业。

不管是做什么业务的代理，他们都是为货主提供服务，并根据服务的项目、数量和质量从货主那里获得劳务报酬。

（三）国际货运代理行业的发展

国际货运代理是国际运输代理中的一类，从公元 10 世纪起就开始存在，它随公共仓库在港口与城市的建立、海上贸易的扩大、运输的发展而不断壮大。起初，国际货运代理作为厂家、商人的佣金代理，依附于货方，进行各种诸如联系装卸、结关、储运、销售、收款等经营管理事宜。12 世纪至 13 世纪，欧洲手工业和商品交换日益繁荣，海上贸易发展起来，首先是地中海沿岸航运便利的意大利城邦，以后逐渐扩展到西欧等国，不同的商品所有者通过各种契约关系组成专门经营海上运输的组织，由于海上贸易的特点，商人们往往不亲自出海，而将货物或其业务交给其代表或代理人经营。18 世纪货运代理人开始越来越多的把几家托运人运往同一目的地的货物集中起来托运，同时开始办理投保，逐步地由过去依附于货方开始发展成一个独立的行业。

蒸汽时代的到来，运输业随着蒸汽机的应用经历了一场革命。大型轮船与汽动吊机的出现使海上运输业的成长空间大为拓展，国际货运代理也随着海洋运输的日渐重要在本国经济中占据了一定的地位，并建立了行业组织。

在长期的业务发展过程中，各国货运代理业的经营者都意识到了加强彼此合作的重要性。早在 1880 年，第一次国际货运代理代表大会就在莱比锡召开，进入 20 世纪后，国际货运代理间的国际合作有了较大发展，同时国际货运代理也从传统的海运领域延伸到航空运输、公路运输、集装箱运输领域。1926 年 5 月，16 个国家的货运代理协会在维也纳成立了国际货运代理协会联合会（FIATA），简称"菲亚塔"。我国最大的权威性的货运代理公司——中国对外贸易运输集团公司也于 1985 年加入 FIATA，并且成为正式会员。

【知识链接】

我国国际货运代理的发展史

我国的货运代理业自 1840 年鸦片战争后开始出现。从那时起至 1949 年，这一行业几乎全部被帝国主义和资本主义国家的洋行控制和垄断。

新中国成立后，在计划经济的指导下，我国的货运代理业呈高度集中的体制，一律由中国对外贸易运输总公司（简称"中国外运"）及其分公司经营，为我国各进出口贸易公司的货运总代理。自新中国成立至 1983 年间，我国货运代理业发展的历史也就是中国外运发展的历史。1978 年改革开放后，我国由计划经济逐步转变为市场经济，货运代理市场逐渐开放，一家垄断的局面被打破。为了使货运代理业能更好地为外贸服务，国家允许成立多家货运代理，并且提倡公平竞争。于是国内各单位和外商纷纷申请成立货运代理公司，至今依法成立了 6 000 多家货运代理公司，从业人员 16 万多人，其中有中国外运系统的，中国远洋运输集团总公司（简称"中远公司"）系统的，各外贸专业公司的，各工贸公司的，各技贸公司的，各大厂矿企业的，还有相当一部分是属中外合资、合作，或外商独资的，一个中外货运代理企业并存、多家货运代理企业竞争的市场格局已形成。

为了与国际接轨，1985 年中国外运代表我国的货运代理作为一般会员，加入了 FIATA，并派人参加了年会和地区会议，与世界各国的货运代理建立起密切的联系，在扩大我国货运代理业在世界上的影响，提高其知名度的同时，吸取着西方货运代理制度和先进的管理方法及其法律法规。

我国货运代理行业起步较晚，历史较短，但是由于国家重视，政策鼓励，规范发展，发展十分迅速，已经成为我国对外贸易运输事业的重要力量，对于我国对外贸易和国际运输事业的发展乃至整个国民经济的发展起到不可替代的作用和作出不可磨灭的贡献。据不完全统计，目前我国 80% 的进出口贸易货物运输和中转业务，以及大部分国际航空货物运输业务都是通过货运代理企业完成的。

（资料来源：yingyu. 100xuexi. com。）

【本章小结】

国际货物运输概述	国际货物运输内涵	运输就是人和物的载运和输送，即以各种运载工具、沿着相应的地理媒介和输送线路将人和物等运输对象从一地运送到另一地的位移过程。 国际货物运输就是在国家与国家、国家与地区之间的运输。 国际货物运输是国际运输，与国内运输相比，具有以下特点：涉及国际关系问题，是一项政策性很强的涉外活动；国际货物运输路线长、环节多；国际货物运输涉及面广，情况复杂多变；国际货物运输的时间性特别强；国际货物运输的风险较大。 运输业的发展同国际贸易的发展是相联系的。国际贸易的发展要求运输业的规模与之相适应，而运输业的发展又有力地促进了国际贸易的发展。

续表

国际货物运输主体、运输标的与运输方式	国际货物运输主体有承运人、货主、货运代理人。我国进行国际贸易运输的组织机构也是由承运人、货主和货运代理人三个主要方面构成。 国际货运的对象是指国际货物运输部门承运的各种进出口货物。 海洋运输是在国内和国外港口之间提供一定的航线和航区，利用船舶运送货物和旅客的一种运输方式。 铁路运输已经有了多年历史，属于陆上运输。公路货物运输是陆上运输的基本方式之一，也是现代运输的主要方式之一。国际航空运输以飞机作为运输工具，具有别的运输方式多不具有的速度快，安全准确，手续简便，节省包装、保险、利息、储存费用等优点，但也有运量小、运价高等缺点。集装箱外形像箱子，是一种有一定强度和刚度、能长期反复使用、可以将货物集装成组而专供周转使用并便于机械操作和运输的大型货物容器。 国际多式联合运输是在集装箱运输基础上产生并发展起来的，一般以集装箱为媒介，把海上运输、铁路运输、公路运输、航空运输和内河运输等传统的单一运输方式有机地结合起来，构成一种连贯的过程，来完成国际货物运输。	
国际货物运输任务与要求	国际货物运输的基本任务就是根据国家有关的方针政策，合理地运用各种运输方式和运输工具，多快好省地完成进出口货物的运输任务，为我国发展对外经济贸易服务，为我国外交活动服务，为我国经济建设服务。 国际货物运输要求选择最佳的运输路线和最优的运输方案，组织合理运输；树立系统观念，加强与有关部门配合协作，努力实现系统效益和社会效益；树立为货主服务的观点，实现"安全、迅速、准确、节省、方便"的要求。	
国际货运代理	在运输领域里就产生了很多从事代理业务的代理行或代理人。他们接受委托人的委托，代办各种运输业务，并按提供的劳务收取一定的报酬，即代理费、佣金或手续费。 按照代理业务的性质和范围的不同，有各种各样的代理行业，一般将其分为租船代理、船务代理、货运代理和咨询代理四大类。 国际货运代理人是接受货主委托，办理有关货物报关、交接、仓储、调拨、检验、包装、转运、租船和订舱等业务的人。	

【课后习题】

一、单选题

1. 在国际货物运输中使用最广泛的方式是（　　　）。
A. 内河运输　　　B. 航空运输　　　C. 铁路运输　　　D. 海洋运输

2. 交通运输部门是货物运输工作中的（　　　）。
A. 托运人　　　B. 收货人　　　C. 中间人　　　D. 承运人

3. 以船舶为商业活动对象而进行船舶租赁业务的人为（　　　）。
A. 咨询代理　　　B. 货运代理　　　C. 船务代理　　　D. 租船代理

4. （　　　）的优势是为客户提供复杂、系统的大型工程项目的运输。
A. 办理货运　　　　　　　　　B. 国际货运代理公司
C. 国际运输联盟　　　　　　　D. 国际多式联运

5. 接受货主委托，代表与货物有关的报关、交接、仓储、检验、包装、租船、订舱等业务的人是（　　　）。

    A. 咨询代理　　　　B. 货运代理　　　　C. 船务代理　　　　D. 租船代理

二、多选题

1. 国际货物运输的特点是（　　　）。

    A. 线长面广　　　B. 中间环节多　　　C. 情况复杂多变　　D. 风险大

2. 国际货物运输组织包括（　　　）。

    A. 交通运输部门　B. 进出口商　　　C. 海关　　　　　　D. 货运代理人

3. 在实际业务中，应根据（　　　）审慎选择合理的运输方式。

    A. 货物特征　　　B. 运量大小　　　C. 距离远近　　　　D. 运费高低

4. 按照代理业务的性质和范围不同，代理行为主要包括（　　　）。

    A. 租船代理　　　B. 货运代理　　　C. 咨询代理　　　　D. 船务代理

5. 国际货运代理的经营范围包括（　　　）。

    A. 揽货和订舱　　B. 报关和报验　　C. 集运　　　　　　D. 私人信函快递

三、判断题

1. 只有货物的托运人才能称之为货主。　　　　　　　　　　　　　　（　　　）

2. 我国外贸运输组织机构由货主、货运代理人和承运人三方面构成。（　　　）

3. 租船代理的佣金由船东支付。　　　　　　　　　　　　　　　　　（　　　）

4. 货运代理只能为船东揽货或为租船人寻找船舶，不能以自己的名义承运货物。　　　　　　　　　　　　　　　　　　　　　　　　　　　　　　（　　　）

5. 选择运输方式，应以成本为唯一考察条件。　　　　　　　　　　　（　　　）

四、简答题

1. 国际运输代理人的种类有哪些？

2. 国际货物运输的特点有哪些？

3. 国际货物运输的作用有哪些？

第二章

国际货物运输主要类型

【学习目标】

通过本章内容的学习，学生应了解海洋及其他货物运输的基本发展情况，熟悉各种运输方式的单证制定及操作程序，理解并掌握各种货物运输的费用计算。

【学习重点与难点】

班轮运输费用计算；租船运输合同；集装箱的配载及包箱费率；航空运费计算；提单与各种运单的区别。

【关键术语】

班轮运费　滞期费　速遣费　租船合同　重量货物　体积货物　集装箱船舶拼箱运输　整箱运输　包箱费率　选卸港　集中托运　航空快递　整车　零担航空运单

【本章知识结构】

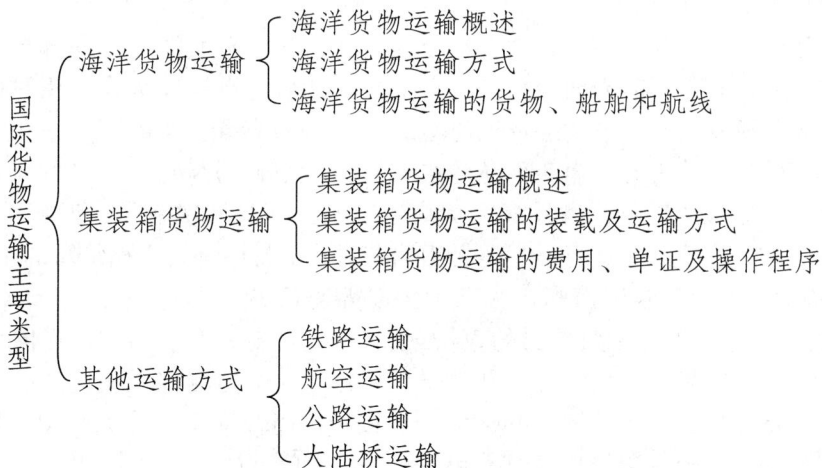

国际货物运输主要类型
- 海洋货物运输
  - 海洋货物运输概述
  - 海洋货物运输方式
  - 海洋货物运输的货物、船舶和航线
- 集装箱货物运输
  - 集装箱货物运输概述
  - 集装箱货物运输的装载及运输方式
  - 集装箱货物运输的费用、单证及操作程序
- 其他运输方式
  - 铁路运输
  - 航空运输
  - 公路运输
  - 大陆桥运输

【案例引入】

拼箱货发生货损货差　承运人承担责任

2007 年 2 月，原告（某科技公司）委托被告（某货运公司）将一批锁芯由上

海港运至台湾地区台中港，收货人为友鹏股份（以下简称 YP 公司）。原告根据被告指示，于同年 2 月 8 日将货物直接运至美设公司（以下简称 MS 公司）仓库，MS 公司签发货物进仓确认书，表明完整无损地收到货物。被告以贸钧公司（以下简称 MJ 公司）的名义签发提单，记载托运人为原告，收货人为 YP 股份，货物品名为锁芯，件数 2 托盘，CFS TO CFS。最终，货物系交与 MS 公司承运，MS 公司签发了相同编号的提单。货物于同年 2 月 14 日运至台中港，货柜拆箱后，记录"货物外箱破损，内品不详"。2 月 27 日，货物在收货人仓库进行检验，检视发现木箱除底部还在外，其余已破损，与装箱单比对数量短少 2 977 套。

双方发生纠纷上诉至法院。上海海事法院认为：被告未经授权，应当自行承担签发提单的责任。原告、被告之间海上货物运输合同关系依法成立。被告在货物发生外包装（外箱）严重破损，货物散落，不能依提单记载的件数交付货物的情况下，未能举证证明通过另一种合理方式完成交付义务，应当对货物短少承担赔偿责任。遂判决被告向原告赔偿货物损失 8 948.86 美元以及该款项的利息损失。

（资料来源：《中国水运报》，2009 – 07 – 22。）

第一节　海洋货物运输

一、海洋货物运输概述

（一）海洋货物运输的发展

海洋货物运输，是指以船舶为工具，通过海上航道运送旅客或货物的一种运输方式，简称海运。

海上运输的历史非常悠久，发展也极为迅速，是随着航海国的经济基础和科学技术的发展而逐渐发展起来的。在第二次世界大战后，世界经济处于相对稳定的发展时期，国际贸易量和海上货运量迅速增加，自 1950 年至 1974 年的 25 年间，世界海上货物运输量直线上升，由 5.5 亿吨增至 32.47 亿吨。1974 年至 1995 年期间，由于受两次石油危机的影响，世界海上货物运输量出现过两次起伏，但从总体上看，还是上升的。无论现在还是将来，海上运输在对外贸易中都要占据绝对的主导地位。从 1801 年世界上第一艘以蒸汽机为动力的轮船夏洛蒂·邓达斯号（Charlotte Dundas）的建造到今天世界上建造出的 50 万吨级大型船舶，海上船舶正在向大型化方向发展，海上运输货运量大的特点是铁路、公路和航空运输都无法比拟的。当今世界外贸海运量在外贸货运总量中占 80%，若按货物周转量计，则高达 90% 以上。正因为如此，经济比较发达的临海国家和地区，都十分重视发展海上运输。

（二）海上运输的作用与特点

海上运输是当今国际贸易中最主要的运输方式，国际贸易货物总运量的 75% 以上都以海上运输来实现，有些国家海运量占到 90% 以上。海上运输与其他各种运输方式相比，具有下列特点：

1. 运量大。随着造船技术的日益发展和精益求精，船舶朝着大型化发展，如 50 万～70 万吨的巨型油船，16 万～17 万吨的散装船，以及集装箱船的大型化，船舶的载运能力远远超过火车、汽车和飞机，是运输能力最大的运输工具。

2. 投资少，运费低。海上运输所通过的航道均为天然形成，而且保养费用低，而铁路、公路则需大量投资修筑铁轨或公路。除此以外，船舶运载量大，运输里程远，所以与其他运输方式比，海运的单位运输成本较低，使得海运运费低廉。

3. 通过性强。海上运输的航道四通八达，不像公路运输、铁路运输和航空运输要受道路、轨道和航线的限制。如遇政治、经济及自然等条件的变化，可随时改选最有利的航线来完成运输任务。

4. 适货性强。海上货物运输船舶种类繁多，可适应多种货物运输的需要。

5. 运输速度较低。海上运输由于船舶体积大，水流阻力大，因此速度较慢，一般多在每小时 10～20 海里之间，无法与其他运输方式相比。

6. 风险系数高。海上运输会受到气候和自然条件的影响，遇险的可能性较大，船舶航行日期也不易准确预计。

尽管海上运输存在着速度慢、风险大等不利因素，但由于运输量大、运费低廉等优越性，它在我国对外贸易中发挥着极其重要的作用，其重要性远远超过其他几种运输方式。

（三）国际海运组织

随着国际海运业的不断发展，各国政府和非政府组织相继成立了一些政府间国际组织和非政府间国际组织，海运企业间也成立了一些具有经营协作性质的国际组织。这些组织在保证海运安全、建立国际公约和提供海运服务等方面有着重要作用。

1. 国际海事组织

1958 年 2 月 9 日联合国在日内瓦召开海事大会，并于同年 3 月 6 日通过了成立"政府间海事协商组织"（IMCO）的公约，即《政府间海事协商组织公约》。该公约于 1958 年 3 月 17 日生效。1959 年 1 月在伦敦召开的第一次大会期间，政府间海事协商组织正式成立。1982 年 5 月 22 日，该组织更名为国际海事组织（International Maritime Organization，IMO）。

国际海事组织是联合国在海事方面的一个技术咨询和海运立法机构，是政府间的国际组织（Inter Government Organization，IGO）。所有联合国成员国均可成为国际海事组织的会员国。我国于 1973 年 3 月 1 日正式加入国际海事组织，并于 1975 年当选为理事国。国际海事组织设有海上安全委员会、海上环境保护委员会、法律委员会、便利委员会和技术合作委员会五个委员会；还设有协助海上安全委员会和海上环境保护委员会的散装液体和气体分委会，危险品、固体货物和集装箱运输分委会，消防分委会，无线电和搜寻与救助分委会，航行安全分委会，船舶设计和设备分委会，稳性、载重线和渔船安全分委会，培训和值班标准分委会及船旗国履约分委会九个分委会。

2. 波罗的海国际海事协会

波罗的海国际海事协会（Baltic and International Maritime Council，BIMCO）属于非政府间的国际组织（Non-government Organization，NGO），成立于 1905 年，总部设在哥本哈根。协会成员有航运公司、经纪人公司以及保赔协会等团体或俱乐部组织。该协会在联合国贸发会议及国际海事组织中享有咨询地位。

3. 国际海事委员会

国际海事委员会（Committee Maritime International，CMI）于1897年成立于布鲁塞尔。它的主要宗旨是促进海商法、海运关税和各种海运惯例的统一。它的主要工作是拟各种有关海上运输的公约，如有关提单、责任制、海上避碰以及救助等方面的国际公约草案。国际上第一个海上货物运输公约——著名的《海牙规则》就是由该委员会1921年起草，并在1924年布鲁塞尔会议上讨论通过的。1968年该委员会又对《海牙规则》进行了修正，制定了《海牙维斯比规则》，即《1968年布鲁塞尔议定书》。

4. 联营体

联营体（Consortium）的概念最早是出现在工程建筑领域的一种组织形式，后来发展到了其他各个领域都应用这种组织形式。本处所指联营体是指两家或两家以上航运公司为了共同开展一项业务而产生的临时性松散的自愿合作形式。联营的目的主要是在提供海运服务时共同经营，相互合作，节约成本，提高服务质量；其具体范围是具体某一航线，以航线为单位分别订立协议。

二、海洋货物运输方式

按照海洋运输船舶经营方式的不同，可将其分为班轮运输和租船运输。

（一）班轮运输

班轮运输是在不定期船运输的基础上逐渐发展起来的，它是当今国际海洋运输中的主要运输方式之一。所谓班轮，是指按照预定的时间、在固定的航线上以既定的港口顺序经常地从事航线上各港口之间往返载货的船舶。

1. 班轮运输的特点

（1）船舶按照固定的船期表，沿着固定的航线和港口来往运输，并按相对固定的运费率收取运费，因此，它具有"四固定"的基本特点。

（2）由船方负责配载装卸，装卸费包括在运费中，货方不再另付装卸费，船货双方也不计算滞期费和速遣费。

【要点提示】

滞期费：当船舶装货或卸货延期超过装卸货时间时，由租船人向船东所支付的约定款项。在英国，滞期费被认为是约定性损害赔偿，而在美国，滞期费被认为是延期运费。滞期费率通常在租船合同中约定，为每天多少金额。有些合同规定，超过一定的滞期时间后则必须支付额外滞期费或者船期损失。大部分合同会规定，只要滞期费发生，船舶就处于滞期状态。一旦船舶处于滞期状态，在计算滞期费时就不再减去周末这样的除外时间，所以有这样的说法：一旦滞期，永远滞期（Once on Demurrage，Always on Demurrage）。

速遣费：航次租船合同中，承租人实际使用的装卸时间比合同约定允许使用的装卸时间短，因而缩短了船舶为装卸作业而停留在港口或泊位的时间，使得船舶产生速遣。船东因船舶产生速遣而需要按双方在合同中约定的速遣费率向承租人支付的费用叫速遣费。航次租船实务中，速遣费率通常规定为滞期费率的一半。速遣费实际上就是船东用来鼓励承租人尽快完成装卸作业、缩短船舶滞港时间以提高船舶营运效率的一种奖励。速遣费的计算时间有两种：一是"按节省的全部时间"计算，那么承租人在合同规定的装卸期限内完成货物装卸，它所节省的时间不应扣除例外条款规定的时间或节假日；二是"按节省的全部工作时间"计算，那么承租人在合同规定的装卸期限内完成了货物装卸，其所节省的时间应扣除例外条款中规定的时间或节假日。

（3）船、货双方的权利义务与责任豁免，以船方签发的提单条款为依据。

（4）班轮承运货物的品种、数量比较灵活，货运质量较有保证，且一般采取在码头仓库交接货物，故为货主提供了更便利的条件。

【思考一下】

班轮运输为什么不计算滞期费和速遣费？

2. 班轮运费的计收标准

根据不同商品，通常采用下列几种：

（1）按货物实际重量计收运费，故称重量吨，运价表中以"W"表示。

（2）按货物的体积/容积计收，故称尺码吨，运价表中以"M"表示。

（3）按重量或体积计收，由船公司选择其中收费较高的作为计费吨，运价表中以"W/M"表示。

（4）按商品价格计收，即从价运费，运价表中以"A. V."或"Ad. Val"表示。从价运费一般按货物的 FOB 价格的百分比收取。

另外，在班轮运价表中还有下列标志"W/M or ad val."及"W/M plus A. V."，前者表示运费按照货物重量、体积或价值三者较高的一种计收，后者表示先按货物重量或体积计收，然后另加一定百分比的从价运费。

（5）按货物的件数计收，一般只对包装固定，包装内的数量、重量、体积也是固定不变的货物，才按每箱、每捆或每件等特定的运费额计收。

（6）由货主和船公司临时议定，这种方法通常是在承运粮食、豆类、矿石、煤炭等运量大、货价较低、装卸容易、装卸速度快的农副产品和矿产品时采用。运价表中，以"Open"表示。

3. 班轮运费的计算

班轮运费包括基本运费和附加费两部分。前者是指货物从装运港运到卸货港所应收取的基本运费，它是构成全程运费的主要部分；后者是指对一些需要特殊处理的货物或者由于突然事件的发生或客观情况变化等原因而需另外加收的费用。附加费名目繁多，通常有下列几种：

（1）超重附加费

超重附加费是指由于货物单件重量超过一定限度而加收的一种附加费（每件毛重超过 3 公吨）。

（2）超长附加费

超长附加费是指由于单件货物的长度超过一定限度而增收的一种附加费（每件长度超过 9 米）。

（3）选卸附加费

对于选卸货物需要在积载方面给予特殊的安排（甚至有时会发生翻仓）而追加的费用，称为选卸附加费。

（4）直航附加费

如一批货达到规定的数量，托运人要求将该批货物直接运达非基本港口卸货，船公司为此加收的费用，称为直航附加费。

（5）转船附加费

如果货物需要转船运输的话，船公司必须在转船港口办理换装和转船手续，由于上述作业所增加的费用，称为转船附加费。

（6）港口附加费

由于某些港口的情况比较复杂，装卸效率较低或港口收费较高等原因，船公司为此而加收一定的费用，称为港口附加费。

除上述各种附加费外，船公司有时还根据各种不同情况临时决定增收某种费用，例如燃油附加费、货币附加费、绕航附加费等。班轮运费通常是按照班轮运费表的规定计收的。运价表不仅包括在不同航线上运输不同货种的单位费率，而且也包括计算运费的规则和规定，如运价的使用范围、货物的分类和分级、计费标准、计费的币种以及各种附加费的计算和费率等。目前，国际航运业务中的班轮运价表种类很多，有班轮公会运价表、班轮公司运价表、双边运价表、货方运价表等。我国按照使用不同的班轮，分别采用不同的运价表。

班轮运费的基本计算公式为

运费 = 运输吨（重量或尺码吨）×等级运费率×（1+附加费率）

【例2-1】从我国到欧洲汉堡港运送罐头一批共10尺码吨，查运费表得知，罐头为M8级，欧洲航线每尺码吨的基本运费率为人民币91元，燃油附加费率13%，请计算其运费。

$$运费 = 10 \times 91 \times （1+13\%） = 1\,028.30（元）$$

【例2-2】深圳粮油进出口公司向英国客商交运食品罐头10 000箱，每箱体积为49×32×19cm，毛重28kg，目的港为伦敦，经香港转船。查运费表罐头为M8级，深圳至香港的运费率为人民币22元，附加费率17%；香港至伦敦的运费率为237港元，附加费率13%。请问应付多少运费？

$$商品体积 = 0.49 \times 0.32 \times 0.19 \times 10\,000 = 297.92（m^3）$$

因为商品的体积重量 > 商品的毛重

所以按尺码吨计算运费

$$第一程运费 = 297.92 \times 22 \times （1+17\%） = 7\,668.46（元）$$
$$第二程运费 = 297.92 \times 237 \times （1+13\%） = 79\,785.95（港元）$$

（二）租船运输

租船运输又称不定期船运输。它与班轮运输的营运方式不同，没有预定的船期表，船舶经由的航线和停靠的港口也不固定，须按租船双方签订的租船合同来安排，有关船舶的航线和停靠的港口、运输货物的种类以及航行时间等都按承租人的要求，由船舶所有人确认而定，运费或租金也由双方根据租船市场行市在租船合同中加以约定。租船运输的方式包括：

1. 定程租船

定程租船又称航次租船，简称程租船。它是由船舶所有人负责提供船舶，在指定港口之间进行一个航次或数个航次，承运指定货物的租船运输。程租船就其租赁方式的不同可分为单程租船、来回航次租船、连续航次租船、包运合同。

2. 定期租船

它是船舶所有人将船舶出租给承租人，供其使用一定时期的租船运输，承租人也可将此期租船充作班轮或程租船使用。程租船与期租船有许多不同之处，主要表现在下列几方面：

（1）程租船是按航程租用船舶，而期租船则是按期限租用船舶。关于船、租双方的责任和义务，前者以定程租船合同为准，后者以定期租船合同为准。

（2）程租船的船方直接负责船舶的经营管理，他除负责船舶航行、驾驶和管理外还应对货物运输负责。期租船的船方，仅对船舶的维护、修理、机器正常运转和船员工资与给养负责，而船舶的调度、货物运输、船舶在租期内的营运管理的日常开支，如船用燃料、港口费、税捐以及货物装卸、搬运、理舱、平舱等费用，均由租船方负责。

（3）程租船的租金或运费，一般按装运货物的数量计算，也有按航次包租总金额计算的。而期租船的租金一般是按租期每月每吨若干金额计算。同时，采用程租船要规定装卸期限和装卸率，凭此计算滞期费和速遣费；而采用期租船，则船、租双方不规定装卸率和滞期费、速遣费。

除上述两种租船方式外，还有光船租船（Bareboat Charter）。光船租船是船舶所有人将船舶出租给承租人使用一个时期，但船舶所有人所提供的船舶是一艘空船，既无船长，又未配备船员，承租人自己要任命船长、配备船员、负责船员的给养和船舶营运管理所需的一切费用。这种光租船与上述期租船有所不同，实际上属于单纯的财产租赁。由于这种租船方式比较复杂，在当前国际贸易中很少使用。

租船运输通常适用于大宗货物的运输，因此，我国大宗货物的进出口通常采用租船运输方式。在采用这种方式时，除了要对运输进出口商品的运费占成本中的比例作出正确的估价和判断外，还必须对国际航运市场的运费行市的发展趋势作出预测，以便正确选择适当的贸易用语。

【课堂小讨论】

哪种租船运输合同会存在滞期费和速遣费的规定？滞期费和速遣费是否合并计算对当事人双方是否有经济利益上的影响？

三、海洋货物运输的货物、船舶和航线

（一）海洋运输的货物

国际货物的运输对象就是国际货物运输部门承运的各种进出口货物，如原料、材料、工农业产品、商品以及其他产品等。它们的形态和性质各不相同，对运输、装卸、保管也各有不同的要求。从国际货物运输的需要出发，可以从

货物的形态、性质、重量、运量等几个不同的角度对货物进行分类。此处同第
一章第二节内容。

（二）海洋货物运输的船舶

海上航行的船舶种类很多，与国际贸易运输有关的主要是商船（Merchant
Ship）。按运输对象划分，可分为客船和货船。

货船是国际贸易海洋运输的主要工具，它以经济实用为宗旨，货舱容量较大，
装卸设备较齐全。货船因承运货物和设备的不同，又可分为下列几种：

1. 干货型船

干货型船主要适用于装运无水分的货物。按装货类型不同又分为：

（1）杂货船。一般适用装载包装的零星杂货。其吨位大小视航线、港口和货源
而不同。这种船舶本身有各种不同的货舱及装卸设备，能适应装载种类繁多的货物，
而且航速较快，一般为 20 节以上。

（2）干散船。是指供装运无包装的大宗货物，如粮食、煤炭、矿砂等船舶。这
种船舶一般舱容较大，舱内不设支柱，而且大都是单甲板，为防止货物在舱内移动
而设有挡板，以保持船身平衡。船舶本身一般不带有装卸设备，机舱设于尾部，以
便装卸操作。

2. 液体船

液体船根据装载货物和结构的不同可分为以下几种：

（1）油轮。油轮又称油槽船，是指以散装方式运送原油或燃料的专用货船。油
轮将船本身分隔成若干贮油舱，并有油管贯通各油舱，设有空气压缩装备，在装卸
油料时，以空气压力将油料通过管道推送至各贮油舱。油轮的油舱大多采取纵向结
构，并设纵向舱壁，以防未满载时，舱内液体随船倾侧而产生不平衡。

（2）液化石油气船（LPGC）。一般装载液化石油气，船上配备现代化设备，货
舱都是密封的气罐，外部隆起以增加装载量，而且采用管道装卸。

（3）液化天然气船（LNGC）。一般装载液化天然气，性能、设备与液化石油气
船类似。

（4）化工船。化工船主要是指用于装载化学工业品的专用船舶。

3. 专用船

这种船舶是为专门装运某一种或两种特殊货物而建造的专用船。这类船舶主要
有冷藏船、水果船和木材船。冷藏船专门用于装载冷藏货物，船上有制冷装置以及
适合冷藏货的冷藏舱；木材船用于装载原木，常在船舱设置 1 米左右的"舱墙"，
以防木材滑出舱外，同时也可以提高装载能力；水果船上装有保鲜设备，以防水果
腐烂。

4. 成组船

成组船主要包括下列几种船舶：

（1）集装箱船。是指专用于装运集装箱货物的货船。本身一般无装卸设备，装
卸作业全凭码头专门设施。集装箱船航速较快，一般在 20～30 节之间，有的高达
33 节。集装箱船可分为全集装箱船、半集装箱船以及可变换集装箱船等。

（2）滚装滚卸船。这种船舶可直接承接码头货物，不用吊机，船无货舱，只有

纵贯全船的甲板，每层甲板间都有梯子上下装卸货物（滚装滚卸），船本身无装卸设备，船尾或船侧有大的桥板连接码头，货车可以直接进入船上甲板。这种船舶最适宜运载车辆和大型机械，也适宜装载集装箱。其优点是不依赖码头机械，快速装卸，大大缩短装卸时间，灵活性大。但缺点是亏舱较大，造成浪费。

（3）载驳船，又称子母船。是指在母船上搭载子船，子船内装载货物的船舶。这种船舶上设有巨型门吊或船尾升降平台，船到港口后利用这些设施，把所载的驳船降入水中，驳船即可自行开抵或被拖至指定地点。载驳船不靠码头即可进行装卸，营运效率大为提高。但这种船利用率相对较低，使用范围比较狭窄。

5. 多用船

多用船可用于多种货物的装卸，不至于造成放空等损失。目前日本是使用这类船舶最多的国家。它主要有以下几种：

（1）以载运集装箱为主的多用途船舶。
（2）以运输重大件、特长件为主的多用途船舶。
（3）兼运集装箱和重件货的多用途船舶。
（4）兼运集装箱、重件货和滚装货的多用途船舶。

【热点新闻】

我国船配业挤进全球四强

据《中国船舶报》报道：经过多年的努力，我国船舶配套业的国际地位已经有所提升，出口额持续增加，在全球市场所占份额不断增长。

尽管近几年造船市场形势持续低迷，但我国船配产品的出口额仍在持续增长。今年前三季度，我国船配产品出口额为 22.06 亿美元，同比大幅增长 16.9%。从 2011 年全球主要国家和地区船配业产值来看，欧洲、韩国、日本和中国各自在全球总产值中所占的比例分别约为 45%、20%、15% 和 14%。这些数据表明，全球船配业的格局已经从欧洲、日本、韩国三足鼎立演变为欧洲、日本、韩国、中国四强争霸，我国船配业在全球业界的地位正逐步提升。

中国船舶工业市场研究中心彭雪竹认为，我国船配业在全球市场所占份额持续上升，主要有几方面的原因。首先，近几年我国船用低速柴油机的产能大幅提升，较好地满足了国内造船业对低速机的需求，而柴油机作为船舶的"心脏"是主要的船配设备，因此其产能提升对提高我国船配业在全球市场的份额有重要意义。其次，随着我国造船大国地位的确立，越来越多的外资船配企业到我国设立工厂，或与我国船配企业开展多种形式的合作，促进了我国本土船配产品市场份额的提高。最后，我国自主研制的船配产品技术日趋成熟，市场推广不断取得新的成效，自主品牌船配产品装船率不断提高。

（资料来源：中国水运网，2013－01－28。）

（三）海洋货物运输的航线

海洋运输航线是指船舶根据不同水域、潮流、港湾、风向、水深等自然条件及社会、政治和经济因素，为达到最大的经济效益所选定的营运通路。

1. 海洋货物运输航线的分类

（1）按航行范围划分

①远洋航线。远洋航线是指船舶航行跨越大洋的运输航线，如远东各港至欧洲、美洲和大洋洲的航线。

②近洋航线。近洋航线是指本国各港口至邻近国家港口间的海上运输航线，如中国各港口东至日本海、西至马六甲海峡、南至印度尼西亚沿海、北至鄂霍次克海的各港口间的运输航线。

③沿海航线。沿海航线是指本国沿海各港口间的海上运输航线，如上海至广州、青岛至大连等。

（2）按港口大小和货运量多少划分

①干线。干线是指货运量大而集中的主干航线，如欧洲、地中海、澳大利亚及北美等航线为国际上的海运干线。

②支线。支线又称补给线，指小港与大港之间的集散航线。

（3）按船舶营运方式划分

①定期航线。定期航线是指使用固定船舶，按固定船期和固定港口航行并以相对固定的运价经营客货运输业务的航线。定期航线又称班轮航线，其经营以航线上各港口保有持续、稳定的往返客货为先决条件。

②不定期航线。不定期航线与定期航线相对，指使用不定船舶、不定船期、行驶不定港口和不定航线，并使用租船市场运价，经营大宗、低值货物运输业务为主的航线。

2. 世界主要海洋货物运输航线

目前世界上主要的海洋货物运输航线中，公认的有北大西洋航线、北太平洋航线、苏伊士运河航线、巴拿马运河航线、南非航线、南美航线、南太平洋航线、加勒比海航线等。

（1）北大西洋航线

北大西洋航线为北美与西欧间的运输大动脉，因横跨大西洋北部而得名。该航线西起北美的东海岸，北经纽芬兰横跨大西洋，入英吉利海峡至西欧、北欧，其支线分布于欧美两岸。该航线两岸拥有世界 2/5 的重要港口，是世界上最繁忙的航线。其不足之处在于冬季风浪险恶，并有浓雾与冰山的威胁，影响航运安全。

（2）北太平洋航线

它是北美西海岸和远东、东南亚之间的航线，东端港口南起美国的圣地亚哥，北至加拿大的鲁珀特港，西端为亚洲港口，北起日本的横滨，中经上海，南至菲律宾的马尼拉。由于远东和东南亚地区经济的迅速发展，美国和俄罗斯的生产力都移向太平洋沿岸，因而北太平洋两岸的贸易往来与日俱增，货运量显著增加。各航线经由巴拿马运河与美国东岸在大西洋各大港口及西欧的北大西洋航线相接。

（3）苏伊士运河航线

苏伊士运河航线西起西欧、北美经直布罗陀海峡入地中海，经苏伊士运河出红海入印度洋。它分为两路：东至中东、南亚、远东各港口；南达澳、新各港。该航线是连接东、西方最便捷的航线，运输十分繁忙。苏伊士运河建于 1859—1869 年，北起塞得港，南至陶菲克港，全长 173.2 公里。它是沟通地中海和红海的运河，把大西洋和印度洋连接起来，大大缩短了从欧洲通往印度洋和太平洋西岸各国的航程，比绕好望角航线要缩短 8 000 ~ 14 000 公里，而且比较安全。目前，苏伊士运河为最繁忙的国际运河，每年通过运河的船只达 2 万艘次以上，主要是油轮，其中由中东运往西欧的石油占运河总货运量的 60% 以上。它现在可通行满载 25 万吨级油轮，只需 10 小时左右。

（4）巴拿马运河航线

该航线是连接大西洋与太平洋沿岸各港口的重要捷径，因通过巴拿马运河而得名。该航线北起大西洋加勒比海，经里蒙湾入巴拿马运河，南经巴拿马湾进入太平洋。巴拿马运河开通于 1914 年，全长 81.1 公里，航道水深 14 米，有 5 个船闸，通过时间平均为 8 小时。巴拿马运河的开通与使用，避免了绕道南美合恩角，缩短了航程，成为美洲东西岸之间和美洲东岸至远东之间的重要运输纽带。

（5）南非航线

南非航线为西欧、北美经好望角至印度洋，乃至远东或澳新地区的航线，又称好望角航线。该线是最早连接东、西方的水路，曾因苏伊士运河的开凿而衰退，后来因大型油轮的出现，使运量大增。该航线仍为中东大型油轮的运油航线。

（6）南美航线

南美航线是南美横跨大西洋连接欧洲和北美的航线。该航线西起北大西洋西岸，止于太平洋东岸。在南美西岸，它有支线通往欧洲、北美东岸及中美洲；在南美东岸，有支线通往亚洲、北美西岸和澳大利亚、新西兰。

（7）南太平洋航线

南太平洋航线为北美西海岸，穿越太平洋至大洋洲的澳大利亚和新西兰的航线。因北美工业国与澳新之间贸易量大，故南太平洋航线运输较繁忙。

（8）加勒比海航线

加勒比海航线指环行于墨西哥湾与加勒比海内的航线。

【热点新闻】

进出天津国际航船实现无纸化通关

2013 年 1 月 29 日，由天津市政府口岸办组织、天津海事局牵头开发的"国际航行船舶进出口岸电子查验系统"正式开通。

该系统的开通，使天津港在国内开创国际航行船舶电子化通关的先河，天津海事局也率先取消全部纸质单据，实现国际航行船舶进出口岸海事查验手续的全部网上受理和审批。

传统的口岸查验模式，要求船舶代理携带船舶证书、文书、人员证件、货物等资料到查验部门申报。船舶代理需要多次往返于码头和查验机构，申报时间长、成本高，很容易影响港口泊位的使用效率。

此次开通的电子查验系统采用信息技术，以天津电子口岸为平台，将海事、海关、检验检疫和边检四家查验单位独立的查验信息系统进行整合，船舶代理通过互联网提交电子申请材料，海关、检验检疫和边检办理完毕各自手续后，网上将出口岸手续办妥与否的信息反馈海事部门，海事部门完成审批后，将信息通过网络发送到船舶代理，船舶代理自行打印"出口岸许可证"，从而节约了时间，提升了效率。

据了解，2012 年，天津口岸进出国际航行船舶近 18 000 艘次。实施船舶无纸化通关，将带来巨大的社会效益和经济效益，据天津市船舶报检协会测算，每年可为船公司节约运营成本约 9 000 万元，为港口增益约 3 600 万元，为代理企业节约 360 余万元，产生累计效益约 1.3 亿元。

（资料来源：《中国水运报》，2013 - 01 - 31。）

第二节　集装箱货物运输

一、集装箱货物运输概述

（一）集装箱运输的概念及特点

集装箱运输是以集装箱作为运输单位进行货物运输的现代化运输方式，是国际贸易货物运输高度发展的必然产物。目前已成为国际上普遍采用的一种重要的运输方式。它是件杂货运输的发展方向，是交通运输现代化的产物和重要标志，是运输领域的重要变革。因此，世界各国都把集装箱运输称为 20 世纪的"运输革命"。

集装箱运输是一种现代化运输方式，它与传统的货物运输方式相比有许多不同之处，主要表现为以下特点：

（1）在全程运输中，以集装箱为媒介，使用机械装卸、搬运，可以从一种运输工具直接换装到另一种运输工具，而无须接触或移动箱内所装货物。

（2）货物从内陆发货人的工厂或仓库装箱后，经由陆海空不同的运输方式，可以一直运到内陆收货人的工厂或仓库，实现"门到门"运输。

（3）以集装箱为运输单位，并由专门的运输工具装运，不仅装卸快，效率高，而且可以减少货损货差，保证货运质量。

（4）由一个承运人负责全程运输，简化货运手续，方便货主，提高工作效率。

（二）集装箱运输的组织者

集装箱运输涉及面广、环节多、影响大，是一个复杂的运输工程。集装箱运输系统包括海运、陆运、空运、港口、货运站以及与集装箱运输有关的海关、检验检疫、船舶代理公司、货运代理公司等众多机构。它们相互配合，在整个运输过程中发挥着各自不同的作用。

1. 经营集装箱货物运输的实际承运人

这种承运人是指拥有大量的运输工具和一定数量的集装箱，直接为货主提供运输服务的机构，如轮船公司、铁路、公路、航空集装箱运输公司等。它们是集装箱货物运输中的实际承运人，直接揽货，是运输合同的当事人之一。

2. 无船公共承运人（NVOCC）

集装箱运输大多是海陆空多种方式的联合运输。为了保证集装箱在各个环节上迅速、顺利流转，一般有一个全面负责集装箱运输全过程的机构。这个机构就是无船公共承运人，它本身一般不掌握运输工具，是货物运输的设计者和组织者，一方面以承运人的身份向货主揽货，接受货主的托运，另一方面，以托运人名义向实际承运人托运。无船公共承运人因最初在海运界出现而得名，但目前陆上经营这种业务的机构也称为无船公共承运人，又称联运经营人（CTO）。

3. 集装箱租赁公司

开展集装箱运输，船公司既要付出巨额投资购置集装箱船，还要购置船舶载箱量约 3 倍的集装箱，所有这些巨额投资，必须在开展集装箱运输之前全部投入，船公司不堪重负。如何有效地使用集装箱，解决集装箱在运输中的回空、堆放、保管、维修、更新等问题，管理难度很大，也需要投入大量的人力、物力和财力。集装箱租赁业，就是顺应船公司的实际需求而发展起来的。租赁者根据自己运输业务的需要，向出租公司租用集装箱，与租箱公司进行协商，灵活采用不同的租赁方式以满足用箱的需求。租箱公司出租对象为实际承运人、无船公共承运人及货主。

4. 集装箱船舶出租公司

集装箱船舶租赁业务始于 20 世纪 60 年代，是随着集装箱运输的发展而兴起的行业。目前，集装箱租船市场的份额和规模有不断上升的趋势。

5. 国际货运代理人

随着国际贸易以及运输方式的发展，特别是国际集装箱多式联运，运送货物所涉及的面越来越广，情况相当复杂，货主和运输经营人不可能亲自办理和处理每一项具体业务，而通过国际货运代理公司便能解决以上问题。

6. 集装箱货运站（CFS）

集装箱货运站是国际集装箱运输中最重要的环节之一。一般可分为集装箱内陆货运站及港口货运站。

7. 集装箱码头经营人

集装箱码头经营人是拥有码头和集装箱堆场（CY）经营权（或所有权），从事集装箱交接、装卸、保管等业务的服务机构。其具体业务范围包括：对整箱货运的交接、存储和保管；与集装箱货运站办理拼箱货运的交接；办理集装箱货运的装卸配载以及有关单证的制作和签发；办理集装箱的维修、清理、熏蒸等工作，并根据所提供的服务项目，收取一定的费用。

8. 货主

货主是贸易中的买卖双方当事人，也是集装箱运的服务对象。

（三）集装箱的类型

1. 按用途分类

随着集装箱运输的发展，为适应装载不同种类货物的需要，出现了不同种类的集装箱。这些集装箱不仅外观不同，而且结构、强度、尺寸等也不相同。根据集装箱的用途不同而分有以下几种。

（1）干货集装箱

干货集装箱也称杂货集装箱，这是一种通用集装箱，用以装载除液体货、需要调节温度货物及特种货物以外的一般件杂货，如日用百货、棉纺织品、医药及医疗器械、文化用品、五金家电、电子产品、工艺品、化工产品等。这种集装箱使用范围极广，常用的有 20 英尺和 40 英尺两种，其结构特点是常为封闭式，一般在一端或侧面设有箱门。这种集装箱占集装箱总数的 70% ~ 80%。

（2）散货集装箱

散货集装箱主要用于运输啤酒、豆类、谷物、硼砂、树脂等货物。这种集装箱除了箱门外，在顶部还设有 2~3 个装货口，底部有升降架，可升高成 40 度的倾斜角，以便卸货。使用集装箱装运散货，一方面提高了装卸效率，另一方面提高了货运质量，减轻了粉尘对人体和环境的危害。

（3）开顶集装箱

开顶集装箱也称敞顶集装箱，这是一种没有刚性箱顶的集装箱，但有可折式顶梁支撑的帆布、塑料布或涂塑布制成的顶篷，其他构件与干货集装箱类似。开顶集装箱适于装载较高的大型货物和需吊装的重货，如玻璃板、木材、钢板、机械等。

（4）冷藏集装箱

冷藏集装箱是一种附有冷冻设备，并在内壁敷设热导率较低的材料，向内顶部装有挂肉类、水果的钩子和轨道，专门用以装载冷冻、保温、保险货物的集装箱（如鱼、肉、新鲜水果、蔬菜等）。在整个运输过程中，启动冷冻机可以保持指定的温度。目前又出现了带有喷淋装置或空气成分调节装置的，更适宜运输新鲜蔬菜、瓜果及鲜花等特殊货物的新型冷藏集装箱。

（5）框架集装箱

框架集装箱是没有箱顶和两侧，由箱底和四周金属框架构成的集装箱，是以装载长大、超重、轻泡货物为主的集装箱，还便于装载牲畜以及诸如钢材之类可以免除外包装的裸装货。其特点是可以从箱子侧面进行装卸。在目前使用的集装箱种类中，框架集装箱有独到之处，因为它可以用于那些形状不一的货物，如重型机械、废钢铁、载货汽车、叉车、木料等。货物可用吊车从顶部装入，也可用叉车从侧面装入。除此之外，相当部分的集装箱在集装箱船边直接装运散货，采用框架集装箱就比较方便。

（6）罐式集装箱（TK）

这是一种专供装运液体货而设置的集装箱，如酒类、油类、药品、黄磷及液状化工品等货物，还可用来装运气体或液体危险品。它由罐体和箱体框架两部分组成，装货时货物由罐顶部装货孔进入，卸货时，则由排货孔靠重力自行流出或从顶部装货孔吸出。

（7）动物集装箱

这是一种专供装运牲畜的集装箱。为了实现良好的通风，箱壁用金属丝网制造，侧壁下方设有清扫口和排水口，并设有喂食装置。

（8）汽车集装箱

这是专为装运小型轿车而设计制造的集装箱。其结构特点是无侧壁，仅设有框架和箱底，可装载一层或两层小轿车。

（9）平台式集装箱

平台式集装箱是仅有底板而无上部结构的一种集装箱。该集装箱装卸作业方便，适于装载长、重大件货物，如重型机械、钢材等。平台的长度和宽度与国际标准集装箱的箱底尺寸相同，可使用与其他集装箱相同的紧固件和起吊装置，长度可达 6 米以上，宽度在 4 米以上，高度 4.5 米左右，重量可达 40 公吨。在装运大件货物时，可同时使用几个平台集装箱。用这种箱子装运汽车尤其方便。这一集装箱的应用打破了过去一直认为集装箱必须具有一定容积的概念。

2. 按主体材料分类

由于集装箱在运输途中常受各种外力的作用和环境的影响，因此集装箱的制造材料要有足够的刚度和强度，应尽量采用质量轻、强度高、耐用、维修保养费用低的材料，并且材料既要价格低廉，又要便于取得。目前，世界上广泛使用的集装箱按其主体材料可分为：

（1）钢制集装箱

其框架和箱壁板皆用钢材制成。其最大优点是强度高、结构牢、焊接性和水密性好、价格低（其价格为铝合金集装箱的 60% ～70%）、易修理、不易损坏，主要缺点是自重大、抗腐蚀性差（每年一般需要进行两次除锈涂漆，故使用率低）。钢制集装箱的使用年限较短，国外一般为 11～12 年。钢制集装箱是海上运输中采用较为普遍的一种集装箱。

（2）铝制集装箱

铝制集装箱有两种，一种为钢架铝板，另一种仅框架两端用钢材，其余用铝材。其主要优点是自重轻（20 英尺铝合金集装箱的自重为 1 700 千克，比钢制集装箱轻 20%～25%，故同一尺寸的铝合金集装箱可比钢制集装箱装更多的货物）、不生锈且外表美观、弹性好、不易变形，主要缺点是造价高（比钢制集装箱贵 30% 左右）、焊接性能差、受碰撞时易损坏。

（3）不锈钢制集装箱

一般多用不锈钢制作罐式集装箱。不锈钢制集装箱的主要优点是强度高、不生锈、耐腐性好，缺点是投资大。

（4）玻璃钢制集装箱

玻璃钢集装箱是在钢制框架上装上玻璃钢复合板构成的。其主要优点是隔热性、防腐性和耐化学性均较好，强度大，刚性好，能承受较大应力，易清扫，修理简便，集装箱内容积较大等；主要缺点是自重较大，造价较高。

二、集装箱货物运输的装载及运输方式

（一）集装箱货物的装载方式

1. 集装箱的选用

在集装箱货物运输中，为了船、货、箱的安全，必须根据货物的性质、种类、容积、重量和形状来选择适当的集装箱；否则，不仅对某些货物不能承运，而且也会因选用不当而导致货损。集装箱货物对集装箱的选用可作以下考虑：

（1）清洁货物和污秽货物：可选用杂货集装箱、通风集装箱、开顶集装箱、冷藏集装箱；

（2）贵重货物和易碎货物：可选用杂货集装箱；

（3）冷藏货物和易腐货物：可选用冷藏集装箱、通风集装箱、隔热集装箱；

（4）散货：可选用散货集装箱、罐状集装箱；

（5）动物和植物：可选用牲畜（动物）集装箱，通风集装箱；

（6）笨重货物：可选用开顶集装箱、框架集装箱、平台集装箱；

（7）危险货物：可选用杂货集装箱、框架集装箱、冷藏集装箱。

2. 集装箱的配载

（1）装载量的掌握

①最大载重：可装在集装箱内的货物最大重量，也就是集装箱的总重量减去集装箱的自重的重量，把这个重量称为最大载重。

该值根据不同的集装箱制造厂和不同类型的集装箱将有所差别。集装箱的总重量绝对不能超过标注在集装箱上的最大总重量（国际标准化组织标准中 20 英尺箱为 20 320 千克，40 英尺箱为 30 480 千克）。此外，集装箱总重量虽在最大总重量范围内，但超过公路运输上限的限制重量，有的也不能进行公路运输。

②最大装载容积。

关于集装箱的容积和内部尺寸，在国际标准化组织的 R－1984 中虽然规定了最小内部尺寸，但如果采用容积来计算集装箱的最大装载量时，最好以集装箱的内部尺寸和实际货物尺寸对比来计算。

（2）货物密度

货物密度是指货物单位体积的货物重量，以平均每立方英尺或每立方米货物体积的货重作为货物的密度单位，是普通杂货船上常用的货物积载因数（Stowage Factor）的倒数。对于集装箱来说，把集装箱的最大载货重量除以集装箱的容积，所得之商称为箱的单位容重。要使集装箱的容积和重量都能满载，就要求货物密度等于箱的单位容重。实际上集装箱装货后，箱内的容积或多或少会产生空隙，因此集装箱内实际利用的有效容积应为集装箱容积乘上箱容利用率。通常在初步计算时，箱容利用率取为 80%。

应用货物密度和集装箱的单位容重来计算集装箱需要量的方法如下：

①如果货物密度大于集装箱的单位容重，这种货一般称为重货，则用货物重量除以集装箱的最大载货重量，即得所需要的集装箱数；

②如果货物密度小于集装箱的单位容重，这种货一般称为轻货，则用货物体积除以集装箱的有效容积，即得所需要的集装箱数；

③如果货物密度等于集装箱的单位容重，则无论按重量计算或容积计算都可求得集装箱的需要量。

（3）容积和重量的充分利用

装载拼箱货物的集装箱，应该轻、重搭配，尽量使集装箱的装载量和容积都能满载，但是必须注意混装在一起的货物，要求不会引起货损。当然能合理地进行搭配装载，提高集装箱的装载率，减少集装箱的使用量，无论对承运人还是货主都是十分有利的。

（4）一般配载应注意事项

①轻货应放在重货上面；

②干货、湿货不能放在同一箱内，如难以避免时，湿货绝对不能放在干货上面；

③对怕受潮货物，不能与容易"出汗"的货物同装一箱；

④吸收异味的货物，绝对不能与放出强烈气味的货物同装一箱；

⑤容易产生灰尘的货物，不能与某些易被灰尘污损的货物同装一箱；

⑥瓶装或罐装液体货无法避免与其他干货拼装一箱时，在任何情况下，前者必须装在底下，并须加以隔垫，而且还应有足够的垫板放在液体货下。

为了节约运输费用和货物的安全运送，减少集装箱运输货损，在很大程度上取决于集装箱内的积载。如果一票货物装完了若干个集装箱以后，只剩下一小部分时，由于不能把不同卸货港的货物混装在一个集装箱内；或者集装箱虽然适合于大部分不同货种的运输，但并不是所有这些货物都能互相适应装同一箱内。由于集装箱的空间是有限的，在配装同一箱的不同货种时，应当仔细判断，不同货种相互适应才可同箱积载，若不能同箱积载，即便剩下的货物件数不多，也只好另装一个集装箱。因此，在提取空箱之前应全面考虑，编制好集装箱预配清单，按预配清单的需要提取空箱。集装箱货物装箱的方式有整箱货装箱和拼箱货装箱。

（二）集装箱的运输方式

集装箱运输根据集装箱数量和方式可以分为整箱和拼箱两种。

1. 整箱（FCL）。整箱是指货主将货物装满整箱之后，以箱为单位托运的集装箱。一般做法是由承运人将空箱运到工厂或者仓库后，货主把货装入箱内、加封、铅封后交给承运人，并取得站场收据，最后由站场收据换取提单。

2. 拼箱（LCL）。拼箱是指承运人或者代理人接受货主托运的数量不足以整箱的小票货物之后，根据货类性质和目的地进行分类、整理、集中、装箱、交货等工作均在承运人码头集装箱货运站（VFS）或者内陆集装箱运转站进行。

【知识链接】

集装箱拼箱运输的交接

首先让我们简单回顾一下集装箱运输的发展历程，集装箱的发展时间是20世纪50年代后期，但其概念的形成是在19世纪初，由英国人James Anderson博士最早提出，一百多年后，在英国铁路开始运营，随后传到美国、德国、法国等国家。1956年，马克林的泛大西洋轮船公司使用一艘油轮在其甲板上装载了60个大型集装箱，在纽约—休斯敦航线上试运行，并一举成功，引起整个国际海运界的极大兴趣。随后，一些大的航运公司也积极参与，标志着海上集装箱业务的开始。

20世纪80年代末，集装箱装运方式在世界各个地区得到广泛地发展，集装箱轮船公司逐渐从不固定航期、航线、停靠港，发展到固定航期、固定航线、固定停靠港，即所谓班轮运输，在其后的发展完善中，相对于散杂货及空运，综合优势明显突出，尤其在：货损货差、包装费用、周转速度、装卸效率、劳动强度、标准化作业、运价等方面。随着各类贸易商及发货人对集装箱整箱运输的了解，集装箱拼箱货物的运输方式也被其认同，于是拼箱业务伴随国际贸易量的逐年增长，也呈上升的趋势，专业的拼箱公司也随之产生。

从实际操作看，拼箱货的承运方式百分之八十以上走 CFS to CFS，其次是 Door

to Door、Door to CFS、CFS to Door。主要原因是由拼箱货的性质决定的。（1）不同发货人和收货人货物的集成。拼箱拼成的整箱是由少则几个多则十几个不同的发货人和收货人的货物所组成。（2）贸易条款和进出口国对各类商品的限制和要求的政策法规不同，有些商品和货物在出口时没有限制规定，但进口国有，一旦发生此类事情，不但会影响该票货物的通关，还会直接影响到同箱运输的其他货物。（3）报关、检验等进出口货物的环节上不同：同箱运输的数票货物，如有一票在通关、检验方面发生问题，包括漏检、漏验项目，时间的延误，就会影响拼成的整箱运输。（4）单证齐全及货物的一致性：各种单证是否齐全，发收货人及目的港、货物的品名、规格、包装、数量、重量、尺码等都不能产生任何误差，如重量，要是每一票都有微量超重，就会影响到整箱的大幅超重，轻则给集装箱运输造成困难，重则会发生运输事故。（5）临时变更：从生产地到最后装船启航，贸易商及发货人会不断地检查和核实货物的真实情况，如发现误差，包括主观和客观造成的，都会提出修改单证，或调整货物。

因此，专业性的拼箱公司的职责，就是要在货物装箱前，把货物所有情况都核实清楚，并且还要准确地判断货物到达目的港后可能发生的各种事宜，如有问题要及时和相关方面进行联系，以保证货物的顺利运送。

对专业性的拼箱公司来讲：

（1）和船公司确定合作关系，提前预定每周舱位是确保货物安全出运的首要条件。

（2）要熟悉和掌握货物的合理运输方式和路线，分清职责，对货物的流程及相关环节的规定要求有深刻的了解，时时监控货流、单证流、信息流是否相同，发现问题随时处理。

（3）在揽货时要对业务客户详述本公司拼箱企业的操作模式、航线优势、船期表、价格标准、配套服务项目，使发货人对所托运的拼箱货物如何能够安全地抵达目的地有清晰的概念。

（4）要有可靠的代理网络及业务合作伙伴。开办公司和办事处是专业拼箱公司发展服务业务的一种选择，但规模大的拼箱公司也不可能在整个运输的各个环节都拥有自己的独立运作部门。因此，建立业务稳定、操作协调的代理网络十分必要。

（5）要有可靠的信息支撑平台，拼箱业务就是拼服务，除要投入大量的人力外，更重要的是加强信息建设，拼箱公司的总票数量大，单据数量都很大，信息交流频率快，如没有一个很强的高技术网络系统，很难支持大量的货运信息流畅通无阻。

（6）要有自己的监控平台，就是CFS。货物再生产前及运送中，对拼箱公司来说此阶段是靠单证信息来计划、监控，只有当货物到了CFS时，才能最后核实其各种数字是否准确，以便真正发挥拼箱货运代理的作用。

（资料来源：www. info. jctrans. com，2010 - 03 - 24。）

三、集装箱货物运输的费用、单证及操作程序

（一）集装箱货物运输的费用

1. 集装箱运费的构成

集装箱运输的费用包括海上运输费用、内陆运输费用、各种装卸费用、装箱及拆箱费用、搬运费、堆场服务费、集装箱及其设备使用费等。承运人收取的运费具体应包括哪些项目，视所采用的集装箱货物运输交接条款而定。

（1）海运运费：是集装箱班轮公司为完成集装箱货物运输而向托运人收取的运输服务报酬。

（2）内陆运费：根据集装箱运输条款，内陆运输费有时由承运人负责；有时由货主自己负责。由承运人负责时，应根据承运人的运价表中有关陆上运费的内容来确定。

（3）堆场服务费：又称码头操作费。以出口为例，在装货港堆场将待装货的空箱装上货方卡车或送往码头内的货运站，再将装妥的重箱从货方卡车卸到堆场或从码头内货运站送回堆场，分类堆存，装船并进行一般加固，以及集装箱进出码头时的有关单证填制等。

（4）拼箱服务费：是指出口货拼箱或进口货拆箱所支付的费用。拼箱服务包括：准备承运人空箱，签发场站收据，在货运站内货物正常搬运一定期限内的堆存、装箱、封箱、做标记，必要的分票与积载，制作装箱单，在卸货港将重箱货物拆箱、理货、堆存、保管、交付货物、对拆空后的集装箱进行一般清扫等。

（5）集散运输费：集散运输又称支线运输，是指集装箱由内河、沿海的集散港至干线基本港之间的运输。一般情况下，集装箱在支线港装船后，即可签发集装箱联运提单，承运人为这一集散运输而收取的费用称为集散运输费。

2. 集装箱运费的计算

目前，集装箱货物海上运价体系较内陆运价体系成熟，基本上分为以下两个大类：

（1）沿用件杂货运费计算方法，对具体的航线按货物的等级及不同的计费标准（俗称散货价）计算出基本运费。基本费再加上相应的附加费，包括传统杂货所收的常规附加费，以及一些与集装箱货物运输有关的附加费。通常各班轮公司对集装箱拼箱货的运费率，在集装箱航线运价表中都有列出。因此，计算拼箱货运费时应按集装箱运输的运费率，而不按普通杂货班轮运输的运费率计算。

（2）对具体航线实行不分货物等级只按箱型的包箱费率或分货物等级和箱型的包箱费率来计算集装箱货物的基本运费。

包箱费率：是以每个集装箱为单位规定计收运费的费率（俗称包箱价），常用于集装箱交货的情况，即 CFS – CY 或 CY 条款。常见的包箱费率有以下两种表现形式：

①FAK 包箱费率：即对每一集装箱不细分箱内货类，不计货量（在重量限额之内），一律使用同样的费率，按集装箱个数计算运费。

②FCS 包箱费率或 FCB 包箱费率：是按不同货物等级或货类及计费标准制订的费率。集装箱普通货物的等级划分与杂货运输分法一样，仍是 1～20 级，但是

集装箱货物的费率级差远小于杂货费率级差，在同一组内，等级低的集装箱货物收费高于传统运输，等级高的集装箱货物收费低于传统运输；同一等级的货物，重货集装箱运价高于体积货运价。可见，船公司鼓励人们把高价货和体积货装箱运输。

采用包箱费率的计费办法计算集装箱基本运费非常方便，只需根据具体航线、货物等级（或不分等级）及箱型（20 英尺或 40 英尺）的费率乘以集装箱个数即可。

整箱货的运费计算，一般是按包箱费率乘以整箱个数得出基本运费，再加上附加费，得到应收运费的金额。公式为：运费 = 包箱费率 × 箱量 + 附加费

【例 2 - 3】一批手动工具需用集装箱从上海运往英国费利克斯托，重量为 16.4t，尺码为 20.5m³，采用 CY/CY 条款，订舱 1 × 20ft，货主需要为该批货物支付多少运费？

解：查货物分级表，知该货物属 10 级，W/M；查中国—欧洲航线费率表，知 10 ~ 11 级货物拼箱运价为 130/FT，整箱运价为 2 050/20ft，3 900/40ft；附加费率表显示燃油附加费为 20%。

运费 = 1 × 2 050 × （1 + 20%） = 2 460（美元）

最低运费：为了确保营运收入不低于成本，经营集装箱运输的船公司通常还有最低运费的规定。所谓最低运费，即指起码运费。在拼箱货的情况下，最低运费的规定与班轮运输中的规定基本相同，即在费率表中都订有最低运费。任何一批货物其运费金额低于规定的最低运费额时，则按最低运费金额计收；在整箱货的情况下，由货主自行装箱，如箱内所装货物没有达到规定的最低计费标准时，则亏舱损失由货主负担。各船公司都分别按重量吨和尺码吨给不同类型和用途的集装箱规定了最低的装箱吨数，并以两者中高者作为装箱货物的最低运费吨。

【例 2 - 4】班轮公司规定，某航线上 20ft 干货箱装载货物的最低限量为 22m³ 或 17.5t。现有小家电 10t、20 m³，已知费率 USD22.5/m³，按最低运费计算这批小家电应付运费。

解：已知费率以体积为单位，最低运费吨为 22m³，而货物实际体积 20m³ 小于最低限量 22m³，故运费 = 22 × 22.5 = 495（美元）

最高运费：在集装箱运输中，为鼓励托运人采用整箱装运货物并能最大限度地利用集装箱内部容积而使用的一种运费计算方法，运费计算时为各种规格和类型的集装箱规定一个按集装箱的内部容积折算的最高运费吨。目前，国际上对最高计费吨的规定，一般是 20 英尺集装箱为 31 立方米，40 英尺集装箱为 67 立方米。如所装货物尺码低于上述规定，则按上述最低规定计收，超过上述规定的部分，则免收运费。因此，提高集装箱内积载技术，充分利用集装箱容积，对节省运费有很大作用。

【例 2 - 5】一批汽车配件，尺码吨大于其重量吨，实际装入 40ft 集装箱内的尺码为 58.5m³，运价基本费率 USD75 W/M，燃油附加费 USD10/FT，货币贬值附加费 6.5%，船公司规定的最高运费吨为 40ft 箱 55m³。求这批货物应付运费。

解：运费 = ［（75 + 10）× 55］× （1 + 6.5%） ≈ 4 978.9（美元）

最高运费的计算仅适用于按尺码吨计算运费的容积货物，而不适用于按重量吨

计算运费的重量货物。因为集装箱规定有最大限制重量，为了安全，不允许超载，更不能通过规定最高运费吨来鼓励超重。

另外，在整箱货运的情况下，如托运人仅提供部分货物的计算运费资料，这部分运费即按规定的等级和费率计算，其余未提供资料的货物运费，则按最高运费吨减去已提供资料的货物运费吨计算。如果这部分货物的计费等级或费率又有差异时，则按其中最高费率计算。

【例 2 – 6】 一个20ft 整箱货，其中20ft 集装箱最高计费吨为31m³，内装 8 级、9 级、10 级、11 级四种货物，托运时仅提供 10 级货物的尺码为 16 m³，求该集装箱运费。

解：已提供资料的货物运费 $= 16 × 10$ 级货物费率

未提供资料的 8、9、11 级货物的运费 $=（31 – 16）× 11$ 级货物费率

该箱货的总运费 = 已提供资料的货物运费 + 未提供资料的 8、9、11 级货物的运费

$= 16 × 10$ 级货物费率 $+（31 – 16）× 11$ 级货物费率

【课堂小讨论】

分组讨论一下，集拼经营人是如何赚取运费差价的，在轻重货物的配载上又有哪些技巧？

（二）集装箱货物运输的单证

1. 订舱单（B/N）

订舱单，又称托运单或委托书，是承运人在接受发货人的订舱时，根据发货人口头或书面申请的货物情况，用以安排集装箱货物运输而制作的单证。该单证一经承运人确认，便作为承、托双方订舱的凭证。订舱单中填写的装运条件必须与信用证一致。

2. 装箱单（CLP）

集装箱装箱单是详细记载集装箱和货物名称、数量等内容的单据，每个载货的集装箱都要制作这样的单据，它是根据已装进集装箱内的货物制作的。不论是由货主装箱，还是由集装箱货运站负责装箱，集装箱装箱单是详细记载每个集装箱内所装货物情况的唯一单据。所以，在集装箱运输中，这是一张极其重要的单据，集装箱装箱单的主要作用有：

（1）在装货地点作为向海关申报货物出口的代用单据。

（2）作为发货人、集装箱货运站与集装箱码头堆场之间货物的交接单。

（3）作为向承运人通知集装箱内所装货物的明细表。

（4）在进口国、途经国家作为办理保税运输手续的单据之一。

（5）单据上所记载的货物与集装箱的总重量是计算船舶吃水差、稳定性的基本数据。

因此，装箱单内容记载准确与否，对保证集装箱货物的安全运输有着密切的关系。

3. 码头收据（D/R）

码头收据一般都由发货人或其代理人根据船公司或其他运输经营人制定的格式填制，并且与货物一起运至集装箱码头堆场或集装箱货运站，由接受货物的人在收

据上签字后交还给发货人，证明托运的货物已收到。

接受货物的人在签署码头收据时，应详细审核收据上所记载的内容与运来的货物实际情况是否相一致。如货物的实际情况与收据上记载的内容不一，则必须修改。如发现货物或箱子有损坏情况，则一定要在收据的备注栏内加批注，说明货物和箱子的实际情况。码头收据的签署不仅表明承运人已收到货物，而且，也明确表示承运人对收到货物开始负有责任。

4. 集装箱提单（B/L）

普通船舶的货运提单是在货物实际装船完毕后经船方在收货单（大副收据）上签署，表明货物已装船，发货人凭经船方签署的收货单去船公司或其代理公司换取已装船提单。而集装箱提单则应以码头（场站）收据换取，它同普通船舶运输下签发的提单不同，是一张收货待运提单。所以，在大多数情况下，船公司根据发货人的要求，在提单上加注具体的装船日期和船名后，该收货待运提单便具有了与已装船提单同样的性质。

现行的集装箱提单中都有表面条款（Face Clause），也称正面条款，说明货物在集装箱运输下所签发的提单性质和作用。

5. 设备收据

设备收据（设备交接单）是作为集装箱，以及其他载货设备交接的证书，由借方和出借方共同签字。当集装箱或机械设备在集装箱码头堆场或货运站借出、回收时，由集装箱堆场制作设备收据，经双方签字后，作为两者之间设备交接的证书。

（三）集装箱货物运输的程序

1. 订舱托运

货物托运人根据贸易合同或信用证有关条款的规定，在货物托运前一定的时间，选定船公司和班期后，填制托运单向船公司或其代理人申请订舱。

2. 接受托运申请

船公司或其代理人，根据托运人的托运申请，考虑船舶舱位、航线、港口、货物性质、运输条件等因素后确定能否接受订舱委托。在船公司或其代理审核托运单，确认接收托运申请后，在装货单上签章，以表明承运该货物。托运人凭签章后的装箱单向海关办理出口报关手续。船公司或其代理人根据托运单编制预配清单等单据，然后分送集装箱码头、集装箱空箱堆场等相关运输部门，据此安排空箱发放和重箱进港等交接工作。

3. 装箱交接

船公司或其代理人在接受托运申请后，根据预配清单的用箱要求安排集装箱空箱发放的集装箱堆场，并编制集装箱设备交接单。通常，整箱货由发货人到集装箱堆场领取空箱，自行负责装箱并加盖海关封志运至集装箱码头堆场。拼箱货由发货人将货物交集装箱货运站，由货运站负责领取空箱，负责装箱运输的集卡车队向船代领取集装箱设备交接单，凭设备交接单到指定的集装箱空箱堆场领取所需空箱，运至承运人指定的仓库装箱。装箱完毕，根据货物的实际装箱情况，填制集装箱装箱单，与集装箱设备交接单一起，由集卡司机送集装箱码头。在集装箱码头入口处完成箱、单交接。

4. 交接签证、换取提单

集装箱码头堆场在验收货物和集装箱后，即在场站收据上签字，并将签署的场站收据交还发货人，发货人凭签署的场站收据，向承运人或其代理人换取提单，然后去银行结汇。

5. 配载装船

船公司或其代理人接受订舱后，根据托运单中的货物订舱数据，由船公司的集装箱配载中心或船舶大副，根据分类整理的订舱单，编制航次集装箱预配图。集装箱预配图由船公司直接转给集装箱港口装卸公司。港口装卸公司收到集装箱预配图后，由码头船长或集装箱配载员根据预配图和码头实际进箱情况，编制集装箱实配图。待集装箱船靠舶后，码头配载员持实配图，交船上大副审查，经船方签字同意后，码头凭确认的集装箱实配图安排装船作业。装船完毕后，由理货公司的理货员按船舶实际装箱情况，编制最终积载图。

6. 海上运输

海上承运人对装船的集装箱负有安全运输、保管照料的责任，并依据集装箱提单条款划分与货主之间的责任、权利、义务。

7. 卸船交货

集装箱货物运抵卸货港后，船公司或船代负责卸货至港口集装箱堆场。货主在办理了进口手续后，海关在提货单上加盖放行章。货主凭合法有效的提货凭证到港口集装箱堆场办理提货拆箱。收货人和集装箱货运站在掏箱完毕后，应及时将空箱回运至集装箱码头堆场。

第三节　其他运输方式

一、铁路运输

（一）铁路运输的特点

铁路运输是现代运输业的主要运输方式之一，也是现代化的主要运输工具。与其他运输方式相比，铁路运输具有运输速度快、运载量大、安全可靠、运输成本低、运输的准确性和连续性强，并且受气候因素影响较小等优点。

（二）国际铁路货物联运

国际铁路货物联运是指在两个或两个以上国家之间进行铁路货物运输时只使用一份统一的国际联运票据，由一国铁路向另一国铁路移交货物时，无须发货人、收货人参加，铁路当局对全程运输负连带责任。

参加国际联运的国家分两个集团，一个是有 32 个国家参加并签订《国际铁路货物运送公约》的"货约"集团，另一个是曾有 12 个国家参加并签订《国际铁路货物联运协定》的"货协"集团。"货协"国家自 20 世纪 80 年代末由于苏联和东欧各国政体发生变化而解体，但铁路联运业务并未终止，原"货协"的许多运作上的制度，因无新的规章替代，仍被沿用，不过由于各国铁路的收费标准不一，报价困难，故目前处在通而不畅的状态。

1. 联运的范围

国际铁路联运既适用于原"货协"国家之间的货物运输，也适用于"货协"至"货约"国家之间的顺向或反向的货物运输。在我国国内凡可办理铁路货运的车站都可接受国际铁路货物联运。

2. 办理类别

国际铁路货物联运办理种别分为整车、零担和大吨位集装箱。

（1）整车。是指按一份运单托运的按其体积或种类需要单独车辆运送的货物。

（2）零担。是指按一份运单托运的一批货物，重量不超过5 000公斤，按其体积或种类不需要单独车辆运送的货物。但如有关铁路间另有商定条件，也可不适用国际货协整车和零担货物的规定。

（3）大吨位集装箱。是指按一份运单托运的，用大吨位集装箱运送的货物或者是空的大吨位集装箱。

3. 出口货物国际铁路联运程序

（1）托运前的工作

在托运前必须将货物的包装和标记严格按照合同中有关条款及国际货协和议定书中各项办理。

①货物包装应能充分防止货物在运输中灭失和腐坏，保证货物多次装卸不致毁坏。

②货物标记、标志牌及运输标记、货签，内容主要包括商品的记号和号码、件数、站名、收货人名称等。字迹均应清晰，不易擦掉，保证多次换装中不致脱落。

（2）货物托运和承运的一般程序

发货人在托运货物时，应向车站提交货物运单和运单副本，以此作为货物托运的书面申请。车站接到运单后，应进行认真审核。对整车货物应检查是否有批准的月度、旬度货物运输计划和日要车计划，检查货物运单各项内容是否正确。如确认可以承运，车站即在运单上签证时写明货物应进入车站的日期和装车日期，即表示接受托运。发货人按签证指定的日期将货物搬入车站或指定的货位，并经铁路根据货物运单的记载查对实货，认为符合国际货协和有关规章制度的规定，车站方可予以承认。一般整车货物装车完毕，发站在货物运单上加盖承运日期戳，即为承运。发运零担货物，发货人在托运时，不需要编制月度、旬度要车计划，即可凭运单向车站申请托运。车站受理托运后，发货人应按签证指定的日期将货物搬进货场，送到指定的货位；经查验过磅后，即交由铁路保管。在车站将发货人托运的货物，连同货物运单一同接收完毕，在货物运单上加盖承运日期戳时，即表示货物业已承运。铁路对承运后的货物负保管、装车发运责任。

总之，承运是铁路负责运送货物的开始，表示铁路开始对发货人托运的货物承担运送义务，并负运送上的一切责任。

（3）货运单据

①国际铁路联运运单，是发货人与铁路之间缔结的运输契约，它规定了铁路与发货人、收货人在货物运送中的权利、义务和责任，对铁路和发货人、收货人都具有法律效力。

②添附文件。我国出口货物必须出具"出口货物明细单"和"出口货物报关单"以及"出口外汇核销单"，另外根据规定和合同的要求还要添附出口许可证、品质证明书、商检证、卫生检疫证、动植物检查以及装箱单、磅码单、化验单、产地证及发运清单等有关单证。

4. 进口货物国际联运程序

（1）确定货物到达站。国内订货部门应提供确切的到达站的车站名称和到达路局的名称，除个别单位在国境站设有机构外，均不得以我国国境站或换装站为到达站，也不得以对方国境站为到达站。

（2）必须注明货物经由的国境站。即注明是经二连浩特，还是满洲里或阿拉山口等地进境。

（3）正确编制货物的运输标志。各部门对外订货签约时必须按照商务部的统一规定编制运输标志，不得颠倒顺序和增加内容，否则会造成错发、错运事故。

（4）向国境站外运机构寄送合同资料。进口单位对外签订合同应及时将合同的中文副本、附件、补充协议书、变更申请书、确认函电、交货清单等寄送国境站外运机构，在这些资料中要有：合同号、订货号、品名、规格、数量、单价、经由、国境站、到达路局、到站、唛头、包装及运输条件等内容。事后如有某种变更事项也应及时将变更资料抄送外运机构。

（5）进口货物在国境的交接。进口货物列车到达国境站后由铁路会同海关接车，双方铁路根据列车长提供的货物交接单办理交接，海关对货物执行监管。

（6）分拨与分运。对于小额订货，国外发货人集中托运、以我国国境站为到站、外运机构为收货人的和国外铁路将零担货物合装整车发运至我国国境站的，外运在接货后应负责办理分拨、分运业务。在分拨、分运中发现有货损、货差情况如属于铁路责任，应找铁路出具商务记录；如属于发货人责任，应及时通知有关进口单位向发货人索赔。

（7）进口货物的交付。铁路到站向收货人发到货通知；收货人接到通知后向铁路付清运送费用后，铁路将运单和货物交给收货人；收货人在取货时应在"运行报单"上加盖收货戳记。

5. 国际铁路货物联运运费的计算

国际铁路货物联运运送费用的计算和核收，必须遵循《国际货协》、《统一货价》和中华人民共和国铁道部《铁路货物运价规则》（以下简称《国内价规》）的规定。

联运货物运送费用包括货物运费、押运人乘车费、杂费和其他费用。

（1）国际货协各铁路间运送费用核收的原则

①发送路的运送费用——在发站向发货人或根据发送路国内现行规定核收；

②到达路的运送费用——在到站向收货人或根据到达路国内现行规定核收；

③过境路的运送费用——按《统一货价》在发站向发货人或在到站向收货人核收。

（2）货协参加路与非国际货协铁路间运送费用核收的规定

①发送路和到达路的运送费用与（1）①、（1）②项相同。

②过境路的运送费用，则按下列规定计收：

参加国际货协并实行《统一货价》各过境路的运送费用，在发站向发货人（相反方向运送则在到站向收货人）核收；但办理转发送国家铁路的运送费用，可以在发站向发货人或在到站向收货人核收。过境非国际货协铁路的运送费用，在到站向收货人（相反方向运送则在发站向发货人）核收。

（3）通过过境铁路港口站货物运送费用核收的规定

从参加国际货协并实行《统一货价》的国家，通过另一个实行统一货价的过境铁路港口，向其他国家（不论这些国家是否参加统一货价）和相反方向运送货物时，用国际货协票据办理货物运送，只能办理至过境港口站为止或从这个站起开始办理。

从参加国际货协铁路发站至港口站的运送费用，在发站向发货人核收；相反方向运送时，在到站向收货人核收。在港口站所发生的杂费和其他费用，在任何情况下，都在这些港口车站向发货人或收货人的代理人核收。过境铁路的运送费用，按《统一货价》规定计收。

（4）国际铁路货物联运国内段运送费用的计算

根据《国际货协》的规定，我国通过国际铁路联运的进出口货物，其国内段运送费用的核收应按照我国《铁路货物运价规则》进行计算。运费计算的程序及公式如下：

①根据货物运价里程表确定从发站至到站的运价里程；

②根据运单上填写的货物品名查找货物品名检查表，确定适用的运价号；

③根据运价里程和运价号在货物运价率表中查出相应的运价率；

④按《铁路货物运价规则》确定的计费重量与该批货物适用的运价率相乘，算出该批货物的运费。

（三）对中国香港、澳门地区铁路货物的运输

1. 对香港的铁路运输

（1）特点

对香港的铁路运输是由大陆段和港九段两部分铁路运输组成，其特点为"两票运输，租车过轨"。也就是出口单位在发送地车站将货物托运至深圳北站，收货人为深圳外运公司。货车到达深圳北站后，由深圳外运作为各地出口单位的代理向铁路租车过轨，交付租车费（租金从车到深圳之日起至车从香港返回深圳之日止，按车上标定的吨位，每天每吨若干元人民币）并办理出口报关等手续。经海关放行过轨后，由香港的"中国旅行社有限公司"（以下简称中旅）作为深圳外运在港代理，由其在港段罗湖车站向港九铁路另行起票托运至九龙，货到九龙站后由"中旅"负责卸货并交收货人。

（2）出口程序

①出口单位或货运代理（一般都是当地的外运公司）向当地铁路办理托运后，均凭托运地外运公司签发的"承运货物收据"向银行办理结汇。

②出口单位或货运代理均应委托深圳外运分公司为收货人办理接货、办理出口报关（如发货地有条件也可在发货地办理出口报关）、租车过轨等中转手续。

③出口单位或货运代理必须事先将有关单证寄给深圳外运，货物装车后应及时

拍发起运电报以便深圳外运办理中转。如单证不全或有差错，或拍发起运电报不及时，或发生货物破损、变质、被盗等情况，货车便不能过轨。

④凡具备过轨手续的货车，由深圳外运向海关办理出口报关，经海关审单无误后即会同联检单位对过轨货车进行联检，联检无问题的由海关、边检站共同在"出口货车组成单"上签字放行。

⑤放行后的货车由铁路运到深圳北站以南1公里与港段罗湖站连接处，然后由罗湖站验收并拖运过境。过境后由香港"中旅"向港段海关报关，并在罗湖站办理起票，港段承运后，即将过轨货车送到九龙站，由香港"中旅"负责卸车并将货物分别交付给各个收货人。

（3）进口程序

从香港进口货物的运输，自1980年5月1日起，凡属外贸进口物资、来料加工、补偿贸易、装配业务、合作生产、合作办厂以及代理外商加工生产的货物，均可利用回空车辆从深圳陆运进口。但对危险品、超重超限货物、需要保温车装运的鲜冻货物及需要检疫报验的货物，必须事先与深圳外运、香港"中旅"等有关单位商定后才能办理。

2. 对澳门的铁路运输

出口单位或货运代理在发送地车站将货物托运至广州，整车到广州南站新风码头42道专用线，零担到广州南站，危险品零担到广州吉山站，集装箱和快件到广州车站，收货人均为广东省外运公司。货到广州后由省外运公司办理水路中转将货物运至澳门，货到澳门后由南光集团运输部负责接货并交付收货人。

二、航空运输

（一）国际航空运输概念

国际航空运输是随着"航空"现象的出现而产生的，并随着航空技术的进步和广泛应用而逐步发展起来的。空运服务贸易是指一国的服务提供者通过跨境支付、境外消费、商业存在或自然人存在方式向他国服务消费者提供的，使用航空飞行器定期或不定期运送旅客或货物以及与此相关的各种服务，并获取收入活动的总称。

航空公司只是负责将货物从一个机场运至另一个机场。对于揽货、接货、报关、订舱，以及在目的地提货和将货物交付收货人等方面的业务，全由航空货运代理（以下简称空代）办理。通常空代既是货主的代理又是航空公司的代理。它可代表航空公司接受货主的货物并出具航空分运单，当货物在航空公司责任范围内丢失、损坏，它可以代表货主向航空公司索赔。

（二）国际航空货物运输的特点

航空货运虽然起步较晚，但发展异常迅速，特别是受到现代化企业管理者的青睐，原因之一就在于它具有许多其他运输方式所不能比拟的优越性。概括起来，航空货物运输的主要特点有：

1. 运送速度快

从航空业诞生之日起，航空运输就以快速而著称。到目前为止，飞机仍然是最快捷的交通工具,常见的喷气式飞机的经济巡航速度大多在每小时 850~900 公里。快捷的交通工具大大缩短了货物在途时间,对于那些易腐烂、易变质的鲜活商品,时效性、季节性强的报刊、节令性商品,抢险、救急品的运输,这一特点显得尤为突出。运送速度快,在途时间短,也使货物在途风险降低,因此许多贵重物品、精密仪器也往往采用航空运输的形式。

2. 不受地面条件影响,深入内陆地区

航空运输利用天空这一自然通道,不受地理条件的限制。对于地面条件恶劣、交通不便的内陆地区非常合适,有利于当地资源的出口,促进当地经济的发展。

3. 安全、准确

与其他运输方式相比,航空运输的安全性较高。1997 年,世界各航空公司共执行航班 1 800 万架次,仅发生严重事故 11 起,风险率约为三百万分之一。航空公司的运输管理制度也比较完善,货物的破损率较低,如果采用空运集装箱的方式运送货物,则更为安全。

4. 节约包装、保险、利息等费用

由于采用航空运输方式,货物在途时间短,周转速度快,企业存货可以相应地减少,一方面有利资金的回收,减少利息支出,另一方面企业仓储费用也可以降低。又由于航空货物运输安全、准确,货损、货差少,因此保险费用较低。与其他运输方式相比,航空运输的包装简单,包装成本减少。这些都使企业隐性成本下降,收益增加。

当然,航空运输也有自己的局限性,主要表现在航空货运的运输费用较其他运输方式更高,飞机的舱容有限,飞机飞行安全容易受恶劣气候影响,等等。但总的来讲,随着新兴技术得到更为广泛的应用,产品更趋向薄、轻、短、小、高价值,管理者更重视运输的及时性、可靠性,航空货运将会有更大的发展前景。

(三)航空运输方式

航空运输方式主要有班机运输、包机运输、集中托运和航空快递业务。

1. 班机运输

班机运输指具有固定开航时间、航线和停靠航站的飞机。通常为客货混合型飞机,货舱容量较小,运价较贵,但由于航期固定,有利于客户安排鲜活商品或急需商品的运送。

2. 包机运输

包机运输是指航空公司按照约定的条件和费率,将整架飞机租给一个或若干个包机人(包机人指发货人或航空货运代理公司),从一个或几个航空站装运货物至指定目的地。包机运输适合于大宗货物运输,费率低于班机,但运送时间则比班机要长些。

3. 集中托运

集中托运可以采用班机或包机运输方式,是指航空货运代理公司将若干批单独发运的货物集中成一批向航空公司办理托运,填写一份总运单送至同一目的地,然后由其委托当地的代理人负责分发给各个实际收货人。这种托运方式,可降低运费,是航空货运代理的主要业务之一。

4. 航空快递业务

航空快递业务是由快递公司与航空公司合作，向货主提供的快递服务。其业务过程是：由快递公司派专人从发货人处提取货物后，以最快航班将货物出运，飞抵目的地后，由专人接机提货，办妥进关手续后直接送达收货人，称为"桌到桌运输"。这是一种最为快捷的运输方式，特别适合于各种急需物品和文件资料。

（四）办理进出口货物空运的程序

1. 办理进口货物的程序

（1）在国外发货前，进口单位就应将合同副本或订单以及其他有关单证送交进口空港所在地的空代，作为委托报关、接货的依据。

（2）货物到达后，空代接到航空公司到货通知时，应从机场或航空公司营业处取单（指航空运单第三联正本）。取单时应注意两点：一是航空公司免费保管货物的期限为3天，超过此限，取单应付保管费；二是进口货物应自运输工具进境之日起14天内办理报关。如通知取单日期已临近或超过限期，应先征得收货人同意缴纳滞报金后方可取单。

（3）取回运单后应与合同副本或订单校对。如合同号、唛头、品名、数量、收货人或通知人等无误，应立即填制"进口货物报关单"并附必要的单证，向设在空港的海关办理报关。如由于单证不全而无法报关时，应及时通知收货人补齐单据或通知收货人自行处理，以免承担延期报关而须缴滞报金的责任。作为收货人应立即答复或处理。

（4）海关审单通过后，空代应按海关出具的税单缴纳关税及其他有关费用。然后凭交费收据将所有报关单据送海关，海关对无须验货的货物直接在航空运单上盖章放行；对需要验货的，查验无讹后放行；对单货不符的由海关扣留，另行查处。

（5）海关放行后，属于当地货物立即送交货主，如为外地货物，立即通知货主到口岸提取或按事先的委托送货上门。对须办理转运的货物，如不能就地报关，应填制"海关转运单"并附有关单据交海关制作"关封"随货转运。

（6）提货时如发现缺少、残损等情况，空代应向航空公司索赔。如提货时包装外表完好，但内部货物的质量或数量有问题，属于"原残"，应由货主向商检部门申请检验出证向国外发货人交涉赔偿；如一张运单上有两个或两个以上的收货人，则空代按照合同或分拨单上的品名、数量、规格、型号，开箱办理分发与分交，收货人应向空代出具收货证明并签字，注明日期。

2. 办理出口货物的程序

（1）出口单位如委托空代办理空运出口货物，应向空代提供"空运出口货物委托书"和出口合同副本各一份。对需要包机运输的大宗货物，出口单位应在发运货物前40天填写"包机委托书"送交空代。对需要紧急运送的货物或必须在中途转运的货物，应在"委托书"中说明，以便空代设法安排直达航班或便于衔接转运的航班。

（2）空代根据发货人的委托书向航空公司填写"国际货运托运书"，办理订舱手续。托运书上要写明货物名称、体积、重量、件数、目的港和要求出运的时间等内容。订妥舱位后，空代应及时通知发货人备货、备单。

（3）出口单位备妥货物、备齐所有出口单证后送交空代，以使空代向海关办理出口报关手续。

（4）空运出口货物要妥善包装，每件货物上要有收货人、托运人的姓名、地址、箱号、唛头、拴挂或粘贴有关的标签。对须特殊处理或照管的货物要粘贴指示性标志。空代在接货时要根据发票、装箱单逐一清点和核对货物的名称、数量、合同号、唛头，检查包装是否符合要求，有无残损等。

（5）对于大宗货物和集中托运货物一般由货代在自己的仓库场地、货棚装板、装箱，也可在航空公司指定的场地进行。

（6）空代向航空公司交货时，应预先制作交接清单一式两份。航空公司接货人员根据空代提供的交货清单和航空运单逐一核对点收，货物经核对无误后接货人员应在交接单上签字，各执一份。

（7）空代将所有报关单证送海关后，海关审单未发现任何问题（必要时需查验货物）便在航空运单正本、出口收汇核销单和出口报关单上加盖放行章。

（8）出口单位凭空代签发的"分运单"向银行办理结汇。如出口单位直接向航空公司托运，就凭航空公司签发的"主运单"向银行办理结汇。

（9）到目的地后，航空公司立即以书面或电话通知当地空代或收货人提货。空代或收货人接到通知后应先行办理进口报关手续，提货时应当场查看货物，如无问题应在运单的"发货收据"上签收。如发现货物损坏或短缺应要求承运人出具运输事故记录，以便事后进行索赔。

【思考一下】

航空主运单与分运单有什么联系？

（五）航空运价和航空运费

1. 航空运价和航空运费的基本内容

（1）航空运价

运价又称费率，是指承运人对所运输的每一重量单位货物（公斤或磅）所收取的，自始发地机场至目的地机场的航空费用。

货物的航空运价一般以始发地的本国货币公布，有的国家以美元代替其本国货币公布。销售航空货运单所使用的运价应为填制货运单之日的有效运价。

（2）航空运费

货物的航空运费是指航空公司将一票货物自始发地机场运至目的地机场所收取的航空运输费用。该费用根据每票货物所适用的运价和货物的计费重量计算而得。每票货物是指使用同一份航空运单的货物。由于货物的运价是指运输起讫地点间的航空运价，所以航空运费就是指运输始发地机场至目的地机场间的费用，不包括其他费用。

（3）其他费用

其他费用是指由承运人、代理人或其他部门收取的与航空运输有关的费用。在组织一票货物运输的全过程中，除了空中运输外，还包括地面运输、仓储、制单、国际货物的清关等环节，提供这些服务的部门所收取的费用即为其他费用。

2. 计费重量

计费重量是指用以计算货物航空运费的重量。它可以是货的实际毛重，也可以是体积重量，或较高重量分界点的重量。

（1）实际毛重

货物的实际毛重包括货物包装在内的重量。一般情况下，对于高密度货物（High Density Cargo），应考虑其货物实际毛重可能会成为计费重量。

（2）体积重量

按照国际航协规则，将货物的体积按一定的比例折合成的重量，称为体积重量。由于货舱空间的限制，一般对于低密度的货物，即轻泡货物，考虑其体积重量可能会成为计费重量。

不论货的形状是否为规则的长方体或正方体，计算货物体积时，均应以最长、最宽、最高的三边的厘米长度为准。长、宽、高的小数部分按四舍五入取整。体积重量按每 6 000 立方厘米折合 1 公斤计算，即：体积重量 = 货物体积/6 000 立方厘米。

（3）计费重量

计费重量为货物的实际毛重与体积重量比较，取其高者；然后在运价表里查出相应费率，相乘即得出运费。

但当货物较高计费重量分界点的运费比计得的航空运费为低时，则以此分界点的运费作为最后收费依据。反之，则以计得的运费为准。这是航空公司给货主的一项优惠。

国际航协规定，国际货物的计费重量以 0.5 公斤为最小单位，重量尾数不足 0.5 公斤的，按 0.5 公斤计算；0.5 公斤以上不足 1 公斤的，按 1 公斤计算。

3. 公布的直达运价

公布的直达运价指航空公司在运价本上直接注明，承运人对由甲地运至乙地的货物收取一定金额的费用。

（1）特种货物运价（SCR）

特种货物运价通常是承运人根据在某一航线上经常运输某一类货物的托运人的请求，或为促进某地区间某一类货物的运输，经 IATA 同意所提供的优惠运价。IATA公布特种货物运价时将货物划分为以下类型：

0001 ~ 0999 食用动物和植物产品；

1000 ~ 1999 活动物和非食用动物及植物产品；

2000 ~ 2999 纺织品、纤维及其制品；

3000 ~ 3999 金属及其制品，但不包括机械、车辆和电器设备；

4000 ~ 4999 机械、车辆和电器设备；

5000 ~ 5999 非金属矿物质及其制品；

6000 ~ 6999 化工品及相关产品；

7000 ~ 7999 纸张、芦苇、橡胶和木材制品；

8000 ~ 8999 科学仪器、精密仪器、器械及配件；

9000 ~ 9999 其他货物。

其中每一组又细分为 10 个小组。每个小组再细分，这样几乎所有的商品都有两个对应的组号。公布特种货物运价时只要指出适用于哪一组货物即可。

因为承运人制定此运价的目的，主要是使空运价更具竞争力，所以特种货物运价比普通货物运价要低。适用特种运价的货物除了满足航线和货物种类要求外，还必须达到所规定的起码运量（如 100 公斤）。如果重量不足，而托运人又希望适用该运价的，那么货物的计费重量就要以所规定的最低运量（100 公斤）为准，运费为最低运量与特种运价的乘积。

（2）等级货物运价（CCR）

等级货物运价适用于指定地区内部或地区之间的少数货物的运输。通常表示为在普通货物运价的基础上增加或减少一定的百分比。

适用的等级货物有：

①活动物、活动物的集装箱和笼子；

②贵重物品；

③尸体或骨灰；

④报纸、期刊、书籍、商品目录、盲人和聋哑人专用设备和书籍等出版物；

⑤作为货物托运的行李。

其中①至③项通常在普通货物运价基础上增加一定百分比；④至⑤项在普通货物运价的基础上减少一定百分比。

（3）普通货物运价（GCR）

普通货物运价适用最为广泛。当一批货物不能适用上述两种运价时，就应考虑选用此运价。

通常，各航空公司针对所承运货物数量的不同，规定了几个计费重量分界点。最常见的是 45 公斤分界点，将货物分为 45 公斤以下（又被称为标准普通货物运价）和 45 公斤以上（含 45 公斤）两种。另外，根据航线货运量的不同还可规定100 公斤、300 公斤分界点，甚至更多。运价的数额随运输量的增加而降低，这也是航空运价的显著特点之一。

（4）最低运费

最低运费是指一票货物自始发地机场至目的地机场航空运费的最低限额。货物的航空运费，应与此运费相比，取高者。

（5）声明价值附加费

根据《华沙公约》的规定，承运人由于失职而造成货物损坏、丢失或延误等应承担责任，其最高赔偿限额为每公斤（毛重）20 美元或 7.675 英镑或等值的当地货币。如果货物的实际价值每公斤超过上述限额，发货人要求在发生货损货差时全额赔偿，则发货人在托运货物时就应向承运人或空代声明货物的价值，但应另付一笔"声明价值附加费"，一般按声明价值额的 0.4% ~ 0.5% 收取。如果发货人不办理声明价值，则应在运单的有关栏内填上"NVD"（No Value Declared）字样。

4. 非公布的直达航空运价

如果甲地至乙地没有可适用的公布的直达运价，则要选择比例运价或分段相加运价，称为非公布的直达航空运价。

（1）比例运价

运价手册上除公布直达运价外，还公布一种不能单独使用的附加数。当货物的始发地或目的地无公布的直达运价时，可采用比例运价与已知的公布的直达运价相加，构成非公布的直达运价。

需要注意的是在利用比例运价时，普通货物运价的比例运价只能与普通货物运价相加，特种货物运价、集装设备的比例运价也只能与同类型的直达运价相加，不能混用。此外，还可以在计算中使用两个比例运价，但这两个比例运价不可连续使用。

（2）分段相加运价

分段相加运价是指在两地间既没有直达运价也无法利用比例运价时，可以在始发地与目的地之间选择合适的计算点。分别找到始发地至该点、该点至目的地的运价，两段运价相加组成全程的最低运价。

无论是比例运价还是分段相加运价，中间计算点的选择，也就是不同航线的选择将直接关系到计算出来的两地之间的运价。因此，承运人允许发货人在正确使用的前提下，以不同计算结果中最低值作为该批货物适用的航空运价。

三、公路运输

公路运输也是现代运输的主要方式之一，它与铁路运输同为陆上运输的基本运输方式。公路运输的工具是汽车，通道是公路。公路是城乡之间以通行汽车为主的公用大道。公路运输在整个运输领域中占有重要的地位，并发挥着愈来愈重要的作用。公路运输既是一个独立的运输体系，也是车站、港口和机场集散物资的重要手段。

（一）公路运输的作用

1. 公路运输在进出口货物的集散上起着重要的作用

由于公路运输机动灵活、简捷方便，可以深入到可通公路的各个角落。目前出口货物的结构中，农副土特产品仍占相当比重，将货源从广大农村集中到铁路沿线或江河港埠，都必须依靠公路运输来完成。进口货物，大部分需运往内地投入生产，也离不开公路运输。因此，公路运输在我国进出口货物集散运转上，起着重要的作用。

2. 公路运输有助于实现"门到门"的运输

目前世界上盛行的集装箱运输方式，其最大的优点是做到"门到门"，使收货人、发货人感到极大的便利。但要做到这一点，无论集装箱使用什么运输工具来运送，进出航空机场、水运港区或铁路车站，都需要公路运输的工具——汽车来配合完成两端的运输任务。

3. 公路运输也是我国边疆地区与邻国物资交流的重要工具

在我国边疆地区，常利用公路运输来完成与邻国的物资交流。不但运输距离短、省费用，而且对加强与邻国的经济合作、促进两国之间的经济和文化往来，均具有重要意义。

对香港特别行政区的部分进出口货物，也是利用汽车运输来完成的。

【思考一下】

公路运输与航空运输相比，具有哪些优越性？

（二）国际公路运输实务

1. 货物的托运、承运和责任范围

托运人在托运时应填写公路货物运输托运单，按所列项目逐项填写清楚，提供准确的货物详细说明，特别是危险物品和超高、超长的大件。货物要求包装完整以适合汽车运输；包装外要刷制正确、清晰的唛头标志。按公路货运新价格规定：运价可按不同的运输要求和条件制定，并可按基础运价实行加成或减成。一次托运不足3吨时为零担，3吨以上为整车。普通货物分3等，特种货物分长大笨重、危险、贵重、鲜活4类，长大笨重又分3级，危险货物按危险程度分2级。凡25公里以下为短途运输。如因托运部门的责任造成车辆空驶、等装待卸，都要计收装货落空损失费和延滞费。

托运单经承运部门审核无误并接受货物后即为承运开始。承运人的责任期限是从接受货物时起，直到把货物交给收货人为止。在此期限内，承运人对货物的灭失和损坏负赔偿责任。如由于承运人责任造成不能按规定时间完成承运任务，也要根据合同规定支付违约金。但不是由于承运人的责任，因下列原因造成的货物的灭失或损坏，承运人可以免责：

（1）非人力所能预防或抵抗的事故；

（2）包装完整无异状，而内容短损或变质者；

（3）在运输期内由于货物本身自然腐烂、挥发或减量（指超过双方议定途耗率者）者；

（4）有关当局对货物的处置法令；

（5）收货人逾期提取或拒收货物而造成霉烂变质者；

（6）有随车押运人员负责途中保管照料者。

2. 公路运杂费

（1）货物重量。按毛重计算。整批货以吨公里为计费单位，零担货物以每公斤1公里为计费单位。凡货物重1公斤，体积未超过4立方分米的为实重货物，体积超过4立方分米的为轻泡货物。零担轻泡货物，按其长、宽、高计算体积，每4立方分米折合1公斤。

（2）计费里程。按货物装运地点至卸货地点的实际运输里程计算。新价规把车辆重装卸点的装卸里程也计入计费里程内。

（3）运费计算公式。

①以吨公里或每公斤公里计费

（货物计费重量×计费里程×每公斤公里运价）×（1+加成率）

②以吨计费

（货物计费重量×运价）×（1+加成率）

每件货物重量满250公斤及以上为超重货物，长达7米及以上为超长货物。

除运费外，凡与汽车货运有关的杂费，如装卸费、装卸落空损失费、延滞费等，则按有关规定收取。

四、大陆桥运输

在国际多式联运中，大陆桥运输起着非常重要的作用。它是远东/欧洲国际多式联运的主要形式。大陆桥运输是指采用集装箱专用列车或卡车，把横贯大陆的铁路或公路作为中间"桥梁"，使大陆两端的集装箱海运航线与专用列车或卡车连接起来的一种连贯运输方式。严格地讲，大陆桥运输也是一种海陆联运形式。只是因为其在国际多式联运中的独特地位，故在此将其单独作为一种运输组织形式。目前，远东/欧洲的陆桥运输线路有西伯利亚大陆桥和北美大陆桥。

（一）大陆桥运输的概念及产生背景

1. 大陆桥运输的概念

大陆桥运输是指以横贯大陆的铁路、公路系统作为中间桥梁，把大陆与海洋连接起来形成的海陆联运的连贯运输。大陆桥运输是一种主要采用集装箱技术，由海上运输、铁路运输、公路运输、航空运输组成的现代化多式联合运输方式，是一个大的系统工程。

2. 大陆桥运输产生的背景

20 世纪 50 年代初，日本运输公司将集装箱经太平洋运至美国西海岸，再利用横贯美国东西部的铁路运至美国东海岸，然后装船继续运往欧洲，由此产生了世界上大陆桥的雏形——美国大陆桥。

大陆桥的正式应用是在 1967 年，当时因阿以战争，苏伊士运河被迫关闭，又赶上巴拿马运河拥挤堵塞，远东与欧洲之间的海上货船不得不改道绕航非洲好望角或南美洲德雷克海峡，导致航程和运输时间大大延长。当时又逢油价猛涨，海运成本增加，加之正值集装箱兴起，大陆桥运输便应运而生，产生了两条远东、日本至欧洲的大陆桥路线。

国际贸易货物使用大陆桥运输，具有运费低廉、运输时间短、货损货差率小、手续简便等特点。大陆桥运输是一种经济迅速、高效的、现代化的新型物流运输方式。

（二）当今世界主要大陆桥介绍

1. 西伯利亚大陆桥

西伯利亚大陆桥（SLB）是指使用国际标准集装箱，将货物由远东海运到俄罗斯东部港口，再经跨越欧亚大陆的西伯利亚铁路运至波罗的海沿岸如爱沙尼亚的塔林或拉脱维亚的里加等港口，然后再采用铁路、公路或海运运到欧洲各地的国际多式联运的运输线路。

西伯利亚大陆桥于 1971 年由原全苏对外贸易运输公司正式确立。现在全年货运量高达 10 万标准箱（TEU），最多时达 15 万标准箱。使用这条陆桥运输线的经营者主要是日本、中国和欧洲各国的货运代理公司，其中，日本出口欧洲杂货的 1/3，欧洲出口亚洲杂货的 1/5 是经这条陆桥运输的，由此可见它在沟通亚欧大陆、促进国际贸易中所处的重要地位。

西伯利亚大陆桥运输包括"海铁铁"、"海铁海"、"海铁公"和"海公空"四种运输方式。由俄罗斯的过境运输总公司担当总经营人,它拥有签发货物过境许可证的权力,并签发统一的全程联运提单,承担全程运输责任。至于参加联运的各运输区段,则采用"互为托、承运"的接力方式完成全程联运任务。可以说,西伯利亚大陆桥是较为典型的一条过境多式联运线路。

西伯利亚大陆桥是目前世界上最长的一条陆桥运输线。它大大缩短了从日本、远东、东南亚及大洋洲到欧洲的运输距离,并因此而节省了运输时间。从远东经俄罗斯太平洋沿岸港口去欧洲的陆桥运输线全长 13 000 千米。而相应的全程水路运输距离(经苏伊士运河)约为 20 000 千米。从日本横滨到欧洲鹿特丹,采用陆桥运输不仅可使运距缩短 1/3,运输时间也可节省 1/2。此外,在一般情况下,运输费用还可节省 20%~30%,因而对货主有很大的吸引力。但是,西伯利亚大陆桥运输在经营管理上存在不少问题,如港口装卸能力不足、铁路集装箱车辆不足、箱流严重不平衡以及严寒气候影响大等,在一定程度上阻碍了它的发展。尤其是随着新亚欧大陆桥形成,西伯利亚大陆桥面临严峻的竞争形势。

2. 新亚欧大陆桥

(1)简介

新亚欧大陆桥东起太平洋西岸连云港等中国东部沿海港口,西达大西洋东岸荷兰鹿特丹、比利时的安特卫普等港口,横贯亚欧两大洲中部地带,总长约 10 900 千米。它的东端直接与东亚及东南亚诸国相连,并进而与美洲西海岸相通;它的中国段西端,从新疆阿拉山口站换装出境进入中亚,与哈萨克斯坦德鲁日巴站接轨,西行至阿克斗卡站与土西大铁路相接,进而分北中南三线接上欧洲铁路网通往欧洲。

(2)新亚欧大陆桥的优势

第一,地理位置和气候条件优越:整个大陆桥避开了高寒地区,港口无封冻期,自然条件好,吞吐能力大,可以常年作业。

第二,运输距离短:新亚欧大陆桥比西伯利亚大陆桥缩短陆上运距 2 000~5 000 千米,到中亚、西亚各国,优势更为突出。从远东到西欧的货物,经新亚欧大陆桥比绕过好望角的海上运输线缩短运距 15 000 千米,比经苏伊士运河的海上运输线缩短运距 8 000 千米,比经巴拿马运河的海上运输线缩短运距 11 000 千米,比经北美大陆桥缩短运距 9 100 千米。

第三,辐射面广:新亚欧大陆桥辐射亚欧大陆 30 多个国家和地区,总面积达5 071 万平方千米,居住人口占世界总人口的 75% 左右。

第四,对亚太地区吸引力大:新亚欧大陆桥吸引范围除我国(大陆)外,日本、韩国、东南亚各国、一些大洋洲国家和我国的台湾、港澳地区,均可利用此线开展集装箱运输。因此,新亚欧大陆桥这些固有的优势,决定了它必将全线运营,发展壮大,成为沟通亚太地区与欧洲的主导运输线。

3. 北美大陆桥

北美大陆桥是指利用北美的大铁路从远东到欧洲的"海陆海"联运。该大陆桥运输包括美国大陆桥运输和加拿大大陆桥运输。美国大陆桥有两条运输线路:一条是从西部太平洋沿岸至东部大西洋沿岸的铁路和公路运输线;另一条是从西部太平洋沿岸至东南部墨西哥湾沿岸的铁路和公路运输线。美国大陆桥于 1971 年底由经营远东/欧洲航线的船公司和铁路承运人联合开办"海陆海"多式联运线，后来美国几家班轮公司也投入营运。目前，主要有四个集团经营远东经美国大陆桥至欧洲的国际多式联运业务。这些集团均以经营人的身份，签发多式联运单证，对全程运输负责。加拿大大陆桥与美国大陆桥相似，由船公司把货物海运至温哥华，经铁路运到蒙特利尔或哈利法克斯，再与大西洋海运相接。

【案例分析】

货物"裸装"也是包装

事件

原告港机公司与被告保险公司签订了一揽子的保险协议，约定了投保险种、预估保险金额、保险费率等基本条件。随后，原告就一批货物向被告出具了货物运输险投保单，列明被保险人为原告，货物名称为 1 台套 40t－45m 门机部件、备件、随机工具。被告出具了保险单，列明险别为货运综合险，责任范围是：凡固体货物，因"受震动、碰撞、挤压而造成碰碎、弯曲、凹瘪、折断、开裂或包装破裂致使货物散失的损失"，属保险责任。

货物起运前，被告未按一揽子保险协议中的约定，就载运工具和实际装载情况的安全性发表意见。

货物运输途中，由于门机机房和吊臂等受自身重力、船舶横摇和纵摇的惯性力、风浪力等共同作用，致使甲板、底座、撑杆破裂，货物在长江口掉入海中。

原告认为：被告作为保险人应在事故发生后及时履行保险合同项下的赔付义务，请求法院依法判令被告赔偿损失。

裁判

上海海事法院经审理后认为：原告、被告之间保险合同关系成立。在超大件货物运输中，用于对运输货物固定绑扎的一系列措施，客观上起到了包装的作用，因此认为钢架断裂是包装破裂，涉案事故属于保险赔偿责任范围之内，被告应对原告的损失进行赔付。

分析

本案中，被告认为涉案用于固定货物钢架破裂不属于保险合同约定的"包装破裂"。合同双方对涉案货物损失是否属于保险赔偿责任范围存在争议。

货物的运输包装根据货物种类的不同而有区别，"裸装"是其中的一种。对于汽车、大型机械等件装货物来说，由于体积过大、形状不规则等原因，无法使用箱、袋等传统包装形式，而采用绑扎、系固、支撑等措施，但不能认为"裸装"就没有包装。

运输包装的目的是为了保护货物本身质量和数量上的完整无损，便于装卸、搬运、堆放和运输。本案中，用于固定捆扎的钢架客观上起到了包装的作用，符合包装的法律特征。保险合同确有约定保险人承保因包装破裂造成的货物损失，因钢架破裂造成的货物损失，被告应当予以赔偿。

《海商法》第二百四十三条规定：除合同另有约定外，因下列原因之一造成货物损失的，保险人不负赔偿责任：（一）航行迟延、交货迟延或者行市变化；（二）货物的自然损耗、本身的缺陷和自然特性；（三）包装不当。

被告如果援引此条主张货物包装免赔，必须证明涉案货物包装不当。但本案中，被告未根据一揽子保险协议的约定，在货物起运前进行现场查勘，并就载运工具和实际装载情况的安全性及时发表意见，那么根据约定就应视为对载运工具和实际装载情况的安全性予以了认可，不能以货物包装不当要求免赔。

（资料来源：中国水运网，2012 - 04 - 09。）

【本章小结】

国际货物运输主要类型	海洋货物运输	海上运输是当今国际贸易中最主要的运输方式，国际贸易货物总运量的 75% 以上都以海上运输来实现，有些国家海运量占到 90% 以上。随着国际海运业的不断发展，各国政府和非政府组织相继成立了一些政府间国际组织和非政府间国际组织，海运企业间也成立了一些具有经营协作性质的国际组织。 按照海洋运输船舶经营方式的不同，可将其分为班轮运输和租船运输。国际货物的运输对象从国际货物运输的需要出发，可以从货物的形态、性质、重量、运量等几个不同的角度对货物进行分类。 海上航行的船舶种类很多，与国际贸易运输有关的主要是商船。按运输对象划分，可分为客船和货船。 海洋运输航线是指船舶根据不同水域、潮流、港湾、风向、水深等自然条件及社会、政治和经济因素，为达到最大的经济效益所选定的营运通路。全世界有很多著名的航线承担着全球大部分的海运贸易。
	集装箱货物运输	集装箱运输是国际贸易货物运输高度发展的必然产物。世界各国都把集装箱运输称为 20 世纪的"运输革命"。集装箱运输涉及面广、环节多、影响大，是一个复杂的运输工程。 集装箱有两种分类，一种是按照材料分类，另一种是按照用途分类。集装箱的装载方式分为整箱和拼箱两种。 集装箱运输的费用包括海上运输费用、内陆运输费用、各种装卸费用、装箱及拆箱费用、搬运费、堆场服务费、集装箱及其设备使用费等。
	其他运输方式	与其他运输方式相比，铁路运输具有运输速度快、运载量大、安全可靠、运输成本低、运输的准确性和连续性强，并且受气候因素影响较小等优点。 航空货运虽然起步较晚，但发展异常迅速，特别是受到现代化企业管理者的青睐，原因之一就在于它具有许多其他运输方式所不能比拟的优越性。 公路运输既是一个独立的运输体系，也是车站、港口和机场集散物资的重要手段。 在国际多式联运中，大陆桥运输起着非常重要的作用。它是远东/欧洲国际多式联运的主要形式。

【课后习题】

一、单选题

1. 按货物的体积/容积计收，故称尺码吨，运价表中以（   ）表示。

A. M   B. W   C. W/M   D. Ad. val

2. 国际海上集装箱班轮运输实践中可能使用"货主箱"（SOC），该类箱在海上运输过程中灭失或者损坏时，可以认为它是一种（　　）。

A. 货物的包装　　　　B. 运输设备　　　　C. 运输工具　　　　D. 货物

3. 滞期费和速遣费存在（　　）运输合同中。

A. 航次租船　　　　B. 包运租船　　　　C. 定期租船　　　　D. 班轮

4. 门到门（Door to Door）的集装箱运输最适合于（　　）交接方式。

A. 整箱交，整箱接　　　　　　　　　B. 整箱交，拆箱接

C. 拼箱交，拆箱接　　　　　　　　　D. 拼箱交，整箱接

5. LCL—FCL 货物交接的运输条款包括（　　）。

A. CY—CY　　　　B. CY—DOOR　　　　C. CFS—CY　　　　D. CY—CFS

6. FCL—LCL 货物交接的运输条款包括（　　）。

A. CY—CY　　　　B. CY—DOOR　　　　C. CFS—CY　　　　D. CY—CFS

二、多选题

1. 国际海运组织包括（　　）。

A. 国际海事组织　　　　　　　　　　B. 波罗的海国际海事协会

C. 国际海事委员会　　　　　　　　　D. 联营体

2. 下列不是海上运输的特点的是（　　）。

A. 运量大　　　　　　　　　　　　　B. 适货性强

C. 风险系数低　　　　　　　　　　　D. 速度相对较快

3. 按照海洋运输船舶经营方式的不同，可将其分为（　　）。

A. 班轮运输　　　　B. 集装箱运输　　　　C. 租船运输　　　　D. 多式联运

4. 铁路运单填写的基本要求是（　　）。

A. 正确、完备　　　B. 真实、详细　　　C. 清楚　　　　D. 更改盖章

5. 铁路货物的承运是指（　　）。

A. 零担的货物进入发站

B. 集装箱的货物由发站接收完毕

C. 整车货物装车完毕，发站在货物运单上加盖车站日期戳时起

D. 承运人与托运人划分责任的时间界线

E. 标志着货物正式进入运输过程

三、判断题

1. 国际铁路零担货物运输系指按一份托运的一批货物，重量不超过 5 000 公斤，按其体积或种类不需要单独车辆运送的货物。　　　　　　　　　　　　　（　　）

2. 航空运价表和海运一样是以公吨或立方米作为计价单位的。　　　　　（　　）

3. 公路运输有助于实现"门到门"的运输。　　　　　　　　　　　　　（　　）

4. 联运由不同运输方式组成。　　　　　　　　　　　　　　　　　　　（　　）

5. 大陆桥运输是指利用横贯大陆的铁路作为中间桥梁把大陆两端的海洋运输连接起来组成的运输方式。　　　　　　　　　　　　　　　　　　　　　　　（　　）

四、简答题

1. 定程租船与定期租船在费用及风险方面有什么不同？
2. 如何充分利用集装箱运输规定配载重货和轻货？
3. 航空运输具有哪些优势与劣势？
4. 国际货协各铁路间运送费用核收的原则包括哪些内容？

【阅读材料】

联邦快递、UPS 获国内快递牌照

联邦快递与联合包裹两大国际快递巨头日前首次获得了中国国内快递牌照。为了抢夺市场，联邦快递依然保持着两年前的国内件价格，由上海发往长三角的快件低于顺丰（微博）和 EMS，几乎与"四通一达"处于同一价位。而受到冲击的本土快递则开始谋求转型，顺丰、申通（微博）都开设了购物网站，准备在蓬勃发展的电商市场寻求业务新发展。

1. 洋快递结束"无照经营"

国家邮政局 2012 年 9 月 7 日发布公告称，批准联邦快递（中国）有限公司（Fedex）和优比速包裹运送（广东）有限公司（UPS）经营国内快递业务。Fedex 首批获准在上海、广州、深圳、杭州、天津、大连、郑州、成都 8 个城市，UPS 首批获准在上海、广州、深圳、天津、西安 5 个城市，分别开展除信件之外的国内快递业务。

尽管这是"洋快递"首次获得中国国内快递牌照，但事实上，由于此前中国邮政部门对快递业务运营并无限制，Fedex 和 UPS 早在 2007 年前后就已开始经营中国国内快件业务，目前快件份额已占到全国的 3%。

2009 年实施《中国邮政法》后，要求所有快递企业都必须向邮政局申请运营牌照，Fedex 和 UPS 一下陷入了"无照经营"的尴尬。

2012 年 5 月，两大洋快递向国家邮政局递交了申请书；9 月 6 日，国家邮政局批准了两家公司的申请。自此，联邦快递和 UPS 成为首批获得国内快递业务牌照的外资企业。

2. 价格低于 EMS、顺丰

昨天，联邦快递（中国）有限公司相关负责人表示，取得国内快递业务牌照的法律意义大于经营意义。

价格方面，近两年随着柴油价格与用人成本不断上涨，本土快递公司已经历了三四波涨价潮，但 Fedex 与 UPS 却一直按兵不动，国内件价格已接近甚至低于一些本土快递公司。

以 Fedex 为例，目前由上海发往长三角地区的次日达快件（1 公斤以内），价格为 9.6 元，EMS 为 20 元，顺丰为 12 元，申通为 10 元；上海发往北京的次日达快件（1 公斤内），Fedex 为 20.5 元、EMS 为 26 元、顺丰与 UPS 均为 22 元、申通 15 元。

业内专家表示，近年来中国国内快件市场，高端商务件基本被 EMS 与顺丰垄

断，淘宝快件则是"四通一达"的天下。如今，洋快递价格越来越平，有可能会对EMS、顺丰长期把持的中高端市场造成冲击。

3. 本土快递纷纷谋求转型

对此，顺丰、申通等国内快递巨头开始谋求转型，朝着综合物流商的方向发展。

2012 年 5 月，顺丰推出中高端电子商务平台——顺丰优选，以进口食品为主，优质国产食品为辅，涵盖九大品类、五千多款。7 月下旬，申通也推出"爱买网超"，商品涉及生活电器、办公用品、家具生活等九大类，还宣布"全场包邮，满百送十"，准备依托自身具有优势的物流配送环节，尝试多元化经营。

2012 年 9 月，顺丰又宣布推出一款慢速快递产品"四日件"，该产品价格较传统的次日达快件有较大幅度的优惠。与此同时，顺丰还悄悄建成了 14 个仓库，准备进军仓储项目。

业内专家指出，在洋快递的巨大冲击下，国内快递企业需要扬长补短应对竞争。国内快递企业具有渠道优势，在网点数量、网点密度、市场份额上都领先于洋快递。而外资快递巨头经营模式成熟，在管理、信息技术等方面具有竞争优势，可促使国内快递企业加强经营管理，引入和采用新技术，进而提高服务质量、提升经营效率。

（资料来源：新浪财经，2012 - 09 - 14。）

第三章
国际货物运输合同

【学习目标】

通过本章内容的学习，学生应了解海上货物运输合同的定义、分类、订立与解除，熟悉海上货物运输合同的履行以及提单的定义与作用，熟悉提单的内容和有关的国际公约，掌握提单的种类、印刷条款及提单的签发与背书。

【学习重点与难点】

提单的种类；提单的内容；提单的印刷条款；提单的签发与背书。

【关键术语】

班轮运输合同　租船运输合同　迟延交付　提单　物权凭证　清洁提单　不清洁提单
记名提单　不记名提单　指示提单　直达提单　转船提单　联运提单　倒签提单
预签提单　顺签提单　舱面提单　过期提单　国际公约　提单的签发与背书

【本章知识结构】

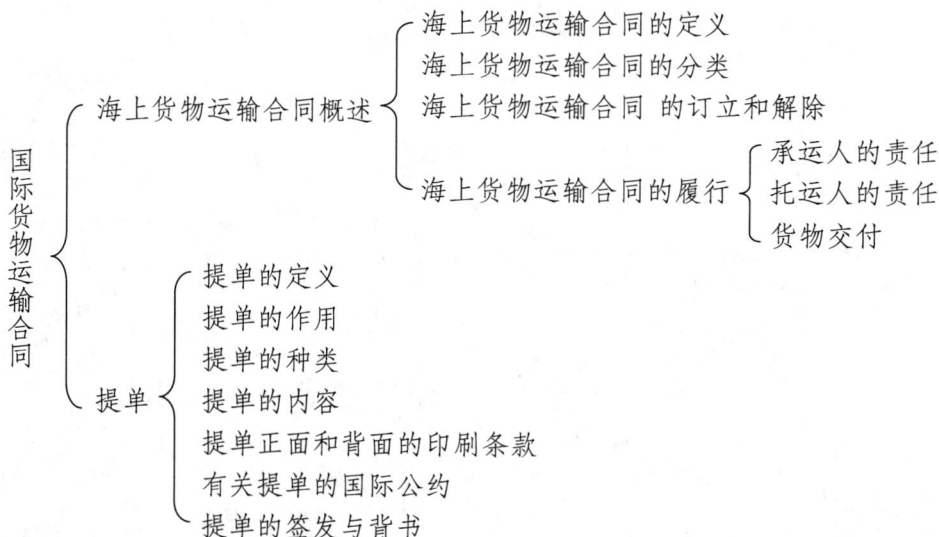

国际货物运输合同
- 海上货物运输合同概述
  - 海上货物运输合同的定义
  - 海上货物运输合同的分类
  - 海上货物运输合同 的订立和解除
  - 海上货物运输合同的履行
    - 承运人的责任
    - 托运人的责任
    - 货物交付
- 提单
  - 提单的定义
  - 提单的作用
  - 提单的种类
  - 提单的内容
  - 提单正面和背面的印刷条款
  - 有关提单的国际公约
  - 提单的签发与背书

【案例引入】

敦豪全球货运（中国）有限公司宁波分公司 2010 年 12 月 DHL 代理托运人出运了一票货物，从宁波港出口至贝鲁特。12 月 6 日，宁波分公司向托运人通过快递交付提单，但直到 12 月 13 日，托运人称一直都没有收到该提单，导致收货人在目的港无法提货，托运人要求重新签发一套新提单。宁波分公司推测是快递公司在递送过程中将该单据遗失，查快递单据，既没有托运人的签收，也没有快递公司从宁波分公司对该件的收件记录。宁波分公司要求托运人提供现金担保或银行担保才能重新出一套新提单，但托运人拒绝提供任何担保，因为其认为提单的遗失与其无关，承运人应尽快补发提单给他们。由于宁波分公司与托运人关于提单的交付没有事先约定，同时又与快递公司的交接手续不全，因此令宁波分公司处于一个非常尴尬的境地。

（资料来源：百度文库。）

第一节　海上货物运输合同概述

一、海上货物运输合同的定义

我国《海商法》第四十一条规定："海上货物运输合同，是指承运人收取运费，负责将托运人托运的货物经海路由一港运至另一港的合同。"

二、海上货物运输合同的分类

根据不同标准，海上货物运输合同可以分成以下不同的种类：国际海上货物运输合同和国内海上货物运输合同；班轮运输合同和租船运输合同；散货运输合同、件杂货运输合同和集装箱货运输合同。

（一）国际海上货物运输合同和国内海上货物运输合同

这是根据装卸港口的位置不同进行的划分。在同一国家不同港口之间的运输是国内货物运输，又称为"沿海货物运输"；而将货物从一国港口运往另一国港口的是国际货物运输。在中国，两种合同中使用的运输单据不同，适用的法律也不同。

（二）班轮运输合同和租船运输合同

这是根据合同形式不同进行的划分。按照固定的船期表、固定的港口挂靠顺序有规律进行的运输是班轮运输。班轮运输中通常以提单作为口头或书面订立的运输合同的证据。不是按照固定的时间和航线，而是按出租人与承租人专门商定的条件进行的运输是租船运输。租船运输中双方缔结的是租船运输合同，常见的租船合同包括航次租船、定期租船和光船租船三种形式。但《海商法》第四章"海上货物运输合同"中只包括了航次租船合同，而将定期租船合同和光船租船合同一起规定在第六章"船舶租用合同"中。

（三）散货运输合同、件杂货运输合同和集装箱货运输合同

这是根据承运货物不同进行的划分。所谓散货是指货物在装运以前没有进行包装，而是直接装载在船上的通舱或货舱隔成的小舱中的货物，如谷物、糖、油等。所谓件杂货是指包装成件或本身是可计数的货物，如一箱衣物、一辆汽车等。所谓集装箱货是指装载在集装箱这种新型的包装运输工具中的货物。

三、海上货物运输合同的订立和解除

（一）海上货物运输合同的订立

海上货物运输合同由承运人与托运人磋商订立，订立的过程也分为要约和承诺。在海上货物运输合同中，发出要约的可能是承运人，也可能是托运人。承运人发出要约称为揽货，托运人发出要约则称为租船订舱。

海上货物运输合同可以口头订立，也可以书面订立。但航次租船合同应当书面订立。电报、电传和传真具有书面效力。

【课堂小讨论】

口头订立海上货物运输合同都需要注意哪些方面？

（二）海上货物运输合同的解除

海上货物运输合同订立后，可能因法定或当事人约定而解除。《海商法》规定了以下三种合同解除的情况：

1. 船舶在装货港开航前，托运人可以要求解除合同。除合同另有约定外，托运人应当向承运人支付约定运费的一半；货物已经装船的，并应当负担装货、卸货和其他与此有关的费用。

2. 船舶在装货港开航前，因不可抗力或者其他不能归责于承运人和托运人的原因致使合同不能履行的，双方均可解除合同，并互相不负赔偿责任。除合同另有约定外，运费已经支付的：承运人应当将运费退还给托运人；货物已经装船的，托运人应当承担装卸费用；已经签发提单的，托运人应当将提单退回给承运人。

3. 船舶开航后，因不可抗力或者其他不能归责于承运人和托运人的原因致使船舶不能在合同约定的目的港卸货的，除合同另有约定外，船长有权将货物在目的港邻近的安全港口或者地点卸载，视为已经履行合同。但船长决定将货物卸载的，应当及时通知托运人或者收货人，并考虑托运人或者收货人的利益。

四、海上货物运输合同的履行

（一）承运人的责任

1. 承运人的最低法定义务

海上货物运输合同中，承运人有四项必须承担的义务，即适航、管货、不做不合理绕航和应托运人请求签发提单。海上货物运输合同条款不能减轻或免除这四项义务，否则该条款无效，但运输合同可以再增加承运人的其他义务。因此，这四项义务被称为"承运人的最低法定义务"。

适航义务要求承运人在开航之前和开航当时，适当检查和配备船舶，使船舶处于适于航行的正常状态，能够安全收受、载运和保管货物。

管货义务要求承运人在接收货物后，应当妥善地、谨慎地装载、搬移、积载、运输、保管、照料和卸载所运货物。

绕航是指船舶有意脱离约定的或者习惯的或者地理上的航线。航线的选择事关运输安全，因此不绕航是承运人的基本义务。但船舶在海上为救助或者企图救助人

命或者财产而发生的绕航，或者其他合理绕航，不属于违反承运人义务的行为。

承运人的第四项法定义务是应托运人请求签发提单。这项义务存在的前提是，托运人适时地提出了签发提单的请求。托运人没有请求，则无须签发提单。

2. 承运人的最高法定免责

与承运人的基本法定义务相对应，《海商法》规定了 12 项承运人的法定免责事由。由于这些法定免责是承运人能享受的最多免责，运输合同只能减少，不能增加，否则无效，因此，又被称为"承运人的最高法定免责"。这 12 项法定免责事由是：

（1）船长、船员、引航员或者承运人的其他受雇人在驾驶船舶或者管理船舶中的过失；

（2）火灾，但是由于承运人本人的过失所造成的除外；

（3）天灾，海上或者其他可航水域的危险或者意外事故；

（4）战争或者武装冲突；

（5）政府或者主管部门的行为、检疫限制或者司法扣押；

（6）罢工、停工或者劳动受到限制；

（7）在海上救助或者企图救助人命或者财产；

（8）托运人、货物所有人或者他们的代理人的行为；

（9）货物的自然特性或者固有缺陷；

（10）货物包装不良或者标志欠缺、不清；

（11）经谨慎处理仍未发现的船舶潜在缺陷；

（12）非由于承运人或者承运人的受雇人、代理人的过失造成的其他原因。

以上第（1）项的免责又被称为"航行过失免责"，具体又分为"驾驶过失免责"和"管船过失免责"两种。驾驶过失，指在采取船舶移动措施时判断错误导致损失，如船长、船员疏于瞭望，致使船舶触礁、搁浅、与他船相撞等。管船过失指船舶航行中欠缺对于船舶应为之注意，如船长、船员忘记给锅炉加水，应该通风的时候没有打开通风设备等。航行过失免责的规定使承运人在有过失的情况下仍然可以免除责任，是一种非常特殊的免责规定，也是为了照顾海上特殊风险而设。承运人除此以外的其他责任都是过失责任，因此海上货物运输中承运人的责任被称为"不完全的过失责任制"。

【思考一下】

托运人与承运人在签署海上货物运输合同时应该如何注意承运人的法定免责部分？

3. 承运人的单位赔偿责任限制

承运人对货物灭失或者损坏的赔偿限额，按照货物件数或者其他货运单位数计算，每件或者每个其他货运单位为 666.67 计算单位，或者按照货物毛重计算，每公斤为 2 计算单位，以二者中限额较高的为准。

迟延交付造成经济损失的赔偿限额，为迟延交付的货物的运费数额。货物的灭失或者损坏和迟延交付同时发生的，承运人的赔偿责任限额适用一般货物灭失或损坏的赔偿限额。

两种情况下不适用责任限制。一是有特约。如果托运人在货物装运前已经申报货物的性质和价值，并在提单中载明的；或者承运人与托运人已经另行约定高于法定的赔偿限额的，则应按提单所载或双方约定的标准进行赔偿。二是权利丧失。如果经证明，货物的灭失、损坏或迟延交付是承运人故意或明知可能造成损失而轻率地作为或者不作为造成的，承运人不得援引限制赔偿责任的规定。

4. 承运人的责任期间

承运人的责任期间分为两种。对集装箱装运的货物的责任期间，是从装货港接收货物起至卸货港交付货物时止，货物在承运人掌管之下的全部期间。对非集装箱装运的货物的责任期间，是从货物装上船时起至卸下船时止，货物处于承运人掌管之下的全部期间。在责任期间发生货物灭失或损坏，除非法律另有规定，承运人应当负赔偿责任。

5. 迟延交付的责任

迟延交付是指货物未能在明确约定的时间内，在约定的卸货港交付。

除法律规定承运人不负赔偿责任的情形外，由于承运人的过失，致使货物因迟延交付而灭失或者损坏的，承运人应当负赔偿责任。即使货物没有灭失或者损坏，但货物因迟延交付而遭受经济损失的，承运人仍然应当负赔偿责任。

如果承运人未能在明确约定的时间届满 60 日内交付货物，有权对货物灭失索赔的人可以认为货物已经灭失。

6. 承运人与实际承运人的责任分担

承运人是指本人或者委托他人以本人名义与托运人订立海上货物运输合同的人。

实际承运人是指接受承运人委托，从事货物运输或者部分运输的人，包括接受转委托从事此项运输的其他人。

如果承运人将运输的部分或全部委托给实际承运人履行，承运人仍须按照法律规定对全程运输负责。对实际承运人承担的运输，承运人应当对实际承运人的行为或者实际承运人的受雇人、代理人在受雇或受委托的范围内的行为负责。但如果在海上货物运输合同已经明确规定了特定部分的运输由特定实际承运人承担，合同可以同时规定，承运人对这一部分运输期间货物的事故不负责任。

实际承运人对自己实际履行的运输负责。《海商法》中对承运人责任的规定，适用于实际承运人。承运人承担《海商法》未规定的义务或者放弃《海商法》赋予的权利的任何特别协议，未经实际承运人书面明确同意，对实际承运人不发生效力。

承运人与实际承运人都负有赔偿责任的，应当在此项责任范围内负连带责任。

（二）托运人的责任

我国《海商法》第四十二条第（三）项规定："'托运人'，是指：1. 本人或者委托他人以本人名义或者委托他人为本人与承运人订立海上货物运输合同的人；2. 本人或者委托他人以本人名义或者委托他人为本人将货物交给与海上货物运输合同有关的承运人的人。"根据《海商法》的规定，托运人有以下义务和责任：

1. 支付运费

托运人应当按照约定的时间、金额和方式等向承运人支付运费，这是海上货物运输合同下托运人最基本的义务。

托运人与承运人也可以约定运费由收货人支付。但是，这种约定应当在运输单证中载明。

2. 包装货物并申报货物资料

托运人托运货物，应当以正常的或习惯的方式妥善包装，使货物在通常的照管和运输条件下能够避免绝大多数轻微的损害。如果货物包装不良或者标志欠缺、不清，由此引起货物本身的灭失或损坏，承运人可免除对托运人的赔偿责任。但如果货物的这些不良状况引起其他货主的损失，承运人应该负责赔偿，然后再向托运人追偿。

托运人在交付货物时，应将货物的品名、标志、包数或者件数、重量或者体积等相关资料申报给承运人。托运人必须保证其申报的资料正确无误，托运人对申报不实造成的承运人的损失负赔偿责任。

3. 办理货物运输手续

托运人应当及时向港口、海关、检疫、检验和其他主管机关办理货物运输所需要的各项手续，并将已办理各项手续的单证送交承运人；因办理各项手续的有关单证送交不及时、不完备或者不正确，使承运人的利益受到损害的，托运人应当负赔偿责任。

4. 托运危险品的责任

托运人托运危险货物，应当依照有关危险货物运输的规定，妥善包装，作出危险品标志和标签，并将正式名称和性质以及应当采取的预防危害措施书面通知承运人。没有通知会导致两项严重后果。首先，承运人不对任何灭失或损坏负责；其次，托运人在承运人因此遭受损失时还应负责赔偿。这样的后果不要求托运人有过失，因此是过失责任原则的一个例外。

即使托运人尽到了通知义务，而且承运人明确同意装运危险品，但承运人在承运的危险货物对于船舶、人员或者其他货物构成实际危险时，仍然可以将货物卸下、销毁或者使之不能为害，而不负赔偿责任。但危险货物仍负有分摊共同海损的义务。

（三）货物交付

1. 货物交付的形式

承运人交付货物的形式包括实际交付和象征性交付。实际交付是直接将货物交给收货人或其指定的人。象征性交付是在特定情况下，如卸货港无人提取货物或者收货人迟延、拒绝提取货物时，将货物置于一个适当的场所并通知收货人领取而视为完成了交付。

两种交货方式中，实际交付是一般原则，象征性交付是例外情况，即在实际交付不可能时才能采用象征性交付。

2. 检查货物和通知

收货人从承运人处收取货物时，有义务对货物进行检查。如果货物处于不良状态，则应及时用书面通知承运人。如果货物的灭失或损害是显而易见的，通知应当场作出。如果不是显而易见的，应该在货物交付的次日起连续 7 日内作出。如果是集装箱装运的货物，应该在交付的次日起连续 15 日内作出。对不通知的制裁是，初步认定交付的货物处于良好状态，对于货物在交付时状态与提单记载不一致的原因的举证责任由承运人转至收货人。但是如果货物交付时，收货人已经会同承运人对货物进行了联合检查或检验的，则无须就已经查明的灭失或损坏的情况提交书面通知。

承运人和收货人都可以在目的港交接货物前申请检验机构对货物状况进行检验，要求检验的一方应当支付检验费用，但有权向造成货物损失的责任方追偿。在对货物进行检验时，承运人和收货人双方应当相互提供合理的便利条件。

如果是迟延交付，收货人必须自交货次日起连续 60 日内提出迟延交付造成经济损失的书面通知，否则承运人不负赔偿责任。

3. 留置货物

应当向承运人支付的运费、共同海损分摊、滞期费和承运人为货物垫付的必要费用以及应当向承运人支付的其他费用没有付清，又没有提供适当担保的，承运人可以在合理的限度内留置其货物。

承运人留置货物的前提是货物在其控制之下。如果货物已经脱离其控制则不能再主张留置，但货物并不一定要留在船上，如果货物卸下后存于承运人的仓库或能控制的第三方仓库，则仍能被留置。

承运人只能留置债务人的货物。由于运输途中的货物可能发生转卖，因此，承运人行使货物留置权时必须查清货物的所有权人是否是债务人，否则可能因错误留置而承担责任。

【思考一下】
申请留置货物应该向哪个部门提出申请？

第二节　提　单

一、提单的定义

海运提单（Marine Bill of Lading or Ocean Bill of Lading，B/L）是国际结算中的重要单据之一，也是国际班轮运输中一份非常重要的单据。《1978 年联合国海上货物运输公约》（《汉堡规则》）给提单所下的定义是：提单是一种用以证明海上运输合同和货物由承运人接管或装船，以及承运人据以保证交付货物的单证。单证中关于货物应交付指定收货人或按指示交付，或交付提单持有人的规定，即构成了这一保证。

二、提单的作用

根据《汉堡规则》以及我国《海商法》的规定，提单具有以下三项主要功能：

1. 提单是证明货物已经由承运人接管或货物已装船的货物收据

提单通常是在货物装船之后，由承运人或其代理人根据货物的原始收据——大副收据签发的。在 CFR 以及 CIF 贸易术语下，托运人取得提单的前提是付清运费。提单作为货物收据，不仅证明收到货物的种类、数量、标志、外表状况等内容，而且由于国际贸易中经常使用以装运港船舷作为风险划分界限的 FOB、CFR 和 CIF 三种术语，该组术语以货物装船象征卖方完成交货义务，货物装船时间意味着卖方完成交货义务的时间，因此，提单上还记载有货物装船的时间。银行将不接受晚于合同或信用证中最迟装运期的提单。

2. 提单是承运人保证凭以交付货物的物权凭证

对于合法取得提单的持有人，提单具有物权凭证的功能。提单的合法持有人有权在目的港以提单来交换货物，而承运人只要出于善意，凭提单发货，即使持有人不是真正货主，承运人也无责任。除非提单另有规定，提单可以不经承运人的同意而转让给第三者。提单的转移就意味着物权的转移，提单中所规定的权利和义务也随着提单的转移而转移。即使货物在运输过程中遭受损坏或灭失，货物的风险也已随提单而转移给受让人。

3. 提单是海上货物运输合同的证明文件

提单上印就的条款规定了承运人与托运人之间的权利、义务，而且提单也是法律承认的处理有关货物运输的依据，因而人们常认为提单本身就是运输合同。但是按照严格的法律概念，提单并不具备经济合同应具有的基本条件：首先，它不是双方意思表示一致的产物，约束承托双方的提单条款是承运人单方拟定的，而且提单上只有承运人的签字而没有托运人的签字；其次，合同履行在前，而提单签发在后，早在签发提单之前，承运人就开始了接受托运人托运货物和将货物装船的各项工作，双方的合同关系在承运人接受订舱时成立。因此，提单只是运输合同履行过程中出现的一种单证，将提单称为"运输合同的证明"更为合理。

三、提单的种类

（一）按货物是否装船划分

1. 已装船提单

已装船提单是指整票货物已全部装进船舱或装在舱面后承运人签发的提单。提单是买方凭以提货的依据，为了确保能在目的地提货，一般都要求卖方提供已装船提单，以证明货物确已装船。由于信用证中一般要求提供已装船提单，因此银行只接受已装船提单。该提单上除了载明其他通常事项外，还须注明所装船名或货物实际装船完毕的日期。

2. 收货待运提单

收货待运提单又称为备运提单。这种提单是指承运人虽已收到货物但尚未装船，应托运人要求而向其签发的提单。由于备运提单上没有明确的船名和装船日期，因此在信用证业务下，银行一般不予接受。当货物装船后，承运人在备运提单上加注船名及装船日期，备运提单便可转化为已装船提单。如果受益人提交的是待运提单，银行将审查是否转化为已装船提单，也就是查看是否有已装船批注。这一项是银行审单的重点。

【要点提示】

指示提单有四种抬头：凭银行指示。即提单收货人栏填写为"to the order of ××

Bank",凭收货人指示。即提单收货人栏填写为"to the order of A. B. C. Co. Ltd. ",凭发货人指示。即提单收货人栏填写为"to the order of shipper",并由托运人在提单背面空白背书,不记名指示。即提单收货人栏填写为"to the order",并由托运人在提单背面作空白背书。亦可根据信用证的规定而作成记名背书。

(二)按对货物的外表状况是否有不良批注划分

1. 清洁提单(B/L)

清洁提单指货物装船时外表状况良好,承运人对提单上所印就的"外表状况良好"(in apparent good order and condition)的文字没有作相反的批注(Superimposed Clause)或附加条文的提单。"外表状况良好"是说明凭目力所及的范围,货物是在外表状况良好的情况下装运的,但这不说明货物不存在内部缺陷。信用证要求的提单均为清洁提单,银行审单时应注意审核是否为清洁提单。

值得注意的是提单清洁与否,不依提单上是否有"清洁"(Clean)字样,根据UCP500第32条的定义,只要"是不带有明确宣称货物及/或包装缺陷状况的附加条文可批注的运输单据"就是清洁单据。承运人签发清洁提单表明其确认货物装船时外表状况良好这一事实,承运人必须在目的港将外表状况同样良好的货物交付收货人。

2. 不清洁提单(Foul B/L, or Unclean B/L)

这是指承运人在提单上加注了有关货物及包装状况不良或存在缺陷等批注的提单。承运人通过批注,声明货物系在外表状况不良的情况下装船,在目的港交货时,在批注指明的范围内承运人可免责,从而对抗收货人可能提出索赔。在信用证业务中,银行将拒绝受益人以不清洁提单办理结汇手续。

并非所有有关货物的批注都构成不清洁提单。例如,承运人对于提单上列有货物的数量、质量、价值或特性并不负责,即使托运人在提单上声明了内容、价值、重量、尺寸、标记、质量、数量等,承运人也视作不详。这些声明并不构成提单的"不清洁"。承运人对因包装性质(如装入纸袋、塑料袋内的货物)而引起损失或损坏予以保留的条款,即免责权利,也并不作为声明货物有缺陷,不构成"不清洁单"。

【课堂小讨论】

讨论一下现实中哪些提单货物批注属于不清洁提单范畴?

当然,实践中承运人凭保函签发清洁提单的情况时有发生,其原因是承运人为了最大限度地满足客户的需要,同时托运人出于对自身商业信誉的考虑,也会履行自己的保证。

(三)按提单中收货人栏的填写方式划分

1. 记名提单(Straight B/L)

记名提单指在提单上写明收货人名称的提单。具体有以下几种记名方式:

(1) Consigned to A Co. Ltd. ;

(2) Deliver to A Co. Ltd. ;

(3) Onto A Co. Ltd. 。

我国《海商法》第七十九条规定："……记名提单，不得转让……"该提单只能由指定的收货人提货，从而避免了转让过程中可能带来的风险，一般用于贵重商品、展品及援外物资的运输。一些国家的惯例是记名提单的收货人可以不凭正本提单而仅凭"到货通知"（Notice of Arrival）上的背书和收货人的身份证明即可提货，这样银行如垫款却不能掌握货权，风险太大。因此记名提单须谨慎使用。

2. 不记名提单（Blank B/L or Open B/L or Bearer B/L）

不记名提单指在提单收货人栏内只填写"to Bearer or Holder"（提单持有人）或将这一栏空出不写的提单。不记名提单不需要任何背书手续即可转让，谁持有提单谁就有权提取货物。但如果提单遗失或被窃，然后再转让给善意的第三者手中时，或者在无正本提单凭担保提货时，极易引起纠纷。

3. 指示提单（Order B/L）

指示提单是指提单上收货人（Consignee）栏中有"Order"（凭指示）字样的提单。指示提单必须经过背书转让，可以是空白背书，也可以是记名背书。

（四）按不同的运输方式划分

1. 直达提单（Direct B/L）

直达提单指由承运人签发的，货物从起运港装船后，中途不经过换船直接运达卸货港的提单。直达提单中关于运输记载的基本内容里，仅记载有起运港（Port of Loading）和卸货港（Port of Discharge），不能带有中途转船的批语。凡信用证规定不许转运或转船者，受益人必须提供直达提单。

2. 转船提单（Trans-shipment B/L）

转船提单指货物在起运港装船后，船舶不直接驶往货物的目的港，需要在其他中途港口换船转运往目的港情况下承运人所签发的提单。为节省转船附加费，减少货运风险，收货人一般不同意转船，但在没有直达船只的情况下必须转船。

转船提单一般由负责第一程运输的承运人签发并在提单上加列转船批注，例如"Trans-shipment via HongKong"。

3. 联运提单（Through B/L）

联运可以是相同运输方式的联运，也可以是不同运输方式的联运。转船运输是联运的一种，对转船运输几乎所有提单都有这样的规定："如有需要，承运人可将货物交由属于承运人或他人的船舶，或其他运输方式，直接或间接运往目的港，费用由承运人支付，但风险由货主负担，承运人责任只限于他本身经营的船舶所完成的那部分运输。"

（五）按提单的签发时间划分

1. 倒签提单（Anti-date B/L）

倒签提单指承运人或其代理人应托运人的要求，在货物装船完毕后，以早于货物实际装船完毕的日期作为提单签发日期的提单。当货物的实际装船时间迟于信用证规定的装运期时，托运人为了使提单日期与信用证之规定相符，常常请求承运人按信用证规定日期签单。承运人倒签提单的做法，掩盖了事实真相，是隐瞒迟期交货的侵权行为。许多国家法律条款和判例表明，一旦货物引起损坏，承运人不但要负责赔偿，而且还将丧失享受责任限制和援用免责条款的权利。

2. 预签提单（Advanced B/L）

预签提单指在信用证有效期即将届满，而货物尚未装船或尚未装船完毕的情况下，托运人要求承运人提前签发的已装船清洁提单，也即托运人为了能及时结汇而从承运人那里借用的已装船清洁提单。承运人签发这种提单，同样掩盖了事实真相，而且面临着比签发倒签提单更大的风险：一方面是因为货物尚未装船而签发清洁提单，有可能增加承运人的货损赔偿责任；另一方面还因签发提单后，可能因种种原因而改变原定的装运船舶，或发生货物灭失、损坏或退关，这样就会使收货人掌握预借提单的事实，以此为由拒绝收货，并向承运人提出赔偿要求，甚至向法院起诉。但与倒签提单一样，实务中为了经济利益，承运人得到托运人的保函后也可能签发这种提单。银行不接受倒签提单和预签提单。如果开证行发现提单倒签和预签，并有证据证实，可以伪造单据为由拒付。

3. 顺签提单（Post-date B/L）

顺签提单指在货物装船完毕后，承运人或其代理人应托运人的要求而签发的提单。但是该提单上记载的签发日期晚于货物实际装船完毕的日期，即托运人从承运人得到的以晚于货物实际装船日期作为提单签发日期的提单。由于顺填日期签发提单，所以称为"顺签提单"。

由于货物实际装船完毕的日期早于有关合同中装船期限的规定，如果按照货物实际装船日期签发提单将影响合同的履行，所以托运人就可能要求承运人按有关合同装船期限的规定"顺填日期"签发提单。承运人顺签提单的做法也掩盖了真实的情况，因此也要承担由此而产生的风险责任。

（六）其他特殊种类的提单

1. 舱面提单（On Deck B/L）

舱面提单指承运人签发的货物装在甲板上的提单。该提单上注有"Loaded on deck"字样的提单，也称甲板货提单。货物装在甲板上，除易受日晒雨淋影响外，还可能因海上风浪过大被冲入海中，因其他原因导致货物灭失或损坏的可能性也很大。因而《海牙规则》规定"运输契约中载明装于甲板上且已照装的货物"不包括在承运人所负责的"货物"范围之内，对其在海上运输中出现的任何灭失或损坏，承运人不承担责任。

对甲板货提单的结汇，《跟单信用证统一惯例》第31条规定，除非信用证另有规定，银行将接受下列运输单据：海运或包括海运在内的一种以上运输方式，未注明货物已装舱面或将装于舱面。然而，运输单据内有货物可能装于舱面的规定，但未特别注明货物已装舱面或将装舱面（The goods are or will be loaded on deck），银行对该运输单据予以接受。

装在舱面的货物一般有三种情况：

（1）按照商业惯例允许装于舱面的货物，如拖拉机、卡车、活牲畜和木材等，但事先应通知托运人。

（2）法律规定必须装于舱面的货物，如剧毒品、危险品、易燃品等，为了船和其他货物的安全，可以事先不通知托运人。

（3）经过承运人和托运人协商同意，装于舱面的货物。

由于货物本身的性质非装载于甲板上不可，则信用证应加注"on deck shipment acceptable"或类似字样的特别条款，也就是说必须具有信用证特别授权。

现实情况是，除集装箱等航运界习惯装于甲板上的货物外，船方很少将货装甲板，贸易中甲板货提单并不多见。

2. 过期提单（Stale B/L）

过期提单包括两种情况：一种过期提单是指由于航线较短或银行单据流转速度太慢，以至于交单时间晚于货物到达目的港，收货人提货受阻；另一种过期提单则是由于出口商在取得提单后未能及时到银行议付形成的。

对前一种情况，有的地方在试着采用非转让的海运单或应用电子提单来替代目前的提单，以加快货物的流转。对后一种情况，《跟单信用证统一惯例》第43条规定："除规定一个交单到期日外，凡要求提交运输单据的信用证，还需规定一个在装运日后按信用证规定必须交单的特定期限，如未规定该期限，银行将不予接受迟于装运日期后21天提交的单据。但无论如何，提交单据不得迟于信用证的到期日。"

四、提单的内容

各国关于提单的法规都对提单的必要记载事项作出规定，虽然有简有繁，但是，从提单的法律效力和业务需要考虑，各国对提单的必要记载事项规定是基本相同的。我国《海商法》第七十三条第一款规定，提单内容包括下列各项：

（一）关于货物的描述

关于货物的描述是指货物的品名、标志、包数或者件数、重量或体积，以及运输危险货物时对危险性质的说明（Description of the goods，marks，number of package or piece，weight or quantity，and a statement，if applicable，as to the dangerous nature of the goods）。

以上记载事项一般都由托运人提供，这些有关货物的说明是提单上比较重要的部分。因为在大多数情况下，提单持有人通常没有机会亲自查验货物的数量和质量，而只能根据提单对货物的描述支付货款。因此，为了维护提单的信用和效力，一方面，托运人必须保证其所提供的货物与提单上的记载吻合，不得有误述和虚报；另一方面，承运人应将货物的实际状况与提单上的记载进行仔细核对，若发现不符点，应批注在提单上。

（二）关于当事人——承运人、托运人、收货人以及通知人

1. 承运人名称（Name of the Carrier）

承运人是运输合同的一方当事人，在提单上记载其名称，以便收货人知晓谁是承担运输任务的人。一般提单上已印有船东的名称和公司地址，但也有些提单上看不出谁是承运人，在提单签字栏中也只有代理人的签字。在诉讼中，这样的提单将给法院的审理造成诸多不便，对收货人或其保险人也不利。所以，提单记载承运人名称非常必要。

2. 托运人名称（Name of the Shipper）

托运人是运输合同的另一方当事人，这项记载的必要性更是不言而喻。提单作

为一种物权凭证，如果是托运人指示提单，则提单必须由托运人背书后方可转让。

3. 收货人名称（Name of the Consignee）

收货人自取得提单之日起，成为提单的当事人。有关收货人名称的记载有多种不同方法，如记名提单直接载明收货人名称；指示提单只载明指示人名称，也可只记载"指示"字样，即有托运人指示；不记名提单则空白或写明"To Bearer"。

4. 通知人名称（Name of the Notified Party）

在记名提单上没有必要填写通知人名称。但在指示提单上，因没有写明具体收货人名称，这样，船公司在卸货港的代理人无法与收货人联系，及时办理报关、提货手续，托运人往往在通知人栏目中写明通知人的名称、地址或公司名称。通知人一般为预定的收货人或收货人委托的代理人。

（三）关于运输事项

关于运输事项包括船舶名称和国籍、装货港和装船日期、卸货港和运输路线、多式联运提单增列接受货物地点和交付货物地点。

1. 船名（Name of the Vessel）

若是已装船提单，须注明船名；若是备运提单，待货物实际装船完毕后记载船名。该项记载的意义在于：万一发生货损货差或其他合同纠纷，法院因收货人的申请采取诉前保全或诉讼保全措施时，有确定的客体。

2. 装货港、卸货港和装运港（Port of Loading，Port of Discharge，Port of Transhipment）

提单上记载这些项目有利于确定法院的管辖权和确定运输合同的准据法，同时还明确了船舶的运输路线。

如果属于多式联运提单，还应有接受货物的地点（Place of Receipt）和交付货物的地点（Place of Delivery）。

（四）关于提单的签发

此部分包括：提单的签发日期、地点和份数；承运人、船长或者其代理人的签字。

1. 提单的签发日期、地点和份数

提单的签发日期应该是提单上所列货物实际装船完毕的日期，也应该与收货单（Mate's Receipt）上大副所签的日期是一致的。

提单签发地点原则上应是装货地点，一般是在装运港签发。

提单的签发份数，按航运惯例通常是正本提单一式两份或三份。每份具有同等法律效力，收货人凭其中一份提取货物后，其他各份自动失效。但副本的份数可视需要而定。不过，副本提单不能作为物权凭证进行背书转让，只能供有关作业环节参考之用。

2. 承运人、船长或其代理人的签字

提单必须经过签署才产生法律效力。有权签署提单的有承运人、载货船船长以及由他们授权的代理人。

【要点提示】

挂失海运提单的流程:

第一,跟提单的签单公司联系,问签单公司需要哪一级报纸上的遗失启事,有些公司的规定比较严格,可能会要求全国性的综合类或专业性报刊上刊登,有些公司则比较宽松,可以只要求经济类报刊上刊登就可以了。

第二,确定了媒体,刊登遗失声明就可以,如果来公司办理的需带一份营业执照副本复印件和盖有公章的遗失声明,上面可以写明:不慎遗失提单一份(注明船名航次提单号),特此声明。

第三,等报纸上刊登出来后,再拿该版面的报纸,到相关船公司办理补办提单手续即可。

(五)关于运费和其他应付给承运人的费用的记载

运费是由货主对安全运送和交付货物向承运人支付的酬劳,也是运输合同成立的对价条件,因此,有关运费由谁支付、何时支付,都应在提单中注明。若货主拒绝支付运费和其他有关的费用,根据提单条款规定,承运人对货物享有留置权。

五、提单正面和背面的印刷条款

(一)提单正面的印刷条款

提单正面印刷条款是指以印刷的形式,将以承运人免责和托运人作出的承诺为内容的契约文句,列记于提单的正面。常见的有以下条款:

1. 装船(或收货)条款

如:

"Shipped in board the vessel named above in apparent good order and condition (unless otherwise indicated) the goods or packages specified herein and to be discharged at the above mentioned port of discharge or as near thereto as the vessel may safely get and be always afloat."〔上列外表状况良好的货物或包装(除另有说明者外)已装在上述指名船只,并应在上列卸货港或该船能安全到达并保持浮泊的附近地点卸货。〕

2. 内容不知悉条款

如:

"The weight, measure, marks, numbers, quality, contents and value, being particulars furnished by the Shipper, are not checked by the Carrier on loading."(重量、尺码、标志、号数、品质、内容和价值是托运人所提供的,承运人在装船时并未核对。)

3. 承认接受条款

如:

"The Shipper, Consignee and the Holder of this Bill of Lading hereby expressly accept and agree to all printed, written or stamped provisions, exceptions and conditions of this Bill of Lading, including those on the back hereof."(托运人、收货人和本提单持有人兹明白表示接受并同意本提单和它背面所载一切印刷、书写或打印的规定、免责事项条件。)

4. 签署条款

如：

"In witness whereof, the Carrier or his Agents has signed Bills of Lading all of this tenor and date, one of which being accomplished, the others to stand void. Shippers are requested to note particularly the exceptions and conditions of this Bill of Lading with reference to the validity of the insurance upon their goods. "（为证明以上各项，承运人或其代理人已签署各份内容和日期一样的正本提单，其中一份如果已完成提货手续，其余各份均告失效。要求发货人特别注意本提单中关于该货保险效力的免责事项和条件。）

（二）提单背面的主要印刷条款

提单的背面印有各种条款，一般分为两类：一类属于强制性条款，其内容不能违背有关国家的海商法规、国际公约或港口惯例的规定，违反或不符合这些规定的条款是无效的；另一类是任意性条款，即上述法规、公约和惯例没有明确规定，允许承运人自行拟订的条款。所有这些条款都是表明承运人与托运人以及其他关系人之间承运货物的权利、义务、责任与免责的条款，是解决他们之间争议的依据。现将主要条款介绍如下：

1. 定义条款（Definition Clause）

各船公司的提单中，一般都订有定义条款，对提单中所使用的关键词语如承运人、托运人的含义加以定义。承运人一般指与托运人订有运输合同的船舶所有人或租船人。托运人一般包括发货人、收货人、提单持有人和货物所有人。

2. 首要条款（Paramount Clause）

承运人按照自己的意志，规定提单所适用的法律，即如果发生纠纷，应按哪一国家的法律解决争议。这一条款一般印刷在提单条款的上方，通常列为第一条。

3. 承运人责任条款（Carrier's Responsibility Clause）

该条款说明签发本提单的承运人对货物运输应承担的责任和义务。由于提单的首要条款都规定了提单所适用的法规，而有关提单的国际公约或各国的海商法都规定了承运人的责任，凡是列有首要条款或类似首要条款的提单都不再以明示条款将承运人的责任列记于提单条款中。中远公司和中国外运公司都在该条款规定承运人的权利、义务以及赔偿责任与豁免都以《海牙规则》的规定为准。根据该规则，承运人的基本责任有两条：

（1）承运人有义务在开航前和开航时恪尽职责使船舶适航；妥善配备船员，装备船舶，配备供应物资；使货舱、冷藏舱、冷气舱和该船其他载货处所适于并能安全收受、载运和保管货物。[The carrier shall be bound, before and at the beginning of the voyage, to exercise due diligence to (a) Make the ship seaworthy; (b) Properly man, equip and supply the ship; (c) Make the holds, refrigerating and cool chambers, and all other parts of the ship in which goods are carried, fit and safe for their reception, carriage and preservation.]

（2）承运人应当妥善而谨慎的装载、操作、积载、运输、保管、照料和卸下所运货物。（The carrier shall properly and carefully load, handle, stow, carry, keep, care for, and discharge the goods carried.)

4. 承运人责任期间条款（Carrier's Period of Responsibility Clause）

各船公司的提单条款中都列有承运人对货物运输承担责任的开始和终止时间的条款。根据《海牙规则》，承运人对非集装箱货物的责任期间是从装船开始到卸船为止，也即通常所称的"钩至钩"（Tackle to Tackle）责任。

5. 免责条款（Exception Clause）

由于提单的首要条款都规定了提单所适用的法规，而有关提单的国际公约或各国的海商法都规定了承运人的免责事项，所以不论提单条款中是否列有免责事项条款，承运人都能按照提单适用法规享受免责权利。譬如《海牙规则》有 17 项免责事项，如地震、海啸、雷击等天灾，战争、武装冲突和海盗袭击，检疫或司法扣押、罢工停工、触礁搁浅、在海上救助或者企图救助人命或者财产，因托运人过失如包装不良、货物的自然特性或者固有缺陷如容积或重量的"正常损耗"等免责事项。

6. 索赔条款（Claim Clause）

该条款包括损失赔偿责任限制（Limit of Liability），指已明确承运人对货物的灭失和损坏负有赔偿责任应支付赔偿金时，承运人对每件或每单位货物支付的最高赔偿金额；索赔通知（Notice of Claim）亦称为货物灭失或损害通知（Notice of Loss Damage）；诉讼时效（Time Bar），即指对索赔案件提起诉讼的最终期限，等等。

7. 包装与唛头（标志）条款（Packing and Mark Clause）

该条款要求在起运之前，托运人对货物加以妥善包装、货物唛头必须正确清晰，并将目的港清楚地标明在货物外表，在交货时仍要保持清楚。如因标志不清或包装不良所产生的一切责任和费用由货方承担。具体来讲，中远和外运公司的提单都要求应以不小于 5 厘米长的字体将目的港清晰地标注在货物的外部，并且该标志须能保持到交货时依然清晰可读，否则将由托运人承担所导致的罚款和额外费用。

8. 运费条款（Freight Clause）

预付运费应在起运时连同其他费用一并支付。如装运易腐货物、低值货物、动植物、舱面货等，其运费和其他费用必须在起运时全部付清。到付费用在目的港连同其他费用一起支付。无论是预付运费还是到付运费，如果船舶和货物或者其中之一遭受任何灭失或损坏，运费均不予退还，也不得扣减。另外，承运人有权对货物的数量、重量、体积和内容等进行查对，如发现实际情况与提单所列情况不符，而且所付运费低于应付运费，承运人有权收取罚金，由此而引起的一切费用和损失应由托运人负担。

9. 留置权条款（Lien Clause）

如果货方未交付运费、空仓费（Dead Freight）、滞期费（Demurrage）、共同海损分摊的费用及其他一切与货物有关的费用，承运人有权扣押或出售货物以抵付欠款，如仍不足以抵付全部欠款，承运人仍有权向货方收回差额。

10. 转运或转船条款（Transshipment Clause）

该条款规定虽然提单为直达提单，但如有需要，承运人可以采取一切合理措施，包括将货物交由属于承运人自己的船舶或经由铁路或其他运输工具，直接或间接驶往目的港、转船、驳运、卸岸，在岸上或水面上储存以及重新装船起运，上述费用由承运人自己负担，但风险由货方承担。承运人的责任仅限于其本身经营的船舶所完成的那部分运输。

六、有关提单的国际公约

由于提单的利害关系人常分属于不同国籍，提单的签发地或起运港和目的港又分处于不同的国家，而提单又是由各船公司根据本国有关法规自行制定的，其格式、内容和词句并不完全相同，一旦发生争议或涉及诉讼，就会产生提单的法律效力和适用法规的问题，因此，统一各国有关提单的法规，一直是各国追求的目标。当前已经生效，在统一各国有关提单的法规方面起着重要作用和有关国际货物运输的国际公约有三个：

（一）《海牙规则》（*Hague Rules*）

《海牙规则》的全称是《统一提单若干法律规定的国际公约》（*International Convention for the Unification of Certain Rules of Law Relating to Bill of Lading*），1924年8月25日由26个国家在比利时布鲁塞尔签订，1931年6月2日生效。公约草案1921年在海牙通过，因此定名为《海牙规则》。包括欧美许多国家在内的五十多个国家都先后加入了这个公约。1936年，美国政府以这一公约作为国内立法的基础制定了《1936年美国海上货物运输法》。《海牙规则》使得海上货物运输中有关提单的法律得以统一，在促进海运事业发展、推动国际贸易发展方面发挥了积极作用，是最重要的和目前仍被普遍使用的国际公约。我国于1981年承认该公约。

《海牙规则》共十六条，其中第一条至第十条是实质性条款，第十一条至第十六条是程序性条款，主要是有关公约的批准、加入和修改程序性条款，实质性条款主要包括以下内容：

1. 承运人最低限度的义务

承运人最低限度义务就是承运人必须履行的基本义务。对此《海牙规则》第三条第一款规定："承运人必须在开航前和开航当时，谨慎处理，使航船处于适航状态，妥善配备合格船员，装备船舶和配备供应品；使货舱、冷藏舱和该船其他载货处所能适当而安全地接受、载运和保管货物。"该条第二款规定："承运人应妥善和谨慎地装载、操作、积载、运送、保管、照料与卸载。"这两款对承运人的义务作出了规定，即提供适航船舶，妥善管理货物，否则将承担赔偿责任。

2. 承运人运输货物的责任期间

承运人责任期间是指承运人对货物运送负责的期限。按照《海牙规则》第一条"货物运输"的定义，货物运输的期间为从货物装上船起至卸完船为止的期间。所谓"装上船起至卸完船止"可分为两种情况：一是在使用船上吊杆装卸货物时，装货时货物挂上船舶吊杆的吊钩时起至卸货时货物脱离吊钩时为止，即"钩至钩"期间；二是使用岸上起重机装卸，则以货物越过船舷为界，即"舷至舷"期间承运人应对货物负责。至于货物装船以前，即承运人在码头仓库接管货物至装上船这一段期间，以及货物卸船后到向收货人交付货物这一段时间，按《海牙规则》第七条规定，可由承运人与托运人就承运人在上述两段发生的货物灭失或损坏所应承担的责任和义务订立任何协议、规定、条件、保留或免责条款。

3. 承运人的赔偿责任限额

该限额是指对承运人不能免责的原因造成的货物灭失或损坏，通过规定单位最高赔偿额的方式，将其赔偿责任限制在一定的范围内。这一制度实际上是对承运人造成货物灭失或损害的赔偿责任的部分免除，充分体现了对承运人利益的维护。《海牙规则》第四条第五款规定："不论承运人或船舶，在任何情况下，对货物或与货物有关的灭失或损坏，每件或每单位超过100英镑或与其等值的其他货币时，任意情况下都不负责；但托运人于装货前已就该项货物的性质和价值提出声明，并已在提单中注明的，不在此限。"

4. 承运人的免责

《海牙规则》第四条第二款对承运人的免责作了十七项具体规定，分为两类：一类是过失免责；另一类是无过失免责。国际海上货物运输中争论最大的问题是《海牙规则》的过失免责条款。《海牙规则》第四条第二款第一项规定："由于船长、船员、引航员或承运人的雇用人在航行或管理船舶中的行为、疏忽或过失所引起的货物灭失或损坏，承运人可以免除赔偿责任。"这种过失免责条款是其他运输方式责任制度中所没有的。很明显，《海牙规则》偏袒于船方的利益。另一类是承运人无过失免责，主要有以下几种：

（1）不可抗力或承运人无法控制的免责有八项：海上或其他通航水域的灾难、危险或意外事故；天灾；战争行为；公敌行为；君主、当权者或人民的扣留或拘禁，或依法扣押；检疫限制；不论由于任何原因所引起的局部或全面罢工、关厂、停工或劳动力受到限制；暴力和骚乱。

（2）货方的行为或过失免责有四项：货物托运人或货主、其代理人或代表的行为；由于货物的固有缺点、质量或缺陷所造成的容积或重量的损失，或任何其他灭失或损害；包装不固；标志不清或不当。

（3）特殊免责条款有三项：一是火灾，即使是承运人和雇用人的过失，承运人也不负责，只有承运人本人的实际过失或私谋所造成者才不能免责；二是在海上救助人命或财产，这一点是对船舶的特殊要求；三是谨慎处理，恪尽职责所不能发现的潜在缺陷。

（4）承运人免责条款的第十六项："不是由于承运人的实际过失或私谋，或是承运人的代理人或雇用人员的过失或疏忽所引起的其他任何原因。"这是一项概括性条款，既不是像前述十六项那样具体，又不是对它们的衬托，而是对它们之外的其他原因规定一般条件。这里所谓"没有过失和私谋"不仅指承运人本人，而且也包括承运人的代理人或雇用人没有过失和私谋。援引这一条款要求享有此项免责利益的人应当负举证义务，即要求证明货物的灭失或损坏既非由于自己的实际过失或私谋，也非其代理人或受雇人的过失或私谋所致。

5. 索赔与诉讼时效

索赔通知是收货人在接受货物时，就货物的短少或残损状况向承运人提出的通知，它是索赔的程序之一。收货人向承运人提交索赔通知，意味着收货人有可能就货物短损向承运人索赔。《海牙规则》第三条第六款规定：承运人将货物交付给收货人时，如果收货人未将索赔通知用书面形式提交承运人或其代理人，则这种交付应视为承运人已按提单规定交付货物的初步证据。如果货物的灭失和损坏不明显，则收货人应在收到货物之日起 3 日内将索赔通知提交承运人。《海牙规则》有关诉讼时效的规定是："除非从货物交付之日或应交付之日起一年内提起诉讼，承运人和船舶，在任何情况下，都应免除对灭失或损坏所负的一切责任。"

6. 托运人的义务和责任

（1）保证货物说明正确的义务。《海牙规则》第三条第五款规定：托运人应向承运人保证他在货物装船时所提供的标志、号码，数量和重量的正确性，并在对由于这种资料不正确所引起或造成的一切灭失、损害和费用，给予承运人赔偿。

（2）不得擅自装运危险品的义务。《海牙规则》第四条第六款规定：如托运人未经承运人同意而托运属于易燃、易爆或其他危险性货物，应对因此直接或间接地引起的一切损害和费用负责。

（3）损害赔偿责任。根据《海牙规则》第四条第三款规定：托运人对他本人或其代理人或受雇人因过错给承运人或船舶造成的损害，承担赔偿责任。

总体看来，《海牙规则》无论是对承运人义务的规定，还是免责事项、索赔诉讼、责任限制，均体现着承运方的利益，而对货主的保护则相对较少，这也是船货双方力量不均衡的体现。而且，随着国际经贸的发展，海牙规则的部分内容已落后，不适应新的需要，对其修改已成为一种必然趋势。实际上，从 20 世纪 60 年代开始，国际海事委员会着手修改《海牙规则》，并于 1968 年 2 月通过了《关于修订统一提单若干法律规定的国际公约的议定书》，简称《海牙维斯比规则》，并于 1977 年 6 月生效，这就是《维斯比规则》。

（二）《维斯比规则》（Visby Rules）

在第三世界国家的强烈要求下，修改《海牙规则》的意见已为北欧国家和英国等航运发达国家所接受，但他们认为不能急于求成，以免引起混乱，主张折中各方意见，只对《海牙规则》中明显不合理或不明确的条款作局部的修订和补充，《维斯比规则》就是在此基础上产生的。它的全称是《关于修订统一提单若干法律规定的国际公约的议定书》（Protocol to Amend the International Convention for the Unification of Certain Rules of Law Relating to Bill of Lading），或简称为《1968 年布鲁塞尔议定书》（The 1968 Brussels Protocol），在多数国家普遍要求修改《海牙规则》的情况下，国际海事委员会从 20 世纪 60 年代开始着手进行修改，并在维斯比完成了《关于修改统一提单若干法律规则的国际公约的议定书（草案）》。国际海事委员会于 1963 年在斯德哥尔摩开会批准了这项草案，并将其提交有关国家的外交会议审议。1968 年 2 月 23 日，英国、法国等国政府的代表在布鲁塞尔正式签订了《关于修改统一提单若干法律规则的国际公约的议定书》，即《维斯比规则》。该规则 1977 年 6 月起生效，因该议定书的准备工作在瑞典的维斯比完成而得名。《维斯比规则》是《海牙规则》的修改和补充，故常与《海牙规则》一起，被称为《海牙维斯比规则》。

《维斯比规则》共十七条，对《海牙规则》的第三条、第四条、第九条、第十条进行了修改，其主要修改内容如下：

1. 明确善意提单受让人的法律地位

对《海牙规则》第三条第四款提单作为收到该提单所载货物的初步证据之后增

加以下文字："但是，当该提单已被转与善意行事的第三方时，便不能接受与此相反的证据。"也就是说，对于善意提单受让人来说，承运人不得提出与提单所载不同的反证，亦即提单所载是最终证据，以进一步保护提单的转让、流通和提单受让人或收货人的合法权益。

2. 关于诉讼时效的延长

其对《海牙规则》第六条作了两项修改：

（1）于第三条第六款有关诉讼时效的规定之后，增加"但在诉讼时效发生之后，得经当事方同意，将这一期限加以延长。"明确了可经双方当事人协议延长诉讼期限的规定。

（2）关于追偿期限问题，于第三条第六款之后加列："即使在前款规定的1年期满之后，只要在受诉讼法院准许期间之内，便可向第三方提起索赔诉讼。但是，准许的时间自提起此种诉讼的人已经解决赔偿案件，或向其本人送达起诉传票之日起算，不得少于3个月。"

3. 关于提高赔偿限额及制定双重限额

《维斯比规则》对《海牙规则》第四条第五款作了如下重要修改：

（1）将每单位的赔偿责任限额提高为10 000金法郎或按灭失或受损货物毛重每公斤30金法郎，以两者中较高者为准。这一修改不但提高了《海牙规则》每件100英镑的限额，而且创造一项新的双重限额，解决了裸装货和轻泡货的限额问题，进一步维护货主的合法权益。按照这一双重限额计算办法，凡每件货物的重量不足333.33公斤时以按每件10 000金法郎为准，凡超过333.33公斤时，以按每件30金法郎计算。这样，轻泡价高货物的赔偿限额将不比其他运输方式的限额低。1979年，通过了将金法郎改为特别提款权（Special Drawing Right，SDR）的决定，以15个金法郎等于1个特别提款权为标准，从而使承运人的赔偿限额变为666.67个特别提款权或者每公斤2个特别提款权，以高者为准。该决议从1984年4月起生效，凡不能使用特别提款权的国家仍然可以使用金法郎为计算单位。

（2）以集装箱、货盘集装的货物，以提单所载该集装箱或货盘内所载货物件数为计算赔偿限额的件数，如果不在提单上注明件数，则以集装箱或货盘为一件计算。

（3）规定了丧失赔偿责任限制权利的条件是："如经证明，损害是由承运人故意造成的，或知道有可能会造成这一损害而毫不在意的行为或不作为所引起，则承运人就没有享受责任限制的权利。"

4. 承运人的雇用人在侵权行为之讼诉时的法律地位

《维斯比规则》规定的抗辩和赔偿责任限制，不论该项诉讼是以合同为依据或是以侵权为依据，均适用于就运输合同所载运货物的灭失或损害对承运人提起的任何讼诉。也就是说，侵权行为之诉也要适用运输合同提起的诉讼，以避免货方以侵权行为依据。对于善意提单受让人来说，承运人不得提出与提单所载不同的反证，亦即提单所载是最终证据，以进一步保护提单的转让、流通和提单受让人或收货人的合法权益。

（三）《汉堡规则》（Hamburg Rules）

《汉堡规则》是《1978年联合国海上货物运输公约》（United Nations Convention

of the Carriage of Goods by Sea,1978）的简称，1976 年由联合国贸易法律委员会草拟，1978 年经联合国在汉堡主持召开有 71 个国家参加的全权代表会议上审议通过。《汉堡规则》可以说是在第三世界国家的反复斗争下，经过各国代表多次磋商，并在某些方面作出妥协后通过的。《汉堡规则》全面修改了《海牙规则》，其内容在较大程度上加重了承运人的责任，保护了货方的利益，代表了第三世界发展中国家意愿，这个公约已于 1992 年生效。但因签字国为埃及、尼日利亚等非主要航运货运国，因此目前《汉堡规则》对国际海运业的影响不是很大。

《汉堡规则》对《海牙规则》做了根本性的修改，扩大了承运人责任，具体规定如下：

1. 进一步提高赔偿责任限额

《汉堡规则》第六条规定了承运人的赔偿责任限额，对于货物灭失损坏的限额为每件或每单位 835 特别提款权或者以毛重每公斤 2.5 特别提款权，两者中以高者为准。对于延迟交货的赔偿责任，为该延迟交付货物应付运费的 2.5 倍，但不得超过合同规定应付运费的总额。对于货物灭失、损坏及延迟交付均有的情形，以每件或每单位 835 特别提款权或毛重每公斤 2.5 特别提款权为准。对于集装箱货物，赔偿原则等同于《维斯比规则》，只是数额采用了《汉堡规则》的上述数额。对于承运人及其受雇人或代理人丧失赔偿责任限制的，同《维斯比规则》。

2. 管辖权和仲裁规定

《汉堡规则》规定了《海牙规则》以及《海牙维斯比规则》所没有规定的管辖权和仲裁条款。对于管辖权，原告可以选择下列法院起诉：被告主营业所，无主营业所时为通常住所；合同订立地，而合同是通过被告在该地的营业所、分支或代理机构订立；装货港或卸货港；海上运输合同为此目的而指定的任何地点。如果船舶在缔约国港口被扣，原告亦可向该港口所在地法院起诉。但此种情形下，原告须将诉讼转移到前述有管辖权的法院之一进行，且转移前，被告必须提供足够的担保。对于仲裁，索赔方可选择下列地点仲裁：被诉人有营业所或通常住所的一国某一地点；装货港、卸货港；合同订立地，且合同是通过被诉人在该地的营业所、分支、代理机构订立的；或仲裁条款协议中为此目的而指定的地点。

3. 货损索赔书面通知和诉讼时效

《汉堡规则》相对于《海牙规则》，延长了上述时间限制。对于提出书面货损索赔通知，《海牙规则》确定了收货前或当时，《汉堡规则》为收货后的次日；货损不明显，《海牙规则》为收货后 3 日内，《汉堡规则》则为货物交付后连续 15 日；对于延迟交付，《海牙规则》未规定，《汉堡规则》规定为货物交付之日后连续 60 日，否则，承运人不负赔偿责任。对于诉讼时效，《海牙规则》规定了货物交付或应交付之日起 1 年的时间，而《汉堡规则》规定了 2 年的诉讼时效，并规定负有赔偿责任的人向他人提起追偿之诉的时间为 90 日，自提起诉讼一方已处理其索赔案件或已接到向其本人送交的起诉传票之日起算。《汉堡规则》作为平衡船货双方利益的一项国际公约，应当说其制定是相对完备的，也体现了公正合理的主旨。但作为既得利益者的海运大国却不愿采纳此公约，而是继续采用《海牙维斯比规则》，以维护其既得利益，因而，海运大国加入此公约的几乎还没有。因此，《汉堡规则》的普及化还有很长的路要走。

（四）中国《海商法》

我国关于海上货物运输合同的法律规范主要是《中华人民共和国海商法》（*Maritime Code of the People's Republic of China*）。中国于 1992 年 11 月 7 日通过了《中华人民共和国海商法》，1993 年 7 月 1 日施行，共 15 章 278 条，是我国目前调整海商法律关系最重要的法律规范。主要内容有：

（1）适用范围为海上运输关系和船舶关系。海上运输是指海上货物运输和海上旅客运输，包括海江之间、江海之间的直达运输。但海上货物运输合同的规定不适用于中国港口之间的海上货物运输。船舶是指海船和其他海上移动式装置，但是用于军事的、政府公务的船舶和 20 总吨以下的小型船艇除外。船舶包括船舶属具。

（2）详细规定了海上货物运输合同、海上旅客运输合同、船舶租用合同、海上拖航合同、海上保险合同的成立，双方当事人的权利义务及违约责任等。

（3）实行海事赔偿责任限制原则，即船舶所有人、救助人，可依法规定限制赔偿责任。该法还规定："中华人民共和国缔结或者参加的国际条约同本法有不同规定的，适用国际条约的规定；但是，中华人民共和国声明保留的条款除外。中华人民共和国法律和中华人民共和国缔结或者参加的国际条约没有规定的，可以适用国际惯例。"

我国《海商法》是参照了许多国际公约和国际惯例的规定，同时根据我国国情独立制定的。《海商法》中有关海上货物运输合同的规定，基本是以《海牙规则》和《海牙维斯比规则》为基础，也适当吸收了《汉堡规则》的先进内容。因此，《海商法》现代气息浓厚并与国际接轨，但在一定程度上与我国现有的民商法体系和基本理论无法很好地衔接。

七、提单的签发与背书

（一）提单的签发人与签署

提单必须经过签署才产生法律效力，有权签发提单的人包括承运人本人及其代理、载货船船长及其代理。代理人签署时必须注明其代理身份和被代理方的名称及身份。签署提单的凭证是大副收据，签发提单的日期应该是货物装船完毕后大副签发收据的日期。

承运人与托运人订立海上货物运输合同，承运人是合同的当然代理人，当然有权签发提单。各国法律都承认载货船船长是承运人的代理人，因此，签发提单属于船长的一般职权范围，而不必经承运人的特别授权。代理人签发提单必须经承运人特别授权，否则代理人是无权代签提单的。

提单不同，签发人表示方式亦各不相同：

1. 提单由承运人签发：XYZ shipping as carrier（签署）。如果承运人的身份已于单据正面表示，签署栏内可无须再次标示其身份：XYZ shipping（签署）。

2. 由承运人代理人签发：ABC Co.，Ltd. as agent for XYZ shipping as carrier（签署）。

3. 由船长签发：captain ABC as master for the carrier XXX。

提单签署的方法除了有传统的手签方法外，只要没有特殊规定，如信用证未规定必须手签提单，则可以采用印摹、打孔、盖章或任何其他法律许可的机械及电子方法。

（二）提单的份数

提单有正本和副本之分。为了防止提单在流通过程中遗失、被窃或发生意外事故造成灭失，各国海商法和航运习惯都允许为一票货物签发一套多份正本提单。正本提单的份数应分别记载于所签发的各份正本提单上，从而使提单的合法受让人了解全套正本提单的份数，防止提单流失在外而引起纠纷，保护提单受让人的利益；同时也可以使接受提单的结汇银行，或者在变更卸货港交付货物的承运人的代理人，了解用以办理结汇或提取货物的提单是否齐全。

正本提单应标注"Original"字样。各份正本具有同等效力，但其中一份提货后，其余各份均告失效。当需要表示该份正本提单是全套提单中的第几份时，应使用"First Original"、"Second Original"、"Third Original"等字样。标注"COPY"字样的是副本提单。承运人不签署副本提单，其份数根据托运人和船方的实际需要而定。副本提单只用于日常业务，不具备法律效力。

托运人填制托运联单（包括托运单、装货单、收货单等）后，向承运人的代理人办理托运，代理人接受承运后，将承运的船名填入联单内，留存托运单，其他联退还托运人，托运人凭以到海关办理出口报关手续；海关同意放行后，即在装货单上盖放行章，托运人凭以向港口仓库发货或直接装船；然后将装货单、收货单送交理货公司，船舶抵港后，凭此理货装船，每票货物都装上船后，大副留存装货单，签署收货单；理货公司将收货单退还托运人，托运人凭收货单向代理人换取提单，托运人凭提单等到银行办理结汇，并将提单寄交收货人。

（三）提单的背书

提单的背书是仅对于"指示提单 Order B/L"来说的，因为记名提单不得转让，而不记名提单无须背书即可转让。指示提单在转让时需要进行背书。背书是指提单持有人在提单背面写明或不写明受让人并签名的手续。实践中，背书分为记名背书、指示背书和不记名背书。

1. 记名背书

记名背书也称完全背书，是指背书人在提单背面写明被背书人（受让人）的名称，并由背书人签名的背书形式。经过记名背书的指示提单将成为记名提单性质的指示提单。

2. 指示背书

指示背书是指背书人在提单背面写明"凭×××指示"的字样，同时由背书人签名的背书形式。经过指示背书的指示提单还可以继续进行背书，但背书必须连续。

3. 不记名背书

不记名背书也称为空白背书，是指背书人在提单背面由自己签名，但不记载任何受让人的背书形式。经过不记名背书的指示提单将成为不记名提单性质的指示提单。

【案例分析】

提单破绽案例分析

[案情简介]

2001 年 3 月，国内某公司（以下简称甲方）与加拿大某公司（以下简称乙方）签订一设备引进合同。根据合同，甲方于 2001 年 4 月 30 日开立以乙方为受益人的不可撤销的即期信用证。信用证中要求乙方在交单时，提供全套已装船清洁提单。

2001 年 6 月 12 日，甲方收到开证银行进口信用证付款通知书。甲方业务人员审核议付单据后发现乙方提交的提单存在以下疑点：

1. 提单签署日期早于装船日期；

2. 提单中没有已装船字样。

根据以上疑点，甲方断定该提单为备运提单，并采取以下措施：

1. 向开证银行提出单据不符点，并拒付货款；

2. 向有关司法机关提出诈骗立案请求；

3. 查询有关船运信息，确定货物是否已装船发运；

4. 向乙方发出书面通知，提出甲方疑义并要求对方作出书面解释。

乙方公司在收到甲方通知及开证银行的拒付函后，知道了事情的严重性并向甲方作出书面解释并片面强调船务公司方面的责任。在此情况下，甲方公司再次发函表明立场，并指出，由于乙方原因，设备未按合同规定期限到港并安排调试已严重违反合同并给甲方造成了不可估量的实际损失。要求乙方及时派人来协商解决问题，否则，甲方将采取必要的法律手段解决双方的纠纷。乙方遂于 2001 年 7 月派人来中国。在甲方出具了充分的证据后，乙方承认该批货物由于种种原因并未按合同规定时间装运，同时承认了其所提交的提单为备运提单。最终，经双方协商，乙方同意在总货款 12.5 万美元的基础上降价 4 万美元并提供 3 年免费维修服务作为赔偿并同意取消信用证，付款方式改为货到目的港后以电汇方式支付。

[案情分析]

本案例的焦点在于乙方提交银行的议付单据中提单不符合信用证规定的已装船清洁提单的要求。由于乙方按实际业务操作已经不可能在信用证规定的时间内向信用证议付行提交符合要求的单据，便心存侥幸以备运提单作为正式已装船清洁提单作为议付单据。岂不知这种做法不仅违反了合同的有关要求而且已经构成了诈骗，其行为人不仅要负民事方面的责任还要负刑事责任。

[经验]

1. 在合同和信用证中详细清楚地规定议付单据中的提单必须是全套清洁的已装船提单。

2. 收到议付单据后，仔细认真地审核相关单证，确认所有单据符合单单相符、单证相符的要求。

3. 仔细审核提单中的每一个细节，确保所收到的提单是全套清洁的已装船提单。

[**忠告**]

对于备运提单必须特别注意提单中是否有"已装船"字样，而预借提单因其一般有"已装船"字样，很难鉴别其真伪，只有通过对照收益人向议付行交单的日期是否早于提单日期、装运时间是否晚于提单签署日期或通过船和公告中的航班时间表来判定，这两种提单也只能通过上述办法从中找出单据的不符点进而拒付，然后通过协商、仲裁或司法程序解决；倒签提单是"已装船"提单，其与预借提单的根本区别在于其签署行为实施的时间是在货物装船以后，而预借提单是在货物装船以前。由于倒签提单实际上是已装船提单，承运人只是把货物的装船日期及提单的签署日期提前，在审单过程中很难发现；即使通过船务公告或实际装运船只的航海日志确认该提单属倒签提单，但由于 UCP500 中已明确规定，银行不负责鉴定单据的真伪，开证申请人也就无法因此拒付货款。在这种情况下，只能通过司法程序向法院申请出具止付令，实施财产保全。只有这样，开证行才有权作出拒付。

【**本章小结**】

国际货物运输合同	海上货物运输合同概述	海上货物运输合同是指承运人收取运费，负责将托运人托运的货物经海路由一港运至另一港的合同。 根据不同标准，海上货物运输合同可以分成三种不同的种类。 海上货物运输合同由承运人与托运人磋商订立，订立的过程也分为要约和承诺。海上货物运输合同订立后，可能因法定或当事人约定而解除。 海上货物运输合同的履行中包括承运人和托运人的责任、货物交付等内容的规定。
	提单	提单是一种用以证明海上运输合同和货物由承运人接管或装船，以及承运人据以保证交付货物的单证。提单具有货物收据、物权凭证和海上货物运输合同的证明文件三项功能。 提单有多种不同的分类，从提单的法律效力和业务需要考虑，各国对提单的必要记载事项规定是基本相同的。有关提单的国际公约在提单的权利、义务方面都各有各自不同的内容，提单的签发与背书需要很多注意事项，以避免不必要的麻烦。

【**课后习题**】

一、单选题

1. 国际贸易中，海运提单的签发日期是指（　　）。
A. 货物开始装船的日期
B. 货物全部装船完毕的日期
C. 货物装船完毕船舶启航日期
D. 货物到码头的日期
2. 必须经过背书才能进行转让的提单是（　　）。
A. 记名提单　　　B. 不记名提单　　　C. 指示提单　　　D. 背书提单
3. 海运提单和航空运单两种运输单据（　　）。
A. 都是物权凭证

B. 都是可转让的物权凭证

C. 前者是物权凭证可以转让，后者不是物权凭证不可以转让

D. 都是不可转让的物权凭证

4. 在业务中，出口商完成装运后，凭（　　　）向船公司换取正式提单。

A. 发货单　　　　　　B. 收货单　　　　　　C. 大副收据　　　　D. 商业发票

二、多选题

1. 按提单对货物表面状况有无不良批注，可分为（　　　）。

A. 清洁提单　　　　　　　　　　　　B. 转船提单

C. 联运提单　　　　　　　　　　　　D. 不清洁提单

2. 按运输方式分，提单有（　　　）。

A. 直运提单　　　　　　　　　　　　B. 转船提单

C. 联运提单　　　　　　　　　　　　D. 舱面提单

3. 按照提单收货人抬头的不同，提单可分为（　　　）。

A. 已装船提单　　　　　　　　　　　B. 指示提单

C. 记名提单　　　　　　　　　　　　D. 不记名提单

4. 在统一各国有关提单的法规方面起着重要作用和有关国际货物运输的国际公约有（　　　）。

A.《海牙规则》　　　　　　　　　　B.《维斯比规则》

C.《蒙特利尔公约》　　　　　　　　D.《汉堡规则》

5. 有权签署提单的有（　　　）。

A. 承运人　　　　　　　　　　　　　B. 载货船船长

C. 授权的代理人　　　　　　　　　　D. 货代

三、判断题

1. 不清洁提单是说提单上有污渍。　　　　　　　　　　　　　　　　（　　　）

2. 海运提单的签发日期是指货物开始装船的日期。　　　　　　　　　（　　　）

3. 海运提单、铁路提单、航空运单都是物权凭证，都是可以通过背书转让。

（　　　）

4. 空白抬头、空白背书的提单是指既不填写收货人又不要背书的提单。（　　　）

5. 为了避免货物中途转船延误时间，造成货损货差，在 FOB 条件下进口时，最好争取在合同中规定"不准转船"条款。　　　　　　　　　　　　　（　　　）

6. 分批装运指同一条船上在不同地点装运同一货物。　　　　　　　　（　　　）

7. 清洁提单是指不载有任何批注的提单。　　　　　　　　　　　　　（　　　）

四、简答题

1. 海运提单与海运单有什么区别？

2. 海上货物运输合同的分类有哪些？

3. 海上货物运输合同的履行中承运人最低法定义务有哪些？

4. 倒签提单、预签提单和顺签提单的基本内容是什么?

【阅读材料】

提单的产生背景

提单的使用由来已久。早期的提单,无论是内容还是格式,都比较简单,而且其作用也较为单一,仅作为货物的交接凭证,只是表明货物已经装船的收据。随着国际贸易和海上货物运输的逐步发展,提单的性质、作用和内容特别是其中的背面条款都发生了巨大变化。

在提单产生的早期,即自货物托运形式出现后的很长一个时期,在海上航运最为发达的英国,一方面,从事提单运输的承运人,即英国习惯上视为"公共承运人"(Common Carrier)必须按照英国普通法(Common Law)对所承运的货物负绝对责任,即负有在目的港将货物以装货港收到货物时的相同状态交给收货人的义务,对所运货物的灭失或损坏,除因天灾(Act of God)、公敌行为(Queens Enemies)、货物的潜在缺陷、托运人的过错行为所造成,或属于共同海损损失之外,不论承运人本人、船长、船员或其他受雇人、代理人有无过错,承运人均应负赔偿责任。但另一方面,法律对私人合同却采取"契约自由"原则,这就为承运人逃避普通法上的法律责任打开了方便之门,承运人在提单上列入对货物灭失或损失免责的条款,强加给货主的各种不公平的条件和不应承担的风险越来越多。这种免责条款从 18 世纪开始出现,到 19 世纪中期的后半期,便发展到不可收拾的地步。有的提单上的免责事项甚至多达六七十项,以至于有人说,承运人只有收取运费的权利,无责任可言。承运人滥用契约自由,无限扩大免责范围的作法使当时的国际贸易和运输秩序陷入极度的混乱,其直接结果不但使货方正当权益失去了起码的保障,而且还出现了保险公司不敢承保,银行不肯汇兑,提单在市场上难以转让流通的不良局面。这不仅损坏了货主、保险商和银行的利益,而且也严重阻碍了航运业自身的发展。

在以英国为代表的船东国在提单上滥用免责条款的时期,以美国为代表的货主国利益受到了极大的损害。为了保护本国商人的利益,美国于 1893 年制定了《哈特法》(Harter Act),即《关于船舶航行、提单,以及财产运输有关的某些义务、职责和权利的法案》。该法规定,在美国国内港口之间以及美国港口与外国港口之间进行货物运输的承运人,不得在提单上加入由于自己的过失而造成货物灭失或损害而不负责任的条款,同时还规定承运人应谨慎处理使船舶适航,船长船员对货物应谨慎装载、管理和交付。该法规定,凡违反这些规定的提单条款,将以违反美国"公共秩序"为由宣告无效。

《哈特法》的产生,对以后的国际航运立法产生了巨大的影响。澳大利亚 1904 年制定了《海上货物运输法》,新西兰于 1908 年制定了《航运及海员法》,加拿大于 1910 年制定了《水上货物运输法》。这些立法都采纳了《哈特法》确定的基本原则,根据《哈特法》的有关规定对提单的内容进行了调整。但是,少数国家的努力是难以解决承运人无边际免责的实质问题。而且各国立法不一,各轮船公司制定的提单条款也不相同,极大地妨碍了海上货物运输合同的签订,不利于国际贸易的发展。国际海上货物运输不可能按某一国的法律处理，因此，制定统一的国际海上货物运输公约来制约提单已势在必行。

第一次世界大战的爆发虽然延缓了制定国际统一规则的进程，但同时又给制定国际统一规则带来了生机。战后由于全球性的经济危机，货主、银行、保险界与船东的矛盾更加激化。在这种情况下，以往对限制合同自由，修正不合理免责条款问题一直不感兴趣的英国，为了和其殖民地在经济上、政治上采取妥协态度，也主动与其他航运国家和组织一起寻求对上述问题的有效解决方法，也主张制定国际公约，以维护英国航运业的竞争能力，保持英国的世界航运大国的地位。为此，国际法协会所属海洋法委员会（Maritime Law Committee）于 1921 年 5 月 17 日至 20 日在荷兰首都海牙召开会议，制定了一个提单规则，定名为《海牙规则》，供合同当事人自愿采纳。以此为基础，在 1922 年 10 月 9 日至 11 日在英国伦敦召开会议，对海牙规则进行若干修改，同年 10 月 17 日至 26 日，于比利时布鲁塞尔举行的讨论海事法律的外交会议上，与会代表作出决议，建议各国政府采纳这个规则，在稍作修改后使之国内法化。1923 年 10 月，又在布鲁塞尔召开海商法国际会议，由海商法国际会议指派委员会对这个规则继续作了一些修改，完成海牙规则的制定工作。随后，1923 年 11 月英国帝国经济会议通过决议，一方面建议各成员国政府和议会采纳这个修订后的规则使之国内法化；另一方面率先通过国内立法，使之国内法化，由此而产生了《1924 年英国海上货物运输法》（*Carriage of Goods by Sea Act 1924*，COGSA）。这个法律在 1924 年 8 月获英皇批准。1924 年 8 月 25 日，各国政府的代表也在布鲁塞尔通过了简称为《海牙规则》的《统一提单若干法律规定的国际公约》。

（资料来源：百度百科。）

第四章
国际贸易术语

【学习目标】

通过本章内容的学习，学生应理解贸易术语的概念，熟悉有关贸易术语的国际惯例，理解并掌握各种常见贸易术语的基本内容。

【学习重点与难点】

各种贸易术语的含义、规则；买卖双方的权利、义务。

【关键术语】

工厂交货 货交承运人 运费付至 运费和保险费付至 终点站交货 目的地交货 完税后交货 船边交货 船上交货 成本加运费付至 成本、保险加运费付至

【本章知识结构】

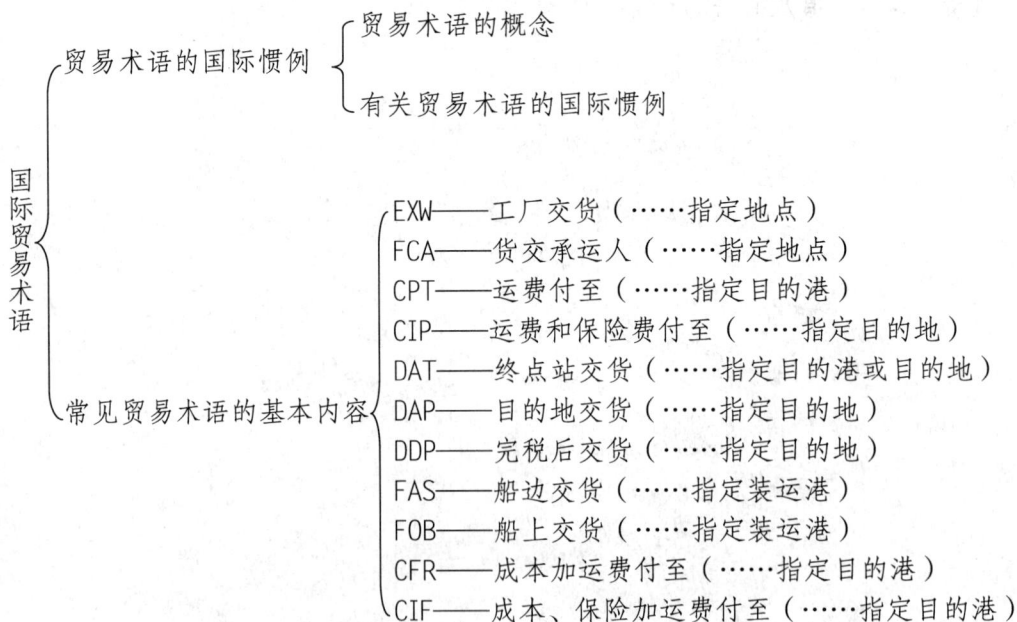

国际贸易术语
{
贸易术语的国际惯例
{
贸易术语的概念

有关贸易术语的国际惯例
}

常见贸易术语的基本内容
{
EXW——工厂交货（……指定地点）
FCA——货交承运人（……指定地点）
CPT——运费付至（……指定目的港）
CIP——运费和保险费付至（……指定目的地）
DAT——终点站交货（……指定目的港或目的地）
DAP——目的地交货（……指定目的地）
DDP——完税后交货（……指定目的地）
FAS——船边交货（……指定装运港）
FOB——船上交货（……指定装运港）
CFR——成本加运费付至（……指定目的港）
CIF——成本、保险加运费付至（……指定目的港）
}
}

【案例引入】

中国 A 厂与美国 B 公司长期进行食品交易。2006 年 5 月 10 日中国 A 厂电告美

国 B 公司，以 CIF 条件向对方出口一批食品，总价值 50 万美元，用不可撤销的跟单信用证支付价款。5 月 15 日 B 公司复电，提出降价至 48 万美元，A 厂经研究同意 B 公司要求，遂于 5 月 19 日发电报通知 B 公司。5 月 20 日 B 公司收到电报。随后，A 厂将货物运到天津港交由某运输公司 C 承运。整批货物分别装入两个集装箱，并吊装在船上。6 月 4 日承运船舶行至公海时，由于船长的疏忽，船上发生火灾，其中一个集装箱被火烧毁。7 月初，货物运至旧金山港。B 公司拒绝接收货物，并向 A 厂索赔。

（资料来源：中顾法律网，2011 - 05 - 19。）

第一节　贸易术语的国际惯例

一、贸易术语的概念

贸易术语也被叫作价格术语或交货术语，是指在合同中用一个简短的概念来说明商品从卖方转移到买方的地点和方式。例如，船上交货（FOB）以及成本、保险加运费（CIF），就可以表示商品的价格构成，风险从卖方转移到买方的时间，以及运费和保险费。因此贸易术语大大简化了洽谈业务的过程，节省了时间和费用。

二、有关贸易术语的国际惯例

贸易术语已经用于实践中很多年了。然而由于各国对贸易术语的理解互有差异，因而容易误解。为了避免争议，有些商业团体便制定了一些统一解释贸易术语的规则。

（一）《1932 年华沙—牛津规则》

这一规则由国际法协会在 1932 年起草。它包含 21 个条款，即规定了 CIF 贸易术语本质，以及买卖双方应该承担的费用、风险和责任。

（二）《1941 年美国对外贸易定义修订本》

1941 年由 9 家美国商会共同起草该规则。尽管这一套对外贸易术语已经过时，但有在美国国内使用。它包括 6 个贸易术语。

（三）《2000 年国际贸易术语解释通则》

早在 1936 年，国际商会（ICC）即制定了《国际贸易术语解释通则》（INCO-TERMS），此后几经修订。《2000 年国际贸易术语解释通则》于 2000 年 1 月 1 日生效。该通则共解释了 13 种贸易术语，并将其分成 4 个不同的基本类型。

1. E 组（EXW），卖方/出口商在其自己的所在地把货物交给买方。

2. F 组（FCA、FAS 和 FOB），卖方/出口商需将货物交至买方指定的承运人。

3. C 组（CFR、CIF、CPT 和 CIP），卖方/出口商必须签订运输合同，但装船和起运后货物丢失或损坏的风险或其他费用，卖方不承担责任。C 组术语证明是装运合同（与"到达"相反）。

4. D 组（DAF、DES、DEQ、DDU 和 DDP），卖方/出口商必须承担把货物运至目的地国家所需的全部费用和风险。D 组术语证明是到达合同。

【思考一下】

各个贸易术语的英文缩写所代表的意思都是什么？

（四）《2010 年国际贸易术语解释通则》

《2010 年国际贸易术语解释通则》阐释了一系列在货物销售商业（商事）合同实践中使用的三字母系列贸易术语。《2010 年国际贸易术语解释通则》主要描述货物从卖方到买方运输过程中涉及的义务、费用和风险的分配。

《2010 年国际贸易术语解释通则》存在很多特点，这里主要介绍其中四个方面：

1. 两个新的贸易术语——DAT 与 DAP

取代了《2000 年国际贸易术语解释通则》中的 DAF、DES、DEQ 和 DDU 规则。国际贸易术语的数量从 13 个减至 11 个，这是因为 DAT（运输终点交货）和 DAP（目的地交货）这两个新规则取代了《2000 年国际贸易术语解释通则》中的 DAF、DES、DEQ 和 DDU 规则。但这并不影响约定的运输方式的适用。

在这两个新规则下，交货在指定目的地进行：在 DAT 术语下，买方处置运达并卸载的货物所在地（这与以前的 DEQ 规定的相同）；在 DAP 术语下，同样是指买方处置，但需做好卸货的准备（这与以前的 DAF、DES 和 DDU 规定的相同）。

新的规则使《2000 年国际贸易术语解释通则》中的 DES 和 DEQ 变得多余。DAT 术语下的指定目的地可以是指港口，并且 DAT 可完全适用于《2000 年国际贸易术语解释通则》中 DEQ 所适用的情形。同样地，DAP 术语下的到达的"运输工具"可以是指船舶，指定目的地可以是指港口，因此，DAP 可完全适用于《2000 年国际贸易术语解释通则》中 DES 所适用的情形。与其前任规则相同，新规则也是"到货交付式"的由买方承担所有费用，即买方承担全部费用（除了与进口清算有关的费用）以及货物运至指定目的地前所包含的全部风险。

2. 《2010 年国际贸易术语解释通则》的 11 个术语的分类

《2010 年国际贸易术语解释通则》的 11 个术语分为显然不同的两类：第一类适用于任一或多种运输方式的规则，包括：EWX 工厂交货、FCA 货交承运人、CPT 运费付至、CIP 运费及保险费付至、DAT 目的地交货、DAP 所在地交货以及 DDP 完税后交货；第二类只适用于海运及内河运输的规则，包括：FAS 船边交货、FOB 船上交货、CFR 成本加运费以及 CIF 成本、保险费加运费。

第一类所包含的七个《2010 年国际贸易术语解释通则》术语——EWX、FCA、CPT、CIP、DAT、DAP 和 DDP，可以适用于特定的运输方式，亦可适用于一种或同时适用于多种运输方式，甚至可适用于非海事运输的情形。但是需要注意，以上这些规则仅适用于存在船舶作为运输工具之一的情形。

在第二类术语中，交货点和把货物送达买方的地点都是港口，所以只适用于"海上或内陆水上运输"。FAS、FOB、CFR 和 CIF 都属于这一类。最后的三个术语，删除了以越过船舷为交货标准而代之以将货物装运上船。这更贴切地反映了现代商业实际且避免了风险在臆想垂线上来回摇摆这一颇为陈旧的观念。

3. 终点站处理费用

在 CPT、CIP、CFR、CIF、DAT、DAP 和 DDP 等国际贸易术语规则中，卖家必

须为货物到商定好目的地的运输作出安排。虽然运费是由卖家支付的，但因为运费一般被卖方纳入总体销售价格中，所以实际上运费是由买方支付的。运费有时候会包含港口或集装箱终端设施内处理与移动货物的费用并且承运人和终点站运营方也可能向收到货物的买方收取这些费用。

在这些情况下，买家会希望避免为同一服务缴费两次，一次付给卖家作为销售价格中一部分与一次单独地付给承运人或者终点站运营方。《2010 年国际贸易术语解释通则》在文件 A6/B6 的相关规则中明确分配这类费用，以求避免类似情形的发生。

4. 连环销售

在农矿产品销售中，相对于工业品的销售，货物经常在链条运转中被频繁销售多次。这种情况发生时，在链条中间环节的卖方并不"船运"这些货物，因为这些货物已经由最开始的卖方船运了。连环运转中间环节的卖方因而履行其对买方的义务，并不是通过船运货物，而是通过"取得"已经被船运的货物。

为明确起见，《2010 年国际贸易术语解释通则》的规则包含了"取得已船运的货物"的义务，以将此作为通则的相关规则中船运货物义务的替代义务。

【课堂小讨论】

讨论一下，《2010 年国际贸易术语解释通则》是法律吗？

第二节　常见贸易术语的基本内容

一、EXW——工厂交货（……指定地点）

本条规则与（当事人）所选择的运输模式无关，即便（当事人）选择多种运输模式，亦可适用该规则。本规则较适用于国内交易，对于国际交易，则应选 FCA "货交承运人（……指定地点）"规则为佳。

工厂交货（……指定地点）是指当卖方在其所在地或其他指定的地点将货物交给买方处置时，即完成交货。卖方不需将货物装上任何运输工具，在需要办理出口清关手续时，卖方亦不必为货物办理出口清关手续。

双方都应该尽可能明确地指定货物交付地点，因为此时（交付前的）费用与风险由卖方承担。买方必须承当在双方约定的地点或在指定地受领货物的全部费用和风险。

EXW 是卖方承担责任最小的术语。它应遵守以下使用规则：

卖方没有义务为买方装载货物，即使在实际中由卖方装载货物可能更方便。若由卖方装载货物，相关风险和费用亦由买方承担。如果卖方在装载货物中处于优势地位，则使用由卖方承担装载费用与风险的 FCA 术语通常更合适。

买方在与卖方使用 EXW 术语时应知晓，卖方仅在买方要求办理出口手续时负有协助的义务。但是卖方并无义务主动办理出口清关手续。因此如果买方不能直接或间接地办理出口清关手续，建议买方不要使用 EXW 术语。

买方承担向卖方提供关于货物出口之信息的有限义务。但是，卖方可能需要这些用作诸如纳税（申报税款）、报关等目的的信息。

表 4 – 1　　　　　《2010 年国际贸易术语解释通则》
EXW 术语买卖双方义务对照表（节选）

A THE SELLER'S OBLIGATIONS 卖方义务	B THE BUYER'S OBLIGATIONS 买方义务
……	……
A3 运输合同与保险合同 a）运输合同：卖方没有为买方签订运输合同的义务。 b）保险合同：卖方没有义务与买方签订保险合同。然而，当买方请求或由其承担风险与（或有的）费用时，卖方必须向买方提供其获取保险所需要的信息。	B3 运输合同和保险合同 a）运输合同：买方没有为卖方签订运输合同的义务。 b）保险合同：买方没有与卖方签订保险合同的义务。
A4 交货 卖方应在约定点或在指定地点将未置于任何运输车辆上的货物交给买方处置。若在指定的地点内未约定具体交货点，或有若干个交货点可使用，卖方可选择最符合其目的之地进行交货。卖方需在约定地或约定时间内交货。	B4 受领货物（接收货物） 买方必须在卖方按照 A4 和 A7 规定交货时受领货物。
A5 风险转移 除发生 B5 中所描述之灭失或损坏的情形外，卖方必须承担货物灭失或损坏的一切风险，直至已经按照 A4 规定交货为止。	B5 风险转移 自卖方按 A4 规定交货之时起，买方必须承担货物灭失或损坏的一切风险。 如果买方未按照 B7 之规定通知卖方，则自约定的交货日期或交货期限届满之日起，买方必须承担货物灭失或损坏的一切风险，但以该项货物已清楚地确定为合同项下之货物为限。
A6 费用划分 除 B6 预设的可由买方支付的费用外，卖方必须承担与货物有关的所有费用，直到其按照 A4 规定交货为止。	B6 费用划分 买方必须支付： 自按照 A4 规定交货之时起与货物有关的一切费用；在货物已交给买方处置而买方未受领货物或未按照 B7 规定给予卖方相应通知而发生的任何额外费用，但以该项货物已正式划归合同项下为限；在需要办理海关手续时，货物出口应缴纳的一切关税、税款和其他费用，以及办理海关手续的费用。 卖方按照 A2 规定给予协助时所发生的一切成本与费用。
……	……

二、FCA——货交承运人（……指定地点）

该项规则可以适用于各种运输方式（单独使用的情况），也可以适用于多种运输方式同时使用的情况。

货交承运人是指卖方于其所在地或其他指定地点将货物交付给承运人或买方指

定人，建议当事人最好尽可能清楚地明确说明指定交货的具体点，风险将在此点转移至买方。

若当事人意图在卖方所在地交付货物，则应当确定该所在地的地址，即指定交货地点。另一方面，若当事人意图在其他地点交付货物，则应当明确确定一个不同的具体交货地点。

FCA 要求卖方在需要时办理出口清关手续。但是，卖方没有办理进口清关手续的义务，也无须缴纳任何进口关税或者办理其他进口海关手续。

在需要办理海关手续时（在必要时/适当时），DAP 规则要求应有卖方办理货物的出口清关手续，但卖方没有义务办理货物的进口清关手续，支付任何进口税或者办理任何进口海关手续，如果当事人希望卖方办理货物的进口清关手续，支付任何进口税和办理任何进口海关手续，则应适用 DDP 规则。

表 4 - 2　　　　　　　　　《2010 年国际贸易术语解释通则》
FCA 术语买卖双方义务对照表（节选）

A THE SELLER'S OBLIGATIONS 卖方义务	B THE BUYER'S OBLIGATIONS 买方义务
……	……
A3 运输合同与保险合同 a）运输合同：卖方没有为买方订立运输合同的义务。但是，若经买方要求，或者依循商业惯例且买方未适时给予卖方相反指示，则卖方可以按照通常条件订立由买方承担风险与费用的运输合同。在任何一种情况下，卖方都可以拒绝订立此合同；如果拒绝，则应立即通知买方。 b）保险合同：卖方没有义务为买方订立保险合同。但是，卖方应当按照买方的要求，向买方提供其所需的有关购买保险的信息，由此产生的任何风险、费用由买方承担。	B3 运输合同和保险合同 a）运输合同：买方应当自付费用订立从指定的交货地点运输货物的合同，卖方按照 A3 a）规定订立合同的除外。 b）保险合同：买方没有义务为卖方订立保险合同。
A4 交货 若有约定具体的交货点，卖方应按照约定，在指定的地点于约定的日期或者期限内，将货物交付给承运人或者买方指定的其他人。 交货在以下情况完成： a）若指定的地点是卖方所在地，则当货物已装载于买方所提供的运输工具时； b）当装载于卖方的运输工具上的货物已达到卸货条件，且处于承运人或买方指定的其他人的处置之下时的任何其他情况。 若买方未按照 B7 d）项之规定，将在指定的地区内的具体交货地点通知卖方，且有几个具体交货点可供选择时，卖方可以在指定地点中选择最符合其目的的交货地点。 除非买方另有通知，否则，卖方可以根据货物的数量和/或性质的要求，将货物以适宜的方式交付运输。	B4 受领货物（接收货物） 买方应当在卖方按照 A4 规定交货时，收取货物。

A THE SELLER'S OBLIGATIONS 卖方义务	B THE BUYER'S OBLIGATIONS 买方义务
A5 风险转移 卖方承担货物灭失或损害的一切风险，直至卖方已按照 A4 的规定交付货物，在 B5 描述的情况下产生的灭失或损害除外。	B5 风险转移 买方自卖方按照 A4 规定交货之时起，承担货物灭失或损坏的一切风险。 若 a）买方没有按照 B7 规定将依 A4 规定对承运人或其他人的指定告知卖方或提醒其注意；或 b）其按照 A4 规定指定的承运人或其他人未接管货物，则买方按照下述规定承担货物灭失或损坏的一切风险： i）自约定日期时起。若没有约定日期， ii）自卖方在约定的时期内依 A7 规定告知买方的日期起。若没有告知日期， iii）自任何约定的交货期限届满之日起，但以该货物已被清楚地确定为合同项下货物为限。
A6 费用划分 卖方应当支付： a）与货物有关的一切费用，直至已按照 A4 规定交货为止。除 B6 中规定的由买方支付的费用外；及 b）在适用情况下，货物出口应办理的海关手续费用及出口应交纳的一切关税、税款和其他费用。	B6 费用划分 买方应当支付： a）自按照 A4 规定的交货之时起与货物有关的一切费用，除了 A6 b）中规定的货物出口办理海关手续的费用及其他货物出口应缴纳的关税、税款和其他费用。 b）因发生下述任一情况产生的任何额外费用： (i) 由于买方未能按照 A4 规定指定承运人或其他人； (ii) 或由于承运人或买方指定的人未能接管货物； (iii) 或由于买方未能按照 B7 规定给予卖方相应通知，但以该货物已被清楚地确定为合同项下货物为限。 c）在必要时，货物进口应缴纳的一切关税、税款和其他费用以及办理海关手续的费用及从他国过境的费用。
……	……

三、CPT——运费付至（……指定目的港）

这一术语无例外地用于所选择的任何一种运输方式以及运用多种运输方式的情况。

运费付至指卖方在指定交货地向承运人或由其（卖方）指定的其他人交货并且其（卖方）须与承运人订立运输合同，载明并实际承担将货物运送至指定目的地的所产生的必要费用。

在 CPT、CIP、CFR 或 CIF 适用的情形下，卖方的交货义务在将货物交付承运人，而非货物到达指定目的地时，即告完全履行。

此规则有两个关键点，因为风险和成本在不同的地方发生转移。买卖双方当事人应在买卖合同中尽可能准确地确定以下两个点：发生转移至买方的交货地点，在其须订立的运输合同中载明的指定目的地。如果使用多个承运人将货物运至指定目的地，且买卖双方并未对具体交货地点有所约定，则合同默认风险自货物由买方交给第一承运人时转移，卖方对这一交货地点的选取具有排除买方控制的绝对选择权。如果当事方希望风险转移推迟至稍后的地点发生（例如某海港或机场），那么他们需要在买卖合同中明确约定这一点。

由于将货物运至指定目的地的费用由卖方承担，因而当事人应尽可能准确地确定目的地中的具体地点。且卖方须在运输合同中载明这一具体的交货地点。卖方基于其运输合同中在指定目的地卸货时，如果产生了相关费用，卖方无权向买方索要，除非双方有其他约定。

CPT 术语要求卖方办理货物出口清关手续。但是，卖方没有义务办理货物进口清关手续、支付进口关税以及办理任何进口所需的任何海关手续。

表 4 - 3 《2010 年国际贸易术语解释通则》
CPT 术语买卖双方义务对照表（节选）

A THE SELLER'S OBLIGATIONS 卖方义务	B THE BUYER'S OBLIGATIONS 买方义务
……	……
A3 运输合同与保险合同 a) 运输合同：卖方必须订立运输合同，若约定了交付地点的，将货物从交付地的约定地点运至指定目的地，如果约定了目的地的具体交付货物地点的，也可运至目的地的约定地点。 卖方必须自付费用，按照通常条件订立运输合同，依通常路线及习惯方式，将货物运至指定的目的地的约定点。如未约定目的地的具体交付货物地点或未能依交易习惯予以确定该地点，则卖方可在指定的目的地选择最适合其目的的交货点。 b) 保险合同：卖方没有向买方制定保险合同的义务。 应买方的请求，并由买方承担风险和可能存在的费用时，卖方必须向买方提供其需要的用于获得保险的相关信息。	B3 运输合同和保险合同 a) 运输合同：买方没有向卖方制定运输合同的义务。 b) 保险合同：买方没有向卖方制定保险合同的义务，但是，当卖方要求时，买方须向卖方提供获得保险的必要信息。
A4 交货 卖方必须在约定的日期或期限内依照 A3 的规定向订立合同的承运人交货。	B4 受领货物 买方必须在货物已经按照 A4 的规定交货时受领货物，并在指定的目的地从承运人处受领货物。

A THE SELLER'S OBLIGATIONS 卖方义务	B THE BUYER'S OBLIGATIONS 买方义务
A5 风险转移 除 B5 所描述情形下的灭失或损坏外，卖方承担货物灭失或损坏的一切风险，直至已按照 A4 规定交货为止。	B5 风险转移 买方承担按照 A4 规定交货时起货物灭失或损坏的一切风险。 在货物已被清楚确定为合同项下之物的条件下，如买方未能按照 B7 规定向卖方发出通知，则买方必须从约定的交货日期或交货期限届满之日起，承担货物灭失或损坏的一切风险。
A6 费用划分 卖方必须支付： a）除 B6 规定者外，卖方必须支付按照 A4 规定交货之前与货物有关的一切费用； b）按照 A3 a）规定所发生的运费和一切其他费用，包括根据运输合同规定应由卖方支付的装货费和在目的地的卸货费；以及 c）货物出口需要办理的海关手续费用及出口时应缴纳的一切关税、税款和其他费用，以及根据运输合同规定，由卖方支付的货物从他国过境的费用，如果这些地方需要办理这些海关手续。	B6 费用划分 除 A3 a）规定外，买方必须支付： a）自按照 A4 规定交货时起的一切与货物有关的费用，除了在 A6 中提到的在这些地方需要办理海关手续的情况下货物出口需要办理的海关手续费用及出口时应缴纳的一切关税、税款和其他费用； b）货物在运输途中直至到达目的地为止的一切费用，除非这些费用根据运输合同应由卖方支付； c）卸货费，除非根据运输合同应由卖方支付； d）如买方未按照 B7 规定给予卖方通知，则自约定的装运日期或装运期限届满之日起，货物所发生的一切额外费用，但以该项货物已正式划归合同项下，即清楚地划出或以其他方式确定为合同项下之货物为限； e）在需要办理海关手续时货物进口应缴纳的一切关税、税款和其他费用，及办理海关手续的费用，以及从他国过境的费用，除非这些费用已包括在运输合同中。
……	……

四、CIP——运费和保险费付至（……指定目的地）

该术语可适用于各种运输方式，也可以用于使用两种以上的运输方式时。

运费和保险费付至含义是在约定的地方（如果该地在双方间达成一致）卖方向承运人或是卖方指定的另一个人发货，以及卖方必须签订合同和支付将货物运至目的地的运费。

卖方还必须订立保险合同以防买方货物在运输途中灭失或损坏风险。买方应注意到 CIP（运费和保险费付至指定目的地）术语只要求卖方投保最低限度的保险险别。如买方需要更多的保险保障，则需要与卖方明确地达成协议，或者自行作出额外的保险安排。

在 CPT、CIP、CFR 和 CIF 在这些术语下，当卖方将货物交付承运人时而不是货物到达目的地时，卖方已经完成其交货义务。

由于风险和费用因地点之不同而转移，本规则有两个关键点。买卖双方最好在合同中尽可能精确地确认交货地点，风险转移至买方地，以及卖方必须订立运输合同所到达的指定目的地。若将货物运输至约定目的地用到若干承运人而买卖双方未就具体交货点达成一致，则默认为风险自货物于某一交货点被交付至第一承运人时转移，该交货点完全由卖方选择而买方无权控制。如果买卖双方希望风险在之后的某一阶段转移（例如在一个海港或一个机场），则他们需要在其买卖合同中明确之。将货物运输至具体交货地点的费用由卖方承担，因此双方最好尽可能明确在约定的目的地的具体交货地点。卖方最好制定与此次交易精确匹配的运输合同。如果卖方按照运输合同在指定的目的地卸货而支付费用，除非双方另有约定，卖方无权向买方追讨费用。

　　CIP 术语要求卖方在必要时办理货物出口清关手续。但是，卖方不承担办理货物进口清关手续，支付任何进口关税，或者履行任何进口报关手续的义务。

表 4－4　　　　　　　　　　《2010 年国际贸易术语解释通则》
CIP 术语买卖双方义务对照表（节选）

A THE SELLER'S OBLIGATIONS 卖方义务	B THE BUYER'S OBLIGATIONS 买方义务
……	……
A3 运输合同与保险合同 a）运输合同：卖方必须订立一个货物运输合同，以将货物从交付地区约定的任何交付点，运送至指定的目的地，或者也可以运至指定地区约定的具体地点。 卖方必须自行承担费用，并按照通常条件订立运输合同，同时合同须依照通常路线及习惯方式来提供货物。 若未约定或按照惯例也不能确定具体的地点，则卖方可选择最符合其目的的交货点，以及在指定目的地的最适合其目的的交货点。 b）保险合同：卖方必须自付费用取得货物保险，该货物保险至少应按照《协会货物保险条款》（劳埃德市场协会/国际保险人协会）的条款或其他类似条款中的最低保险险别投保。保险合同应与信誉良好的保险人或保险公司订立，并赋予买方或任何其他对货物具有保险利益的人直接向保险人索赔的权利。 当买方提出要求时，卖方应要求并且根据买方所提供的必要信息，在可行的情况下，由买方付费给买方加投额外的保险，比如给予《协会货物保险条款》（劳埃德市场协会/国际保险人协会）中的条款（A）或者条款（B）的险级保障或类似条款的险级保障，和/或给予《协会战争条款》和/或《协会罢工条款》或者其他类似条款的险级保障。 保险金额最低限度应包括合同规定价款的另加10%（即110%），并应采用合同中约定的货币。 保险应当包括，从 A4 和 A5 中规定的发货起点起，至少到达指定目的地的货物。 卖方应向买方提供保险单或者其他保险范围的证据。 此外，卖方必须根据买方的要求、风险和费用（如果有的话），向买方提供买方需要投资额外保险的信息。	B3 运输合同和保险合同 a）运输合同：买方对卖方没有义务制定运输合同。 b）保险合同：买方对卖方没有义务制定保险合同。但是，应卖方要求，买方必须按照A3 b）的规定向卖方提供必要的信息，以便卖方应买方之要求购买任何额外的保险。

A THE SELLER'S OBLIGATIONS 卖方义务	B THE BUYER'S OBLIGATIONS 买方义务
A4 交货 卖方必须按照约定日期或期限，向按照 A3 规定订立合同的承运人交货。	B4 受领货物（接收货物） 买方必须在卖方按照 A4 规定交货时受领货物，并在指定的目的地从承运人处收受货物。
A5 风险转移 卖方在按照 A4 的规定交付商品之前，承担所有的货物毁损或灭失责任，但货物的毁损或灭失是由于 B5 所述的情况的除外。	B5 风险转移 买方承担按照 A4 规定交货后货物灭失或损坏的一切风险。 买方如未按照 B7 规定通知卖方，则必须从约定的交货日期或交货期限届满之日起，承担货物灭失或损坏的一切风险，但以该项货物明确的规定为合同项下之货物为限。
A6 费用划分 卖方必须支付： a）直至按照 A4 的规定交货为止前与货物有关的一切费用，除 B6 中规定的买家所需支付的费用； b）按照 A3 a）规定所发生的运费和其他一切费用，包括装船费和根据运输合同应由卖方支付的在目的地的卸货费； c）按照 A3 b）规定所发生的保险费用；及 d）在需要办理海关手续时，货物出口需要办理的海关手续费用，以及货物出口时应缴纳的一切关税、税款和其他费用，以及根据运输合同由卖方支付的货物从他国过境的费用。	B6 费用划分 根据 A3 a）的规定，买方应当支付： a）根据 A4 规定的从交货时起与货物有关的一切费用，除了在可适用情况下，货物出口所需的海关手续费用，以及关税、税额和 A6 中规定的出口所应支付的其他费用应由卖方支付；及 b）货物在运输途中直至到达约定目的地为止的一切费用，除非这些费用根据运输合同约定应由卖方支付；及 c）卸载费，除非这些费用根据运输合同约定应由卖方支付； d）如买方未按照 B7 规定给予卖方通知，则自约定的装运日期或装运期限届满之日起，货物所发生的任何额外费用，但以该项货物已经清楚地确定为合同项下的货物为限； e）在需要办理海关手续时，货物进口应缴纳的一切关税、税款和其他费用，及办理海关手续的费用，以及从他国过境的费用，除非这些费用已包括在运输合同中；及 f）在 A3 和 B3 之下，应买方要求购买任何额外保险的费用。
……	……

五、DAT——终点站交货（……指定目的港或目的地）

此规则可用于选择的各种运输方式，也适用于选择的一个以上的运输方式。

终点站交货是指卖方在指定的目的港或目的地的指定终点站卸货后将货物交给买方处置即完成交货。终点站包括任何地方，无论约定或者不约定，包括码头、仓库、集装箱堆场或公路、铁路或空运货站。卖方应承担将货物运至指定的目的地和卸货所产生的一切风险和费用。

建议当事人尽量明确地指定终点站，如果可能，（指定）在约定的目的港或目的地的终点站内的一个特定地点，因为（货物）到达这一地点的风险是由卖方承担建议卖方签订一份与这样一种选择准确契合的运输合同。

此外，若当事人希望卖方承担从终点站到另一地点的运输及管理货物所产生的风险和费用，那么此时 DAP（目的地交货）或 DDP（完税后交货）规则应该被适用。

在必要的情况下，DAT 规则要求卖方办理货物出口清关手续。但是，卖方没有义务办理货物进口清关手续并支付任何进口税或办理任何进口报关手续。

表 4-5　　　　　　　　《2010 年国际贸易术语解释通则》
DAT 术语买卖双方义务对照表（节选）

A THE SELLER'S OBLIGATIONS 卖方义务	B THE BUYER'S OBLIGATIONS 买方义务
……	……
A3 运输合同与保险合同 a）运输合同：卖方必须自付费用订立运输合同，将货物运至指定目的港或目的地的指定终点站。如未约定或按照交易习惯也无法确定具体交货点，卖方可在目的港或目的地选择最符合其交易目的的终点站（交货）。 b）保险合同：卖方没有为买方签订保险合同的义务。但是，卖方在买方的要求下，必须向买方提供买方借以获得保险服务的信息，其中如果存在风险和费用，一概由买方承担。	B3 运输合同和保险合同 a）运输合同：买方没有为卖方签订运输合同的义务。 b）保险合同：买方没有为卖方签订保险合同的义务。但是如果卖方要求，买方则必须向卖方提供必要的关于获得保险的必要信息。
A4 交货 卖方必须在约定的日期或期限内，在目的港或目的地中按 A3a）所指定的终点站，将货物从交货的运输工具上卸下，并交给买方处置完成交货。	B4 受领货物（接收货物） 货物已按 A4 的规定交付时，买受人必须受领货物。
A5 风险转移 除了 B5 所描述的（货物）灭失或损坏的情形外，卖方必须承担货物灭失或损坏的一切风险，直至货物已经按照 A4 的规定交付为止。	B5 风险转移 自货物已按 A4 的规定交付时起，买方必须承担货物灭失或损坏的一切风险。 如果买方未按 B2 的规定履行义务，买方承担由此产生的货物灭失或损坏的一切风险。 如果买方未按 B7 的规定给予通知，自约定的交付货物的日期或期间届满之日起，买方承担货物灭失或损坏的一切风险，但以该项货物已经被清楚地确定为合同货物为限。
A6 费用划分 卖方必须支付： a）除了按 B6 规定的由买方支付的费用外，包括因 A3a）产生的费用，以及直至货物已按 A4 的规定交付为止而产生的一切与货物有关的费用；以及 b）在必要的情况下，在按照 A4 规定的交货之前，货物出口需要办理的海关手续费用及货物出口时应缴纳的一切关税、税款和其他费用，以及货物经由他国过境运输的费用。	B6 费用划分 买方必须支付： a）自货物已按 A4 的规定交付时起，与货物有关的一切费用； b）任何因买方未按 B2 规定履行义务或未按 B7 给予通知而使卖方额外支付的费用，但以该项货物已经被清楚地确定为合同货物为限；以及 c）在必要的情况下，货物进口需要办理的海关手续费用及货物进口时应缴纳的一切关税、税款和其他费用。
……	……

六、DAP——目的地交货（……指定目的地）

DAP 是《2010 年国际贸易术语解释通则》新添加的术语，取代了的 DAF（边境交货）、DES（目的港船上交货）和 DDU（未完税交货）三个术语。该规则的适用不考虑所选用的运输方式的种类，同时在选用的运输方式不止一种的情形下也能适用。

目的地交货的意思是：卖方在指定的交货地点，将仍处于交货的运输工具上尚未卸下的货物交给买方处置即完成交货。卖方须承担货物运至指定目的地的一切风险。

尽管卖方承担货物到达目的地前的风险，该规则仍建议双方将合意交货目的地指定尽量明确。建议卖方签订恰好匹配该种选择的运输合同。如果卖方按照运输合同承受了货物在目的地的卸货费用，那么除非双方达成一致，卖方无权向买方追讨该笔费用。

在需要办理海关手续时（在必要时/适当时），DAP 规则要求应由卖方办理货物的出口清关手续，但卖方没有义务办理货物的进口清关手续，支付任何进口税或者办理任何进口海关手续，如果当事人希望卖方办理货物的进口清关手续，支付任何进口税和办理任何进口海关手续，则应适用 DDP 规则。

表 4 – 6　　　　　　　　《2010 年国际贸易术语解释通则》
DAP 术语买卖双方义务对照表（节选）

A THE SELLER'S OBLIGATIONS 卖方义务	B THE BUYER'S OBLIGATIONS 买方义务
……	……
A3 运输合同与保险合同 a）运输合同：卖方必须自付费用订立运输合同，将货物运至指定的交货地点。如未约定或按照惯例也无法确定指定的交货地点，则卖方可在指定的交货地点选择最适合其目的的交货点。 b）保险合同：卖方对买方没有义务订立保险合同。但是如果买方提出需要保险合同的要求，并且自己承担风险和费用，那么卖方应该提供订立保险合同需要的全部信息。	B3 运输合同和保险合同 a）运输合同：买方对卖方没有义务订立运输合同。 b）保险合同：买方对卖方没有义务订立保险合同。但是如果买方想获得保险，就必须向卖方提出自己需要保险的要求，并且向卖方提供必要的信息。
A4 交货 卖方必须在约定日期或期限内，在指定的交货地点，将仍处于约定地点的交货运输工具上尚未卸下的货物交给买方处置。	B4 受领货物（接收货物） 买方必须在卖方按照 A4 规定交货时受领货物。
A5 风险转移 除 B5 规定者外，卖方必须承担货物灭失或损坏的一切风险，直至已经按照 A4 规定交货为止。	B5 风险转移 买方必须承担按照 A4 规定交货之时起货物灭失或损坏的一切风险。 如果

续表

A THE SELLER'S OBLIGATIONS 卖方义务	B THE BUYER'S OBLIGATIONS 买方义务
	a）买方没有履行 B2 中规定的义务，则买方承担所有货物灭失或者毁损的风险。 或者 b）买方没有按照 B7 中的规定履行其告知义务，则必须从约定的交货日期或交货期限届满之日起，承担货物灭失或损坏的一切风险。但是必须确认上面所讲的货物是合同中所指的货物。
A6 费用划分 卖方必须支付： a）除依 B6 规定由买方支付费用以外的，按照 A3a）规定发生的费用及按照 A4 规定在目的地交货前与货物有关的一切费用； b）根据运输合同约定，在目的地发生应由卖方支付的任何卸货费用；及 c）在需要办理海关手续时，货物出口要办理的海关手续费用及货物出口时应缴纳的一切关税、税款和其他费用，以及按照 A4 规定交货前从他国过境的费用。	B6 费用划分 买方必须支付： a）自按照 A4 的规定交货时起与货物有关的一切费用； b）在指定目的地将货物从交货运输工具上卸下以受领货物的一切卸货费，除非这些费用按照运输合同是由卖方承担； c）在这项货物已清楚地确定为合同项下货物的条件下，若买方未能按照 B2 规定履行义务或未按照 B7 规定给予卖方通知，卖方因此而产生的一切费用；及 d）在需要办理海关手续时，办理海关手续的费用及货物进口时应缴纳的一切关税、税款和其他费用。
……	……

七、DDP——完税后交货（……指定目的地）

这条规则可以适用于任何一种运输方式，也可以适用于同时采用多种运输方式的情况。

完税后交货是指卖方在指定的目的地，将货物交给买方处置，并办理进口清关手续，准备好将在交货运输工具上的货物卸下交与买方，完成交货。卖方承担将货物运至指定的目的地的一切风险和费用，并有义务办理出口清关手续与进口清关手续，对进出口活动负责，以及办理一切海关手续。

DDP 术语下卖方承担最大责任。因为到达指定地点过程中的费用和风险都由卖方承担，建议当事人尽可能明确地指定目的地。建议卖方在签订的运输合同中也正好符合上述选择的地点。如果卖方致使在目的地卸载货物的成本低于运输合同的约定，则卖方无权收回成本，当事人之间另有约定的除外。

如果卖方不能直接或间接地取得进口许可，不建议当事人使用 DDP 术语。如果当事方希望买方承担进口的所有风险和费用，应使用 DAP 术语。任何增值税或其他进口时需要支付的税项由卖方承担，合同另有约定的除外。

表 4 –7　　　　　　　　　　《2010 年国际贸易术语解释通则》
　　　　　　　　　　　DDP 术语买卖双方义务对照表（节选）

A THE SELLER'S OBLIGATIONS 卖方义务	B THE BUYER'S OBLIGATIONS 买方义务
……	……
A3 运输合同与保险合同 a）运输合同：卖方必须自付费用订立运输合同，将货物运至指定目的地或者指定地点，若可以的话，到指定目的地。如未约定或按照惯例也无法确定具体交货点，则卖方可在的目的地选择最适合其目的的交货点。 b）保险合同：卖方没有义务与买方订立保险合同。但是，在买方的要求下、买方承担风险或者费用（如果有的话）的情形下，卖方必须告知买方需要取得保险。	B3 运输合同和保险合同 a）运输合同：买方没有义务订立运输合同。 b）保险合同：相对于卖方买方没有义务订立保险合同，但是应卖方请求，买方应提供关于保险的必要信息。
A4 交货 卖方必须在约定的日期或者期限内，在位于指定目的地的约定地点（如果有约定），将运输工具上准备卸下来的货物交与买方处置。	B4 受领货物（接收货物） 买方必须在卖方按照 A4 规定交货时受领货物。
A5 风险转移 除了 B5 所规定的情形以外，由卖方承担货物损毁或者灭失的所有风险，一直到货物已经按照 A4 的规定交货为止。	B5 风险转移 按照 A4 的规定受领货物之后，买方必须承担货物灭失或损坏的一切风险：如果 a）买方没有履行按照 B2 规定的义务，那么他必须承担由此导致的货物灭失或者损坏的风险；或者 b）买方没有尽到 B7 规定的通知义务，那么他必须承担自约定的交货日期或者自交货期限届满之日起的货物灭失或损坏的风险。 前提是，货物必须已经证明是合同中规定的货物。
A6 费用划分 卖方必须支付： a）除了由 A3 a）之外所产生的费用以外，直到货品按照 A4 的规定交货之前，所有相关的一切费用，不包括那些 B6 中所提到的由买方支付的费用； b）根据运输合同的规定，在交货地的任何卸货费用都有卖方承担； c）在适用的情况下，出口和进口所必需的报关费用以及一切关税，税款和其他在出口和进口货品时应支付的费用，以及货品在交付之前，按照 A4 的规定运输途中因通过其他国家所产生的费用。	B6 费用划分 买方必须支付： a）从货物被交付之日起与货物相关的全部费用，正如 A4 所设想的； b）在指定目的地卸载必需品的所有费用，包括从运输方式到接收货物整个过程的所有费用，除非按照运输合同，这些费用是由卖方支付； c）在货物已被确定为合同项下货物的前提下，如果没有按照 B2 履行其义务或没有按照 B7 发出通知所造成的额外的费用。
……	……

八、FAS——船边交货（……指定装运港）

这项规则仅适用于海运和内河运输。

船边交货是指卖方在指定装运港将货物交到买方指定的船边（例如码头上或驳船上），即完成交货。从那时起，货物灭失或损坏的风险发生转移，并且由买方承担所有费用。

当事方应当尽可能明确的在指定装运港指定出装货地点，这是因为到这一地点的费用与风险由卖方承担，并且根据港口交付惯例这些费用及相关的手续费可能会发生变化。卖方在船边交付货物或者获得已经交付装运的货物。这里所谓的"获得"迎合了链式销售，在商品贸易中十分普遍。

当货物通过集装箱运输时，卖方通常在终点站将货物交给承运人，而不是在船边。在这种情况下，船边交货规则不适用，而应当适用货交承运人规则。船边交货规则要求卖方在需要时办理货物出口清关手续。但是，卖方没有任何义务办理货物进口清关、支付任何进口税或者办理任何进口海关手续。

表 4－8

《2010 年国际贸易术语解释通则》

FAS 术语买卖双方义务对照表（节选）

A THE SELLER'S OBLIGATIONS 卖方义务	B THE BUYER'S OBLIGATIONS 买方义务
……	……
A3 运输合同与保险合同 a）运输合同： 卖方没有订立运输合同的义务。但若买方要求，或者如果是商业惯例而买方未适时给予卖方相反指示，则卖方可按照通常条件订立运输合同，费用和风险由买方承担。在以上任何情况下，卖方都可以拒绝订立此合同；如果拒绝，则应立即通知买方。 b）保险合同：卖方没有订立保险合同的义务。但是应买方要求并由其承担风险和费用（如果有费用产生），卖方必须提供给买方订立保险时所需要的信息。	B3 运输合同和保险合同 a）运输合同：买方必须自行承担运费，订立自指定装运港运输货物的合同。卖方按照 A3a）订立了运输合同时除外。 b）保险合同：买方没有订立保险合同的义务。
A4 交货 卖方必须在买方指定的装运港，在买方指定的装货地点（如果有指定的装货地点），将货物交至买方指定的船边，或者取得已经交付的货物。不论用哪种方式，卖方必须在约定的日期或者期限内，按照该港的习惯方式交付货物。 如果买方没有指定特别的装货地点，卖方可以在指定的装运港内选择最符合其目的地点。如果双方约定在一定时期内交付货物，则买方可以在约定时期内选择交货日期。	B4 受领货物（接收货物） 买方必须在卖方依照 A4 的规定交货时受领货物。

A THE SELLER'S OBLIGATIONS 卖方义务	B THE BUYER'S OBLIGATIONS 买方义务
A5 风险转移 除 B5 规定的情况外，卖方必须承担货物灭失或损坏的一切风险，直至已按照 A4 规定交货为止。	B5 风险转移 自依照 A4 的规定交货时起，买方承担货物灭失或损坏的一切风险。 如果买方没有按照 B7 的规定通知卖方；或者买方指定的船只未按时到达，或未接收货物，或较 B7 通知的时间提早停止装货；那么自约定的交货日期或期限届满时起，如果明确确定该项货物为合同项下之货物，买方承担货物灭失或损坏的一切风险。
A6 费用划分 卖方必须支付： a）直至已经按照 A4 规定交货为止的与货物有关的一切费用，除了按照 B6 规定的应由卖方支付的；及 b）在需要时，货物出口时办理的海关手续费用，及应缴纳的一切关税、税款和其他费用。	B6 费用划分 买方必须支付： a）自按照 A4 的规定交货时起的与货物有关的一切费用，除了 A6b）规定的在需要办理海关手续时，货物出口需要办理的海关手续费用，及货物出口时应交纳的一切关税、税款和其他费用； b）因发生下列情况产生的一切额外费用： （ⅰ）买方未按照 B7 规定及时通知卖方；及 （ⅱ）在已经明确确定该项货物为合同项下之货物的情况下，买方指定的货船没有及时到达，无法装载货物，或早于 B7 规定的时间停止装货产生的费用。 c）在需要时，货物进口时办理海关手续的费用及应缴纳的一切关税、税款和其他费用，以及从他国运输过境的费用。
……	……

九、FOB——船上交货（……指定装运港）

本规则只适用于海运或内河运输。

船上交货是指卖方在指定的装运港，将货物交至买方指定的船只上，或者指（中间销售商）设法获取这样交付的货物。一旦装船，买方将承担货物灭失或损坏造成的所有风险。

卖方被要求将货物交至船只上或者获得已经这样交付装运的货物。FOB 不适用于货物在装船前移交给承运人的情形。比如，货物通过集装箱运输，并通常在目的地交付。在这些情形下，适用 FCA 的规则。

在适用 FOB 时，销售商负责办理货物出口清关手续，但销售商无义务办理货物进口清关手续、缴纳进口关税或是办理任何进口报关手续。

表 4 – 9　　　　　　　　　《2010 年国际贸易术语解释通则》
　　　　　　　　　　FOB 术语买卖双方义务对照表（节选）

A THE SELLER'S OBLIGATIONS 卖方义务	B THE BUYER'S OBLIGATIONS 买方义务
……	……
A3 运输合同与保险合同 a）运输合同：卖方没有义务为买方订立运输合同。但如果是根据买方要求或交易习惯且买方没有及时提出相反要求，由买方承担风险和费用的情况下，卖方可以按一般条款为买方订立运输合同。在上述任一种情况下，卖方有权拒绝为买方订立运输合同，如果卖方订立运输合同，应及时通知买方。 b）保险合同：卖方没有义务向买方提供保险合同。但是当买方要求的时候，卖方必须向买方提供买方获得保险时所需要的信息，此时一切风险和费用（如果有的话）由买方承担。	B3 运输合同和保险合同 a）运输合同：买方自己付费，必须签订从指定装运港运输货物的合同，除非卖方已经按照 A3 a）规定制定了运输合同。 b）保险合同：买方没有义务向卖方提供保险合同。
A4 交货 卖方必须将货物运到买方所指定的船只上，若有的话，就送到买方的指定装运港或由中间商获取这样的货物。在这两种情况下，卖方必须按约定的日期或期限内按照该港习惯方式运输到港口。 如果买方没有明确装运地，卖方可以在指定的装运港中选择最合目的的装运点。	B4 受领货物（接收货物） 买方必须在卖方 A4 中规定交货时受领货物。
A5 风险转移 卖方要承担货物灭失或者损坏的全部风险，直至已经按照 A4 中的规定交付货物为止；但 B5 中规定的货物灭失或者损坏的情况除外。	B5 风险转移 自货物按照 A4 规定交付之时起，买方要承担货物灭失或损失的全部风险。 若 a）买方没有按照 B7 规定通知船只的指定；或 b）买方指定的船只没有按期到达，以致卖方无法履行 A4 规定；或（指定船只）没有接管货物；或（指定船只）较按照 B7 通知的时间提早停止装货。 那么，自以下所述之日起买方承担货物灭失或损失的全部风险： 1）自协议规定的日期起，若没有协议约定的日期； 2）则自卖方按照 A7 规定的协议期限内的通知之日起，或者，若没有约定通知日期时； 3）则自任一约定的交付期限届满之日起，但前提是，该货物已经被准确无疑地确定是合同规定之货物。
A6 费用划分 卖方必须支付： a）除由 B6 规定的理应由买方支付的以外，卖方必须支付货物有关的一切费用，直到已经按照 A4 规定交货为止；及	B6 费用划分 买方必须支付： a）自按照 A4 规定交货之时起与货物有关的一切费用，除了需要办理海关手续时，货物出口需要办理的海关手续费用及出口时应缴纳的一切关税、税款和在 A6 b）中提到的其他费用；及

续表

A THE SELLER'S OBLIGATIONS 卖方义务	B THE BUYER'S OBLIGATIONS 买方义务
b）需要办理海关手续时，货物出口需要办理的海关手续费用及出口时应缴纳的一切关税、税款和其他费用。	b）以下两种情形之一将导致额外费用： （ⅰ）由于买方未能按照 B7 规定给予卖方相应的通知， （ⅱ）买方指定的船只未按时到达，或未接收上述货物，或较按照 B7 通知的时间提早停止装货，除非该项货物已正式划归合同项下；及需要办理海关手续时，货物进口应缴纳的一切关税、税款和其他费用，及货物进口时办理海关手续的费用，以及货物从他国过境的费用。
……	……

十、CFR——成本加运费付至（……指定目的港）

本规定只适用于海路及内陆水运。

成本加运费是指卖方交付货物于船舶之上或采购已如此交付的货物，而货物损毁或灭失之风险从货物转移至船舶之上起转移，卖方应当承担并支付必要的成本加运费以使货物运送至目的港。

当使用 CPT、CIP、CFR 或 CIF 术语时，卖方在将货物交至已选定运输方式的运送者时，其义务即已履行，而非货物抵达目的地时方才履行。

本规则有两个关键点，因为风险转移地和运输成本的转移地是不同的。尽管合同中通常会确认一个目的港，而不一定确认却未必指定装运港，即风险转移给买方的地方。如果买方对装运港关乎买方的特殊利益（特别感兴趣），建议双方就此在合同中尽可能精确地加以确认。

建议双方对于目的港的问题尽可能准确确认，因为以此产生的成本加运费由卖方承担。订立与此项选择（目的港选择）精确相符的运输合同。如果因买方原因致使运输合同与卸货点基于目的港发生关系，那么除非双方达成一致，否则卖方无权从买方处收回这些费用。

成本加运费对于货物在装到船舶之上前即已交给承运人的情形可能不适用，例如通常在终点站（即抵达港、卸货点，区别于"port of destination"）交付的集装箱货物。在这种情况下，宜使用 CPT 规则（如当事各方无意越过船舷交货）。

若合适的话，成本加运费原则要求卖方办理出口清关手续。但是，卖方无义务为货物办理进口清关、支付进口关税或者完成任何进口地海关的报关手续。

表 4-10 　　　　　　　《2010 年国际贸易术语解释通则》
CFR 术语买卖双方义务对照表（节选）

A THE SELLER'S OBLIGATIONS 卖方义务	B THE BUYER'S OBLIGATIONS 买方义务
……	……

A THE SELLER'S OBLIGATIONS 卖方义务	B THE BUYER'S OBLIGATIONS 买方义务
A3 运输合同与保险合同 a）运输合同：卖方应当在运输合同中约定一个协商一致的交付地点，若有的话如在目的地的指定港口，或者，经双方同意在港口的任意地点。卖方应当自付费用，按照通常条件订立运输合同，经由惯常航线，将货物用通常用于供运输这类货物的船舶加以运输。 b）保险合同：卖方并无义务为买受人订立一份保险合同。但是，卖方应当按照买方的要求，在买方承担风险和费用（如果有的话）的前提下为其提供投保所需的信息。	B3 运输合同和保险合同 a）运输合同：买方无义务为卖方订立运输合同。 b）保险合同：买方无义务为卖方订立保险合同。但是根据卖方请求，买方须提供投保所需要的必要信息。（双方均无义务为对方订立保险合同，但若对方要求，则均有义务提供必要信息。）
A4 交货 卖方应当通过将货物装至船舶之上或促使货物以此种方式交付进行交付。在任何一种情形下，卖方应当在约定的日期或期间内依惯例交付。	B4 受领货物（接收货物） 买方必须在卖方按照 A4 规定交货时受领货物，并在指定目的港从承运人处收受货物。
A5 风险转移 除 B5 中描述的毁损灭失的情形之外，在货物按照 A4 的规定交付之前，卖方承担一切货物毁损灭失的风险。	B5 风险转移 买方必须承担货物按照 A4 规定交付后毁损灭失的一切风险。 如果买方未按照 B7 规定给予卖方通知，买方必须从约定的装运日期或装运期限届满之日起，承担货物灭失或损坏的一切风险，假如货物已被清楚地确定为合同中的货物（即特定物）。
A6 费用划分 卖方必须支付： a）所有在货物按照 A4 交付完成之前所产生的与之相关的费用，B6 中规定应由买方承担的可支付的部分除外。 b）货物运输费用及由 A3 a）规定（即运输合同）而产生的一切其他费用，包括装载货物的费用，以及按照运输合同约定由卖方支付的在约定卸货港口卸货产生的费用。 c）在适当的情况下，因海关手续产生的一切费用，以及出口货物所需缴纳的一切关税、税赋及其他应缴纳之费用，以及根据运输合同应由卖方担的因穿过任何国家所产生的过境费用。	B6 费用划分 除 A3 第一项的规定费用之外，买方必须支付： a）从货物以在 A4 中规定的方式交付起与之有关的一切费用，除了出口所必要的清关费用，以及在 A6 第三款中所涉及的所需的一切关税、赋税及其他各项应付出口费用； b）货物在运输途中直至到达目的港为止的一切费用，除非这些费用根据运输合同应由卖方支付； c）卸货费用包括驳船费和码头费，除非该成本和费用在运输合同是由卖方支付的。 d）任何额外的费用，如果没有在既定日期或送送货物的既定期间的到期日前按照 B7 中的规定发出通知，但是货物已被清楚地确定为合同中的货物（即特定物，这里和 B5 是类似的）；及 e）在需要办理海关手续时，货物进口应缴纳的一切关税、税款和其他费用，及办理海关手续的费用，以及需要时从他国过境的费用，除非这些费用已包括在运输合同中。
……	……

【思考一下】

买卖双方在 FOB 术语和 CFR 术语下，买方在哪个术语中承担的风险较小？

十一、CIF——成本、保险加运费付至（……指定目的港）

该术语仅适用于海运和内河运输。

成本、保险加运费指卖方将货物装上船或指（中间销售商）设法获取这样交付的商品。货物灭失或损坏的风险在货物于装运港装船时转移向买方。卖方须自行订立运输合同，支付将货物装运至指定目的港所需的运费和费用。

卖方须订立货物在运输途中由买方承担的货物灭失或损坏风险的保险合同。买方须知晓在 CIF 规则下卖方有义务投保的险别仅是最低保险险别。如买方希望得到更为充分的保险保障，则需与卖方明确地达成协议或者自行作出额外的保险安排。

当 CPT、CIP、CFR 或 CIF 术语被适用时，卖方须在向承运方移交货物之时而非在货物抵达目的地时，履行已选择的术语相应规范的运输义务。

此规则因风险和费用分别于不同地点转移而具有以下两个关键点。合同惯常会指定相应的目的港，但可能不会进一步详细指明装运港，即风险向买方转移的地点。如买方对装运港尤为关注，那么合同双方最好在合同中尽可能精确地确定装运港。

当事人最好尽可能确定在约定的目的港内的交货地点，卖方承担至交货地点的费用。当事人应当在约定的目的地港口尽可能精准地检验，而由卖方承担检验费用。卖方应当签订确切适合的运输合同。如果卖方发生了运输合同之下的于指定目的港卸货费用，则卖方无须为买方支付该费用，除非当事人之间约定。

卖方必须将货物送至船上或者（由中间销售商）承接已经交付的货物并运送到目的地。除此之外，卖方必须签订一个运输合同或者提供这类的协议。这里的"提供"是为一系列的多项贸易过程（连锁贸易）服务，尤其在商品贸易中很普遍。

CIF 术语并不适用于货物在装上船以前就转交给承运人的情况，例如通常运到终点站交货的集装箱货物。在这样的情况下，应当适用 CIP 术语。

CIF 术语要求卖方在适用的情况下办理货物出口清关手续。然而，卖方没有义务办理货物进口清关手续，缴纳任何进口关税或办理进口海关手续。

表 4-11　　　　　　　　《2010 年国际贸易术语解释通则》
CIF 术语买卖双方义务对照表（节选）

A THE SELLER'S OBLIGATIONS 卖方义务	B THE BUYER'S OBLIGATIONS 买方义务
……	……
A3 运输合同与保险合同 a）运输合同：卖方必须自行订立或者参照格式条款订立一个关于运输的合同，将货物从约定交付地运输到目的地的指定港口。运输合同需按照通常条件订立，由卖方支付费用，并规定货物由通常可供运输合同所指货物类型的船只、经由惯常航线运输。	B3 运输合同和保险合同 a）运输合同：买方无订立运输合同的义务。

A THE SELLER'S OBLIGATIONS 卖方义务	B THE BUYER'S OBLIGATIONS 买方义务
b）保险合同：卖家须自付费用，按照至少符合《协会货物保险条款》（LMA/IUA）C 款或其他类似条款中规定的最低保险险别投保。这个保险应与信誉良好的保险人或保险公司订立，并保证买方或其他对货物具有保险利益的人有权直接向保险人索赔。	b）保险合同：买方无订立保险合同的义务。但是，如果买方想附加同 A3b）中所描述的保险，就须根据卖方要求，提供给卖方任何附加该保险所需的信息。 应卖方要求，并由买方负担费用且提供一切卖方需要的信息，则卖方应提供额外的保险，如果能投保的话，例如《协会货物保险条款》（LMA/IUA）中的条款（A）或条款（B）或任何类似的条款中提供的保险和（或）与《协会战争险条款》和（或）《协会罢工险条款》（LMA/IUA）或其他类似条款符合的保险。 最低保险金额应当包括合同中所规定的价款另加百分之十（即110%），并应用合同货币。 保险应当承保从规定于 A4 和 A5 中的发货点发出至少到指定的目的港的货物。 卖方必须提供给买方保险单或其他保险承保的证据。 此外，应买方的要求，并由买方自负风险及费用（如有）的情况下，卖方必须提供买方所需要的任何获取额外保险的信息。
A4 交货 卖方必须将货物装船运送或者（由承运人）获取已经运送的货物，在上述任何情况下，卖方必须在合意日期或者在达成合意的期限内依港口的习惯进行交付。	B4 受领货物（接收货物） 买方在货物已经以 A4 规定的方式送达时受领货物，并必须在指定的目的港受领货物。
A5 风险转移 卖方直到货物以 A4 规定的方式送达之前都要承担货物灭失或者损坏的风险，除非货物是在 B5 描述的情况下灭失或者损坏。	B5 风险转移 买方自货物按 A4 规定的方式送达后承担所有货物灭失或者损坏的风险。 如果买方未按照 B7 规定给予卖方通知，那买方就要从递送的合意日期或者递送合意期限届满之日起承担货物灭失或者损坏的风险，前提是货物必须被清楚地标明在合同项下货物。
A6 费用划分 卖方必须支付： a）除在 B6 中规定的应由买方支付的费用外，与货物有关的一切费用，直至按 A4 规定交货为止； b）按照 A3 a）规定的所有其他费用，包括在港口装载货物的费用以及根据运输合同由卖方支付的在约定卸货港的卸货费； c）A3 b）规定所发生的保险费用； d）要办理海关手续时，货物出口需要办理的海关手续费以及出口应缴纳的一切关税、税款和其他费用，以及根据运输合同规定的由卖方支付的货物从他国过境的费用。	B6 费用划分 除 A3 a）规定外，买方必须支付： a）按照 A4 规定交货之时起与货物有关的一切费用，但不包括 A6 d）中规定的在需要办理海关手续时，货物出口需要办理的海关手续费以及出口应缴纳的一切关税、税款和其他费用； b）运输至目的地港口过程中与货物有关的一切费用，运输合同中规定由卖方承担的除外； c）运费和码头搬运费在内的卸货费用，运输合同中规定由卖方承担的除外； d）按照 B7 规定在约定日期或送的协议期限到期时给予卖方相应通知而发生的任何额外费用，但以该项货物已正式划归合同项下为限；

续表

A THE SELLER'S OBLIGATIONS 卖方义务	B THE BUYER'S OBLIGATIONS 买方义务
	e）要办理海关手续时，货物进口应缴纳的一切关税、税款和其他费用，货物进口需要办理的海关手续费，以及从他国过境的费用，已包含在运输合同所规定的费用中的除外；及 f）根据 A3 b）和 B3 b），任何因买方要求而产生的附加保险费用。
……	……

【案例分析】

国际贸易纠纷

一、案情简介

2004 年 8 月 16 日，重庆某公司作为买方，美国某公司作为卖方，签订了《货物进口合同》（以下简称合同），合同规定：买方向卖方购买以维生素和矿物质为主要构成的保健膳食片 50 000 瓶，单价 4.1 美元，合同总价为 205 000 美元。货物装运港为美国纽约 JFK 机场，目的地为上海港，成交价格术语为《2000 年国际贸易术语解释通则》规定的 CIF。装运期从收到信用证开始 10 日内。付款条件为买方通过美国花旗银行在 2004 年 8 月 20 日前开出以卖方为受益人的不可撤销即期信用证。双方在合同中还约定：货物质量必须符合合同及质量保证的规定，在保证期限内，因产品的缺陷造成的货物损害应由卖方负责赔偿。卖方须在装运前 3 日委托美国的法定检验机构对本合同之货物进行检验并出具检验证书，货到上海港后，由买方委托中国法定商品检验机构进行复检。若经中国法定商品检验机构复检，发现货物有损坏、残缺及与质量保证书之规定不符，买方凭上述检验机构出具的证明书，10 日内向卖方提出索赔，并且在质量保证期限内买方仍可向卖方就质量问题提出索赔。合同中的仲裁条款规定：任何与本合同有关的争议，均提交中国国际经济贸易仲裁委员会上海分会，按该会的仲裁规则进行仲裁。

在合同的履行过程中，双方发生争议。卖方认为：合同签订后，买方却拖延开立信用证，直到 2004 年 8 月 30 日，买方才委托开证银行某交通银行开出了受益人为卖方的不可撤销即期信用证，卖方随后组织空运货物至上海。9 月 29 日，开证银行某交通银行收到了通知行美国花旗银行寄给买的所有单据后，提出单据有多项不符点而拒付货款，美国花旗银行回函指出，单据没有不符点。后买方在收到全部货物的情况下，拒绝付款。买方认为：卖方所供产品经中国法定检验机构鉴定为不合格产品，不得食用，并提出退货。经查：膳食片是保健食品，根据我国《保健食品管理办法》的有关规定，凡以保健食品名义进口的食品必须报卫生部审批合格后方准进口，卫生部经审查合格的保健食品发给《进口保健食品批准证书》，买方在进口该保健食品前未经卫生部审核批准，当然也未取得《进口保健食品批准证书》，因此，中国某法定卫生监督检验所出具不符合《保健食品管理办法》及不得食用的结论。最后该案在律师的主持下，双方达成了和解协议。

二、案情分析

要解决本案，首先分析 CIF 的基本含义。CIF 简单地说就是：成本、保险费加运费。在 CIF 术语中，卖方的义务是：办理货物出口结关手续、承担货物越过船舷以前的风险灭失责任、提供符合合同规定的货物、取得出口许可证、批准证件，并办理货物出口所必需的一切海关手续、负担费用订立运输合同将货物按惯常路线装运至指定目的港、负担费用取得货物保险、使对货物拥有保险利益的人有权直接向保险人索赔并向买方提供保险单或其他保险凭证、给予买方货物已装船的充分通知、除非另有约定外应负担费用、毫不迟延地向买方提供为约定目的港所用的通常的运输单证、其他协助义务。在 CIF 术语中，买方的义务是：支付合同规定的价款、自行承担进口有关许可证、批准证件及海关手续、办理货物进口以及必要时经由另一国家过境运输所需的一切海关手续、接受已经交付的货物并在指定的目的港从承运人那里收领货物、自货物在装运港已越过船舷时起承担货物灭失或损坏的一切风险、承担货物在运输途中直至到达目的港为止的一切费用以及卸货费包括驳运费和码头费、合理善意的通知义务，除非另有约定外支付装运前货物的检验费用。

本案中，关于法律的适用问题，双方约定适用发生争议时货物所在地国家的法律，因此本案适用中华人民共和国的法律，另外还适用《联合国国际货物销售合同公约》，解决本案争议应适用的准据法为中华人民共和国法律。关于 CIF 在本案中的应用问题，双方当事人在合同中约定的成交价格术语为 CIF，根据国际贸易惯例，在 CIF 合同中，应当由买方负责办理货物的进口手续，因此应当由买方就进口该批保健食品向卫生部报批，并取得有关批准证书，故由于买方未履行报批手续而造成的损失后果，应由买方自行承担。由于买方就进口该批货物并未取得进口保健食品批准证书，自然就会导致中国的法定检验机构出具"不合格产品，不得食用"字样，该检验证明不能证明卖方交付的货物品质不符合合同约定或中国法律规定的有关卫生标准，故对于买方依据该检验证明提出卖方交付的保健食品品质不合格的理由是不成立的，故主责任应当由买方承担。

（资料来源：中顾法律网，2010 - 11 - 20。）

【本章小结】

| 国际贸易术语 | 贸易术语的国际惯例 | 贸易术语也被叫作价格术语或交货术语，是指在合同中用一个简短的概念来说明商品从卖方手中转移到买方的地点和方式。
贸易术语已经用于实践中很多年了。然而由于各国对贸易术语的理解互有差异，因而容易误解。为了避免争议，有些商业团体便制定了一些统一解释贸易术语的规则。 |
| | 常见贸易术语的基本内容 | 《2010 年国际贸易术语解释通则》的 11 个术语分为显然不同的两类：第一类适用于任一或多种运输方式的规则，包括：EXW 工厂交货、FCA 货交承运人、CPT 运费付至、CIP 运费和保险费付至、DAT 终点站交货、DAP 目的地交货以及 DDP 完税后交货；第二类只适用于海运及内河运输的规则，包括：FAS 船边交货、FOB 船上交货、CFR 成本加运费以及 CIF 成本、保险加运费。 |

【课后习题】

一、单选题

1. 我国甲公司欲与日本乙公司签订销售合同进口空调机到中国，拟采取海运方式，乙公司承担将货物运至指定目的地的运费并支付保险，根据《2010 年国际贸易术语解释通则》，应采用的贸易术语是（　　）。

A. EXW　　　　B. DAF　　　　C. CIF　　　　D. FOB

2. 我国甲公司欲与比利时乙公司签订销售合同出口服装到比利时，拟采用海陆联运方式，甲公司将货物运至目的地运费并支付保险，根据《2010 年国际贸易术语解释通则》，应采用的贸易术语是（　　）。

A. FOB　　　　B. CIF　　　　C. EXW　　　　D. CIP

3. 货物从上海运往纽约，根据《2010 年国际贸易术语解释通则》，如果采取贸易术语 CIF NEW YORK，卖方对货物所承担的风险责任界限是（　　）。

A. 货物在上海卸下卖方车辆以前

B. 货物在纽约装上买方车辆以前

C. 货物在上海装船越过船舷以前

D 货物在纽约卸货越过船舷以前

4. 我国甲公司与日本乙公司签订合同出口大豆到日本，根据合同，甲公司不负责办理出口清关手续及支付相关费用，根据《2010 年国际贸易术语解释通则》，应采用的贸易术语是（　　）。

A. FCA　　　　B. FAS　　　　C. FOB　　　　D. EXW

5.《1932 年华沙—牛津规则》作了说明与规定的贸易术语是（　　）。

A. FOB　　　　B. CIF　　　　C. CPT　　　　D. FAS

6. 上海甲公司向美国纽约乙公司报价，出口货物从上海运至纽约，单价的正确表示方法应为（　　）。

A. USD100. 00 PER CARTON

B. USD100. 00 PER CARTON CIF NEW YORK

C. USD100. 00 PER CARTON FOB NEW YORK

D. USD100. 00 PER CARTON CIF SHANGHAI

7. 南京甲公司从日本东京乙公司进口货物，货物从东京运至南京，单价的正确表示方法应为（　　）。

A. USD5. 00 EACH PIECE FOBC3% NANJING

B. USD5. 00 EACH PIECE CIF TOKYO

C. USD5. 00 EACH PIECE CIP NANJING

D. USD5. 00 EACH PIECE FAS NANJING

二、多选题

1. 在《2010 年国际贸易术语解释通则》CIF 术语的合同中，关于"交货"

（Delivery）阐述正确的是（   ）。

A. 买方有义务接受货物并从承运人处受领货物，买方受领货物，买方"受领货物"这一行为表示买方认可所接受的货物符合销售合同

B. 如果买方在目的地收到货物后，发现货物与销售合同规定不符，买方可使用销售合同和适用的法律给予的任何一种补救办法向卖方寻求补偿

C. 如果买方履行接受货物并从承运人处领取货物的义务，买方可能对卖方由此造成的损失承担赔偿责任

D. "交付"仅指买方受领的义务

2. 下列关于 C 组术语正确的选择是（   ）。

A. C 组术语的销售合同是到货合同

B. C 组术语包含的两个区别于其他所有术语的"分界点"：一是指明买方必须安排运输，并承担其费用的点，二是风险的划分点

C. 根据 CIF 术语和 CIP 术语，买方在履行其合同义务，订立运输合同，将货物交付承运人，并办理保险以后，免除卖方进一步的风险和费用

D. C 组术语作为装运合同的本质，通过在此术语下买卖双方广泛使用跟单信用证作为付款方式显现出来

3. 以下适用于任何运输方式的贸易术语是（   ）。

A. CPT   B. FCA   C. FOB   D. DDU

4. 以下关于 FCA 术语与 CPT 术语的描述正确的是（   ）。

A. FOB   B. CIF   C. DWQ   D. DIP

5. 以下关于 FCA 术语与 CPT 术语正确的是（   ）。

A. FCA 术语仅适用于海运运输方式，而 CPT 术语可适用于任何运输方式

B. FCA 术语与 CPT 术语可适用于任何运输方式

C. FCA 术语下以装运港船舷为界划分风险，CPT 术语下以货交承运人为界划分风险

D. FCA 术语与 CPT 术语均以货交承运人为界划分风险

三、简答题

1. 在出口业务中，与老三种贸易术语 FOB、CFR 和 CIF 比较，为什么应该积极地推广新的三种贸易术语 FCA、CPT 和 CIP 的应用？

2. 请列明《2010 年国际贸易术语解释通则》规定的三个英文字母组合的十一种贸易术语名称？

5. 简述 FCA 术语与 FOB 术语的两个不同点。

【阅读材料】

从一则案例看 CIP 术语和 CIF 术语的区别

2000 年 5 月，美国某贸易公司（以下简称进口方）与我国江西某进出口公司（以下简称出口方）签订合同购买一批日用瓷具，价格条件为 CIF LOS ANGELES，

支付条件为不可撤销的跟单信用证，出口方需要提供已装船提单等有效单证。出口方随后与宁波某运输公司（以下简称承运人）签订运输合同。8月初出口方将货物备妥，装上承运人派来的货车。途中由于驾驶员的过失发生了车祸，耽误了时间，错过了信用证规定的装船日期。得到发生车祸的通知后，我出口方即刻与进口方洽商要求将信用证的有效期和装船期延展半个月，并本着诚信原则告知进口方两箱瓷具可能受损。美国进口方回电称同意延期，但要求货价应降 5%。我出口方回电据理力争，同意受震荡的两箱瓷具降价 1%，但认为其余货物并未损坏，不能降价。但进口方坚持要求全部降价。最终我出口方还是作出让步，受震荡的两箱降价 2.5%，其余降价 1.5%，为此受到货价、利息等有关损失共计达 15 万美元。

事后，出口方作为托运人又向承运人就有关损失提出索赔。对此，承运人同意承担有关仓储费用和两箱震荡货物的损失；利息损失只赔 50%，理由是自己只承担一部分责任，主要是由于出口方修改单证耽误时间；但对于货价损失不予理赔，认为这是由于出口方单方面与进口方的协定所致，与己无关。出口方却认为货物降价及利息损失的根本原因都在于承运人的过失，坚持要求其全部赔偿。3 个月后经多方协商，承运人最终赔偿各方面损失共计 5.5 万美元。出口方实际损失 9.5 万美元。

在案例中，出口方耗费了时间和精力，损失也未能全部得到赔偿，这充分表明了 CIF 术语自身的缺陷使之在应用于内陆地区出口业务时显得心有余而力不足。

1. 两种合同项下交货义务的分离使风险转移严重滞后于货物实际控制权的转移。在采用 CIF 术语订立贸易合同时，出口方同时以托运人的身份与运输公司即承运人签订运输合同。在出口方向承运人交付货物，完成运输合同项下的交货义务后，却并不意味着他已经完成了贸易合同项下的交货义务。出口方仍要因货物越过船舷前的一切风险和损失向进口方承担责任，而在货物交由承运人掌管后，托运人（出口方）已经丧失了对货物的实际控制权。承运人对货物的保管、配载、装运等都由其自行操作，托运人只是对此进行监督。让出口方在其已经丧失了对货物的实际控制权的情况下继续承担责任和风险，这非常不合理。尤其是从内陆地区装车到港口越过船舷，中间要经过一段较长的时间，会发生什么事情，谁都无法预料。也许有人认为，在此期间如果发生货损，出口方向进口方承担责任后可依据运输合同再向承运人索赔，转移其经济损失。但是对于涉及有关诉讼的费用、损失责任承担无法达成协议，再加上时间耗费，出口方很可能得不偿失。本案例中，在承运人掌管之下发生了车祸，其就应该对此导致的货物损失、延迟装船、仓储费用负责，但由此导致的货价损失、利息损失的承担双方却无法达成协议，使得出口方受到重大损失。

2. 运输单据规定有限制，致使内陆出口方无法在当地交单。根据《2010 年国际贸易术语解释通则》的规定，CIF 条件下出口方可转让提单、不可转让海运单或内河运输单据，这与其仅适用于水上运输方式相对应。在沿海地区这种要求易于得到满足，不会耽误结汇。货物在内陆地区交付承运人后，如果走的是河航运，也没有太大问题，但事实上一般是走陆路，这时承运人会签发陆运单或陆海联运提单而不是 CIF 条件要求的运输单据。这样，只有当货物运至装运港装船后出口方才能拿到提单或得到在联运提单上"已装船"的批注，然后再结汇。可见，这种对单据的限制会直接影响到出口方向银行交单结汇的时间，从而影响出口方的资金周转，增加了利息负担。本案中信用证要求出口方提交的就是提单，而货物走的是陆路，因此他只能到港口换单结汇。如果可凭承运人内地接货后签发的单据当地交单结汇的话，出口方虽然需要就货损对进口方负责，但他可以避免货价损失和利息损失。

（资料来源：中国外贸会计网校，www. zgwmkj. com。）

第五章

保险知识概述

【学习目标】

通过本章内容的学习，学生应了解和掌握风险的含义和特征，保险的含义、特征以及保险的基本原则等基础知识，认识保险的职能和作用，初步掌握保险相关案例的分析方法，为海上保险的学习奠定坚实基础。

【学习重点与难点】

风险的含义、特征、分类及职能；保险的含义、特征；保险的分类；保险的基本原则。

【关键术语】

风险　保险　最大诚信原则　保险利益原则　近因原则　损失补偿原则

【本章知识结构】

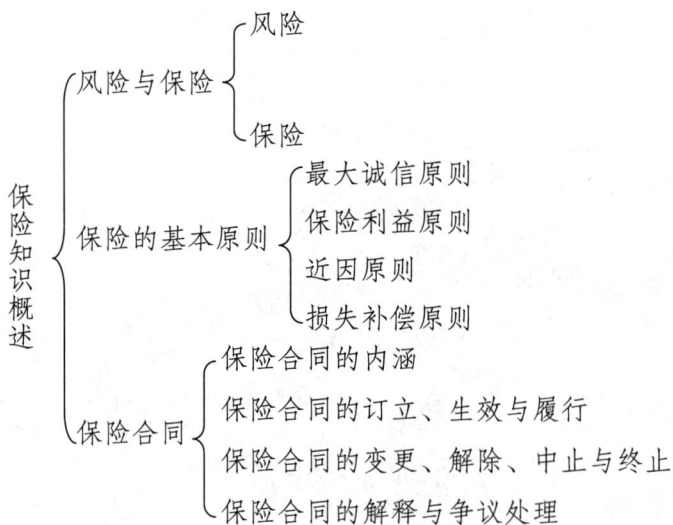

```
                          ┌ 风险
              风险与保险 ┤
          ┌              └ 保险
          │                  ┌ 最大诚信原则
 保险      │                 │ 保险利益原则
 知识  ┤ 保险的基本原则 ┤
 概述     │                 │ 近因原则
          │                  └ 损失补偿原则
          │                  ┌ 保险合同的内涵
          │                 │ 保险合同的订立、生效与履行
          └ 保险合同 ┤
                           │ 保险合同的变更、解除、中止与终止
                           └ 保险合同的解释与争议处理
```

【案例引入】

雅安地震保险业赔付已突破千万元

雅安市芦山县 7.0 级地震发生后，按照保监会抗震救灾和启动重大自然灾害三级应急响应要求，保险业第一时间开展抗震救灾和保险理赔各项工作。截至 4 月 21

日零时，保险业共接到地震相关保险报案 295 件，涉及 28 家保险公司，被保险人死亡 11 人，伤残 32 人，已经赔付 1 002 万元。

据了解，地震发生后，各保险公司迅速启动应急预案，成立抗震救灾领导小组和工作小组，安排 24 小时值守。中国人保还组建后勤保障、承保统计、查勘理赔三个小组，按照"先人后物"原则有序开展工作。与此同时，保险业积极拓展报案渠道，各公司理赔和客服部门全员上岗，通过设立灾民救助和紧急报案点、客服热线 24 小时应答、官方微博受理报案等形式，保证受灾群众第一时间报案。在优化理赔措施方面，各公司迅速筛查客户保单信息，发出慰问告知短信 4.7 万条。太平保险、新华人寿宣布实行无保单理赔，中国平安推出理赔、保全、保费缴纳等 20 项服务应急举措，中国人保启用航拍无人机用于灾情查勘。

值得关注的是，保险业在此次地震中的快捷预付赔款也受到好评。英大泰和预付四川省电力公司 1 000 万元电网损失赔款，安诚财产向四川分公司预拨 500 万元理赔资金，太平洋保险两小时内将第一笔雅安地震预付赔款送到客户手中。

（资料来源：《金融时报》，2013 - 04 - 22。）

第一节 风险与保险

一、风险

风险是指某种事件发生的不确定性。在人们从事某种活动或者对某件事情作出决策时，未来的结果都可能是不确定的，从而导致某种事件的发生或不发生。从广义上讲，只要某一事件的发生存在着两种或两种以上的可能，那么我们就认为该事件存在着风险。从狭义的角度来讲，风险仅指损失发生的不确定性。具体来说，主要表现在三个方面：一是发生与否的不确定，二是发生时间的不确定，三是发生时间导致的结果不确定。

（一）风险的构成要素

一般来说，风险的构成要素主要包括风险因素、风险事故和损失三个方面，三者缺一不可。

1. 风险因素

风险因素是指促使某一特定风险发生，或者增加风险发生的可能性，或者扩大损失程度的原因及条件。风险因素是风险事故发生的潜在原因，是造成损失的间接原因。风险因素又通常表现为物质风险因素、道德风险因素和心理风险因素。

（1）物质风险因素。物质风险因素是指那些影响损失概率和损失程度的物理条件或因素，如心脏的物理功能、建筑物所处的位置、建筑物的建筑结构与等级、汽车的刹车系统等，当以上物质的物理功能不健全时，就有可能发生风险。

（2）道德风险因素。道德风险因素是与人的品德修养有关的无形的因素，即由于人们的不诚实、不正直或不轨企图，故意促使事故的发生，以致引起财产损失或人身伤害的因素，如社会上的盗窃、抢劫、纵火等行为。

（3）心理风险因素。心理风险因素是与人的心理有关的无形的因素，即由于人们的疏忽或过失以及主观上不注意、不关心，致使风险事故发生的机会增加或扩大损失严重性的因素。例如不能根据天气的冷暖变化增减衣物，致使其患感冒的概率增加；购买保险以后放松对标的物的责任感等行为，致使发生风险事故的可能性大大增加等，这些都属于典型的心理风险因素。

2. 风险事故

风险事故是指造成财产损失或人身伤害的偶发事件，是造成损失的直接或外在原因。也就是说，只有风险事故的发生，才会导致损失的出现。比如，汽车的刹车系统失灵，可能导致车祸的发生，车祸则可能导致车损人伤的结果。其中，刹车系统的失灵是风险因素，因其只是一种可能发生的原因，而车祸则是风险事故，其已经由风险因素的可能性转化为风险事故的现实性。如果只是发生了刹车的失灵而没有车祸的发生，就不会造成车辆的损失或人身的伤害。

3. 损失

在风险管理中，损失是指非故意、非预期、非计划的经济价值的减少，即经济损失，一般以丧失所有权、预期利益、支出费用和承担责任等形式出现，而像精神打击、政治迫害、折旧以及馈赠等行为的结果一般不能视为损失。

在保险实务中，通常将损失分为两种形态，即直接损失和间接损失。所谓直接损失，是指风险事故导致的财产本身损失和人身伤害，也可称之为实质损失；所谓间接损失，是指由直接损失引起的其他损失，包括额外费用损失、收入损失和责任损失等。在有些情况下，间接损失的金额非常大，有时甚至会超过直接损失。

从风险因素、风险事故与损失三者之间的关系来看，风险因素引发了风险事故，而风险事故则导致了损失的发生。三者的关系如图5-1所示。

图5-1 风险因素、风险事故与损失之间的关系

（二）风险的特征

风险的特征是风险特有的一些特质，理解风险的特征有助于更好地理解风险管理理论的相关原理，有利于正确认识和识别风险。概括起来，风险的特征主要表现在以下几个方面：

1. 客观性

风险是客观存在的，例如，自然灾害、意外事故、疏忽大意等损失风险是客观存在的，是不可能排除的，也是不以人的意志为转移的。

2. 普遍性

人类的历史就是与各种风险相伴的历史。自从人类出现后，就面临着各种各样的风险，如自然灾害、疾病、伤害、战争等，随着科学技术的发展、生产力的提高、社会的进步、人类的进化，又产生了新的风险，且风险事故造成的损失也越来越大。

3. 不确定性

风险的不确定性通常包括以下三个方面：

（1）风险是否发生不确定。与风险是否发生的不确定性相对立的是确定性，即肯定发生或肯定不发生。

（2）发生时间的不确定性。从总体上看，有些风险是必然要发生的，但何时发生却是不确定的。

（3）产生结果的不确定性。结果的不确定性，即损失程度的不确定性。

正是风险的这种总体上的必然性与个体上的偶然性的统一，构成了风险的不确定性。

4. 可测性

个别风险的发生是偶然的，不可预知的，但是通过对大量风险事故的观察会发现，风险往往呈现出明显的规律性。运用统计方法去处理大量相互独立的偶发风险事故，其结果可以比较准确地反映风险的规律性。根据以往大量资料，利用概率论和数理统计的方法可测算风险事故发生的概率及其损失程度。

5. 发展性

人类社会自身进步和发展的同时，也创造和发展了风险，尤其是当代高新科学技术的发展与应用，使风险的发展性尤为突出。风险的发展性主要表现在以下三个方面：一些风险消失了，一些风险减少了，新的风险出现了。

（三）风险的种类

划分风险的种类，有助于我们更好地识别风险和管理风险。风险的分类通常包括以下几种：

1. 按照风险产生的原因分类，风险可以分为自然风险、社会风险、政治风险、经济风险和技术风险

（1）自然风险。自然风险是指自然力的不规则变化使社会性生产和生活等受到威胁的风险，如地震、水灾、风灾、雹灾等自然现象是经常的、大量发生的。在各类风险中，自然风险是保险承保最多的风险。

【资料链接】

"7·21"北京特大暴雨

2012 年 7 月 21 日，北京城遭遇 2012 年最大的雨，总体达到特大暴雨级别。一天内，市气象台连发五个预警，暴雨级别最高上升到橙色。截至 22 日 2 时，全市平均降雨量 164 毫米，为 61 年以来最大。其中，最大降雨点房山区河北镇达到 460 毫米。暴雨引发房山地区山洪暴发，拒马河上游洪峰下泄。截至 22 日 17 时，暴雨洪涝灾害造成房山、通州、石景山等 11 区（县）12.4 万人受灾，4.3 万人紧急转移安置。全市受灾人口 190 万人，其中房山区 80 万人。23 日，据初步统计，全市经济损失近百亿元。据央视新闻报道，北京"7·21"特大自然灾害已造成 77 人遇难。

（资料来源：baike. baidu. com/view/9023313. htm。）

（2）社会风险。社会风险是指由于个人或团体的行为或不行为使社会生产及人们的生活受到损失的风险。比如人的过失行为、不当行为及故意行为等都可能对他

人的财产或身体造成损失或伤害。

（3）政治风险。政治风险又称为国家风险，是指在对外投资和贸易过程中，因政治原因或订约双方所有能控制的原因，债权人可能遭受损失的风险。如因进口国发生战争、内乱而中止货物进口而造成的损失；因进口国实施进口或外汇管制，对输入货物加以限制或禁止输入而造成的损失等，都属于政治风险。

（4）经济风险。经济风险是指在生产和销售等经营活动中由于受各种市场供求关系、经济贸易条件等因素变化的影响或经营者决策失误，对前景预期出现偏差等导致经营失败的风险，比如企业生产规模的增减、价格的升降和经营的盈亏等。

（5）技术风险。技术风险是指伴随着科学技术的发展、生产方式的改变而产生的威胁人们生产与生活的风险，如核辐射、空气污染和噪音等。

2. 按照风险的性质分类，风险可分类纯粹风险和投机风险

（1）纯粹风险。纯粹风险是指只有损失机会而无获利可能的风险，其所致的结果有两个：损失和无损失。自然灾害和意外事故的发生，人的生老病死等现象的发生，都属于纯粹风险。

（2）投机风险。投机风险是指既可能产生收益也可能造成损失的不确定的状态，其可能产生的结果有三种：损失、无损失和盈利，例如赌博、股票的买卖等都属于典型的投机风险。

3. 按照风险产生的社会性环境分类，风险可分为静态风险和动态风险

（1）静态风险。静态风险是指在社会经济正常的情况下，由自然力的不规则变化或人们的过失行为所致损失或损害的风险，如雷电、地震等自然原因所致的损失或损害。

（2）动态风险。动态风险是指由于社会经济、政治、技术等方面发生变动所致损失或损害的风险，如人口的增长、资本增加、生产技术的改进、消费者爱好的变化等。

4. 根据产生风险的行为分类，风险可分为基本风险和特定风险

（1）基本风险。基本风险是指非个人行为引起的风险，它对整个团体以至整个社会均会产生影响，而且是个人无法预防的风险，比如地震、洪水等都属于此类风险。

（2）特定风险。特定风险是指个人行为引起的风险，它只与特定的个人或部门相关，而不影响整个团体和社会。特定风险一般较易为人们所控制和防范，如火灾致使一些人的财产或人身遭受损失或伤害的风险。

5. 按照风险损害的对象，风险可以分为财产风险、人身风险、责任风险和信用风险

（1）财产风险。财产风险是个人和家庭或企业对其所有的、使用的和保管的财产发生财产贬值、损毁或者灭失的风险。

（2）人身风险。人身风险是指可能导致人伤残、死亡的风险。这些风险会造成人们经济收入的减少或支出的增加，影响本人或其所赡养的亲属生活的安定。

（3）责任风险。责任风险是指个人或团体因行为的过失，造成他人的财产损失或人身伤害，依据法律、合同或道义应负的经济赔偿责任的风险。

（4）信用风险。信用风险是指人们在经济交往中，权利人和义务人之间由于一方违约或犯罪而导致对方经济损失的风险。

（四）风险管理

风险管理是社会组织或个人用以降低风险的消极结果，通过风险识别、风险估测、风险评价，并在此基础上选择与优化组合各种风险管理技术，对风险实施有效的控制和妥善处理风险所致的损失，期望达到以最小成本获得最大保障的安全管理活动。

风险管理的基本目标是以最小成本获得最大的安全保障。风险管理的目标具体可以分为损失前的目标和损失后的目标。前者是指通过风险管理消除和降低风险发生的可能性，为人们提供较安全的生产、生活环境；后者是指通过风险管理在损失出现后及时采取措施，使受损企业的生产得以迅速恢复，或使受损家园得以迅速重建。

在明确风险管理目标后，风险管理的实施通常可以分为四个步骤依次进行。这四个步骤构成一个风险管理过程，并且动态循环、周而复始。

1. 确立风险管理的目标

风险管理的目标是选择最经济和最有效的方法使风险成本最小。风险管理的目标由两部分组成，包括损失发生前的风险管理目标和损失发生后的风险管理目标。

2. 识别风险

识别和分析风险是整个风险管理过程的第一步，也是最重要的一步。如果没有详细、认真的风险识别工作，或是轻易放过一些可疑的风险点，那么也就很难有相应的有效措施。个人和家庭面临多种风险，有必要进行适当的分类，以便不重不漏地识别风险。

3. 风险评估

识别出面临着哪些可能的损失或风险事故后，需要进一步分析引起损失的风险事故和概率以及可能的损失后果。一般情况下，大量发生的、频率较高的损失未必给人们带来很大的损失，而有些事件的可能性虽然较小，但一旦发生却会给家庭造成巨大的不可承受的损失。

4. 选择适用的风险管理对策

风险管理技术可以分为风险控制和风险融资两大类型。风险管理的对策主要有：

（1）控制型

控制型风险管理技术的实质是在风险分析的基础上，针对个人或家庭所存在的风险因素采取控制技术以降低风险事故发生的频率和减轻损失的程度，重点在于改变影响自然灾害、意外事故和扩大损失的各种条件。主要表现在：在事故发生前，降低事故发生的频率；在事故发生时，采取措施将损失减少到最低限度。

①避免。避免是个人或家庭主动采取措施，放弃原先承担的风险或者完全拒绝承担风险的行为。避免是一种有意识不让个人或家庭面临特定风险的行为，也是各种风险控制的方式中最简单、最消极的方式。

②预防。损失预防是指在风险事故发生前，为了消除或减少可能引起损失的各种因素而采取的处理风险的具体措施，其目的在于通过消除或减少风险因素而降低损失发生的频率。这是事前的措施，即所谓"防患于未然"。

③抑制。损失抑制是在损失发生时或之后为缩小损失幅度而采取的各项措施。它是处理风险的有效技术，如安装自动喷淋设备和火灾报警器等。

④分散。分散风险管理单位是指将风险单位划分为若干数量少、体积小而且价值低的独立的单位，分散在不同的空间，以减少风险事故的损失程度。分散风险单位的目的是减少任何一次损失的发生所造成的最大可能损失。

（2）财务型

财务型风险管理技术是以提供基金的方式，降低发生损失的成本，即通过事故发生前的财务安排，来解除事故发生后给人们造成的经济困难和精神忧虑，为恢复生产，维持家庭正常生活等提供财务支持。财务型风险管理技术主要包括以下方法：

①自留。自留风险是指对风险的自我承担，即个人或家庭自我承担风险损害后果的方法。自留风险是一种非常重要的财务型风险管理技术。自留风险有主动自留和被动自留之分。通常在风险所致损失频率和程度低、损失在短期内可以预测以及最大损失不影响企业或单位财务稳定时采用自留风险的方法。自留风险的成本低、方便有效，可减少潜在损失，节省费用。但自留风险有时会因风险单位数量的限制或自我承受能力的限制，而无法实现其处理风险的效果，导致财务安排上的困难而失去作用。

②转移。转移风险是指一些个人或家庭为避免承担损失，而有意识地将损失或与损失有关的财务后果转嫁给另一些单位或个人去承担的一种风险管理方式。转移风险又有非保险转移和保险转移两种方法。

ⅰ）非保险转移。财务型非保险转移风险是指个人或家庭通过经济合同，将损失或与损失有关的财务后果，转移给另一些个人或家庭去承担；或人们可以利用合同的方式，将可能发生的、不确定事件的任何损失责任，从合同一方当事人转移给另一方，如销售、建筑、运输合同和其他类似合同的免责规定和赔偿条款等。

ⅱ）保险转移。保险转移是指单位或个人通过订立保险合同，将其面临的财产风险、人身风险和责任风险等转移给保险人，保险人则在合同规定的责任范围内承担补偿或给付责任。保险作为风险转移的方式之一，有很多优越之处，是进行风险管理最有效的方法之一。

二、保险

（一）保险的含义

保险是指投保人根据合同约定，向保险人支付保险费，保险人对于合同约定的可能发生的事故因其发生所造成的财产损失承担赔偿保险金责任，或者当被保险人死亡、伤残、疾病或者达到合同约定的年龄、期限时承担给付保险金责任的商业保险行为。

不同角度定义保险：

法律角度：保险是一种合同行为，是一方同意补偿另一方损失的一种合同安排，提供损失赔偿的一方是保险人，接受损失赔偿的另一方是被保险人。投保人通过履行缴付保险费的义务，换取保险人为其提供保险经济保障的权利，体现民事法律关系主体之间的权利和义务关系。风险管理：保险是一种风险管理的方法或是一种风险转移的机制。通过保险，可以起到分散风险、消化损失的作用。

经济角度：保险是分摊意外事故损失和提供经济保障的一种财务安排（人身保险还具有储蓄和投资的作用，具有理财的特征）。通过保险，少数不幸的被保险人的损失由包括受损者在内的所有被保险人分摊，是一种非常有效的财务安排。

（二）保险的要素

1. 可保风险的存在

可保风险即可保危险，是指可被保险公司接受的风险，或可以向保险公司转嫁的风险。可保风险必须是纯粹风险。但也并非任何危险均可向保险公司转嫁，也就是说保险公司所承保的危险是有条件的。

（1）风险不是投机的。保险人承保的风险，一般是纯粹风险，即仅有损失机会并无获利可能的风险。例如火灾风险，只有给人的生命财产带来损害的可能，绝无带来利益的可能，而投机风险则不然，它既有损失的可能，又有获利的机会。

（2）风险必须是偶然的。风险是客观存在的，偶然性是对个体标的而言，比如对某个人、某个企业等。偶然性包含两层意思：一是发生的可能性，不可能发生的危险是不存在的。二是发生的不确定性，即发生的对象、时间、地点、原因和损失程度等，都是不确定的。如果是确定的风险，那么就是必然要发生的风险，对个体标的必然发生的风险，保险人是不予承保的。

（3）风险必须是意外的。风险的意外性包含两层意思：一是风险的发生或风险损害后果的扩展都不是投保人的故意行为。投保人故意行为引发的风险事件或扩大损害后果均为道德风险，保险人是不予赔偿的。二是风险的发生是不可预知的，因为可预知的风险往往带有必然性。

（4）风险必须是大量标的均有遭受损失的可能性。这一条件是要满足保险经营的大数法则要求。也就是说，某一风险必须是大量标的均有遭受损失的可能性（不确定性），但实际出险的标的仅为少数（确定性），比如火灾对于建筑物。只有这样的危险，才能计算出合理的保险费率，让投保人付得起保费，保险人也能建立起相应的赔付基金，从而实现保险的"千家万户帮一家"的宗旨。如果某种风险只是一个或少数几个所具有，就失去了保险的大数法则基础，保险人承保该类风险等于是下赌注，进行投机。

（5）风险应有发生重大损失的可能性。风险的发生会导致重大或比较重大的损失可能性，才会有对保险的需求。如果导致损失的可能性只局限于轻微损失的范围，就不需要通过保险来获取保障，因为这在经济上是不合算的。

（6）风险必须具有现实可测性保险的经营要求制定准确的费率，费率的计算依据是风险发生的概率及其所导致标的损失的概率，因此，风险必须具有可测性。

2. 大量同质风险的集合与分散

（1）风险的大量性。风险的大量性一方面是基于风险分散的技术要求，另一方面也是概率论和大数法则的原理在保险经营中得以运用的条件。

（2）风险的同质性。同质风险是指风险单位在种类、品质、性能、价值等方面大体相近。

3. 保险费率的厘定

（1）公平性：一方面，公平性原则要求保险人收取的保险费应与其承担的保险责任是对等的；另一方面，要求投保人缴纳的保险费与其保险标的的风险状况相适应。

（2）合理性：保险人向投保人收取的保险费，不应在抵补保险赔付或给付以及有关的营业费用后，获得过高的营业利润。

（3）适度性：要求保险人根据厘定的费率收取的保险费应能足以抵补一切可能发生的损失以及有关的营业费用。

（4）稳定性：指保险费率在短期内应该是相当稳定的。

（5）弹性原则：要求保险费率在短期内应该保持稳定，在长期内应根据实际情况的变动作适当的调整（保险费率应当报保险监管机构审批、备案）。

4. 保险准备金的建立

保险准备金是指保险人为保证其如约履行保险赔偿或给付义务，根据政府有关法律规定或业务特定需要，从保费收入或盈余收入中提取的与其承担的保险责任相对应的一定数量的基金。

（1）未到期责任准备金

未到期责任准备金是指在准备金评估日为尚未履行的保险责任提取的准备金，主要是指保险公司为保险期间在 1 年以内（含 1 年）的保险合同项下尚未到期的保险责任而提取的准备金。

（2）未决赔款准备金

未决赔款准备金是指保险公司为尚未结案的赔案而提取的准备金，包括已发生已报案未决赔款准备金、已发生未报案未决赔款准备金和理赔费用准备金。

（3）总准备金

总准备金（或称"自由准备金"）是用来满足风险损失超过损失期望以上部分的责任准备金。总准备金是从保险公司的营业盈余中提取的。

（4）寿险责任准备金

寿险责任准备金是指保险人把投保人历年交纳的纯保险费和利息收入积累起来，为将来发生的保险给付和退保给付而提取的资金。

【资料链接】

保监会：2012 年全国保险资金运用余额 6.85 万亿元

2013 年全国保险监管工作会议于 1 月 24 日上午在北京召开。据保监会主席项俊波介绍：2012 年全国保险资金运用余额为 6.85 万亿元，在 23 个省市投资基础设施 3 240 亿元。保险公司赔款与给付 4 716.3 亿元，同比增长 20%。

（资料来源：人民网—保险频道，2013 - 01 - 24。）

5. 保险合同的订立

（1）保险合同是体现保险关系存在的形式。

（2）保险合同是保险双方当事人履行各自权利与义务的依据。

作为一种经济关系，保险是投保人与保险人之间的商品交换关系，这种经济关系需要有关法律关系对其进行保护和约束，即通过一定的法律形式固定下来，这种法律形式就是保险、合同。风险的最基本特征是不确定性，这就要求保险人与投保人应在确定的法律或契约关系约束下履行各自的权利与义务。倘若不具备在法律上或契约上规定的各自的权利与义务，那么，保险经济关系便难以成立。

（三）保险的特征

1. 经济性

保险是一种经济保障活动。保险的经济性主要体现在保险活动的性质、保障对象、保障目的等方面。保险经济保障活动是整个国民经济活动的一个有机组成部分，其保障对象即财产和人身直接或间接属于社会生产中的生产资料和劳动力两大经济因素；其实现保障的手段，最终都必须采取支付货币的形式进行补偿或给付；其保障的根本目的，无论从宏观角度还是从企业微观的角度，都是为了有利于经济发展。

2. 商品性

在商品经济条件下，保险是一种特殊的劳务商品，保险业属于国民经济第三产业。所以，保险体现了一种等价交换的经济关系，也就是商品经济关系。这种商品经济关系直接表现为个别保险人与个别投保人之间的交换关系，间接表现为在一定时期内全部保险人与全部投保人之间的交换关系。

3. 互助性

保险具有"一人为众，众人为一"的互助特性。保险在一定条件下分担了个别单位和个人所不能承担的风险，从而形成了一种经济互助关系。这种经济互助关系通过保险人用多数投保人缴纳的保险费所建立的保险基金对少数遭受损失的被保险人提供补偿或给付而得以体现。

4. 法律性

从法律角度看，保险是一种合同行为。保险是依法按照合同的形式体现其存在的。保险双方当事人要建立保险关系，其形式是保险合同；保险双方当事人要履行其权利和义务，其依据也是保险合同。

5. 科学性

保险是以科学的方法处理风险的有效措施。现代保险经营以概率论和大数法则等科学的数理理论为基础，保险费率的厘定、保险准备金的提存等都是以科学的数理计算为依据的。

（四）保险的职能

职能是指某种客观事物或现象内在的固有的一种功能，是由事物的本质和内容所决定的。保险职能是指保险的内在的固有的功能，它是由保险的本质和内容决定的。一般认为，保险的职能有基本职能和派生职能之分。

1. 保险的基本职能

保险的基本职能就是保险的原始职能与固有职能，它不因时间的推移和社会形态的不同而改变。保险的基本职能主要有：

（1）补偿损失职能。保险是在特定风险损害发生时，在保险的有效期和保险合同约定的责任范围以及保险金额内，按其实际损失数额给予赔付。这种赔付原则使得已经存在的社会财富因灾害事故所致的实际损失在价值上得到补偿，在使用价值上得以恢复，从而使社会再生产过程得以连续进行。

（2）经济给付职能。财产保险与人身保险是两种性质完全不同的保险。由于人的价值是很难用货币来计价的，所以，人身保险是经过保险人和投保人双方约定进行给付的保险。因此，人身保险的职能不是损失补偿，而是经济给付。

2. 保险的派生职能

随着保险内容的丰富和保险种类的发展，保险的职能也有新的发展，在保险基本职能的基础上，产生出派生职能。保险的派生职能主要有两项：

（1）防灾防损职能。防灾防损是风险管理的重要内容，由于保险的经营对象就是风险，因此，保险本身也是风险管理的一项重要措施。保险企业为了稳定经营，要对风险进行分析、预测和评估，看哪些风险可作为承保风险，哪些风险可以进行时空上的分散，等等。而人为的因素与风险转化为实现损失的发生概率具有相关性，因此，通过人为的事前预防，可以减少损失。由此，保险又派生了防灾防损的职能。而且，防灾防损作为保险业务操作的环节之一，始终贯穿在整个保险工作之中。

（2）融资职能。融资职能就是保险融通资金的职能或保险资金运用的职能。保险的补偿与给付的发生具有一定的时差性，这就为保险人进行资金运用提供了可能。同时，保险人为了使保险经营稳定，必须壮大保险基金，这也要求保险人对保险资金进行运用。因此，保险又派生了融资的职能。而且，资金运用业务与承保业务并称为保险企业的两大支柱。保险融资的来源主要包括：资本金、总准备金或公积金、各项保险准备金以及未分配的盈余。保险融资的内容主要包括：银行存款、购买有价证券、购买不动产、各种贷款、委托信托公司投资、经管理机构批准的项目投资及公共投资、各种票据贴现等。

【资料链接】

新疆保险业 2012 年累计赔付 80.12 亿元 全年赔款总额创新高

从新疆保监局获悉：2012 年，新疆保险业累计赔付支出 80.12 亿元，同比增长 39.38%，为化解新疆各行业各类风险，维护社会稳定发挥了重要作用。

据介绍，2012 年新疆保险业财产险累计赔付 50.34 亿元，同比增长 47.05%；寿险累计赔付 20.33 亿元，同比增长 31.14%；健康险累计赔付 7.22 亿元，同比增长 15.82%；意外险累计赔付 2.22 亿元，同比增长 47.51%。

"去年新疆保险业累计赔付金额是历年来最高的，赔款总额增幅也是近五年来最高的。"

（资料来源：《新疆日报》，2013 - 02 - 20。）

第二节 保险的基本原则

一、最大诚信原则

（一）最大诚信原则的含义

最大诚信原则源于海上保险。在海上保险中，保险人在与投保人签订保险合同时，往往远离船舶和货物所在地，难以对保险财产进行实地勘察，仅能凭借投保人提供的资料，决定是否予以承保以及以何种条件承保，所以特别要求投保方诚实可靠。后来将此作为订立和履行所有保险合同的一个重要条件。很多国家还将其以法律形式加以确认，如英国《1906年海上保险法》规定："海上保险是建立在最大诚信基础上的合同，如果任何一方不遵守最大诚信，另一方可以宣告合同无效。"我国《保险法》第五条规定："保险活动当事人行使权力、履行义务应当遵循诚实信用原则。"

最大诚信原则可表述为：保险合同当事人在订立保险合同时及在合同的有效期内，应依法向对方提供影响对方作出是否缔约及缔约条件的全部实质性重要事实，同时，绝对信守合同订立的约定与承诺。否则，受到损害的一方可以以此为理由宣布合同无效或不履行合同的约定义务或责任，还可以对因此而受到的损失要求对方予以赔偿。

保险经营活动的特殊性决定了保险活动必须坚持最大诚信原则，表现在：

1. 危险发生以及损失的偶然性。由于保险人所承保的保险标的的风险事故是不确定的，而投保人购买保险仅支付较少的保费，保险标的一旦发生保险事故，被保人所能获得的赔偿或给付标准是保费支出的数十倍甚至数百倍，倘若投保人不诚实、不守信，将引发保险事故频发，保险赔款骤增，这将使保险人无力承担而无法永续经营，最后将严重损害广大投保人或被保险人利益。

2. 保险人对标的信息了解的不对称性。信息不对称是指当事一方对自己的认知远远高于另一方对他的了解。保险经营尤其如此，对于保险人而言，投保人转嫁的风险性质和大小直接决定着其能否承保与如何承保。在整个保险经营活动中，保险标的始终控制在投保人、被保险人手中，投保人对保险标的的价值及风险状况最为了解，投保人的任何欺骗或隐瞒行为必然会侵害保险人利益，于是要求投保人基于最大诚信原则履行告知义务。

3. 保险的专业性。保险合同属于附和合同，保险条款一般由保险人单方面事先拟定，具有较强的专业性和技术性，一般的投保人或被保险人不易理解和掌握。这就要求保险人也应坚持最大诚信原则，将保险合同的主要内容告知投保人、被保险人。

（二）最大诚信原则的基本内容

最大诚信原则是保险合同主体必须遵守的基本行为准则，适用于保险活动中合同的订立、履行、解除等各个环节，其基本内容包括三部分：告知、保证、弃权与禁止反言。

1. 告知

从理论上讲，告知分为广义告知和狭义告知两种。广义告知是指保险合同订立时，投保方必须就保险标的的危险状态等有关事项向保险人进行口头或书面陈述，以及合同订立之后，将标的的危险变更、增加或事故的发生通知保险人；而狭义告知仅指投保方在保险合同订立时将保险标的的重要事实向保险人进行口头或书面陈述。保险实务中所称的告知，一般是指狭义的告知。

告知是保险双方的义务。对投保人来说，通常称为如实告知义务，对保险人来说，称为说明义务，从理论上讲，投保方必须告知的内容有以下五类：

（1）合同订立时根据保险人的询问，对已知或应知的与保险标的及其危险有关的重要事实做如实回答。

（2）在保险合同有效期内，若保险标的风险程度增加，应及时通知保险人。

（3）事故发生后应及时通知保险人。

（4）重复保险的投保人应将重复保险的有关情况告知保险人。

（5）保险标的转让时应通知保险人，经保险人同意变更合同后继续承保。

投保方无须告知的重要事实包括：

（1）众人皆知的法律常识。

（2）保险人理应知道的常识。

（3）风险减少的事实。

（4）保单明示保证条款规定的内容。

（5）保险人能够从投保人提供的情况中发现的事实。

（6）保险人表示不需要知道的事实。

投保人的告知方式。从各国保险立法来看，关于投保人或被保险人的告知方式一般分为无限告知和询问回答告知两种。

（1）无限告知又称客观告知，是指如果法律或保险人对告知的内容没有确定性的规定，投保人或被保险人应将所有保险标的危险状况及相关重要事实全部如实告知给保险人。

（2）询问回答告知又称主观告知，是指投保人或被保险人只需对保险人询问的问题如实告知，对询问以外的问题投保人无须告知。

目前很多国家的保险立法采用询问回答告知的方式。我国的保险立法也一样。根据我国《保险法》第十七条的规定，保险人可以就保险标的或者被保险人的有关情况提出询问，投保人应该如实告知。这是对投保人在合同订立时履行告知义务的方式要求。

至于合同订立后的危险增加和事故发生时的通知义务，法律上则没有要求具体形式，只要求投保人、被保险人及受益人应在最大诚信的基础上自觉地、主动地及时履行。

保险人的告知方式也可以分为两种：明确列明与明确说明。明确列明是指保险人只需将保险的主要内容明确列明在保险合同当中，即视为已告知投保人。明确说明是指不仅应将保险的主要内容列明在保险合同中，还需对投保人进行明确提示，并加以适当、正确的解释。通常在国际上只要求保险人做到明确列明保险的主要内容，而我国为了更好地保护被保险人的利益，要求保险人向投保人明确说明保险的主要条款和责任免除内容。

2. 保证

一般意义的保证为允诺、担保。保险中的保证是指保险合同中以书面文字或通过法律规定的形式使被保险人承诺某一事实状态存在或不存在、持续或不持续存在，对某一特定事项作为或不作为的保险合同条款。在保险合同中，保险人要求被保险人承诺某种保证，其目的在于控制风险，确保保险标的及其周围环境处于良好的状态中。

根据保证存在的形式不同，分为明示保证和默示保证。

明示保证指以文字或书面的形式载明于保险合同中约定的事项或保险合同的保证条款。例如，我国《机动车辆保险条款》规定"被保险人必须对保险车辆妥善保管、使用、保养，使之处于正常技术状态"，即为明示保证。明示保证是保证的重要表现形式。

默示保证一般是无须载明于保险合同中的，国际惯例所通行的准则，习惯上或社会公认的被保险人应在保险实践中遵守的规则。默示保证的内容通常是以往法庭判决的结果，是保险实践经验的总结。默示保证在海上保险中运用较多，如海上保险的默示保证有三项：保险船舶必须有适航能力；要按规定的或习惯的航线航行；必须从事合法的运输业务。

3. 弃权与禁止反言

弃权是指保险合同的一方当事人放弃其在保险合同中可以主张的某项权利，通常是指保险人放弃保险合同的解除权与抗辩权。构成保险人弃权必须具备两个要件：首先，保险人须有弃权的意思表示，无论是明示的还是默示的；其次，保险人必须知道有权利存在，即保险人知道自己因被保险人有违背约定义务的情况而享有抗辩权或解约权。

可被视为弃权的情况有：

（1）投保人有违背按期缴纳保险费或其他约定义务时，保险人原本应解除合同，但是，如果保险人已知此情况却仍旧收受补交的保险费时，则证明保险人又继续维持合同的意思表示，因此，其本应享有的合同解除权、终止权及其他抗辩权均视为弃权。

（2）在保险事故发生后，保险人明知有拒绝赔付的抗辩权，但仍要求投保人或被保险人提供损失证明，因而增加投保人在时间和金钱上的负担，视为保险人弃权。

（3）保险人明知投保人的损失证明有纰漏和不实之处，但仍无条件予以接受，则可视为是对纰漏和不实之处抗辩权的放弃。

（4）保险事故发生后，保单持有人（投保人、被保险人或受益人）应于约定或法定时间期限内通知保险人，但如逾期通知，保险人仍表示接受的，则认为是对逾期通知抗辩权的放弃。

（5）保险人在得知投保人违背约定义务后仍保持沉默，即视为弃权。

禁止反言也称为禁止抗辩或禁止反悔，是指合同一方既已放弃其在合同中的某项权利，日后不得再向另一方主张这项权利。构成保险人的禁止反言需要符合三个条件：第一，保险人一方，包括保险代理人，对一项重要事实的错误描述；第二，投保人（被保险人）对该项描述合理依赖；第三，如果该项陈述不具法律约束力，将会给投保人（被保险人）造成危害或损害。

弃权与禁止反言在人寿保险中有特殊的时间规定，保险人只能在合同订立之后一定期限内（通常为2年）以被保险人告知不实或隐瞒为由解除合同，超过规定期限没有解除合同的视为保险人已经放弃该权利，不得再以此为由解除合同。

弃权与禁止反言的规定，约束了保险人的行为，也维护了被保险人的权益，有利于保险双方权利义务关系的平衡。

（三）违反最大诚信原则的后果

1. 投保方违反告知的法律后果

在保险业务中，投保人在订立保险合同或保险合同存续期间，未将重要事实如实告知保险人，即构成违反告知义务。投保人违反告知的表现主要有：漏报、误报、隐瞒和欺诈。对违反告知义务的法律后果，各国保险法律的规定不尽相同，主要分为保险合同无效和保险人有权解除保险合同两种。由于保险合同无效这种规定过于严苛，任何告知义务的违反均可导致合同无效，所以现代保险业务多采用保险人有权解除保险合同的规定，只有对故意违反告知义务采取保险合同无效的规定。

投保人违反如实告知义务时，其应当承担的法律后果有：

（1）投保人故意隐瞒事实，不履行如实告知义务的，或者因过失未履行如实告知义务，足以影响保险人决定是否同意承保或者提高保险费率的，保险人有权解除保险合同。

（2）投保人故意不履行如实告知义务的，保险人对于保险合同解除前发生的保险事故，不承担赔偿或者给付保险金的责任，并不退还保险费。

（3）投保人因过失未履行如实告知义务，对保险事故的发生有严重影响的，保险人对于保险合同解除前发生的保险事故，不承担赔偿或者给付保险金的责任，但可以退还保险费。

投保人、被保险人或受益人采用非法手段违反如实告知义务，情节严重的，将受到刑事制裁；如果致使保险人支付保险金或者支出费用的，应当退回或者赔偿。

2. 保险人未尽到说明义务的法律后果

保险合同一般都是格式合同，保险作为一种社会服务商品，投保人与被保险人是以购买者与消费者的身份参加保险的。对购买者与消费者的权益，法律所能提供的最有力保护，在于使其享受到他本来希望得到的服务。在保险活动中，要让投保人充分了解到他所购买的保险服务能否提供给他需要的保险保障，最有效的办法之一是限制保险人不适当免除责任的行为，即要求保险人遵循最大诚信原则，明确履行说明义务。如果订立保险合同时保险人未向投保人明确地说明保险人在何种情况下免责，保险合同中关于保险人免责的条款将不产生法律效力。本章章首的案例即是例证。保险人未尽告知义务的法律后果包括下列两种情况：

（1）对于保险人来说，保险人在订立合同时未履行责任免除说明义务的，该保险合同免责条款无效。

（2）保险公司及其工作人员在保险业务中隐瞒与保险合同有关的重要情况，欺骗投保人、被保险人或受益人，或者拒不履行保险合同约定的赔偿或给付保险金的义务，构成犯罪的，依法追究刑事责任；不构成犯罪的，由保险监督管理机构对保险公司处以5万元以上30万元以下的罚款；对有违法行为的工作人员，处以2万元以上10万元以下的罚款；情节严重的，限制保险公司业务范围或者责令停止接受新业务。

3. 违反保证的法律后果

因大多数保证属于明示保证，在保险合同中已用条款形式予以列明，而且保证的事项均为重要事实，所以判定被保险人是否违反保证义务相对比较容易。任何不遵守保证条款或保证约定、不信守合同约定的承诺或担保的行为，均属于破坏保证。如有所违背与破坏，其后果一般有两种情况：一是保险人不承担赔偿或给付保险金责任；二是保险人解除保险合同。

　　与告知不同，保证是对某个特定事项的作为与不作为的保证，不是对整个保险合同的保证，因此，在某种情况下，违反保证只部分损害了保险人的利益，保险人只应就违反保证部分解除保险责任，拒绝承担履行赔偿义务。被保险人破坏保证而使合同无效时，保险人无须退还保费。

【资料链接】

"最大诚信原则"适用首案及启示

　　1999 年 7 月 16 日，原告外企公司（买方）与法国 S 公司（卖方）达成进口木材协议，约定木材从法国加蓬港运至中国张家港。9 月 12 日，承运人为承运木材签发了正本清洁提单。10 月 14 日，外企公司向被告丰泰保险传真发出投保书，要求投保一切险，保险单签发日须倒签为 9 月 12 日。10 月 18 日，丰泰保险公司制作了日期倒签为 9 月 12 日的保险单，并载明了"保证 1999 年 10 月 14 日之前无已知或被报道（报告）的损失"的保证条款。10 月 21 日，S 公司向外企公司传真，称货船受损；10 月 22 日，S 公司向外企公司转发承运人的传真，称货船已于 10 月 14 日沉没，货物全损；11 月 8 日，外企公司向丰泰保险报案并要求理赔。

　　后据丰泰保险所委托的保险专业鉴定机构了解，10 月 12 日，S 公司收到承运人传真，获悉货船已因进水而于 10 月 11 日被放弃；10 月 14 日法国时间 13 时 38 分，S 公司向外企公司发送了承运人关于货损的传真，外企公司承认收到，但认为其收到时间为 10 月 14 日 20 点 38 分，已超过投保时间。

　　上海海事法院认为，双方当事人均同意适用英国《1906 年海上保险法》，故该法为此案的准据法。丰泰保险向外企公司交付保险单的最早时间为 10 月 18 日，且该保险单附加了保证条款并改变了保险条件，故认为保险合同成立于 10 月 18 日，而非外企公司提出要约的 10 月 14 日。

　　法院认为，根据英国《1906 年海上保险法》的规定，保险合同的订立应遵循最大诚信原则。被保险人在发出要约、接受新的要约、作出承诺的整个过程中，都应依据最大诚信原则，向保险人如实告知其知道或者在通常业务中应当知道的、可能影响保险人作出是否承保与是否增加保险费决定的任何重要情况。故最终法院判令，外企公司违反了最大诚信原则未尽如实告知义务，丰泰保险有权宣布保险合同无效。

　　据笔者了解，在我国最高司法机构公报中引用最大诚信原则，上述案例仍是首次。以前我国学者对诚信原则已有过深入的研究，但对最大诚信原则则少有涉猎。

　　（资料来源：《中国保险报》，2006 - 02 - 14。）

二、保险利益原则

（一）保险利益及其构成要件

1. 保险利益的定义

保险利益也称可保利益，是投保人或被保险人对保险标的所具有的法律上承认的利害关系或权益。我国《保险法》第十二条指出："保险利益是指投保人或者被保险人对保险标的的具有法律上承认的利益。"

2. 保险利益构成要件

（1）须为适法性利益

只有在法律上可以主张的合法利益才能受到国家法律的保护，因此，保险利益必须是符合法律规定、符合社会公共秩序的、为法律所认可的利益。

（2）须为客观存在利益

保险利益必须是一种确定的利益，是投保人对保险标的的在客观上或事实上已经存在或可以确定的利益。这种利益是可以用货币形式估价而且是客观存在的利益，不是当事人主观臆断的利益。

（3）须为经济上的利益

由于保险保障是通过货币形式的经济补偿或给付来实现其职能的，如果投保人或被保险人的利益不能用货币来反映，则保险人的承保和补偿就难以进行。因此投保人对保险标的的保险利益在形式和数量上应该可以用货币来计量，无法用货币衡量的利益不能成为保险利益。

3. 财产保险利益

财产保险利益是指投保人或被保险人对保险标的因保险事故的发生以致保险标的受到损害或者因保险事故的不发生而免受损害所具有的利害关系，这种利害关系一般是指因法律上或契约上的权利或责任而产生的利害关系，即凡因财产发生风险事故而蒙受经济损失或因财产安全而得到利益或预期利益者，均具有财产保险的保险利益。具体包括：

（1）财产所有人、经营管理人对其所有的或经营管理的财产具有保险利益，如公司法定代表对公司财产具有保险利益。

（2）财产的抵押权人对抵押财产具有保险利益，这种保险利益有额度和时间期限的限制。

（3）财产的保管人、货物的承运人、各种承包人、承租人等对其保管、占用、使用的财产在负有经济责任的条件下具有保险利益。

（4）经营者对其合法的预期利益具有保险利益，如因营业中断导致预期的利润损失、租金收入减少等。

4. 财产保险利益时效

保险利益作为保险合同的效力要件，不仅对保险合同的成立有意义，而且对保险合同的效力的维持也有意义。保险利益应当在何时存在，才能作为评价保险合同效力的因素，是保险利益原则的时间效力。对保险利益的存在时间，我国现行《保险法》没有作出规定。

一般情况下，在保险合同有效期内，保险利益始终存在。然而，海上保险合同早已抛弃了这种传统观点，投保人在订立海上保险合同时，对保险标的可以不具有保险利益，但在保险事故发生时，被保险人对保险标的必须具有保险利益。英国《1906 年海上保险法》第 6 条第 1 款规定，被保险人在保险合同生效时，对保险标的可以不具有利害关系，但是，在保险标的发生损失时，被保险人对保险标的必须有利害关系。

5. 财产保险合同中保险利益变更

保险合同的主体、标的变更时，在标的之上的保险利益亦随之发生改变。由此可知，保险利益具有专属性，属于投保人或被保险人所有，如投保人或被保险人转移其保险标的，保险利益当然消灭，如无保险人同意认可，保险合同终止。但在一些情况下，保险利益并不当然消灭而是继续存在，新的关系人代替了投保人的地位，这种情况即为保险利益的变更。《保险法》第二十条规定："投保人和保险人可以协商变更合同内容。"这些情况包括保险利益的转移与处分。

（二）人身保险利益

1. 人身保险利益的含义

人身保险利益指投保人对于被保险人的生命或身体所具有的利害关系，也就是投保人将因保险事故的发生而遭受损失，因保险事故的不发生而维持原有利益。人身保险利益体现为投保人与被保险人之间的人身依附关系或者依赖关系。

我国采用限制家庭成员关系范围并结合被保险人同意的方式来确定人身保险的保险利益。我国《保险法》第三十一条规定，投保人对下列人员具有保险利益：

（1）本人；

（2）配偶、子女、父母；

（3）前项以外与投保人有抚养、赡养或者扶养关系的家庭其他成员、近亲属；

（4）与投保人有劳动关系的劳动者。

除前款规定外，被保险人同意投保人为其订立合同的，视为投保人对被保险人具有保险利益。

由于人身保险标的的特殊性，人身保险利益不能用金钱来衡量，不存在代位追偿问题，并且人身保险利益必须在合同成立时存在，如果在订立合同时保险利益不存在，则合同无效。

2. 人身保险利益时效

人身保险利益的存在时间，在合同订立时必须存在，至于在保险事故发生时是否存在保险利益，则无关紧要。

3. 人身保险保险利益的变更

（1）继承。被保险人死亡，如属死亡保险、两全保险，保险人即承担保险金给付责任，保险合同终止；如属其他人身保险，或被保险人因责任免除死亡，保险标的消失，保险公司终止其责任，不存在保险利益的转移问题。投保人死亡，而投保人与被保险人不是同一人的，如果人身保险为特定的人身关系而订立，如亲属关系、抚养关系，保险利益不得转移；如果人身保险为一般利害关系而订立，如债权债务关系，则该人身保险合同仍可为继承人的利益继续存在。

（2）让与。人身保险的标的是人的生命、身体或健康，是不能转让的。因此，人身保险不存在因保险标的的转让而发生的保险利益转移问题。

（3）破产。投保人的破产对人身保险合同没有什么影响。被保险人破产，对人身保险也不产生保险利益的转移问题。不过，对某些人身保险合同，如被保险人为投保人的债权人或抚养人，则当被保险人破产时，根据保险责任范围，可能发生保险金的给付责任。

（三）保险利益原则的具体内容

在明确了保险利益基本概念的基础上，保险利益原则可以表述为：在订立和履行保险合同的过程中，投保人或被保险人对保险标的必须具有保险利益，如果投保人对保险标的不具有保险利益，签订的保险合同无效；或者保险合同生效后，投保人或被保险人失去了对保险标的的保险利益，保险合同随之失效（人身保险合同除外）。保险标的发生保险责任事故，只有对该标的具有保险利益的人才具有索赔资格，但是所得到的赔偿或给付的保险金不得超过其保险利益额度，不得因保险而获得额外利益。

1. 财产保险的有关规定

一般财产保险的保险利益原则是最严格的。在一般财产保险中，保险利益原则要求投保人对其与保险人订立的保险合同所对应的保险标的应具有保险利益，而且所约定的保险金额不得超过该保险利益额度。一般财产保险的保险利益必须从保险合同订立到损失发生的全过程都存在。一般财产保险的保单转让一定要事先征得保险人同意并由其签字。否则，转让无效。

2. 海上货物运输保险的有关规定

海上货物运输保险的保险利益原则要求在投保时可不存在保险利益，但在发生保险事故时保险利益一定要存在。同时，由于运输货物处于流动状态，为了便于国际贸易的快速顺利地进行，海上货物运输保险的保险单可以自由地转让，无须征得保险人同意。

3. 人身保险的有关规定

人身保险的保险利益必须在保险合同订立时存在，而不要求在保险事故发生时具有保险利益。此外，人寿保险保单可出售、转让和抵押。

（四）保险利益的灭失

保险利益的灭失是指投保人或被保险人失去保险利益，即在保险合同成立后，因为发生某种法律事实而引起投保人或被保险人丧失对保险标的所具有的利害关系。在财产保险合同方面，保险标的消灭则保险利益消灭；在人身保险合同方面，被保险人因人身保险合同除外责任规定的原因死亡，如自杀、刑事犯罪被处决等，均构成保险利益的消灭。

【资料链接】

国际货物运输保险投保人保险利益如何界定

2000 年 9 月 27 日，某技术进出口公司代理某通信公司与阿尔卡特网络（亚洲）

有限公司签订了一份数字数据网络设备国际货物买卖合同，约定的总价款为851 108美元，以FOB加拿大渥太华离岸价为价格条件。合同签订后，技术进出口公司与某运输公司联系运输事宜，某运输公司委托海外运输商Secure公司负责海外运输。2000年11月15日，技术进出口公司与某保险公司签署了一份《国际运输预约保险启运通知书》，载明：被保险人是技术进出口公司；保险货物项目是一套数字数据网络设备，包装及数量是纸箱48件；价格条件是EX-Work；货价（原币）851 108美元；运输路线自Ottawa Canada至中国湖北武汉；投保险种为一切险；保险金额为978 774美元；保险费为3 915美元；落款栏中盖有某保险公司业务专用章和技术进出口公司发票专用章；备注栏载明：（公路运输）Kanata（阿尔卡特公司工厂所在地）—渥太华机场；空运：渥太华机场—北京机场—天河机场（货物离开机场及武汉市内通知保险公司）。2000年11月15日，技术进出口公司向保险公司支付了保险费人民币32 417元，并收到保险公司出具的收据。渥太华时间2000年11月15日19时即北京时间2000年11月16日8时，被保险货物在渥太华Secure公司仓库被盗。2000年12月7日，技术进出口公司将出险情况告知了保险公司。同年12月21日，技术进出口公司向保险公司提出索赔，保险公司以技术进出口公司不具有保险利益而主张合同无效并拒赔，技术进出口公司遂向法院起诉。

法院经审理后认为，本案的焦点问题是保险利益的认定问题。本案中技术进出口公司是否具有保险利益取决于其对买卖合同项下货物承担的风险，而对货物承担的风险及其起始时间又取决于买卖合同约定的价格条件。本案买卖合同约定的价格条件是FOB加拿大渥太华，意为货物在渥太华越过船舷或装机后，货物的风险才发生转移。在此之前，货物的风险则仍由卖方承担。因此，本案技术进出口公司购买的货物在海外运输公司Secure公司仓库被盗时，技术进出口公司不具有保险利益。同时，法院还认定，保险合同载明的工厂交货对确定投保人对保险标的物是否具有保险利益没有法律意义，技术进出口公司以保险合同为据主张以工厂交货并移转风险的观点不能成立。法院最终判定保险公司与技术进出口公司的保险合同因投保人对保险标的物不具有保险利益而无效。技术进出口公司无权要求保险公司承担赔偿责任，而保险公司亦应退还保险费。

（资料来源：《金融时报》，2005-03-24。）

三、近因原则

近因是造成保险标的损失的最直接、最有效、起决定性作用的原因，而不是指在时间上最接近损失的原因。近因理论是确定保险中的损失原因与损失结果之间关系的一种理论，它既有利于保险人也有利于被保险人。

（一）近因原则的含义

在处理赔案时，赔偿与给付保险金的条件是造成保险标的损失的近因必须属于保险责任，若造成保险标的损失的近因属于保险责任范围内的事故，则保险人承担赔付责任；反之，若造成保险标的损失的近因属于责任免除，则保险人不负赔付责任。只有当保险事故的发生与损失的形成有直接因果关系时，才构成保险人赔付的条件。

近因原则是保险当事人处理保险案件，或法庭审理有关保险赔偿的诉讼案，在调查事件发生的起因和确定事件责任归属时所遵循的原则。

（二）近因原则的运用

1. 近因原则的表现形式

近因原则在实践中分为以下几种情况：

（1）单一原因造成损失，如果这一原因是保险人承保的风险，则这一原因就是损失的近因，保险人应负赔偿责任；反之，则不负赔偿责任。

（2）多数原因造成损失，如果这些原因都是保险人承保的风险，则这些原因为损失的近因，保险人应负赔偿责任；如果这些原因都不是保险人承保的风险，则保险人不负赔偿责任。

（3）多数原因造成损失，这些原因不都是保险责任范围内的，则要具体问题具体分析。如果前面原因是保险责任范围内的，后面原因虽不属保险责任范围，但后面原因是前面原因导致的必然结果，则前面原因是近因，保险人应负赔偿责任；如果前面原因不是保险责任范围内的，后面原因属于保险责任范围，后面原因又是前面原因导致的必然结果，则近因不属保险责任范围内，保险人不负赔偿责任。

2. 确定近因的基本方法

在保险中要准确确定损失原因与损失结果之间的关系，尤其是在先后或同时存在几种原因时，要对造成承保损失最具有现实性、支配性和有效性的原因加以确定并不是一件容易的事。

3. 多种原因导致损失时，近因的判定

（1）多种原因相互延续

在多种原因连续发生所造成的损失中，如果后因是前因所直接导致的必然的结果，或者后因是前因合理的延续，或者后因属于前因自然延长的结果，那么前因为近因。前因属于承保风险的，即使后因不属于承保风险，保险公司仍然承担偿付责任。著名的艾思宁顿诉意外保险公司案中，被保险人打猎时不慎从树上掉下来，受伤后的被保险人爬到公路旁边等待救援，因夜间天冷又染上肺炎死亡。肺炎是意外险保单中的除外责任，但法院认为被保险人的死亡是因意外事故——从树上掉下来，因此保险公司应承担给付保险金的责任。

（2）多种原因交替

在因果关系链中，有一个新的独立的原因介入，使原有的因果关系链断裂并直接导致损失，该新介入的独立原因为近因。意外险的被保险人因车祸入院，在急救过程中因心肌梗塞死亡。在此案例中，被保险人的致死原因——疾病就是新介入的独立原因。如果该近因属保险责任范围内的风险，则保险公司应对所致的损失予以赔付；反之，则不赔。投保人投保了火险而没有投保盗窃险，当火灾发生时，一部分财产被抢救出来后又被盗走，则保险公司对被盗部分损失不承担责任。

（3）多种原因并存

此情形具体又可分为两种情况：

①多种原因各自独立，无重合。假如损害可以划分，保险公司仅对承保风险承担责任。如果上述因车祸入院、急救过程中因心肌梗塞死亡的被保险人同时在车祸中丧失一条腿，则人身意外险保险公司在拒绝给付死亡保险金的同时，并不免除意

外伤残保险的给付责任。因为死亡的近因是除外风险——疾病，而丧失肢体的近因则是保险责任范围内的意外事故——车祸。

②多种原因相互重合、共同作用。因为各种原因之间的关联性，使得从中判定某个原因为最直接、最有效的原因有一定困难，甚至从中强行分出主次原因会产生自相矛盾的结论。

如果同时存在导致保险事故的多种原因均为保险责任，则保险人应承担全部赔付责任；反之，若同时发生导致保险事故的多种原因均为除外责任，则保险人不承担任何赔付责任；当同时发生的导致保险事故的多种原因中，没有属于除外责任的，只要其中有一个为承保危险，则不论其他原因如何，保险人应负偿付责任；当同时发生导致保险事故的多种原因中既有保险责任又有除外责任的，则应分析损失结果是否易于分解。

如果多种原因中有除外风险和承保风险，而损失结果可以分解，则保险人只对承保风险所导致的损失承担赔付责任。如果损失的结果不能分解，则除外责任为近因，保险人可不负偿付责任。如汽车由于发动机故障导致自燃，同时又遭遇冰雹袭击，后因及时救助，车辆未全损。该车辆若投保了机动车辆险，自燃为除外责任，又未附加自燃损失险，则在自燃的损失与外界冰雹的砸伤易于分解时，保险人只承担冰雹造成的损失。

四、损失补偿原则

损失补偿原则是指保险事故发生使被保险人遭受损失时，保险人必须在保险责任范围内对被保险人所受的损失进行补偿。损失补偿原则是由保险的经济补偿职能决定的。通过补偿，使被保险人的保险标的在经济上恢复到受损前的状态，不允许被保险人因损失而获得额外的利益。

一般来说，损失补偿原则主要适用于财产保险合同。我国《保险法》第四十六条规定："被保险人因第三者的行为而发生死亡、伤残或者疾病等保险事故的，保险人向被保险人或者受益人给付保险金后，不得享有向第三者追偿的权利。但被保险人或者受益人仍有权向第三者请求赔偿。"

（一）损失补偿原则的实施

1. 损失补偿的限制

保险人履行损失补偿原则时通常以实际损失、保险金额和可保利益额度作为限制，为了既保证被保险人能恢复失去的经济利益，又不会因保险补偿而获取额外利益，在这三者中，应以金额最小的限额作为保险补偿的额度。

（1）以实际损失为限。实际损失是指保险事故发生所致保险标的损失的实际现金价值。

（2）以保险金额为限。保险金额是保险合同双方共同约定的保险人承担的最大损失风险。因此，无论保险标的发生全损或任何一次部分损失，保险人的最高赔付责任都不应该超过合同规定的保险金额。

（3）以可保利益额度为限。可保利益是保险赔偿的前提条件，保险赔偿要以损失发生时被保险人对所保财产具有的可保利益金额作为最高限度。例如，在房屋抵押贷款中，贷款银行以受押人名义对抵押房屋投保财产保险，如果银行的贷款额为 20 万元，房屋价值为 50 万元，保险金额为 30 万元，在保险期限内房屋因火灾而损失 30 万元，保险人只能赔偿 20 万元。

2. 损失补偿原则的实现方式及损失赔偿方法

（1）损失补偿原则的实现方式

①现金赔付。在大多数情况下，保险人采用现金赔付方式。这样既可以减少很多麻烦，也符合大多数被保险人的意愿。

②修理。某些有形财产保险，只是标的发生部分损失或部分零部件的损残时，保险人便可以委托有关修理部门对受损害的被保险标的物予以修复，其费用由保险人承担，如机动车辆保险。

③更换。因保险责任事故发生导致被保险标的损失，保险人采用替换的办法，对损失标的物予以补偿。

④重置。被保险人的财产毁损或灭失，保险人重新购置与所保标的等价的标的，以恢复被保险人财产本来面目的补偿方式。

（2）损失赔偿方法

①限额责任赔偿方法。限额责任赔偿方法是指保险人只承担事先约定的损失额以内的赔偿额，超过损失限额部分，保险人不负赔偿责任。

②免赔额（率）赔偿方法。该方法是指对免赔额（率）以内的损失保险人不予负责，而在损失超过免赔额（率）时才承担责任。采取绝对免赔额（率）赔偿方法的计算公式为：赔偿金额 = 保险金额 × （损失率 − 免赔率）。采用相对免赔额（率）赔偿方法的计算公式为：赔偿金额 = 保险金额 × 损失率。

3. 损失补偿原则的例外

（1）定值保险。在定值保险中，发生损失时，不论保险标的价值如何变化，保险人仍按保险合同上所约定的保险金额计算赔款。从以赔偿实际损失为本质的损失补偿原则的角度看，该保险是一种例外。

（2）重置价值保险。重置价值保险又称复旧保险或恢复保险，是按照重置价值确定损失额的保险。由于这种保险在确定损失赔付时不扣除折旧，而按重置价值确定损失额，所以，对于损失补偿原则来说，也是一种例外。

（3）人身保险。人的生命难以用货币衡量，人寿保险中的保险金额是由投保人或被保险人自行确定的，而当发生保险事故时，倘若其持有多份保单，被保险人或受益人可获得多重给付。因此，损失补偿原则对于人身保险也是一种例外，但人身保险中的医疗费用保险仍然适用损失补偿原则。

（4）施救费用的赔偿。保险合同通常规定，保险事故发生时，被保险人有义务积极抢救保险标的，防止损失进一步扩大。被保险人抢救保险标的所支出的合法费用由保险人负责赔偿。这样，保险人实际承担了两个保险金额的补偿责任，显然扩大了损失补偿的范围与额度，这也是损失补偿原则的例外。

（二）损失补偿原则的派生原则

1. 代位追偿原则

代位追偿原则是指在财产保险中，保险标的发生保险事故造成推定全损，或者保险标的由于第三者责任导致保险损失，保险人按照合同的约定履行赔偿责任后，依法取得对保险标的的所有权或对保险标的损失负有责任的第三者的追偿权。代位追偿原则的主要内容有：

（1）权利代位。权利代位即追偿权的代位，是指在财产保险中，保险标的由于第三者责任导致保险损失，保险人向被保险人支付保险赔款后，依法取得对第三者的索赔权。

（2）物上代位。物上代位是指保险标的遭受保险责任范围内的损失，保险人按保险金额全数赔付后，依法取得该项标的的所有权。

2. 重复保险分摊原则

（1）重复保险分摊原则的含义及构成条件

①重复保险分摊原则是指在重复保险的情况下，当保险事故发生时，各保险人应采取适当的分摊方法分配赔偿责任，使被保险人既能得到充分的补偿，又不会超过实际损失而获得额外的利益。

②重复保险必须具备的条件有：同一保险标的及同一可保利益；同一保险期间；同一保险危险；与数个保险人订立数个保险合同，且保险金额总和超过保险标的价值。

（2）重复保险的分摊方式

①比例责任分摊方式即各保险人按其所承保的保险金额与总保险金额的比例分摊保险赔偿责任。计算公式为

各保险人承担的赔款 = 损失金额 × 该保险承保的保险金额 ÷ 各保险人承保的保险金额总和

②限额责任分摊方式是以在没有重复保险的情况下，各保险人依其承保的保险金额而应付的赔偿限额与各保险人应负赔偿限额总和的比例承担损失赔偿责任。计算公式为

各保险人承担的赔款 = 损失金额 × 该保险人的赔偿限额 ÷ 各保险人赔偿限额总和

③顺序责任分摊方式是指由先出单的保险人首先负责赔偿，后出单的保险人只有在承保的标的损失超过前一保险人承保的保额时，才依次承担超出的部分。

在保险实务中，各国采用较多的是比例责任和限额责任分摊方式，因为在顺序责任分摊方式下各承保公司承担的责任欠公平。在我国，重复保险依法主要采用比例责任方式赔偿。

【资料链接】

本案海上货物运输保险人的代位求偿权能否成立

德国 MY 公司（卖方）与捷高公司（买方）达成 CIF 买卖合同，货物通过集装箱装运，从德国经海路运至上海，交给买方指定的收货人捷高上海公司。货物运抵上海后，收货人凭提单在港区提货，运至其所在地的某园区内存放。上海新兴技术开发区联合发展有限公司（以下简称联合公司）在该园区内为收货人拆箱取货时，

货物坠地发生全损。

涉案货物起运前，MY 公司向德国某保险公司（以下简称保险公司）投保，保险公司向 MY 公司签发了海上货物运输保险单，保险单背面载明：被保险人为保险单持有人；保险责任期间"仓至仓"，但未载明到达仓库或货物存放地点的名称。事故发生后，保险公司支付 MY 公司保险赔款 19 万德国马克后取得权益转让书，并向联合公司提起海上货物运输保险合同代位求偿之诉。

一审法院经审理认为：收货人凭提单提货，货物的所有权已经转移，MY 公司不能证明事故发生时其具有保险利益，且货损事故发生时保险责任期间已经结束，保险公司不应再予理赔。保险公司不能因无效保险合同或不当理赔取得代位求偿权。遂判决对保险公司的诉讼请求不予支持。

保险公司不服，提起上诉。二审法院认为：货物交付后，海运承运人责任期间结束，所以海上保险责任期间也已结束，对于海上货物运输保险合同终结后发生的货损事故，保险人不必理赔。即使保险公司从托运人处取得代位求偿权，也只能追究承运人责任，而不能追究货物交付后第三人造成的货损责任。因此保险人的代位求偿权不成立。据此驳回上诉，维持原判。

（资料来源：www. 110. com/ziliao/article – 38406. html。）

第三节　保险合同

一、保险合同的内涵

保险合同概括地讲是保险合同的当事人即投保人或被保险人与保险人约定保险权利义务的协议。如果结合保险行为本身的性质，则保险合同可具体描述为：投保人根据约定，向保险人支付保险费，保险人对保险标的（包括财产、责任或人身、生命等）因约定的保险事故发生或约定的年龄、期限等条件达到时，根据约定向被保险人承担损失赔偿责任或给付保险金责任的协议。

保险合同属于民商合同中的一种，其设立、变更、终止的权利义务关系是具有保险内容的民事法律关系，因此，保险合同不仅适用《保险法》，也适用《合同法》和《民法通则》。

（一）保险合同的特征

保险合同作为一种特殊的民商合同，除具有一般合同都具有的法律特征外，还具有下列一些独有的法律特征：

1. 保险合同是有偿合同

有偿合同是指因为享有一定的权利而必须偿付一定对价的合同。保险合同以投保人支付保险费作为对价换取保险人对风险的保障。投保人与保险人的对价是相互的，投保人的对价是向保险人支付保险费，保险人的对价是承担投保人转移的风险。

2. 保险合同是双务合同

双务合同是指合同双方当事人相互享有权利、承担义务的合同。保险合同的被保险人在保险事故发生时，依据保险合同享有请求保险人支付保险金或补偿损失的权利，投保人则承担支付保险费的义务；保险人享有收取保险费的权利，承担约定事故发生时给付保险金或补偿被保险人损失的义务。

3. 保险合同是最大诚信合同

任何合同的订立和履行都应当遵守诚实信用的原则。保险合同较一般合同对当事人的诚实信用的要求更为严格，故称为最大诚信合同。保险合同的订立与履行，很大程度上依赖于投保人的诚实信用。一方面，投保人在订立合同时，对保险人的询问及有关标的情况要作如实告知；在保险标的危险增加时应及时通知保险人；对保险标的过去的情况、未来事项也要向保险人作出保证。另一方面，保险人在订立保险合同时，应向投保人说明保险合同的内容；在约定的保险事故发生时，履行赔偿或给付保险金的义务等。

4. 保险合同是射幸合同

射幸合同是指合同当事人中至少有一方并不必然履行金钱给付义务，只有当合同中约定的条件具备或合同约定的事件发生时才履行；而合同约定的事件是有可能发生也有可能不发生的不确定事件。在保险合同关系中，保险人是否履行赔偿或给付保险金的义务，取决于约定的保险事故是否发生，而保险合同约定的保险事故是否发生或者何时发生是不确定的。

5. 保险合同是附和合同

附和合同是指其内容不是由当事人双方共同协商拟订，而是由一方当事人事先拟就，另一方当事人只是作出是否同意的意思表示的一种合同。保险合同可以采用保险协议书、保险单或保险凭证的形式订立。在采用保险单和保险凭证形式时，保险条款已由保险人事先拟订，当事人双方的权利义务已规定在保险条款中，投保人一般只是作出是否同意的意思表示。投保人可以与保险人协商，增加特别约定条款，或对保险责任进行限制或扩展，但一般不能改变保险条款的基本结构和内容。

（二）保险合同的种类

保险合同可以依据不同的标准进行多种划分，但主要有以下几种：

1. 财产保险合同和人身保险合同

根据保险标的的性质划分，保险合同可以分为财产保险合同和人身保险合同。

财产保险合同是指以财产及其有关利益为保险标的的保险合同。财产保险合同的保险标的既包括有形财产，也包括无形财产和财产的相关利益。财产保险合同大多数属于损失补偿性质的合同。

人身保险合同是指以人的身体和寿命为保险标的的保险合同。人的生、老、病、死、残等可以作为保险标的，只要发生约定的保险事故或被保险人生存至保险合同约定的年龄期限，保险人就要履行给付义务。

2. 单一危险保险合同与综合危险保险合同

根据保险人所承保的危险的状况不同，保险合同可分为单一危险保险合同与综合危险保险合同。

单一危险保险合同是指保险合同只承保一种危险责任，如农作物雹灾险合同，只对由冰雹造成的农作物损失负责赔偿。

综合危险保险合同是指一个保险合同承保两种以上的多种特定的危险责任，如财产保险合同等。只要损失是由所保危险造成的，被保险人就可获得赔偿。

3. 定值保险合同与不定值保险合同

按保险标的的价值是否载于保险合同进行分类，保险合同可分为定值保险合同和不定值保险合同。

定值保险合同是指载明保险双方约定的保险标的价值的保险合同。在定值保险合同中，若保险标的因保险事故导致全损，不论保险事故发生时保险标的的实际市场价值是多少，保险人均按保险合同中载明的保险标的的价值赔偿。定值保险合同一般适用于特殊的保险标的，如古玩、字画等，由于其本身的价值难以确定，因此需要保险双方事先约定一个固定的价值作为保险价值进行保险。在国际保险市场上，由于运输货物的市场价格在起运地、中途和目的地都不相同，为保障被保险人的实际利益，避免赔款时因市价差额而带来的纠纷，习惯上也采用定值保险合同。船舶险亦然。

不定值保险合同是指保险双方当事人事先不确定保险价值，只在保险合同中列明保险金额作为赔偿的最高限额。当保险标的发生保险责任范围内规定的事故损失时，保险人以当时损失发生地的市场价格为依据，确定保险价值并以此作为赔付的标准进行保险赔付。

4. 定额保险合同与补偿保险合同

按保险金额的确定方式，保险合同可分为定额保险合同和补偿保险合同。

定额保险合同是指合同双方当事人事先协商约定保险金额的合同。人身保险合同均采用定额保险合同的形式。因为人的生命和身体是无价的，保险金额只能根据保险人的实际需要和缴付保险费的能力来确定，发生保险事故时，保险人以保险金额作为给付金额。

补偿保险合同是指以保险标的价值确定保险金额的合同。财产保险合同均属于补偿性保险合同。

5. 足额保险合同与非足额保险合同

按保险金额与保险标的的实际价值的对比关系划分，保险合同可分为足额保险合同与不足额保险合同。

足额保险合同又称全额保险合同，是指保险金额大体相当于财产的实际价值的保险合同。在这种情况下，被保险人既可获得充分的经济保障，也不会多支付保险费。在保险事故发生时，如果保险标的全部损失，保险人按实际损失数额如数赔偿。

不足额保险合同又称低额保险合同，是指保险金额小于财产实际价值的保险合同。这种情况的出现有三种原因：（1）由于保险人的规定，借以促使被保险人注意防范危险；（2）由于被保险人的自愿，借以节省保险费；（3）由于财产价值的上涨，而使财产的实际价值高于保险金额。在不足额保险合同中，保险人的赔偿方式有两种：比例赔偿方式和第一危险赔偿方式。前者是按保险金额与财产实际价值的比例计算赔偿；后者则不考虑保险金额与实际价值的比例，在保险额度内，按照实际损失赔偿。

（三）保险合同的要素

1. 保险合同的主体

合同关系的主体即合同的当事人，通常指订立并履行合同的自然人、法人或其他组织，他们在合同关系中享有权利并承担相应的义务。保险合同的主体一般包括保险合同的当事人和保险合同的关系人。

（1）保险合同的当事人

保险人也称承保人、要保人，是与投保人订立合同，收取保险费，在保险事故发生时，对被保险人承担赔偿损失责任的人。在我国是专指与投保人订立保险合同，并承担赔偿或给付保险金责任的保险公司。保险人经营保险业务除必须取得国家有关管理部门授予的资格外，还必须在规定的业务范围内开展经营活动。

投保人又称要保人、保单持有人，是指与保险人订立保险合同，并负有交付保险费义务的人。投保人并不以自然人为限，法人和其他组织也可以成为投保人。

投保人应具备的条件是：投保人须具有民事权利能力和民事行为能力，投保人须对保险标的具有保险利益。

（2）保险合同的关系人

保险合同的关系人一般是指受益人和被保险人。

受益人又称保险金领受人，是指人身保险合同中由被保险人或者投保人指定的享有保险金请求权的人，投保人、被保险人可以为受益人。

在保险合同期间，受益人可以变更，但必须经被保险人的同意。受益人的变更无须保险人的同意，但应当将受益人的变更事宜及时通知保险人，否则变更受益人的法律效力不得对抗保险人。

被保险人是指其财产或者人身受保险合同保障，享有保险金请求权的人，投保人可以为被保险人。当投保人为自己利益投保时，投保人、被保险人为同一人。当投保人为他人利益投保时，须遵守以下规定：被保险人应是投保人在保险合同中指定的人；投保人要征得被保险人同意；投保人不得为无民事行为能力人投保以死亡为给付保险金条件的人身保险。但父母为未成年子女投保的人身保险不受此限制，只是死亡给付保险金额总和不得超过保险监督管理部门规定的限额。

（3）保险合同的辅助人

保险合同的辅助人因国而异，不同的国家有不同的保险辅助人。一般说来，保险合同的辅助人包括保险代理人、保险经纪人、保险公估人等。

2. 保险合同的客体

保险合同的客体是指保险法律关系的客体，即保险合同当事人权利义务所指向的对象。由于保险合同保障的对象不是保险标的本身，而是被保险人对其财产或者生命、健康所享有的利益，即保险利益，所以保险利益是保险合同当事人的权利义务所指向的对象，是保险合同的客体。

投保人对保险标的应当具有保险利益，投保人对保险标的不具有保险利益的保险合同无效。

3. 保险合同的内容

保险合同的内容包括合同当事人的权利和义务，主要通过保险条款加以明确。

保险条款是确定合同双方当事人的权利和义务的依据。

（1）保险人的名称和住所。保险人专指保险公司，其名称须与保险监管部门和工商行政管理机关批准和登记的名称一致。保险人的住所即保险公司或分支机构的主营业场所所在地。

（2）投保人、被保险人、受益人的名称和住所。将保险人、投保人、被保险人和受益人的名称和住所作为保险合同基本条款的法律意义是：明确保险合同的当事人、关系人，确定合同权利义务的享有者和承担者；明确保险合同的履行地点，确定合同纠纷诉讼管辖。

（3）保险标的。保险标的是指作为保险对象的财产及其有关利益或者人的生命和身体，它是保险利益的载体。

（4）保险责任和责任免除。保险责任是指保险合同约定的保险事故或事件发生后，保险人所应承担的保险金赔偿或给付责任。其法律意义在于确定保险人承担风险责任的范围。责任免除是指保险人依照法律规定或合同约定，不承担保险责任的范围，是对保险责任的限制。责任免除条款的内容应以列举方式规定。

（5）保险期间和保险责任开始时间。保险期间是指保险人为被保险人提供保险保障的起止日期，即保险合同的有效期间。保险期间可以按年、月、日计算，也可按一个运程期、一个工程期或一个生长期计算。保险责任开始时间即保险人开始承担保险责任的时间，通常以年、月、日、时表示。我国保险实务中以约定起保日的零点为保险责任开始时间，以合同期满日的 24 点为保险责任终止时间。

（6）保险价值。保险价值是指保险标的的实际价值，即投保人对保险标的所享有的保险利益的货币估价额。保险价值的确定主要有三种方法：由当事人双方在保险合同中约定，按事故发生后保险标的市场价格确定，依据法律具体规定确定保险价值。

（7）保险金额。保险金额是指保险人承担赔偿或者给付保险金的最高限额。在定值保险中，保险金额为双方约定的保险标的的价值。

（8）保险费及其支付办法。保险费是指投保人为取得保险保障，按合同约定向保险人支付的费用。保险费是保险基金的来源，保险费的支付办法由当事人双方在保险合同中约定，可一次支付，也可分期支付。

（9）保险金赔偿或给付办法。保险金赔偿或给付办法是指保险人承担保险责任的具体方法，由保险合同当事人在合同中依法约定。投保人订立保险合同的目的在于保险事故或事件发生后，保险人能按合同约定的方式、数额或标准，通过赔偿或给付保险金来承担保险责任。

（10）违约责任和争议处理。违约责任指保险合同当事人因其过错不履行或不完全履行合同约定的义务所应承担的法律后果。承担违约责任的方式应在保险合同中列明，主要是支付违约金或支付赔偿金。

争议处理是指保险合同发生争议后的解决方式，包括协商、仲裁和诉讼。

4. 保险合同的形式

对保险合同应采取何种形式这一问题，《保险法》并未作出直接规定，既没有明确规定必须采取书面形式，也没有禁止口头形式。在保险实务中，为了便于当事人双方履行合同，特别是在保险事故或事件发生后，能够为被保险人、受益人索赔和为保险人承担保险责任提供法律依据，避免日后发生纠纷，同时也为了便于举证，如无特殊情况，保险合同通常采用书面形式。书面形式的保险合同包括：投保单、保险单、保险凭证、暂保单以及除此之外的其他书面协议。

二、保险合同的订立、生效与履行

（一）保险合同的订立

一般来说，订立保险合同必须遵守的原则包括：自愿订立原则、协商一致原则、合法性原则、保险利益原则和最大诚信原则等。我国《保险法》第十一条第一款规定："订立保险合同，应当协商一致，遵循公平原则确定各方的权利和义务。"当事人在保险合同中的法律地位是平等的，在订立保险合同时，应本着公平互利的精神，进行充分协商，取得一致意见。除法律、行政法规规定必须保险的外，保险合同自愿订立。

保险合同的订立与其他民事合同的订立程序一样，须经过要约与承诺两个阶段，又称投保和承保。

（二）保险合同的生效

1. 保险合同的成立与生效

保险合同的成立是指投保人与保险人就保险合同条款达成协议。《保险法》第十三条规定："投保人提出保险要求，经保险人同意承保，保险合同成立。保险人应当及时向投保人签发保险单或其他保险凭证。保险单或其他凭证应当载明当事人双方约定的合同内容。当事人也可以约定采用其他书面形式载明合同内容。"只要保险单经保险人签发即为承诺，承诺生效，保险合同即成立。

保险合同的生效是指保险合同对当事人双方发生约束力，即合同条款产生法律效力。《保险法》第十四条规定："保险合同成立后，投保人按照约定交付保险费；保险人按照约定的时间开始承担保险责任。"一般来说，合同成立即生效。但是保险合同多为附条件合同，以交纳保险费为合同生效的条件。同时，我国保险实务中普遍实行"零点起保"，所以，保险合同是在合同成立后的某一时间生效。保险合同生效前发生保险事故的，保险人不承担保险责任。投保人与保险人可在保险合同中约定，保险合同一经成立就发生法律效力。

2. 保险合同的有效与无效

保险合同的有效是指保险合同是由当事人双方依法订立，并受国家法律保护。保险合同有效与保险合同生效在保险业务中有所不同。在我国，只要保险合同具备《民法通则》规定的民事法律有效要件，即当事人有相应的行为能力、意思表示真实、不违反法律或者社会公共利益，就可以认定其有效。保险合同的生效则要求合同所附条件成立，如交纳保险费或满足其他约定条件。因此，保险合同有效是保险合同生效的前提条件。在保险合同有效的前提下，只要所附条件成立，保险合同就生效；在保险合同无效的情况下，即使所附条件成立，保险合同也不生效。

无效保险合同是指当事人虽然订立，但不发生法律效力、国家不予保护的保险合同。保险合同被确认无效后，始终无效。按照无效的程度，保险合同的无效可分为全部无效和部分无效。按照无效的性质，保险合同的无效可分为绝对无效和相对无效。无效合同的确认权归人民法院和仲裁机关。

　　3. 保险合同成立与生效的区别

　　保险合同的成立仅仅是反映签约当事人即投保人与保险人双方的意志，如双方合意，符合国家的意志，将被赋予法律约束力；否则不仅不能在投保人与保险人之间产生法律约束力，而且还要产生合同无效的法律责任。

　　保险合同的生效是强调保险合同对投保人、保险人双方的约束力，即国家法律对合同成立的一种法律认可，体现了国家对合同关系的干预。保险合同不成立是指投保人与保险人就合同的主要条款未达成一致意见，而非系合同内容违反有关法律规定。保险合同签订后，可能会因为法定原因或约定原因，导致保险合同自始不产生法律效力，因而不能把不成立的保险合同当作无效合同来处理。合同不成立只能产生民事责任而不能产生其他法律责任。但对于无效合同来讲则不同，因为它不仅会产生民事责任，而且有可能带来其他法律责任。

　　（三）保险合同的履行

　　保险合同的履行是指保险合同当事人双方依法全面完成合同约定义务的行为。

　　1. 投保人义务的履行

　　（1）如实告知

　　如实告知是指投保人在订立保险合同时将保险标的重要事实，以口头或书面形式向保险人作真实陈述；所谓保险标的重要事实，是指对保险人决定是否承保及影响保险费率的事实。如实告知是投保人必须履行的基本义务，也是保险人实现其权利的必要条件。《保险法》实行"询问告知"的原则，即投保人对保险人询问的问题必须如实告知，而对询问以外的问题，投保人没有义务告知；保险人没有询问到的问题，投保人不告知不构成对告知义务的违反。

　　（2）交付保险费

　　交付保险费是投保人的最基本的义务，通常也是保险合同生效的必要条件。《保险法》要求投保人在保险合同成立后，按照约定一次性或分期交付保险费。

　　（3）维护保险标的的安全

　　保险合同订立后，财产保险合同的投保人、被保险人应当遵守国家有关消防、安全、生产操作、劳动保护等方面的规定，维护保险标的的安全。保险人有权对保险标的的安全工作进行检查，经被保险人同意，可以对保险标的采取安全防范措施。投保人、被保险人未按约定维护保险标的的安全的，保险人有权要求增加保险费或解除保险合同。

　　（4）危险增加通知

　　按照权利义务对等和公平原则，被保险人在保险标的危险程度增加时，应及时通知保险人，保险人则可以根据保险标的危险增加的程度决定是否提高保险费和是否继续承保。被保险人未履行危险增加通知义务的，保险标的因危险程度增加而发生的保险事故，保险人不负赔偿责任。

　　（5）保险事故发生的通知

　　《保险法》第二十一条规定："投保人、被保险人或者受益人知道保险事故发生后，应当及时通知保险人。"保险事故发生后的通知可以采取书面或口头形式，法律要求采取书面形式的须采取书面形式。

（6）出险施救

《保险法》第五十七条规定："保险事故发生时，被保险人应当尽力采取必要的措施，防止或者减少损失。"为鼓励投保人、被保险人积极履行施救义务，《保险法》在本条还规定，被保险人为防止或者减少保险标的的损失所支付的必要的、合理的费用，由保险人承担。

（7）提供单证

《保险法》规定，保险事故发生后，向保险人提供单证是投保人、被保险人或受益人的一项法定义务。向保险人索赔应当提供的单证，是指与确认保险事故的性质、原因、损失程度等有关的证明和资料，包括保险单、批单、检验报告、证明材料等。提出财产保险合同、人身保险合同的保险金请求均应履行该项义务。

（8）协助追偿

在财产保险中由第三人行为造成保险事故的保险人在向被保险人履行赔偿保险金后，享有代位求偿权，即保险人有权以被保险人的名义向第三人索赔。

2. 保险人义务的履行

（1）承担保险责任

承担保险责任是保险人依照法律规定和合同约定所应承担的最重要、最基本的义务。

保险赔偿，财产保险合同中，根据保险标的的实际损失确定，但最高不得超过合同约定的保险标的的保险价值。人身保险合同中，即为合同约定的保险金额。

（2）条款说明

《保险法》第十七条规定："订立保险合同，采用保险人提供的格式条款的，保险人向投保人提供的投保单应当附格式条款，保险人应当向投保人说明合同的内容。对保险合同中免除保险人责任的条款，保险人在订立合同时应当在投保单、保险单或者其他保险凭证上作出足以引起投保人注意的提示，并对该条款的内容以书面或者口头形式向投保人作出明确说明；未作提示或者明确说明的，该条款不产生效力。"

（3）及时签发保险单证

《保险法》第十三条规定："投保人提出保险要求，经保险人同意承保，保险合同成立。保险人应当及时向投保人签发保险单或者其他保险凭证。"保险合同成立后，及时签发保险单证是保险人的法定义务。保险单证即保险单或者其他保险凭证是保险合同成立的证明，也是履行保险合同的依据。

（4）为投保人、被保险人或再保险分出人保密

保险人或者再保险接受人在办理保险业务中，对投保人、被保险人或者再保险分出人的业务和财产情况，负有保密的义务。因此，为投保人、被保险人或者再保险分出人保密是保险人或者再保险接受人的一项法定义务。

三、保险合同的变更、解除、中止与终止

（一）保险合同的变更

保险合同变更是指保险合同存续期间，因为法律规定的事由或者保险合同约定的事由发生变化，或者投保人与保险人协商同意，致使保险合同的主体、内容等发生变更的现象。

1. 保险合同主体的变更

保险合同的主体包括保险当事人以及保险关系人。保险合同的主体不同，变更所涉及的法律程序规定也不相同。

2. 保险合同的客体变更

保险合同客体变更的原因主要是保险标的的价值增减变化，从而引起保险利益发生变化。保险合同客体的变更，通常是由投保人或被保险人提出，经保险人同意，加批后生效。保险人往往根据变更后的保险合同客体调整保险费率，从而导致保险合同的权利义务的变更。

3. 保险合同的内容变更

保险合同的内容变更是指保险合同主体的权利和义务的变更，通常表现为保险标的数量的增减，品种、价值或存放地点的变化，或货物运输保险合同中的航程变更、船期变化，以及保险期限、保险金额的变更，保险双方权利义务的修改及补充说明等。保险合同内容的变更一般由投保人提出。

4. 保险合同变更的程序及方式

通知变更指保险合同的变更不须征得保险人的同意，只要通知保险人即发生合同变更的效力，如货物运输保险合同的转让等。

协议变更指保险合同的变更须经投保人与保险人双方协商一致后，才能发生合同变更的效力。其中，保险合同的转让，除货物运输保险合同外，其他保险合同均须征得保险人的同意。

（二）保险合同的解除

保险合同解除的形式有两种：法定解除与协议解除。

1. 法定解除

法定解除是法律赋予合同当事人的一种单方解除权。《保险法》第十五条规定："除本法另有规定或者保险合同另有约定外，保险合同成立后，投保人可以解除合同，保险人不得解除合同。"投保人提出解除保险合同主要是因为主客观情况发生变化，投保人感到保险合同的履行已无必要。但是投保人解除保险合同具有两种情况的限制：（1）货物运输保险合同和运输工具航程保险合同，保险责任开始后，合同不得解除；（2）当事人通过保险合同约定，对投保人的合同解除权作出限制的，投保人不得解除保险合同。

2. 协议解除

协议解除又称约定解除，是指当事人双方经协商同意解除保险合同的一种法律行为。保险合同的协议解除要采取书面的形式。保险合同的协议解除要注意两个问题：（1）不得损害国家和社会公共利益；（2）货物运输保险合同和运输工具航程保

险合同的保险责任开始后，一般情况下当事人不得解除该保险合同。

保险合同解除的后果是指解除保险合同的行为对原保险合同的权利义务的溯及力。按照《保险法》的规定，保险合同对以下情形不具有溯及力：（1）投保人故意不履行如实告知义务，保险人不退还保险费；（2）投保人、被保险人或受益人因欺诈行为而被解除保险合同的，保险人不退还保险费；（3）投保人要求解除保险合同的，保险责任开始后，保险人收取的自合同生效至合同解除期间的保险费不予退还。

（三）保险合同的中止

保险合同的中止是按保险合同生效后，由于某种原因使保险合同的效力处于暂时停止状态即保险合同暂时失效，在保险合同的中止期间，保险标的发生保险事故时，保险人不负保险责任，不支付保险。

（四）保险合同的终止

保险合同终止是指某种法定或约定事由的出现，致使保险合同当事人双方的权利义务归于消灭。保险合同终止的主要原因有合同的期限届满、履行完毕、主体消灭等法定或约定事由，其结果是合同权利义务的消灭。

四、保险合同的解释与争议处理

（一）保险合同的解释原则

保险合同的解释是指对保险合同条款的说明。保险合同的解释应遵循下列原则：

1. 文义解释的原则

文义解释是按照保险合同条款所使用文句的通常含义和保险法律、法规及保险习惯，并结合合同的整体内容对保险合同条款所作的解释，即从文义上对保险合同进行解释。保险合同的所有条款，由语言文字所构成。

2. 意图解释的原则

意图解释即按保险合同当事人订立保险合同的真实意思，对合同条款所作的解释。保险合同内容含义不明确，解释时应当首先考虑适用合同解释的一般原则。合同解释的一般原则为意图解释，即合同解释应当探求缔约当事人共同的真实意图，而不拘泥于合同所用文字。根据我国《合同法》第一百二十五条之规定，应当根据合同目的确定合同的真实意思。

3. 整体解释原则

对保险合同的整体解释应当从合同的整体内容考虑，不能孤立地对某一条款作出解释而与合同的基本内容发生冲突。单个词语、条款应当置于合同之中，根据整个合同的意思确认其含义。在同一保险合同中先后出现数次的同一词语，其解释应当保持一致。由于保险合同条款专业性强，较之一般合同条款的制订有更高的技术要求，对保险合同解释时，更应注重条款的前后联系和整体的协调。经过解释之后的保险合同，应前后一致，全文贯通，具有整体性。

4. 专业解释的原则

专业解释是指对保险合同中使用的专业术语，应按照其所属专业的特定含义解释。在保险合同中除了保险术语、法律术语之外，还会出现某些其他专业术语。对于这些具有特定含义的专业术语，应按其所属行业或学科的技术标准或公认的定义来解释。

5. 不利解释原则

不利解释原则又称"不利条款起草人的解释"原则。我国《保险法》第三十条的规定，在立法上确认了保险合同的解释适用不利解释原则："采用保险人提供的格式条款订立的保险合同，保险人与投保人、被保险人或者受益人对合同条款有争议的，应当按照通常理解予以解释。对合同条款有两种以解释的，人民法院或者仲裁机关应当作出有利于被保险人和受益人的解释。"目前世界各国在解释保险合同时，均采用此原则。

（二）保险合同的争议处理方式

保险合同订立以后，双方当事人在履行合同过程中，围绕理赔、追偿、交费以及责任归属等问题容易产生争议。因此，采用适当方式，公平合理地处理，直接影响到双方的权益。对保险业务中发生的争议，可采取和解、调解、仲裁和诉讼四种方式来处理。

1. 和解

和解是指合同主体双方在自愿诚信的基础上，根据法律规定及合同约定，充分交换意见，相互切磋与理解，求大同存小异，对所争议的问题达成一致意见，自行解决争议的方式。这种方式不但能使矛盾迅速化解，而且还可以增进双方的进一步信任与合作，有利于合同的继续执行。争议双方经协商不能达成一致时，可以约定向仲裁机构提出仲裁，也可以依法向人民法院提起诉讼。

2. 调解

为促使保险合同双方当事人达成和解，可以找第三者从中调停，这个第三者既可以是双方都信赖、实践经验丰富、深谙保险业务和法律知识的人，也可以是法院。

3. 仲裁

仲裁是指争议双方依仲裁协议，自愿将彼此间的争议交由双方共同信任、法律认可的仲裁机构的仲裁员居中调解，并作出裁决。仲裁裁决具有法律效力，当事人必须予以执行。

4. 诉讼

保险诉讼主要是指争议双方当事人通过国家审判机关——人民法院解决争端、进行裁决的办法。它是解决争议的最激烈方式。人民法院具有宪法授予的审判权，是维护社会经济秩序、解决民事纠纷的最权威机构，不受行政机关、社会团体和个人的干预，以法律为准绳，以事实为依据，独立行使审判权，维护当事人的合法权益。

【资料链接】

对一起海上运输保险合同无效判定的剖析

1999 年 8 月 23 日，原告与国外 A 公司签订买卖合同，进口价值大约 150 万美元的原木，合同规定的贸易条件为 CFR 张家港。按照合同规定，原告在被告某保险公司办理了险别为平安险加舱面险的货物保险。上述货物因承运船舶于 1999 年 10 月 11 日的沉没而出险。事后，原告按照被告的要求向被告提交了理赔所需要的货物保险单等文件，但被告却以原告违反了最大诚信原则及没有可保利益为由拒绝赔偿。

被告称，原告与 A 公司签订的买卖合同存在严重缺陷，首先是原告违反合同规定，没有按合同的规定及时开出信用证。其次是卖方也没按合同规定交付货物，移交一切与货物有关的单据并转移货物所有权。因此原告与合同卖方共同违约而使作为国际贸易重要支付方式的信用证过期失效，致使买卖合同终止，原已转移至原告的货物风险也就随着终止。货物的风险仍由卖方承担。原告投保时违反保险的最大诚信原则，没有履行如实告知义务，被告有权解除合同。出险时原告没有保险利益，被告根据有关法律规定，对原告的索赔请求有权予以拒赔。

判决中法官认为，原告根据外商的装船通知以及货物贸易合同等文件进行投保，被告在收到装船通知后接受了投保并签发了保险单，货物运输的实际情况同装船通知一致，装船通知并不影响被告在海上保险合同成立前据以确定保险费率或者确定是否同意承保。至于被告主张的海上运输货物保险合同的无效问题，原告在信用证过期后投保，不构成保险合同无效的法定理由。因此，被告关于原告没有履行如实告知义务从而导致保险合同无效的抗辩，法官不予支持。

关于原告有无可保利益，法官认为，保险利益是指投保人对保险标的具有的法律上承认的利益，有无保险利益，对于订立和履行保险合同至关重要。因本案所涉国际海上运输货物保险合同纠纷涉及国际货物贸易合同，必须依据有关的国际货物销售合同的法律或者国际惯例来进行判断，在国际贸易中，货物的所有权和风险是可能分离的。在 CFR 价格条件下，货物的所有权与风险在货物越过船舷时发生分离，如果提单等单证与货款的交换顺利实现，货物所有权与风险将重新结合在一起。本案中，由于货物灭失，买卖合同所指的标的物已不复存在，货物不可能被实际交付。同样，作为所有权凭证的提单也就丧失了其原有的所有权凭证与要求承运人交付货物的功能，此时的国际买卖合同自动终止，买方对货物的灭失不承担风险。

据此，法官判定，原告与被告订立海上运输货物保险合同后，由于国际买卖合同的支付条款出现问题以及货物在变更合同之前灭失等原因，原告在货物灭失时不承担货物风险，亦不拥有货物所有权，无保险利益，故判定本案所涉海上货物运输保险合同无效。

（资料来源：money. sohu. com/20101014/n275667987. shtml。）

【本章小结】

保险知识概述	风险与保险	风险是指某种事件发生的不确定性。一般来说，风险的构成要素主要包括风险因素、风险事故和损失三个方面，三者缺一不可。 风险管理是社会组织或个人用以降低风险的消极结果，通过风险识别、风险估测、风险评价，并在此基础上选择与优化组合各种风险管理技术，对风险实施有效的控制和妥善处理风险所致的损失，期望达到以最小成本获得最大保障的安全管理活动。 保险是指投保人根据合同约定，向保险人支付保险费，保险人对于合同约定的可能发生的事故因其发生所造成的财产损失承担赔偿保险金责任，或者当被保险人死亡、伤残、疾病或者达到合同约定的年龄、期限时承担给付保险金责任的商业保险行为。 保险的基本职能就是保险的原始职能与固有职能，它不因时间的推移和社会形态的不同而改变。

保险的基本原则	最大诚信原则可表述为：保险合同当事人在订立保险合同时及在合同的有效期内，应依法向对方提供影响对方作出是否缔约及缔约条件的全部实质性重要事实，同时绝对信守合同订立的约定与承诺。 保险利益也称可保利益，是投保人或被保险人对保险标的所具有的法律上承认的利害关系或权益。我国《保险法》第十二条指出："保险利益是指投保人或者被保险人对保险标的具有法律上承认的利益。" 在处理赔案时，赔偿与给付保险金的条件是造成保险标的的损失的近因必须属于保险责任，若造成保险标的的损失的近因属于保险责任范围内的事故，则保险人承担赔付责任；反之，若造成保险标的的损失的近因属于责任免除，则保险人不负赔付责任。 损失补偿原则是指保险事故发生使被保险人遭受损失时，保险人必须在保险责任范围内对被保险人所受的损失进行补偿。
保险合同	保险合同概括地讲是保险合同的当事人即投保人或被保险人与保险人约定保险权利义务的协议。 保险合同的订立与其他民事合同的订立程序一样，须经过要约与承诺两个阶段，又称投保和承保。 保险合同的履行是指保险合同当事人双方依法全面完成合同约定义务的行为。 保险合同解除的形式有两种：法定解除与协议解除。 对保险业务中发生的争议，可采取和解、调解、仲裁和诉讼四种方式来处理。

【课后习题】

一、单选题

1. 以各种财产及其有关的利益作为保险标的的保险称为（   ）。

A. 财产保险　　　　B. 人身保险　　　　C. 责任保险　　　　D. 信用保险

2. 与保险人订立保险合同，并按照保险合同负有赔偿或给付保险金责任的人是（   ）。

A. 被保险人　　　B. 投保人　　　　C. 保险人　　　　D. 保险经纪人

3. 根据我国《保险法》的规定，投保人因过失未履行如实告知义务，对保险事故的发生有严重影响的，保险人对于保险合同解除前发生的保险事故，正确的处理方式是（   ）。

A. 全部承担赔偿或给付保险金的责任

B. 部分承担赔偿或给付保险金的责任

C. 不承担赔偿或给付保险金的责任，并不退还保险费

D. 不承担赔偿或给付保险金的责任，但可退还保险费

4. 下列叙述错误的是（   ）。

A. 保险人只能在赔偿责任范围内行使代位求偿权，保险人代位求偿所得不得大于其向被保险人的赔偿额

B. 保险人向第三者追偿额如果大于其向被保险人的赔偿额时，多余的部分应归保险人

C. 被保险人已从第三者取得损害赔偿但赔偿不足时，保险人可以在赔偿限度内予以补足，保险人赔偿保险金时，应扣减被保险人从第三者已取得的赔偿金额

D. 保险人行使代位求偿权，不影响被保险人就未取得赔偿部分向第三者请求赔偿的权利

5. 在最大诚信原则中，弃权与禁止反言约束的对象主要是（　　　）。

A. 投保人　　　　　　　　　　　B. 保险人

C. 保险代理人与投保人　　　　　D. 保险代理人

二、多选题

1. 下列不是保险合同关系人的是（　　　）。

A. 被保险人　　　　B. 保险人　　　　C. 投保人　　　　D. 受益人

2. 一般地说，风险的构成要素包括（　　　）。

A. 风险因素　　　　B. 风险事故　　　　C. 损失　　　　D. 以上都不是

3. 海上保险的默示保证有（　　　）。

A. 投保人必须缴纳保险费　　　　　B. 保险的船舶必须有适航能力

C. 要按预定的或习惯的航线航行　　D. 保险船舶必须有适货能力

4. 一般地说，保险的构成要素包括（　　　）。

A. 可保风险的存在　　　　　　　　B. 大量同质风险的集合与分散

C. 保险合同的订立　　　　　　　　D. 保险费率的厘定

5. 对以下险种，在保险实践中使用保险凭证的有（　　　）。

A. 货物运输保险　　　　　　　　　B. 机动车辆保险

C. 产品责任保险　　　　　　　　　D. 团体人身保险

三、判断题

1. 风险要素之间的关系是风险因素引起风险事故，风险事故引起损失。（　　　）

2. 保险合同成立即为生效。　　　　　　　　　　　　　　　　　　　（　　　）

3. 保险合同是投保人与被保险人约定保险权利义务关系的协议。　　　（　　　）

4. 通融赔付不是毫无原则的赔付。　　　　　　　　　　　　　　　　（　　　）

5. 损失补偿原则适用于所有的险种。　　　　　　　　　　　　　　　（　　　）

四、简答题

1. 投保人应具备哪些条件？

2. 保险的要素有哪些？

3. 保险合同的终止有哪几种？

4. 简述保险合同的特征。

5. 简述风险管理的基本程序。

第六章
海上保险保障的范围

【学习目标】

通过本章内容的学习，学生应了解海上风险的概念及分类、外来风险的内容以及施救费用的构成，掌握共同海损的构成条件以及共同海损与单独海损的区别与联系。

【学习重点与难点】

推定全损的含义；推定全损与实际全损的区别；共同海损的含义与分摊方法；共同海损与单独海损的区别。

【关键术语】

海上风险　共同海损　单独海损　推定全损　施救费用

【本章知识结构】

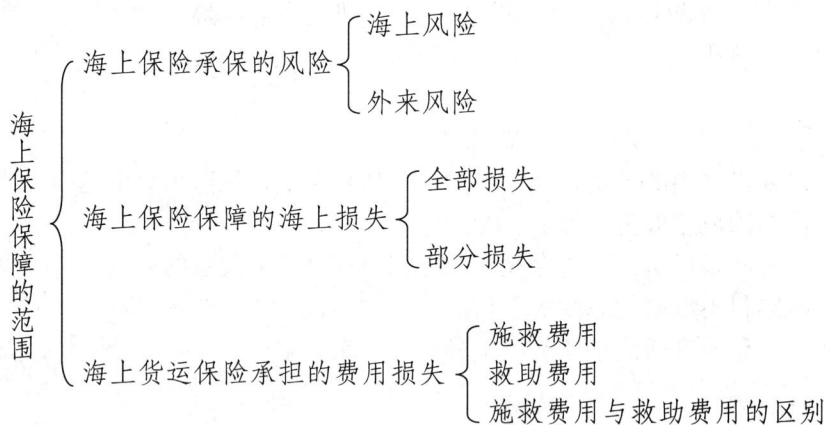

$$
\text{海上保险保障的范围}
\begin{cases}
\text{海上保险承保的风险}
\begin{cases}
\text{海上风险} \\
\text{外来风险}
\end{cases} \\
\text{海上保险保障的海上损失}
\begin{cases}
\text{全部损失} \\
\text{部分损失}
\end{cases} \\
\text{海上货运保险承担的费用损失}
\begin{cases}
\text{施救费用} \\
\text{救助费用} \\
\text{施救费用与救助费用的区别}
\end{cases}
\end{cases}
$$

【案例引入】

单独海损与共同海损的区分

我国 A 公司与某国 B 公司于 2009 年 8 月 20 日签订进口 52 500 吨化肥的 CFR 合同，B 公司租的"顺风号"轮于 10 月 21 日驶离装运港。A 公司为这批货物投保了水渍险。2009 年 10 月 30 日"顺风号"轮途经巴拿马运河时起火，造成部分化肥烧毁。船长在命令救火过程中又造成部分化肥湿毁。请根据上述事例，回答以下问题：

（1）途中烧毁的化肥损失属什么损失，应由谁承担？为什么？（2）途中湿毁的化肥损失属什么损失，应由谁承担？为什么？

第一节　海上保险承保的风险

海上风险一般是指船舶或货物在海上航行中发生的或随附海上运输所发生的风险。在现代海上保险业务中，保险人所承保的海上风险是有特定范围的，一方面它并不包括一切在海上发生的风险，另一方面它又不局限于航海中所发生的风险。

要想深入了解海洋货物运输的各项保险条款，就必须首先掌握海运货物保险保障的范围。海运货物保险保障的范围包括海运货物的风险、损失和费用。

保险人承保的海上风险都在保单或保险条款中明确规定，保险人只负责由保单列明的风险造成的保险标的的损失。因此，正确理解各种风险的确切含义就显得十分重要。

国际贸易中的海运货物，通常路途遥远，航程时间也较长，此时，载货的船舶在漫长的行驶途中，有可能会遭遇到各种各样的风险，不仅可能会遇到暴风雨、雷电等自然灾害，还面临着战争、海盗等不可预知的其他风险，这些都可称之为广义的海上风险。广义的海上风险是指船舶或货物在海上航行过程中有可能发生的一切风险。由于风险是造成损失的原因，海上货物运输保险人把承保的海上货物运输风险分为海上风险和外来风险两大类。

一、海上风险

我国现行的海运货物条款及英国伦敦保险协会新条款所承保的海上风险，从性质上划分，主要可分为自然灾害和意外事故两大类。

（一）自然灾害

一般意义上讲，自然灾害是指不以人们意志为转移的自然界的力量所引起的灾害，它是客观存在的、人力不可抗拒的灾害事故，是保险人承保的主要风险。但在海上保险业务中，它并不是泛指一切由于自然力量所造成的灾害。按照我国1981年1月1日修订的《海洋货物运输保险条款》的规定，所谓自然灾害仅指恶劣气候、雷电、海啸、洪水等人力不可抗拒的灾害。根据英国1982年修订的《协会货物条款》，在保险人承保的风险中，属自然灾害性质的风险有：雷电、地震、火山爆发、浪击落海，以及"海水、湖水、河水进入船舶、驳船、运输工具、集装箱、大型海运箱或贮存处所"等。

在以上各种风险中，地震、火山爆发、湖水和河水进入船舶、驳船，集装箱及其他贮存处所的风险实际上并非真正发生在海上的风险，而是发生在内陆或海陆、海河以及海轮与驳船相连接之处的风险。但对海运货物来说，由于这些风险是随附海上运输而发生的，而且危害性往往很大，为了适应被保险人的实际需要，在海运货物保险业务的长期实践中，逐渐地也把它们列入海上保险的承保范围。现将上述各种风险的主要含义解释如下：

1. 恶劣气候。一般指海上的飓风（八级上的风），大浪（三米以上的浪）引起的船体颠簸倾斜，并由此造成船体、船舶机器设备的损坏，或者因此而引起的船上所载货物的相互挤压，碰触所导致的货物的破碎、渗漏、凹瘪等损失。

恶劣气候原是英国劳合社 SG Policy 承保的"海难"中的一项灾难。在 1982 年协会货物条款中已不再使用这个术语了，取而代之的是一系列较易理解的列明风险，如搁浅、触礁、沉没、碰撞、倾覆、海啸等。因为恶劣气候造成的船舶颠簸、晃动，以致货物移位受损，往往与船方理舱不当而造成的货物损失不易分清，而后者是保险人不保的损失。同时"恶劣气候"一词也没有一个统一明确的定义。

【资料链接】

保险术语———海难

在海上船舶保险中，有一个古老的保险术语仍在使用，它就是海难。海上灾难（Perils of the Seas）又称海难，是指海上偶然发生的事故或灾难，并不包括风和浪的通常作用。需要注意的是，并不是所有发生在航海中的危险都构成海上灾难。海上灾难必须满足以下两个条件：

（1）必须是海上所固有的风险，不包括陆地上也同样会发生的风险。一项风险，若它与海的关联仅仅在于它发生在船上，那么这项风险就不是海上灾难。例如，一台锅炉在被起重机吊起装船时因起重机的链条断裂而摔入舱底，造成船舶的损坏。起重机的链条断裂是因为拉力过大，而这个事故发生在船上并不比它发生在陆地上更具有海上特性。导致损失的原因既不是风，也不是浪，更不是因为该船舶在海上航行这个事实本身。这个风险不是海上所固有的，它仅仅是发生在海上的一般风险。

（2）必须是意外发生的风险，不包括经常发生的或不可避免的海上损失。保险合同的目的是为了补偿可能发生的事故造成的损害，不是针对那些必然发生的事件。在一个案件中，船长故意将船凿沉，船舶的受押人向保险公司索赔，法院判决"凿船"是船舶沉没的近因，而凿船并不是海难，它是人的恶意行为。该案中保险单并没有承保恶意损害风险（Barratry）。因而，保险人不必赔偿。另外，船舱舱壁老化导致漏水，海水进入货舱造成货物湿损，均不属于海难造成的损失。

【资料链接】

本世纪全球重大海难事故

2000 年 9 月 26 日，希腊"萨米纳特"号渡轮在爱琴海的帕罗斯岛附近触礁沉没，造成至少 79 人死亡。

2002 年 9 月 26 日，塞内加尔"乔拉号"客轮在冈比亚海域失事，造成 1 863 人死亡。

2004 年 2 月 26 日，菲律宾"超级客轮 14"在马尼拉湾口科雷希多岛附近爆炸起火，造成至少 73 人死亡。

2007 年 5 月 4 日，一艘载有大约 150 名海地移民的船舶在特克斯和凯科斯群岛附近海域倾覆，造成至少61人死亡。

2007年11月11日，风暴天气导致俄罗斯、乌克兰和格鲁吉亚等国的12艘船舶在刻赤海峡及附近海域失事或遇险，3人在海难中死亡、20人失踪。在海难中，俄籍"伏尔加石油139号"油轮解体并造成3 000多吨燃油泄漏，另有3艘装载硫磺的船舶沉没。

2008年6月21日，载有862人的"群星公主"号渡轮在菲律宾中部朗布隆省附近海域倾覆，仅50多人生还。

2009年8月5日，汤加"阿斯卡公主"号渡轮在努库阿洛法东北约86公里处的海域沉没，2人确认死亡，93人下落不明。

2011年4月6日，一艘载有约300人的北非移民船在意大利南部海域发生海难，48人获救，20多人死亡，其余人员失踪。

（资料来源：news. xinhuanet. com/world/2011 – 07/06/c_121629561. htm。）

2. 雷电。指被保险货物在海上或陆上运输过程中，由雷电所直接造成的或者由于雷电引起火灾所造成的损害。

3. 海啸。主要指由于海底地壳发生变异，有的地方下陷，有的地方升高，引起剧烈振荡而产生巨大波浪，致使被保险货物遭受损害或灭失。

4. 浪击落海。通常指存在舱面上的货物在运输过程中受海浪冲击落海而造成的损失。我国现行《海洋货物运输保险条款》的基本险则不保此项风险，这项风险在附加险的舱面险中承保。

5. 洪水。是指因江河泛滥，山洪暴发，湖水上岸及倒灌，或暴雨积水致使保险货物遭受泡损、淹没、冲散等损失。

6. 地震或火山爆发。指直接或归因于陆上的地震或火山爆发所致被保险货物的损失。

7. 海水、湖水或河水进入船舶、驳船、运输工具、集装箱、大型海运箱或贮存处所，这种风险不仅包括由于海水，而且也包括由于湖水和河水进入船舶等运输工具或贮存处所造成的保险货物的损失，这里对"贮存处所"的范围未加限定，可以理解为包括陆上一切永久性的或临时性的有顶篷的或露天的贮存处所。

上述自然灾害中，洪水、地震、火山爆发以及湖水、河水进入运输工具或贮存处所等风险，并非是真正发生在海上的风险，而是发生在内陆或内河或内湖的风险。但是对于海运货物保险来说，由于这些风险是伴随海上航行而产生的，而且危害往往很大，为了适应被保险人的实际需要，在海上货物运输保险的长期实践中，逐渐地把它们列入海运货物保险承保范围之内了。

（二）意外事故

意外事故一般是指人或物体遭受到外来的、突然的、非意料之中的事故，如船舶触礁、碰撞、飞机坠落、货物起火爆炸等。但在海运货物保险中，所谓意外事故并不是指海上发生的所有意外事故。按照我国1981年1月1日修订的《海洋货物运输保险条款》的规定，意外事故是指运输工具遭受搁浅、触礁、沉没、互撞、与流冰或其他物体碰撞以及失火、爆炸等。根据英国伦敦保险协会新的《协会货物条款》的规定，除了船舶、驳船的触礁、搁浅、沉没、倾覆、火灾、爆炸等属意外事故外，尚有陆上运输工具的倾覆或出轨也属意外事故的范畴。由此看出，海运货物保险所承保的意外事故也不限于海上所发生的意外事故。

1. 火灾。火灾是指由于意外，偶然发生的燃烧失去控制，蔓延扩大而造成的船、货的损失。海上货物运输保险不论是直接被火烧毁、烧焦、烧裂，或者间接被火熏黑、灼热或为救火而致损失，均属火灾风险。在海上保险中，火灾是最严重的风险之一。货物在运输过程中常因下列原因引起火灾：

（1）由于闪电，雷击引起船货火灾；

（2）货物受海水浸湿温热而致起火；

（3）船长、船员在航行中的过失引起火灾；

（4）船舶遭遇海难后，在避难港修理，由于工作人员操作不当引起火灾，如电焊引起火灾。

凡因上述原因及其他不明原因所致的火灾损失，保险人均负责赔偿。但是，由于货物固有瑕疵或在不适当的情况下运送引起的货物自燃，则不属于保险人的承保责任范围。

2. 爆炸。爆炸一般是指物体内部发生急剧的分解或燃烧，迸发出大量气体和热力，致使物体本身及其周围的其他物体遭受猛烈破坏的现象。货物在海上运输过程中，因爆炸而受损的情况较多。如船舶锅炉爆炸致使货物受损，货物自身因气候温度变化的影响产生化学作用引起爆炸而受损。

3. 搁浅。搁浅指船舶在航行中，由于意外或异常的原因，船底与水下障碍物紧密接触，牢牢地被搁住，并且持续一定时间失去进退自由的状态。

若船舶仅从障碍物上面或旁边擦过而并未被阻留，或船底与水下障碍物的接触不是偶然的或异常的原因造成的，如规律性的潮汐涨落而造成船舶搁浅在沙滩上，或为某种目的人为地将船舶搁浅在礁石或浅滩上造成的货物损失，则不能以搁浅的名义向保险人要求赔偿。

4. 触礁。触礁指船舶在航行中触及海中岩礁或其他障碍物如沉船、木桩、渔栅等，但仍能继续前进的一种意外事故。

5. 沉没。沉没指船舶因海水侵入，失去浮力，船体全部沉入水中，无法继续航行的状态，或虽未构成船体全部沉没，但已大大超过船舶规定的吃水标准，使应浮于水面的部分浸入水中无法继续航行，由此造成保险货物的损失，属沉没责任。如果船体只有部分浸入水中而仍能航行，则不能视为沉没。

6. 碰撞。货物运输保险承保的碰撞风险是指载货船舶同水以外的外界物体，例如码头、船舶、灯塔、流冰等，发生猛力接触，因此造成船上货物的损失。若发生碰撞的是两艘船舶，则碰撞不仅会带来船体及货物的损失，还会产生碰撞的责任损失，碰撞是船舶在海上航行中的一项主要风险。但船舶同海水的接触以及船舶停泊在港口内与其他船舶并排停靠码头旁边，因为波动相互挤擦，均不能作为碰撞。

7. 倾覆。倾覆指船舶在航行中遭受自然灾害或意外事故导致船体翻倒或倾斜，失去正常状态，非经施救不能继续航行，由此造成的保险货物的损失，属倾覆责任。

8. 抛弃。抛弃是指人为地合理地将船上的货物或船上的部分设备抛入海中。抛弃损失是海上保险历史上最早的承保风险。绝大多数情况下抛弃发生在船舶遭遇海难的危急时刻，此时的抛弃损失多属共同海损。但抛弃也可发生在非共同海损的情况中，如按地方当局的命令将危险货物抛入海中。

需要注意的是，装在甲板上的货物如果没有特别声明按甲板货投保，普通的海上货物保险并不承保甲板货，因而保险人也不负责甲板货的抛弃损失。另外，由于货物的内在缺陷而被抛弃，或货物因不合理地存放在不安全地点而被抛弃，保险人也不负责任。危险品如因其特性被放在甲板上，有时会因其特性被抛弃，被保险人最好在投保时指明要包括抛弃风险，才有权对抛弃的损失得到赔偿。

现行英国《协会货物条款》规定：凡因抛货造成的损失，保险人都给予赔偿。我国现行的《海洋货物运输保险条款》仅指共同海损的抛货。

9. 吊索损害。吊索损害指被保险货物在起运港、卸货港或转运港进行装卸时，从吊钩上摔下而造成的货物损失。对于此种风险，我国《海洋货物运输保险条款》与英国伦敦保险协会《协会货物条款》的规定有所不同。《海洋货物运输保险条款》的规定是："在装卸或转运时，由于一件或数件货物落海造成的全部或部分损失。"《协会货物条款》的规定是："货物在船舶或驳船装卸时落海或跌落造成任何整件的全损。"

10. 陆上运输工具倾覆或出轨。它指海运保险货物在起运地从指定的发货人仓库到港口装船以及在目的港从卸离海轮到指定的收货人仓库之间陆上载货工具的倾覆或出轨，对由此造成的损失，按我国现行的《海洋货物运输保险条款》和1982年版协会货物保险条款的规定，保险人也要负赔偿责任（"仓至仓"条款的规定），但为了进一步明确保险人的责任，现行《协会货物条款》把此项风险损失具体规定于保险人的承保责任范围内。

11. 海盗行为。海运货物保险单所承保的海盗风险是指强盗为了个人的目的无区别地对保险标的进行劫掠所造成的损失，它区别某些人为了政治目的而合法或非法地抢劫某一特定国家的财产的行为。

按照1982年《联合国海洋法公约》的规定，海盗是：

（1）必须旨在扣留人或者掠夺财物的非法行为；

（2）通过暴力或威胁手段达到目的；

（3）并非出自某一官方或半官方的指令或默许而进行的对敌方的攻击；

（4）须发生在沿海国家管辖范围以外的海域或上空。

从1937年开始，海盗被列为战争风险之一，普通水险不承保海盗风险。但《协会货物条款》从1982年开始又将海盗风险从其战争除外风险中排除，普通水险又重新承保了海盗风险。根据我国现行《海洋货物运输保险条款》的规定，海盗风险属于海运货物保险所承保的风险海运货物战争险条款的承保责任。

【资料链接】

海盗猖獗：全球贸易心头大患

地球上将近四分之三的面积都是水的世界，其承载着大约5万艘大型船舶，这些船舶负责运输全世界90%的贸易货物，而海盗对海运和贸易造成的威胁日益增加。随着世界贸易的发展，海盗事业也在"蒸蒸日上"。但如今的海盗与人们印象中的海盗已经有了天壤之别。他们拥有先进的武器、严密的组织，甚至与恐怖分子勾结在一起。由于他们活动的范围都在政府力量影响甚微的海域，海盗的活动正变得越来越肆无忌惮。据估计，海盗活动给世界经济每年造成约 250 亿美元的损失，单是东南亚海域的损失就达到了 160 亿美元。

有统计表明，海盗的攻击目标比例分别为油轮 25%、货船 23%、大型散装货轮 13%、集装箱船只 11%、捕鱼船 16%、沿海船只及游艇 12%。但近几年，大型散装货轮已取代油轮成为首要攻击目标，同时针对捕鱼船的绑架案也在迅速上升。由于索马里海盗猖獗，蒙巴萨港已经被海运商列为世界上收费最高的港口之一。在过去 12 个月内，海运至肯尼亚最大港口蒙巴萨的物资保险金是原来的 10 倍，由 2007 年 9 月的平均 900 美元增至 2008 年的 9 000 美元。

（资料来源：business. sohu. com/20081030/n260339574. shtml。）

12. 船长、船员的不法行为。它是指船长、船员背着船东或货主故意作出的有损于船东或货主利益的恶意行为，船长、船员的不法行为是海上货物运输过程中较为常见的一项风险。例如，丢弃船舶、纵火焚烧或凿漏船体、违法走私造成船舶被扣押或没收，故意违反航行规则而遭受处罚等。但下列情况不包括在"船长、船员的不法行为"的概念之内：

（1）船长、船员的不法行为事先为船主或货主所知悉并同意者；

（2）船长即系船东，不法行为所致损失由被保险人的故意行为造成。

在我国，此项风险属海运货物罢工险的承保范围。

二、外来风险

外来风险是指海上风险以外的其他外来原因造成的风险。货物运输保险中所指的外来风险必须是意外的，事先难以预料的而不是必然发生的外来因素，如货物在运输过程中可能发生的玷污、串味而造成的损失。类似货物的自然损耗和本质缺陷等属必然发生的损失，不包括在外来风险之内。

在国际海运货物保险业务中，保险人除了承保上述的各种海上风险外，还承保外来风险所造成的损失。外来风险可分为一般外来风险和特殊外来风险。

（一）一般外来风险

我国货运保险业务中承保的一般外来风险有以下几种：

1. 偷窃

偷窃是指整件货物或包装内一部分货物被人暗中窃取，不包括公开的攻击性的劫夺。

2. 短少和提货不着

短少和提货不着是指货物在运输途中由于不明原因被遗失，造成货物未能运抵目的地，或运抵目的地时发现整件短少，没能交付给收货人。

3. 渗漏

渗漏是指流质或半流质的货物在运输途中因容器损坏而引起的损失。

4. 短量

短量是指被保险货物在运输途中或货物到达目的地发现包装内货物数量短少或

散装货物重量短缺。

5. 碰损

碰损主要指金属和金属制品等货物在运输途中因受震动、颠簸、碰撞、受压等而造成的凹瘪、变形等损失。

6. 破碎

破碎主要指易碎物品在运输途中因受震动、颠簸、碰撞、受压等而造成的破碎。

7. 钩损

钩损主要指袋装、捆装货物在装卸、搬运过程中因使用手钩、吊钩操作而致货物的损坏。

8. 淡水雨淋

淡水雨淋是指直接由于淡水、雨水以及冰雪融化造成货物的损失。

9. 生锈

生锈是指金属或金属制品等货物在装运时无生锈现象，在保险期内发生锈损。

10. 玷污

玷污指货物同其他物质接触而受污染，如布匹、纸张、食物、服装等被油类或带色的物质污染。

11. 受潮受热

受潮受热是指由于气温变化或船上通风设备失灵而使船舱内水蒸气凝结，造成舱内货物发潮、发热。

12. 串味

串味是指被保险货物受其他带异味货物的影响，引起串味造成的损失。

（二）特殊外来风险

特殊外来风险是指由于军事、政治、国家政策法令以及行政措施等特殊外来原因所造成的风险。常见的特殊外来风险有：由于战争、罢工、交货不到（例如货物在转船港口被有关当局扣留，不能运往目的地）、拒收（例如货物在进口国被有关当局拒绝进口或没收）等所致损失。

1. 战争风险

这是指由于战争或其他敌对行为而引起的对货物的捕获、拘留、扣留和各种战争武器直接造成的货物损失。

在 18 世纪，海上保险人负责的风险中大约有 12 种风险是属于战争风险，而且是将战争风险和海上风险在同一张保单中同时承保。后来人们认识到了武装冲突造成的大规模的经济破坏，承保人在水险保险单中免除承保战争风险，被保险人可以另行安排投保战争险。

（1）战争

战争指主权国家或事实上具有主权国家特征的政治实体之间发生武装冲突，而不论宣战与否。在英国保险市场上，"战争"作为承保风险是自 1982 年和 1983 年新协会条款出现后的事情，而中国船舶战争险条款早在 1976 年就承保战争风险了。

（2）内战

内战指一个国家或准国家内部，不同的政治团体、政权组织或军阀之间，为了争夺国家或地区的统治权或推行各自的政治主张，而使用武力发生的政治和军事上的冲突。英国法院在一个判例中曾主张，判断某种国内骚乱的规模是否构成内战时，应考虑参战者的数量、部队或民间伤亡的数量、使用武器的数量和性质、所占据领土的相对规模等因素是否达到了相当大的程度，否则不能构成内战。

（3）革命、造反和叛乱

从顺序上来看，这三个概念所表示的内部混乱程度逐步减弱。它们的共同特征是国民有组织、有武装地通过武力或武力威胁来达到推翻政府的目的，明确以取代政府为目标，这一点有别于暴动和民变。

（4）内乱

内乱包含前述风险引起的任何内部混乱或不稳定。与罢工险中的暴动和民变很容易混淆，区别在于后者无推翻政府统治的目的。

（5）任何交战方之间的敌对行为

这既是一种独立的承保风险，又是对战争、内战、革命、叛乱或造反和由此引起的内乱这些承保风险的限制，即将它们限于敌对政治力量之间的直接的武装冲突。新的协会战争险条款已不采用"类似战争行为"一词，而用"战争"取代，但仍保留了原来的"交战之间"的限制，旨在严格限制战争的外延。

（6）捕获和扣押

捕获是指在战时被敌方作为战利品，或作为报复措施，将财产实际占有。捕获是一种政府行为或准政府行为，不包括恐怖分子、海盗或暴动者等进行的扣押。捕获意味着存在武力或武力威胁，但不要求实际使用或展示了武力。扣押是指他人强行占有和控制财产。与捕获相比，扣押的含义要广得多。扣押可以是任何人、任何组织或团体在任何时间、任何地点以武力或武力威胁合法或非法地强行占有保险财产。

（7）扣留、羁押和拘禁

这三种承保风险是第二次世界大战以后最常见的战争保险事故，其基本含义是：通过法定程序或其他方式，阻止了保险标的的正常使用或行动，如船舶被拒绝给予某种许可或被禁止离港。与扣押的区别在于，这三种风险的发生并不要求使用武力。

（8）水雷、鱼雷、炸弹和战争武器

在海上，保险标的可能遭遇的战争武器包括水雷、鱼雷和炸弹，但不限于这些，还包括从陆地上或空中发射的武器。另外，战争武器不仅包括战时在战争区的武器，而且还包括被遗弃的战争武器在和平时期或非战区对保险标的的造成的损失、损害。

2. 罢工风险

这是指由于罢工工人或参加工潮、暴动等斗争的人员的行动所造成的货物损失。罢工风险是工业革命以后才出现的新风险。现行《协会货物条款》中仍规定罢工风险为除外责任，对罢工风险有专门的罢工险条款，被保险人可以另行安排投保。

（1）罢工

罢工指罢工工人或被迫停工的工人以及参加工潮的人采取行动，进而损害海上财产（船舶或货物），保险人对于此种过激行为直接造成的保险标的的损失在被保险人附加投保了罢工风险的前提下负责赔偿。罢工工人指对资方不满而一致拒绝工作的工人，包括因同情其他工人而罢工的人；被迫停工工人指资方因发生工潮时为对工人施加压力而关闭工厂，因此无法上班的工人；参加工潮的人指工潮发生时参与骚动的人，可能是对工潮的起因无切身利益者，如工人的同情者。

（2）暴动和民变

根据 1986 年英国《公共秩序法》，暴动指至少 12 个人为了共同的目的使用或威胁使用武力。民变是指全国性的内乱，规模比暴动要大。

需要注意的是，保险人只承保上述罢工风险造成的保险标的的"实际损失或损害"，而对于上述风险引起的间接损失，保险人并不赔偿。例如，因罢工等风险造成劳动力缺少因而货物不能及时卸下或因罢工等风险船舶不能在原定卸载港卸货从而产生的各种额外费用损失等。

3. 拒收风险

这是指由于政府的相关法令，货物在进口港被进口国的有关当局拒绝进口或没收而造成货物的损失。比如，某些国家颁布新的政策或管制措施及国际组织颁布某些禁令，都可能造成货物无法出口或进口而造成损失。

4. 交货不到风险

这是指由于政治行政因素而非运输原因引起的运输货物在一定时期内无法运达原定目的地交货。例如，被保险货物由于禁运被迫在中途卸货造成损失。

5. 进口关税损失风险

有些国家对进口货物征收关税时，无论货物是否完好，一律按货物完好时的价值征收进口关税，这样货主就会遭受关税损失。这种风险经特别约定可以由保险公司承保。

第二节　海上保险保障的海上损失

在海运货物保险中，保险人承保的由于上节所述的海上风险和外来风险造成的损失，按照损失程度划分，可分为全部损失与部分损失。全部损失又分为实际全损和推定全损；部分损失又分为共同海损和单独海损。

一、全部损失

全部损失简称全损，是指被保险货物由于承保风险造成的全部灭失或视同全部灭失的损害。在海上保险业务中全部损失又分为实际全损和推定全损。

（一）实际全损

实际全损就是保险标的在实际上完全灭失或损毁。英国《1906 年海上保险法》第五十七条规定：如果保险标的完全灭失，或者损坏程度严重到不再是与原保险标的的类似的事物，或保险标的丧失而被保险人已无法挽回，且在实际全损的情况下，不必发送委付通知。我国《海商法》第二百四十五条对实际全损加以规定，即表现为"保险标的发生保险事故后灭失，或者受到严重损坏完全失去原有形体、效用，或者不能再归被保险人所拥有的"。基于上述法律规定，实际全损可确定为四种情况：

1. 被保险货物的实体已经完全灭失，例如，海上航运中的船舶沉没、货物被烧成灰烬等。

2. 保险货物受到严重损害完全失去原有形体、效用，例如，海运中的茶叶被水浸泡而不能饮用、不能销售、丧失了其原有商品属性和使用价值。

3. 被保险人对保险货物的所有权已无可挽回地被完全剥夺，例如，船舶被劫走，货物被没收等。

4. 载货船舶失踪达到法定时间长度而无下落的，按实际全损处理。我国《海商法》第二百四十八条规定："船舶在合理时间内未从被获知最后消息的地点抵达目的地，除合同另有约定外，满两个月后仍没有获知其消息的，为船舶失踪。船舶失踪视为实际全损。"被保险人在货物遭受了实际全损后，可按其投保金额，获得保险人的全部损失的赔偿。

（二）推定全损

推定全损是指被保险货物在海上运输中遭遇承保风险之后，虽未达到完全灭失的状态，但是可以预见到它的全损将不可避免；或者为了避免全损，需要支付的抢救、修理费用加上继续将货物运抵目的地的费用之和将超过保险价值。在国际海上保险市场中，确认为推定全损的有以下几种损失状态：

1. 保险标的损失严重，构成实际全损已无法避免。如船舶触礁地点在偏远而危险的地方，因气候恶劣不能进行救助，尽管实际全损还没有发生，但实际全损将不可避免地发生；再如货物在运输途中严重受损，虽然当时没有丧失属性，但可以预计到达目的地时，丧失属性不可避免。此时被保险人就可以按推定全损索赔。

2. 保险标的遭受保险事故，使被保险人丧失了对其享有的所有权，而收回该所有权所需费用，将超过保险标的价值。这种情况常常起因于战争风险，如载货船舶遭遇扣押、拘留、羁押、没收，保险货物的货主在合理的时间内无法收回该货物，或者收回费用要大大高于货物收回后的价值，此时保险货物视为发生了推定全损。为了防止保险标的实际全损而需要支付的费用（如施救费用，救助费用等），将超过保险标的的价值。

3. 保险货物严重受损，修理、恢复费用和续运费用总和大于货物本身的价值，该批货物就构成了推定全损。此处应注意以下几个问题：

（1）关于货物本身的价值

根据英国《1906年海上保险法》的规定，货物本身的价值是指货物到达目的地的价值。此规定与现行《协会货物条款》和中国《海洋货物运输保险条款》的规定相同。而我国《海商法》的规定仍然是以保险标的货物的保险价值作为衡量是否构成推定全损的标准，亦即如果货物的修理、整理和续运费用总和超过货物在保险单中载明的保险价值，货物才构成推定全损。

（2）关于续运费用

根据英国普通法，货物保险不仅承保货物本身的损失，还承保该航程的完成，所以保险人不仅赔偿货物的修理、恢复费用，也负责赔偿将货物续运至目的地所发生的卸货、存仓及续运费用，但不包括由被保险人或其雇员的过错、疏忽、破产或经济困境而引起的费用。如果货物没有损失，但无论如何不可能将它运至原定目的地，那么被保险人也可以向保险人索赔推定全损。例如由于途中船舶触礁，无法完成航程，只好在中途转船，由此支出的额外费用，保险人予以赔偿。但如果航程中止是除外风险引起，如由于承运人的经济困境所致，保险人并不负责。

推定全损是介于实际全损和部分损失之间的一种损失。在推定全损的情况下，被保险人获得的损失赔偿有两种情况：一种是被保险人获得全损的赔偿，另一种是被保险人获得部分损失的赔偿。

如果被保险人想获得全损的赔偿，他必须无条件地把保险货物委付给保险人。所谓委付，是指被保险人在保险标的处于推定全损状态时，向保险人声明愿意将保险标的的一切权益，包括财产权及一切由此而产生的权利与义务转让给保险人，而要求保险人按全损给予赔偿的一种行为。在具体做法上，被保险人应以书面或口头方式向保险人发出委付通知，一方面向保险人表示其希望转移货物所有权，以获得全损赔偿；另一方面便于保险人在必要时能及时采取措施，避免全损或尽量减少被保险货物的损失。因此，被保险人一旦得知货物受损处于推定全损状态并愿按委付方式处理时，应立即发出委付通知。保险人在接到被保险人的委付通知后，一般都是拒绝接受的，因为委付一经接受，便不能撤销并须承担由于所有权转移而相应产生的义务，例如在船舶委付的情况下，对船舶残骸及海上油污的消除等。保险人在对受损货物的致损原因及损失程度经过调查后，确定损失是由保单承保危险造成的，并且货物受损程度很严重，可以构成推定全损，这时，保险人有两种选择：一是对被保险人按全损进行赔偿，并接受委付。这种情况下，保险人将取得受损保险标的的一切权利，并有权处置残余的货物而得到全部处理收益，即使处理收益大于他赔付给被保险人的赔款也是可以的。二是对被保险人按全损进行赔偿，但不接受委付。这种情况下，受损货物的一切权益仍归被保险人。根据我国《海商法》的规定，对于被保险人所提出的委付要求，保险人无论是否接受，他都应在合理的时间内作出决定并通知被保险人。由于委付是海上货物运输保险中处理索赔的一种特殊做法，各国保险法都对委付有严格的规定。一般地讲，委付的构成必须具备法定条件，才能有效成立。

①委付是以保险标的的推定全损为条件的。

②委付必须适用于保险标的的整体，具有不可分性。

③被保险人应当在法定时间内向保险人提出书面的委付申请。在我国海上保险实践中，必须是用书面形式，直接向保险人提出，并且是在法定时间内。

④被保险人必须将保险标的的一切权利转移给保险人，并且不得附加条件。例如，被保险人对船舶失踪申请委付，但要求船舶有着落时返归其所有。这是法律所禁止的。

⑤委付必须经保险人承诺接受才能生效。

被保险人发出了委付通知，保险人是否必须接受呢？英国《1906 年海上保险法》和我国《海商法》都明确规定，保险人对委付通知可以接受，也可放弃接受，但一般都要求保险人在合理的时间内通知被保险人。

保险人接受委付通知意味着他接受了被保险人转移过来的被保险财产的所有权，以及附属于保险标的的其他财产权。但同时也因享受权利而承担了相应的义务，多是因取得所有权而产生的责任，如清除航道的责任（包括打捞船载货物的责任）、向救助人支付救助报酬的责任等。

根据英国《1906 年海上保险法》的规定，委付通知一经接受便产生以下效果：

①被保险人因此不能撤销委付。被保险人若改变主意，不想按推定全损索赔，他可以在保险人表示接受以前撤销已提交的委付通知，但委付通知经保险人接受后就不可被撤销了。

②保险人认为委付通知是有效的通知，说明被保险人有权索赔推定全损。

③保险人承诺赔偿并认可损失是由承保风险造成的。

④保险人接受委付通知后，便不可反悔。

基于以上原因，一般保险人并不轻易接受委付，他要考虑标的的残值与因接受保险财产而产生的相关义务和责任所引起的经济损失孰大孰小。

在绝大多数情况下，保险人都会拒绝委付，原因有二：一是如果保险人接受委付就不能反悔了，并产生了上述诸法律后果；二是根据有关海上保险法律的规定，保险人赔付全损后，还可以再一次表示是否接受保险财产。

保险人拒绝委付要求，并不影响被保险人索赔全损的权利。而如果保险人认同保险标的是推定全损，他可以拒绝委付而仍按照全损赔偿；但如果保险人认为保险标的不是推定全损，他可以拒绝委付要求，并且只同意按部分损失赔偿。保险人拒绝委付通知并不影响到其在赔偿后取得和行使代位追偿权。

海运货物保险业务中，全损的概念不是以一艘船上载运的全部货物的完全灭失为划分标准，保险人对货运保险中全损范围的掌握，通常在条款中加以明确，国际上一般掌握的界限是：

①一张保单所保货物的完全损失。

②一张保单上所保的分类货物的完全损失。

③装卸过程中一个整件货物的完全损失。

④在使用驳船装运货物时，一条驳船所载货物的完全损失。

⑤一张保险单下包括多张提单的货物，其中一张或几张提单货物的完全灭失。

二、部分损失

部分损失是指被保险货物的损失没有达到全部损失的程度。按照损失的性质来划分，部分损失可以分为共同海损和单独海损。

（一）共同海损

共同海损是指载货运输的船舶在同一海上航程中遭遇自然灾害或意外事故或其他特殊情况，使航行中的船、货、运费收入或其他有关财产的共同安全受到威胁。为了解除共同危险，维护各方的共同利益或使航程继续完成，船方有意识地、合理地采取抢救措施所直接造成的某些特殊的牺牲或支出的额外费用。共同海损的损失应由有关的利害关系方按其获救财产的价值或获益大小的比例共同分摊。

1. 判断共同海损的条件

共同海损包括两个组成部分，一是共同海损措施造成的船、货本身的损失，称为共同海损牺牲；二是共同海损措施引起的费用损失，称为共同海损费用。共同海损牺牲或费用必须符合下列条件：

（1）导致共同海损的危险必须是真实存在的或不可避免出现的，危及船舶与货物共同安全的危险，不能主观臆测可能有危险发生而采取措施。例如，船舶在航行途中发现船舱内有冒烟的现象，未经查实便认为舱内已发生火灾并引海水灌入舱内，开舱以后如查明并无其事，则有关损失不能列为共同海损。

（2）共同海损的措施必须是为了解除船货的共同危险，人为地、有意识地采取的合理措施。所谓"有意识"是用以区别意外的损失，船舶在航行中遭遇到的意外损失由受害者自行负担，而有意识采取措施造成的损失，应由受益各方共同分摊。例如，船舶搁浅，船底划破，货物遭受海水水渍属意外事故，修船费用和货物损失由船东和货主各自承担。但如果是为了起浮船舶，抛弃船上的货物以减轻船载，被抛弃的货物损失是有意作出的，应由船方、货方共同分摊。所谓"合理"，是指在采取措施的当时看来，措施是可以有成效和节约的，因而也是符合全体利害关系方的利益的。例如，为减轻船载所抛弃的货物应是体积重、价值低同时从积载的角度讲便于抛弃的货物和物料。船舶搁浅抛货，抛到相当程度使船舶能浮起时，即应停止。如果不考虑实际需要，继续作不必要的抛货，这部分损失就不能列为共同海损。

（3）共同海损的牺牲是特殊性质的，费用损失必须是额外支付的。从上述第（2）条可以看出，共同海损不是海上危险直接导致的损失，而且恰巧相反，它正是为了解除这项危险而人为造成的另一种性质的损失，这是一种特殊性质的损失，因此判断一项损失是否属于共同海损，必须从造成损失的原因进行分析。可以列为共同海损的费用必须是额外支付的。所谓额外支付，是指船舶的正常营运核算以外的费用。例如船舶在航行中发生严重机损影响船货的共同安全，为了解除危险，驶靠避难港修理，由此而支付的船员工资、燃料、物料费用，不在正常的营运费用范围之内，属额外支付性质的，因此可以列为共同海损费用。但如上述避难港就是船舶航行计划中的中途停靠港口，则只要驶往该港口的费用不超过原定的营运费用，则不成为额外支付。如果超过，则只有超过部分是额外支付的，可列为共同海损。

（4）共同海损的损失必须是共同海损措施的直接的合理的后果。例如，船舶在航行中发生共同海损事故，船底受损需要修理，为了修理船舶必须将船舱内的货物卸下，由于卸货造成的货物受损失，是共同海损措施的直接结果，可列为共同海损。但如果货物在避难港存仓期间，仓库起火，造成货物的损失，不是共同海损措施的直接后果，不能列为共同海损。

（5）造成共同海损损失的共同海损措施最终必须有效果。所谓最终有效，是指经过抢救措施以后，船舶或货物的全部或一部分安全抵达航程的终点港或目的港，从而避免了船和货同归于尽的局面。因为共同海损将由各受益方进行分摊，而分摊又是以航程结束时的船、货价值来确定的，如果全船覆没，船与货遭受全损，那么，既没有获救财产，也不会有受益方，因而共同海损分摊便失去了基础，共同海损也就不能成立。

以上各项是构成共同海损所必须全部具备的条件，这些条件是一个统一整体，缺一不可。

2. 共同海损的构成

共同海损损失由共同海损牺牲和共同海损费用构成。

（1）共同海损牺牲

① 抛弃。

共同海损的制度原是从抛货发展而来的，抛货一向都是最重要的共同海损牺牲。抛弃的对象，可以是载运的货物，也可以是船舶的燃料、物料，只要是为了解决共同危险而有意被抛弃的财产，都属于共同海损的牺牲。

② 救火。

火灾是海上运输中经常发生的一种灾害事故，发生火灾后一般要采取灭火措施，如使用泡沫灭火剂、粉末灭火剂等化学品灭火，用淡水、海水灭火。

上述措施如果是为了维护船、货的共同利益，由此造成船、货的损失应列为共同海损牺牲。一般来说，凡是能够证明是由于灭火措施造成的损失都可以作为共同海损牺牲，从这一原则出发，被火烧毁或被蒸烤的货物、财物不属于共同海损牺牲，被救火水溅损的货物则应列为共同海损牺牲。

③ 自动搁浅。

自动搁浅是指船舶航行遭遇危险时，为了避免船、货遭受更大的损失而采取的一项救险措施。由于自动搁浅是一项共同海损措施，不仅为了重新起浮船舶造成的船、货的损失以及因此支付的费用可列为共同海损损失，而且由于搁浅造成的损失也同样可以列为共同海损损失。

④ 起浮脱险。

船舶意外搁浅后，就很有可能使船、货处于危险之中，为了维护船、货的共同安全，采取起浮脱险措施，因起浮而造成的船、货损失，习惯上是可以列为共同海损牺牲的。

⑤ 避难港卸载、重装、倒移货物、燃料、物料和油料。

由于船舶在航行途中遭到意外事故，从出事地方驶往避难港后，为了修理船舶或其他目的，必须要卸下部分货物或燃料、物料或油料。又如船舶由于出现倾斜，要卸下或在船上移动货物，以使船舶处于正常漂浮状态。因此而造成的船、货损失均可列为共同海损牺牲。

⑥ 货物、物料被当作燃料。

这是一种很古老的共同海损损失，今天已不多见。但这一措施在"约克—安特卫普规则"中至今仍被作为一个共同海损的典型事例被保留下来。

⑦ 切除嵌契物。

碰撞以后，一艘船舶的船体和设备与对方船拴嵌在一起，造成一种危及船、货共同安全的危险，必须将本船嵌入对方船舶的部分切除，这种损失习惯上可列为共同海损牺牲。

⑧ 割断锚链。

船舶停在港内和锚地，当发生紧急情况时，如船舶在激流和风浪中走锚，而船舶又来不及起锚，为了避免与附近停泊的船舶发生碰撞，主动割断锚链，弃锚海底，以利船舶行动。这项断链弃锚的措施造成的损失也可以列为共同海损牺牲。

（2）共同海损费用

①救助费用。

救助费用是共同海损费用中最普通的一种形式，但是如果仅仅为了救助船舶或货物所发生的救助费，则应属于船舶或货物的部分损失。例如，船舶触礁沉没，一部分货物漂浮在海面，为了打捞漂浮的货物而发生了一笔救助费用，应由货主独自承担。

②避难港费用。

船舶在途中遭遇危险，为了恢复船舶的航行能力而进入避难港，如果具备了共同海损的要件，在避难港支付的费用可列为共同海损费用。主要费用包括往返于原航线和避难港之间的燃料、机油、淡水费，因进入避难港所支付的饮水费、码头费、检疫费及其他港口费用等。

③代替费用。

当船舶遭受意外事故，为了共同的利益和安全，船方认为可以支付一项较小数额的费用就能节省必须支出的较大数额的共同海损费用，则这项较小数额的费用称为代替费用。例如，因避难港的修理费用过高，经估价后，认为如果雇用拖轮拖至另一港口所支出的拖轮费加上在这个港口的修理费用的总和比在第一个避难港的修理费用低，则拖轮的拖带费就是代替费用。

④船方垫付的手续费及理算费。

船舶进入避难港由船方垫付的费用，进行共同海损理算所支付的理算费、酬金等也可属于共同海损费用。

⑤船、货共同海损损失检验费。

⑥船舶避难港的代理费、电报费。

3. 共同海损的理算

在海洋运输契约中，一般都订有共同海损理算条款，载明按什么理算规则，在什么地方理算。国际上共同海损的理算一般按"约克—安特卫普规则"办理。"约克—安特卫普规则"虽不是强制性国际公约，但已为国际海运、贸易和保险界广泛接受。现在国际上的大部分租船合同、海运提单、海洋船舶和货运险的保险单上都规定按此规则理算。根据这个规则开头部分的规定，在采用本规则时，凡与该规则相抵触的法律和习惯均视为无效。

【资料链接】

约克—安特卫普规则

"约克—安特卫普规则"是一个国际上广泛采用的共同海损理算规则，该规则最初是由英国、美国和一些欧洲大陆国家的理算、海运、贸易和保险等方面的代表于1860年在英国格拉斯哥召开会议共同制定的，称为格拉斯哥决议。这个决议在1864年英国约克城召开的会议上和1877年比利时安特卫普召开的会议上两次进行重大修改和补充，并于1877年正式定名为"约克—安特卫普规则"。此后，这项规则又经过多次修改，但仍保留原名称，只是在规则名称前冠以修改的年份，由于每次修改都不废止旧规则,国际上常用的"约克—安特卫普规则"有1974年和1994年的规则,供有关方面选择使用。"约克—安特卫普规则"是国际社会为统一各国海损制度而努力的成果。虽然该规则不是国际公约,但是,由于海运提单以及租船公司大多订有按照"约克—安特卫普规则"进行共同海损理算的条款,该规则在实践中已成功避免了各国共同海损制度差异造成的消极影响,已成为国际海运以及保险界广泛接受的国际惯例。

"1974年约克—安特卫普规则"是由国际海事委员会1974年5月修订的,并从同年7月1日起生效。该规则共30条,分为三组。第一组称为解释规则,对规则的适用范围作了规定。第二组对共同海损的定义、范围、补偿和分摊作了规定。由于它是按英文字母排列,从A至G共7条,故又称为字母规则。第三组对处理共同海损理算的一些手续和计算方法作了规定。该规则属于一种国际贸易的惯例规则,适用范围较广。运载国际贸易商品的海轮发生共同海损事故,大多数都按该规则进行理算。中国国际经济贸易促进委员会海事仲裁委员会进行海损理算时,除使用《北京理算规则》外,也可使用该规则。

"1994年约克—安特卫普规则"是在国际海事委员会于1994年10月在澳大利亚悉尼召开的第35届大会在"1974年约克—安特卫普规则"的基础上修改通过的,该规则全文共31条,由四组不同性质的条文组成。第一组是总则性质的规定,称为解释规则,对规则的适用范围作了规定,明确指出:凡与该规则相抵触的法律和惯例都不适用;第二组为首要的规则,强调牺牲和费用的合理性;第三组为字母规则,从A至G共7条,对共同海损的定义、范围、补偿和分摊等作了原则性规定;第四组为数字规则,共22条,对处理共同海损理算的一些手续和计算方法作了具体规定。该规则是多年来代表船、货双方斗争妥协的混合产物,对旧规则中一些不符合平等互利原则的规定进行了一定程度的修改,将在统一国际共同海损理算做法,减少不必要的争议方面起到积极作用。

"2004年约克—安特卫普规则"由四组不同性质的条文组成,全文共32条,扩大了船方的赔偿额,减少了货方的共同海损分摊。修改主要有如下几个方面:(1)规则六将大部分救助报酬排除在共同海损之外;(2)规则十一规定船舶在避难港停留期间的船员工资和给养不得确认为共同海损;(3)规则十四将临时修理费用确认为共同海损,应减除船方的节省;(4)规则二十规定共同海损费用不给予手续费;(5)规则二十一规定采用浮动年利率计算利息;(6)规则二十三增加了索赔共同海损分摊请求权的时效规定。"约克—安特卫普规则"不是强制性的,它只有在合同规定时才适用。有关方面可在1974年、1994年和2004年"约克—安特卫普规则"三者中选择使用。

"约克—安特卫普规则"不是国际公约,而只是一种国际贸易惯例规则,但由于它在很多问题上基本统一了欧美各国海损理算的做法,并曾取得国际法协会的认可,因此已被国际海运、贸易和保险界所接受,在海洋运输提单、租船合同和保险契约中约定采用,目前,它的适用范围比较广泛,国际上凡是载运国际贸易商品的海轮发生共同海损事故,一般都按照"约克—安特卫普规则"进行理算。

(资料来源:blog. sina. com. cn/s/blog_ 4a292a770100rxvz. html。)

在我国，中国国际贸易促进委员会在总结我国共同海损理算工作经验的基础上，参照国际作法，制定了《中国国际贸易促进委员会共同海损理算暂行规则》（简称《北京理算规则》），并于 1975 年 1 月 1 日正式颁布施行。目前我国各海运船队在提单或其他运输合同中都规定："如发生共同海损，按《北京理算规则》办理。"对共同海损理算应适用的规则问题，我国《海商法》第十章有下列规定："共同海损的理算，适用合同约定的理算规则，合同不约定的，适用本章的规定。"该章对共同海损的范围、共同海损牺牲金额的计算、共同海损的分摊等问题均有具体规定。

（二）单独海损

单独海损是指在海上运输中，由于保单承保风险直接导致的船舶或货物本身的部分损失。例如，某公司出品核桃仁 100 公吨，在海运途中遭受暴风雨，海水浸入舱内，核桃仁受水泡变质，这种损失只是使该公司一家的利益遭受影响，跟同船所装的其他货物的货主和船东利益并没有什么关系，因而属于单独海损。

货物的单独海损有两种情况，即部分货物的全损和全部或部分货物以受损状态运抵目的地，即货物遭受贬值损失。我国《海商法》和现行《海洋货物运输保险条款》都没有对货物部分损失下保险人的赔偿限度作出规定，但是根据英国《1906 年海上保险法》的规定，在上述两种货物单独海损情况下，保险人赔偿损失的限度是不同的。

1. 货物部分全损

按照市场惯例，下列情况的货物损失属于部分全损：

（1）一批被保险货物在若干张保单下承保，其中一张保单所保货物的全部损失。

（2）一张保险单上所保的分类货物的完全损失。

（3）装卸过程中一个整件货物的完全损失。

（4）驳运时一条驳船所载货物的完全损失。

（5）一张保单下包括多张提单的货物，其中一张或几张提单货物的完全灭失。

对于货物的部分全损，保险人的赔偿限度是受损部分货物的保险价值或可保价值。因此，如果每一单位的货物都可以确定其保险价值，在因承保风险而发生了部分全损时，保险人对这一单位的货物的赔偿就限于这一部分货物在总保险价值或总可保价值中所占的比例。

2. 全部或部分货物以受损状态运抵目的地

货物若以受损状态运抵目的地，那么要做的第一件事就是计算货物的贬值率。如果货物在目的地没有出售，则由公估人根据货物在目的地完好状态下的估计价值与受损价值之间的差额确定其贬值率；如果货物在目的地被出售，就将货物在目的地完好状态下的估计价值与货物出售所得进行比较，计算出货物的贬值率。根据贬值率，乘以货物的保险价值（在定值保险下）或可保价值（在不定值保险下），得出保险人的赔偿限额。值得注意的是，如果货损是保险人的赔偿责任，那么为确定损失而发生的检验费用作为特别费用也可以获得保险人的赔偿；反之，如果保险人对损失不负赔偿责任，那么为检验货损而发生的检验费用就由被保险人自己承担。

3. 承保航程挫折，货物在运输途中遭受部分损失

如果载货船舶在运输途中遭遇承保风险，导致航程丧失和保险货物部分损失，按照《协会货物条款》的规定，除非被保险人及时通知保险人并在保险有效时提出续保的要求，并可能加缴保险费，否则保险责任将终止。被保险人可以有三种选择：第一，将货物在此港口出售；第二，将货物在此港口交付；第三，将货物继续运往原定目的地或其他目的地。有时，如果被保险人设法将货物转运至原定目的地的话，货物的损失可能会扩大，这时保险人可以建议将货物在中途港出售，出售货物所得归被保险人所有，而保险人赔偿货物的保险价值与售货所得之间的差价部分。这种解决货损赔偿的方法称为扣损余赔偿方法。这是一种简便的解决货物贬值的方法，相关售货费用也可以作为特别费用获得保险人的赔偿。

（三）共同海损与单独海损的区别

1. 在损失的构成上，共同海损既包括货物牺牲，又包括因采取共同海损措施而引起的费用损失；单独海损仅指货物本身的损失，不包括费用项目。

2. 在致损原因上，共同海损是为了解除或减轻承保风险而人为造成的一种损失；单独海损是由承保风险直接造成的船、货损失。

3. 在损失的承担上，共同海损的损失是由各受益方按获救财产价值的大小比例分摊；单独海损的损失由受损方自己承担。

共同海损和单独海损之间有密切的内在联系。一般地说，单独海损先发生，进而引起共同海损，在采取共同海损措施之前的部分损失，一般可列为单独海损。

【案例分析】

单独海损与共同海损的区分

根据以上所学习内容，案例导入应作以下判断：

（1）属单独海损，应由保险公司承担损失。途中烧毁的化肥属于单独海损，近因是火灾，依CFR术语，风险由A公司即买方承担；而A公司购买了水渍险，赔偿范围包含单独海损，因此由保险公司承担。（2）属共同海损，应由A公司与船公司分别承担。因船舶和货物遭到了共同危险，船长为了共同安全，有意又合理地造成了化肥的湿毁。共同海损也是水渍险责任范围之内，A公司可以向保险公司索赔。

第三节　海上货运保险承担的费用损失

海上风险除了会造成被保险货物的损失，还会带来大量的费用支出。这种费用损失称为海上费用。保险人负责赔偿的海上费用主要有施救费用和救助费用。

一、施救费用

施救费用是指被保险货物在遭遇承保责任范围内的灾害事故时，被保险人或其代理人、雇用人或受让人，为了避免或减少货物损失，采取各种抢救与防护措施所支出的合理费用。

我国和世界各国的保险法规或保险条款一般都规定：保险人对被保险人所支付的施救费用应承担赔偿责任，赔偿金额以不超过该批货物的保险金额为限。

我国《海商法》第二百四十条有下列规定："被保险人为防止或者减少根据合同可以得到赔偿的损失而支出的合理费用，应当由保险人在保险标的赔偿之外另行支付。"

（一）构成施救费用的条件

1. 施救费用必须是合理的和必要的。如果是不合理支出的施救费用，保险人不予赔偿。例如，某船舶启航开往 L 港，中途搁浅，船上部分货物受损。为了获取可观的佣金收入，船方利用在中途港修船期间，将受损货物卸下进行超标准拯救，支出了大量的费用。被保险人事后就该项费用向保险公司索赔施救费用，保险公司以施救费用支出为非必要和不合理为由拒绝赔偿。

2. 施救费用必须是为防止或减少承保风险造成的损失所采取的措施而支出的费用。如果所采取的行动是为了避免或减少不是保险单所承保的损失，其费用不得作为施救费用向保险人索赔。

3. 施救费用是由被保险人及其代理人、雇用人采取措施而支出的费用。施救费用仅限于由被保险人支出的费用，不包括保险人支出的费用。被保险人支出的费用包括其本人、代理人和雇用人支出的费用。

4. 施救费用的赔偿并不考虑措施是否成功，只要措施得当，费用支出合理，即便施救措施不成功，没有达到目的，保险人对施救费用也应负责。这个规定调动了被保险人拯救保险标的的积极性，从而也保护了保险人自己的利益。

（二）保险人对施救费用赔偿的限度

1. 对施救费用的补偿是在对保险标的的损失赔偿之外另行支付的施救费用条款是保险合同的补充性契约，虽然保险人可能已经赔付了全损，但被保险人仍可要求保险人赔偿他为了履行施救义务而适当发生的费用。保险人对保险标的损失的赔偿，是以保险金额为限，而保险人对施救费用的赔偿责任，也是以保险金额为限。故而保险人对一次保险事故的损失赔偿，可能达到两个保险金额。

2. 施救费用赔偿中免赔额的适用。如果保险单中规定了绝对免赔额，那么免赔额适用于所有部分损失的索赔，包括单独海损、救助、共同海损和施救费用的赔偿。同一事故引起的上述各项索赔加在一起，扣除一个免赔额后，由保险人赔偿。但是，与全损有关的施救费用的赔偿并不适用该免赔额。

3. 不足额保险下施救费用的赔偿。如果保险单是不足额保险单，施救费用的赔偿要按照保险金额占保险价值的比例来赔偿。如果施救费用发生时，货物的完好市场价值大于货物的保险价值，那么，保险人不考虑货物市场价值的因素，仍然按照货物保险金额与保险价值的比例赔偿被保险人所支出的施救费用。

二、救助费用

救助费用是指被保险货物遭受承保范围内的灾害事故时，由保险人和被保险人以外的第三者采取救助措施并获成功，由被救方付给救助方的一种报酬。救助费用一般都可列为共同海损的费用项目，因为通常它是在船、货各方遭遇共同危难的情况下，为了共同安全由其他船舶前来救助而支出的费用。

海上救助与共同海损一样具有悠久的历史，在罗马时期已得到一定的发展。按照国际惯例，任何海上航行的船舶都有义务和责任援助其他遇难船舶。如果对遇难船舶见危不救，根据公认的国际法原则，轻者吊销船长、船员的资格证书，重者予以刑事处分。救助人出于人道主义在海上冒险去营救遇难的生命和财产，消耗大量的人力和物力，有关的国际救助公约和各国海商法律都规定应给予救助人以适当报酬。对于被保险人支出的救助报酬，海上保险单视之为救助费用，一般明确予以承保。

在海上救助中，救助人与被救助人之间为明确双方的权利与义务，一般都在救助开始之前或在求救的过程中订立救助合同（口头的或书面的）。

（一）救助合同

在海上救助中，救助人与被救助人之间为明确双方的权利与义务，一般都在救助开始之前或在救助的过程中，订立救助合同。并不是所有救助合同下的救助报酬都可以获得保险人的赔偿。救助合同一般有两种形式：

1. 雇用性救助合同

根据这种合同的规定，不论救助是否成功，均按约定的标准给付救助报酬，这个标准可以按固定金额或按工作时间。但是这种救助不被认为是海上保险中所称的"救助"，此情况下的救助报酬根据情况要么被认作是施救费用，要么是共同海损费用。

2. "无效果，无报酬"救助合同

"无效果，无报酬"是指契约中规定只有在救助成功或部分成功的情况下，救助人才有获得救助报酬的权利；如果救助无效果，被救助人无须支付救助报酬。

现在国际上通常采用的是劳合社"无效果，无报酬"救助契约标准格式，其特点是：

（1）有利于救助工作的迅速展开；

（2）对救助报酬的规定较为合理；

（3）救助人进行救助的权利得到保证，被救方不得中途无理中断救助。

长期以来，在国际海上救助中普遍采用的救助合同格式是英国的以"无效果，无报酬"为原则的"劳合社救助合同标准格式"。在1978年发生"阿摩科·卡迪兹"油轮污染案以后，为了鼓励救助人对于威胁环境的船舶和货物进行救助以保护海洋环境，劳合社在1980年修订救助合同时，对"无效果，无报酬"救助原则有了一些例外的规定，制定了安全网条款。根据该条款，救助人应尽最大努力防止或减轻对环境的损害。如果被救助的船舶是满载或部分运载油类的油轮，只要救助人注意了防止或减轻对环境的损害，同时又没有过失，即使救助未成功或仅部分成功，救助的成本费用可向油轮所有人追偿，并可获得相当于全部费用的15%的附加费。

出于同样原因，《1989年国际救助公约》对救助报酬的问题也作了新的调整，增加了第十三条和第十四条规定。在该公约第十三条中规定，确定报酬标准时，要考虑救助人在防止或减轻对环境损害方面的技能和努力的因素。在第十四条中规定，如果救助人在防止或减轻对环境损害方面作出了努力，而所获得的报酬低于他为进行救助作业支付的费用时，可以从船东处获得特别补偿，以弥补其所支付的救助花费。如果救助人的救助作业防止或减轻了环境污染损害，被救助船东所支付的特别补偿可以增加到救助人支出费用的130%。如果法院或仲裁机构认为合理，特别补偿额可以进一步增加，达到救助人支出费用的200%。值得注意的是，只有在根据该公约第十三条确定的救助报酬低于根据第十四条确定的特别补偿额时，其差额才由船方以特别补偿的项目支付给救助人。反之，如果前项金额高于后项金额，则无须支付特别补偿。根据1994年"约克—安特卫普规则"，这项特别补偿不作为共同海损参加分摊，而是由油轮的船东保赔协会承担。

在我国，中国海事仲裁委员会也制订了"海上救助契约格式"，这个格式所采用的也是"无效果，无报酬"的原则。

【资料链接】

"阿摩科·卡迪兹号"油轮事件

1978年3月，在暴风雨天气中，美国一艘满载22万吨伊朗原油的超级油轮"阿摩科·卡迪兹号"从波斯湾向荷兰的鹿特丹驶去。谁也没有料到的是，一场影响深远的海洋环境污染事件即将发生。3月24日，当"阿摩科·卡迪兹号"行驶到布列塔尼（法国西北部一个地区）海岸时，油轮的操纵装置在波涛汹涌的海面上忽然失灵。万般无奈之下，"阿摩科·卡迪兹号"只好由一艘前来救援的拖轮拖着前进。然而，当拖轮拉着"阿摩科·卡迪兹号"这艘满载原油的庞然大物行驶还不到10海里时，由于承受不了如此重力，拖缆忽然断裂，随后"阿摩科·卡迪兹号"随波逐流向岩礁漂去，遭到海浪一次次猛击后终断裂成两半。很快，2.95亿升原油从失事的"阿摩科·卡迪兹号"油轮喷涌入海。油随着潮汐漂移，在附近海域和海滩上覆盖了一层恶臭的黑黏油。

据统计，"阿摩科·卡迪兹号"触礁沉没后，共漏出原油达22.4万吨，污染了近350公里长的海岸带，仅牡蛎就死掉9 000多吨，海鸟死亡2万多吨。这次漏油事件，对所污染海岸的整个海洋生物以及海鸟来说，其灾难程度是史无前例的，成百万的海洋动物和软体动物被冲到岸上，包括海边的疗养胜地也随之遭殃。虽然海事本身损失1亿多美元，但对污染损失及治理的费用却达5亿多美元，而其对被污染区域的海洋生态环境造成的损失更是难以估量。事发好几个月后，英吉利海峡的油污才被清除干净。当时，有关方面曾进行各种清除油污的尝试，方法之一就是派船将化学品喷向水面使油分散。在对事故的后续调查中，"阿摩科·卡迪兹号"油轮的船长帕斯卡尔·巴达利也受到严厉批评，由于他"不可原谅的延误"，导致失事船只没有得到及时救援。

事故发生后，国际海事组织责成该组织的秘书处，就该案的救助方法起草报告。报告中涉及：（1）船长是否有权签订救助合同，因为这一问题在《1910年救助公约》中没有明确约定，而在"阿摩科·卡迪兹号"油轮事件中，"太平洋"油轮曾经准备对其施救，但在要求签订劳氏救助合同时遭到"阿摩科·卡迪兹号"油轮船长拒绝，待船长得到远在美国的船舶所有人同意时，已为时过晚；（2）当救助方施救油船无效果时，是否仍然可以获得救助报酬。

（资料来源：张君长：《劳氏标准救助合同与〈一九八九年国际救助公约〉的相

互影响》，上海，上海海运学院硕士论文，2002。）

（二）救助报酬

救助报酬是由与遇难船舶或货物无关的第三者根据契约或海商法对遇难船舶、货物或其他财产进行抢救而获取的报酬。《1989 年国际救助公约》明确列举了确定救助报酬所应考虑的因素。这些因素主要有：获救的船舶和其他财产的价值；救助人在防止和减轻对环境损害方面的技能和努力；救助人获得成功的程度；危险的性质和程度；救助人在救助船舶、其他财产及人命方面的能力和努力；救助人所花的时间、费用及遭受的损失等十项。

（三）保险人对救助费用的赔偿限度

1. 以获救财产的价值为限

保险人对救助费用的赔偿责任是以获救财产的价值为限的，因而救助费用与保险标的本身损失的赔偿相加，不得超过一个保险金额。如果保险标的发生全损，除非另有约定，保险人对救助费用就不再赔偿了。

2. 对人命救助的报酬的赔偿

如果救助人在救助过程中既救助了财产，又救助了人命，那么总的救助报酬会因为救助了人命而有所增加，海上保险人对于这样的救助报酬应根据合同给予赔偿。但是单纯救助人命的救助报酬，海上保险人并不给予赔偿。

三、施救费用与救助费用的区别

施救费用与救助费用的区别主要有以下四点：

1. 采取行为的主体不同。施救是由被保险人及其代理人等采取的行为，而救助是保险人和被保险人以外的第三者。

2. 给付报酬的原则不同。施救费用是施救不论有无效果，都予以赔偿，而救助则是"无效果，无报酬"。

3. 保险人的赔偿责任不同，施救费用可在保险货物本身的保额以外，再赔一个保额；而保险人对救助费用的赔偿责任是以不超过获救财产的价值为限，亦即救助费用与保险货物本身损失的赔偿金额二者相加，不得超过货物的保额，而且是按保险金额与获救的保险标的之价值比例承担责任。

4. 救助行为一般总是与共同海损联系在一起，而施救行为则并非如此。

【本章小结】

海上保险保障的范围	海上保险承保的风险	海上风险是指船舶或货物在海上航行过程中有可能发生的一切风险。由于风险是造成损失的原因，海上货物运输保险人把承保的海上货物运输风险分为海上风险和外来风险两大类。 我国现行的《海洋货物运输保险条款》及英国伦敦保险协会的《协会货物条款》所承保的海上风险，从性质上划分，主要可分为自然灾害和意外事故两大类。 外来风险是指海上风险以外的其他外来原因所造成的风险。外来风险可分为一般外来风险和特殊外来风险。

续表

海上 保险 保障的 海上损失	在海运货物保险中，保险人承保的由于上节所述的海上风险和外来风险造成的损失，按照损失程度划分，可分为全部损失与部分损失，全部损失又分为实际全损和推定全损，部分损失又分为共同海损和单独海损。 全部损失简称全损，是指被保险货物由于承保风险造成的全部灭失或视同全部灭失的损害。在海上保险业务中全部损失又分为实际全损和推定全损。 部分损失是指被保险货物的损失没有达到全部损失的程度。按照损失的性质来划分，部分损失可以分为共同海损和单独海损。	
海上货运 保险 承担的 费用损失	海上风险除了会造成被保险货物的损失，还会带来大量的费用支出。这种费用损失称为海上费用。保险人负责赔偿的海上费用主要有施救费用和救助费用。 施救费用是指被保险货物在遭遇承保责任范围内的灾害事故时，被保险人或其代理人、雇用人或受让人，为了避免或减少货物损失，采取各种抢救与防护措施所支出的合理费用。 救助费用是指被保险货物遭受承保范围内的灾害事故时，由保险人和被保险人以外的第三者采取救助措施并获成功，由被救方付给救助方的一种报酬。	

【课后习题】

一、单选题

1. 海运保险的保障范围包括（　　）。

A. 保障的风险　　　B. 保障的损失　　　C. 保障的费用　　　D. 以上三种都有

2. 共同海损的承担是（　　）。

A. 由船方、货主或运费方平均分摊　　　B. 由船方、货主或运费方按比例分摊

C. 由损失方自己承担　　　D. 由船方自己承担

3. 单独海损的承担是（　　）。

A. 由损失方自行承担　　　B. 各方按比例分摊

C. 各方平均分摊　　　D. 由船方自行承担

4. 单独海损与共同海损的共同之处在于（　　）。

A. 二者造成的原因相同　　　B. 损失都属于部分海损

C. 二者的责任承担方法不同　　　D. 二者都属于全部海损

5. 不能构成实际全损的情况有（　　）。

A. 保险标的物全部灭失　　　B. 保险标的物完全变质

C. 保险标的物不可能归还保险人　　　D. 施救费用和救助费用超过保险价值

二、多选题

1. 海上风险包括（　　）。

A. 一般外来风险　　B. 特殊外来风险　　C. 外来风险

D. 自然灾害　　　　　　　　　　　E. 意外事故

2. 海损按损失的程度不同可分为（　　）。

A. 全部损失　　　　B. 单独海损　　　C. 推定全损

D. 部分损失　　　　　　　　　　E. 共同海损

3. 按照损失的性质不同，海损可分为（　　　）。

A. 推定全损　　　B. 部分损失　　　C. 单独海损

D. 实际全损　　　　　　　　　　E. 共同海损

4. 构成共同海损的条件（　　　）。

A. 共同海损的危险必须是实际存在的，不是主观臆测的

B. 消除船、货共同危险而采取的措施必须是合理的

C. 必须是属于非正常性质的损失

D. 采取措施后，船方和货方都作出了一定的牺牲

5. 下列几种损失，属于实际全损的有（　　　）。

A. 保险标的物全部沉入海底　　　　B. 船只被海盗劫走

C. 水泥遇海水完全变质　　　　　　D. 为维持船身平衡抛出部分货物

E. 为救火将已着火的货物浇湿

三、判断题

1. 海上保险业务的意外事故，仅局限于发生在海上的意外事故。（　　　）

2. 船舶失踪达半年以上可以推定全损处理。（　　　）

3. 共同海损是部分海损中的一种。（　　　）

4. 单独海损是指载货船舶在海运途中，被保险货物造成的部分损失。（　　　）

5. 施救费用与损失赔偿之和不能超过保险金额。（　　　）

四、简答题

1. 简述推定全损与实际全损的区别。

2. 简述共同海损与单独海损的区别。

3. 委付的构成条件有哪些？

4. 怎样判断共同海损？

第七章
我国海上货物运输保险条款

【学习目标】

通过本章内容的学习，学生应掌握中国海运货物保险条款的基本险、附加险和专门险，以及集装箱保险的相关内容。

【学习重点与难点】

中国海运货物保险条款的基本险、附加险和专门险。

【关键术语】

基本险　附加险　专门险

【本章知识结构】

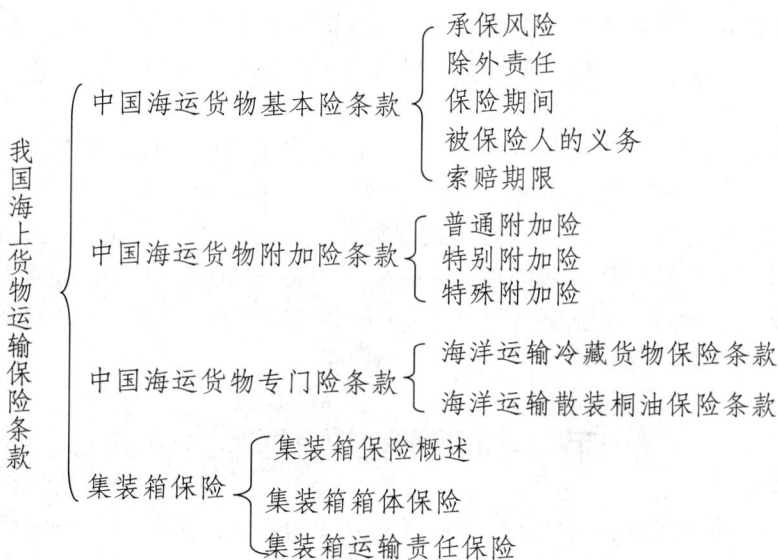

```
                              ┌ 承保风险
                              │ 除外责任
          中国海运货物基本险条款 ┤ 保险期间
                              │ 被保险人的义务
                              └ 索赔期限
我
国
海                            ┌ 普通附加险
上        中国海运货物附加险条款 ┤ 特别附加险
货                            └ 特殊附加险
物
运
输        中国海运货物专门险条款 ┌ 海洋运输冷藏货物保险条款
保                            └ 海洋运输散装桐油保险条款
险
条                            ┌ 集装箱保险概述
款        集装箱保险           ┤ 集装箱箱体保险
                              └ 集装箱运输责任保险
```

【案例引入】

正确理解海运保险的"仓至仓"条款

2003 年 7 月，轰动全国的特大货运保险纠纷——江西赣南卷烟厂诉中国人民保险公司南康县支公司货物运输保险理赔纠纷一案，最终以南康保险公司与中国平安保险总公司赔偿赣南卷烟厂 4 994 217.10 元损失及利息而告终。

这起近五百万元货运保险索赔纠纷始发于 1993 年。江西赣南卷烟厂从德国进口总价值 299.8 万西德马克的佛克卷烟包装机组，向中国平安保险总公司投保。平安保险公司于 1993 年 7 月 22 日签发了货物运输保险单，起运日期为 1993 年 7 月 22 日，承保条件为一切险及战争险。进口设备于 9 月 12 日顺利运抵到岸口岸——广州黄埔港，同月 16 日和 17 日卸离海轮，存放于黄埔港码头。赣南卷烟厂于 10 月 21 日向中国人民保险公司南康县支公司办理了国内陆上货物运输保险，11 月 3 日前往黄埔港提货，11 月 4 日装载进口设备的 6 辆大货车行驶在广东新丰路段上，由于一辆卧铺大客车强行超车，一辆大货车为防止正面碰撞采取紧急刹车右转，但车尾仍然相撞，造成大货车冲出车道，坠入深谷。

大货车上装载的一台透明纸卷烟机、3 台电器控制设备被摔得支离破碎。事后赣南卷烟厂向南康人保公司报告并要求赔偿，但遭拒绝。在索赔无果情况下，为技改项目上马发挥效益，赣南卷烟厂贷款重新购买遭损设备，设备购置费折合人民币 497.5 万多元。后来，法院在审理该案过程中，将中国平安保险公司追加为本案第三人，通知其参加诉讼并判决其赔偿损失。在这起事故纠纷中，平安保险公司承保的是海洋货物运输保险，而事故的发生是在陆上运输过程中，那为什么平安保险公司还要承担赔偿责任呢？这就涉及如何正确理解海洋运输保险条款的相关规定。

"在最后卸载港全部卸离海轮后满 60 天为止"：9 月 17 日卸离海轮，11 月 4 日出险时未超过 60 天的规定，说明在此期间，平安保险的保险单仍是有效的，而同时又向中国人民保险公司投保，在投保人不熟悉保险业务的情况下，构成了重复保险，因此中国人民保险公司与平安保险公司同时承担责任是正确的。

（资料来源：中国风险管理网，2008 - 02 - 14。）

在国际海运保险市场上，各国保险组织都制定了自己的保险条款。我国的进出口企业如按 CIF 条件或 CIP 条件出口货物时，通常会按照中国人民保险公司（PICC）保险条款向中国的保险公司投保海洋货物运输保险。除海运之外，陆运、空运、邮包与集装箱也是国际贸易中普遍采用的运输方式。鉴于这些运输方式与海洋运输货物在运输途中可能遭遇的风险不同，大多数国家的保险人均按不同的运输方式分别制定货物保险条款。

第一节　中国海运货物基本险条款

我国目前使用的海上货物运输保险条款是中国人民保险公司于 1981 年 1 月 1 日修订的《海洋货物运输保险条款》（Ocean Marine Cargo Clauses），其条款可分为基本险、附加险和专门险三大类，均包括承保风险、除外责任、保险期间、被保险人的义务和索赔期限五部分内容。

一、承保风险

我国海上货物运输保险的基本险包括平安险、水渍险和一切险三种。

（一）平安险（Free from Particular Average，FPA）

平安险易被从字面上误解为保险人对投保这一险别的货物负责平安运抵目的地，

如果货物载运途中因遭受承保的海上风险事故而发生损失，被保险人就能得到保险人的赔偿。平安险的英文原意为"单独海损不赔"，单独海损属于部分损失，也易被误解为在这个险别下保险人对只要是单独海损的损失项目都不赔偿。实际上，该险别仅对由于自然灾害（恶劣气候、雷电、海啸、地震、洪水）造成的单独海损不赔，而对意外事故所造成的单独海损负赔偿责任。平安险适用于低值、裸装的大宗货物，如矿砂、钢材、铸铁制品等。

平安险的责任范围包括：

1. 被保险货物在运输途中由于恶劣气候、雷电、海啸、地震、洪水及其他自然灾害造成整批货物的全损或推定全损。整批货物是指同一保险单证下的全部货物。自然灾害还包括火山爆发、山体滑坡、隧道坍塌、冰雹等。

【材料解析】

恶劣气候的标准不一

虽然我们保险上说的暴风暴雨是有标准的，但有些海域，比如非洲南端的好望角，经常出现 8 级以上的风浪，船舶在这里遇到 8 级风浪，肯定不是恶劣气候。

好望角地处西风带，终年刮偏西风，风力常达 11 级以上，浪高一般达 6 米多，有时高达 15 米。每年有 100 多天风暴天。即使在较平静的日子里，海浪也有 2 米多高。因此，好望角一带经常发生海难事故，海员们称它为"鬼门关"。在苏伊士运河开通前，它是联系东西方贸易的唯一的海上通道。

1488 年，葡萄牙航海家迪亚士奉国王之命寻找通往印度的新航线。当他带领三条小船航行到非洲西海岸附近的海面上时，突然，一场特大的风暴铺天盖地而来。风大浪高，小船在惊涛骇浪中颠簸挣扎。好不容易坚持到风暴平息，他们已被风浪吹送到了一个岬角（突入海中的尖形陆地）边。沿着岬角航行一段时间，发现太阳竟然从船的右侧升起来，原来这时他们已经从大西洋进入了印度洋。返航时，他们又在这个岬角附近遇到了一场更大的风暴，于是他们便称这个岬角为"风暴角"。可是，葡萄牙国王却认为这个岬角的发现，到达富饶的印度就有了希望，于是，把它改名为"好望角"。

（资料来源：百度百科。）

2. 由于运输工具遭受搁浅、触礁、沉没、互撞，与流冰或其他物体碰撞以及火灾、爆炸造成货物的损失。运输工具不仅包含海船，还包括驳船和内河船舶；互撞为船舶与船舶相撞，碰撞为船舶与船舶以外的其他物体相撞；损失包括全部损失与部分损失；火灾与爆炸不仅限于在船上运输阶段，还包括陆运及储存阶段。

3. 在运输工具已经发生搁浅、触礁、沉没、焚毁这四种意外事故的情况下，货物在此前后又在海上遭受恶劣气候、雷电、海啸等自然灾害所造成的部分损失。平安险不负责自然灾害造成的部分损失，仅在本条件下才赔偿：①意外事故发生时，货物必须装载在船舶等运输工具上；②自然灾害并不只限于本条所列的三种：恶劣气候、雷电、海啸等自然灾害；③焚毁指的是载货船舶发生严重火灾，致使船舶结构严重损害，而货物发生一般火灾则平安险不负责赔偿。例如，船舶在海上遭遇大风浪，部分海水从舱盖和通风筒进入各货舱，进港时船舶又发生搁浅，导致第二货舱船板破裂，海水涌入第二货舱。则在平安险下，保险人对第二货舱货物由海水造成的部分损失负责赔偿；但对其他货舱的货物湿损没有赔偿责任。

4. 在装卸或转运时，由于整件货物落海造成的全部或部分损失，又称吊索损害，比如在吊运货物时，吊钩脱落、钢索断裂、吊杆折断等；只限于整件落海，不负责散落损失。

5. 施救费用以不超过该批被救货物的保额为限。例如，一箱价值1万元的货物在装船过程中落海，保险金额为1万元，如果打捞和整理费用为1.2万元，保险人除对落海的货物灭失进行全损赔偿以外，只需再赔付1万元（而不是1.2万元）的施救费用。

6. 海难引起的避难港费用及续运费用。我国平安险海难的范围即是上述几种自然灾害及意外事故，范围较小。

7. 共同海损的牺牲、分摊和救助费用。

8. 运输合同订有"船舶互撞责任"条款时，应由货方偿还船方的损失。该条款只针对美国而设，美国没有加入"1910年船舶碰撞公约"，因此船舶在美国发生碰撞事件按美国法律来处理。美国在处理船舶碰撞案件时，首先根据"货物无辜"原则，任何一方的货主，可向非运载其货物的船舶索取100%的货损赔偿，同时美国对船舶碰撞的赔偿实行50%的责任制，而不论碰撞双方谁的责任大小。例如，甲船和乙船相撞，损失及责任比例如下：

甲	乙
货损100万元	货损200万元
责任70%	责任30%

若甲船在驾驶时出现失误而导致相撞，按照一般的责任处理，则甲船100万元货物损失，乙船应该承担30%，而剩余的70万元损失按照《海牙规则》规定甲船可以免责。但在美国，甲船的货方可以向乙船索要100万元的赔款，然后乙船根据对半原则，要求甲船承担100万元的50%，这样，甲船在美国将付出50万元，所以甲船会要求本船的货方将它承担的50万元赔款给还回来，这样，甲船上货主的损失赔款实际上只收到了50万元。若乙船在驾驶时同样出现失误而导致相撞，按照一般的责任处理，则乙船200万元货物损失，甲船应该承担70%，而剩余的60万元损失按照《海牙规则》规定乙船可以免责。但在美国，乙船的货方可以向甲船索要200万元的赔款，然后甲船根据对半原则，要求乙船承担200万元的50%，这样，乙船在美国将付出100万元，乙船会要求本船的货方将它承担的100万元赔款给还回来，这样，乙船的货物损失赔款实际上只收到了100万元。上述甲船货方偿还的50万元，乙船货方偿还的100万元，就是本款责任。

（二）水渍险（With Particular Average，WA或WPA）

水渍险除承保平安险的各项责任外，还负责被保险货物由于恶劣气候、雷电、海啸、地震、洪水等自然灾害直接造成的部分损失。

（三）一切险（All Risks，AR）

一切险除负责水渍险的全部责任外，还负责由于一般外来风险造成的保险货物的全部或部分损失。一切险的责任范围涵盖了普通附加险别的责任，但不包括特别附加险别，即一切险＝水渍险＋普通附加险。外来风险通常是：偷窃、提货不着，淡水雨淋，短量，混杂玷污，渗漏，碰损破碎，串味，钩损，生锈，受潮受热，包装破裂等。我国的一切险属列明责任制，被保险人负责损失原因的举证责任。

二、除外责任

除外责任中所列的各项致损原因，一般都是非意外的、非偶然性的或比较特殊的风险。

1. 被保险人的故意行为或过失。被保险人指保险人本人或其代表，不包括较低层的管理人员、普通雇员或其代理人。故意是指明知自己的行为会发生危害社会的结果，并且希望或放任这种结果的发生，如烧毁船舶等。过失是指应当预见自己的行为可能发生危害社会的结果，因为疏忽大意而未预见或已经预见而轻信能够避免，以致发生这种结果，如酒后驾车肇事。在《协会货物条款》中并没有过失责任的除外，可以看出在这一点上我国的条款更严格一些。

2. 属于发货人责任引起的损失。一般指由于发货人的故意行为或过失行为引起的货物损失，包括货物包装不足、不当、标志不清或错误。根据我国对一般货物运输包装通用的技术条件，货物运输包装应确保在正常的流通过程中，能抗御环境条件的影响而不发生破损、损坏等现象，保证安全、完整、迅速地将货物运至目的地。货物运输包装必须具有标志。标志应符合包装内货物性质和对运输条件的要求。标志应正确、清晰、齐全、牢固。内货与标志一致，如怕碰怕震、易碎、需轻拿轻放的货物，必须使用"小心轻放"标志等。旧标志应抹除，标志一般应印刷或标打，也允许拴挂或粘贴，标志不得有褪色、脱落或喷刷在残留标记上。在该责任下，一般还包含了发货人装箱时出现的短装、积载不当、错装以及选择的集装箱不当等造成的货损。

3. 保险责任开始前，被保险货物已存在的品质不良或数量短差。这种情况称为货物的原残，如易生锈的钢材、二手机械设备等货物，常存在严重的原残。但在一般情况下，货物的损失是原残，还是在保险期限内由保险风险造成，通常会引起双方的争议。为避免这种情况的发生，最好在货物装船前进行检验。

4. 被保险货物的自然损耗、本质缺陷、特性及市价跌落、运输延迟引起的损失与费用。货物的自然损耗是因货物自身特性而导致的在运输途中必然会发生的损失，例如，粮谷、豆类含水量减少而导致的货物自然短重；油脂类货物在油舱、油管四壁沾留而造成的短量损失。货物的本质缺陷指货物本身固有的缺陷，或是货物在发运前已经存在的质量上的瑕疵。例如，某些粮谷商品在装船前已有虫卵，遇到适当温度而孵化，导致货物被虫蛀受损。货物特性指在没有外来原因或事故的情况下，在运输途中，货物自身性能变化引起的损失。例如，水果腐烂，面粉受热发霉，煤炭自燃等。市价跌落属于商业风险，是一种投机风险。运输延迟指在运输途中因种种原因致使货物未能在规定的时间内在约定的港口交货，可能会造成市价跌落，新鲜蔬菜、水果腐烂、变质等损失。

5. 战争险和罢工险中的保险责任和除外责任。这两种保险在我国属于特殊附加险，不在基本险范围之内，要投保需要特别约定附加。

6. 由于船舶所有人、管理人、租船人或经营人破产或不履行债务引起的损失或费用。

7. 海上欺诈行为、整批货物交货不到所引起的损失或费用。

8. 由于船舶或驳船不适航或船舶、运输工具、集装箱或大型海运箱不适宜安全运载货物造成的损失或引起的费用，但以被保险人或其受雇人自行装载或知道这种不适航或不适宜安全装载的情况为限。

9. 因虫咬、鼠咬、黄曲霉毒素所造成的损失。

三、保险期间

海上货物运输保险的保险人只对保险期间内发生的损失和费用负赔偿责任，使用"仓至仓"条款。

（一）保险责任的开始

1. 自被保险货物运离保险单所载明的起运地仓库或储存处所开始运输时生效，包括正常运输过程中的海上、陆上、内河和驳船运输在内，保险责任持续有效。正常的运输过程，指正常的运输路线，正常的运输方式，正常的运输速度。关于"起运地仓库或储存处所开始运输时责任开始"，意指货物在保单载明的起运地发货人仓库尚未开始运输时所受的损失，保险公司不负责任。例如，货物已装好，司机去吃饭，在吃饭期间发生火灾，不负责赔偿。

2. 货物一经运离发货人仓库，保险责任即开始，保险公司按照货物所保险别所规定的责任范围予以负责。

3. 货物运离发货人仓库，不是直接装船，而是先放在承运人机构，如外贸运输公司的仓库里或存放在港区码头仓库等候装船，在此期间，货物遭受到保险责任范围的损失，保险公司予以负责。

4. 有些外贸公司在港区码头设有专用仓库，货物从该外贸公司市内仓库运入该专用仓库等候装船，虽然同为发货人仓库，但码头专用仓库并非"仓至仓"条款所指的起运仓库，应视为承运机构仓库性质，如发生保险责任的损失，也应负责。

5. 外贸公司在港区码头没有专用仓库，而是租用的仓库，则货物从该外贸公司市内仓库运入该租用仓库等候装船，该码头租用仓库被认定为"仓至仓"条款所指的起运仓库，在仓库存仓期间如发生保险责任的损失，不负责赔偿。

（二）保险责任的终止

1. 正常运输。该项货物到达保险单所载明目的地收货人的最后仓库或储存处所；被保险人用作分配、分派、分散或非正常运输的其他储存处所；被保险货物在最后卸载港全部卸离海船后满60天为止。如在上述60天内被保险货物需转运到非保险单所载明的目的地时，则以该项货物开始转运时终止。这里所指的60天，是按一张保单所保货物的最后一件卸下海船的当天午夜12时起算。

【案例分析】

中国轻工业品进出口总公司诉中国平安保险公司海运货物保险合同纠纷案

原告：中国轻工业品进出口总公司

被告：中国平安保险公司

1992 年 1 月 16 日，原告与被告签订了货物运输保险合同，保单号为 J00221923167。保险标的为原告外购 92PMK—777925HK 合同项下货物磷酸二氨，数量 21 150 吨，保险金额按标的 CIF 条件加一成为 4 233 892.56 美元，承保条件为中国人民保险公司 1981 年 1 月 1 日公布的《海洋货物运输保险条款》，一切险附加短重险（包括"仓至仓"条款）。原告投保的磷酸二氨由"丰康"轮承运，于 1992 年 8 月 11 日在天津新港靠泊，到港仓单数应为 35 400 吨，其中包括原告所属磷酸二氨 21 150 吨。据商检公估数字，短卸率为 5.8‰。卸下的货物全部进入天津港务局第二港埠公司 203.204.207 号码头仓库内。

同年 9 月 1 日，天津港遭遇特大海潮袭击。货物被海水浸泡，受损严重。9 月 3 日，原告电话通知被告，被告即委托勘验代理人中国进出口商品检验总公司天津分公司对原告提取的磷酸二氨检验定损。10 月 17 日，被告平安保险公司北京代表处以编号平保京理（1992）171 号函表示拒赔，称其所承保的该批货物的保险责任已在出险前终止。

原告诉称：根据保险合同"仓至仓"条款规定，保险人保险责任在货物出险时尚未终止，海潮属一切险范围之内，被告应承担赔偿责任。原告提单货物数量为 21 150 吨，扣短卸率 5.8‰和灌包耗损率 6‰，应提 20 901 吨。除海潮前提取的 8 499.9 吨外，海潮发生时，仍有 12 401.1 吨在港区仓库，受到海水浸泡。根据被告勘验代理人出具的"货物残损鉴定报告"，其中袋装 1 813.4 吨估损 80%；1 960 吨袋装估损 50%；散装 2 967.6 吨估损 100%，折合损失共计 5 398.32 吨。要求被告赔偿其保险标的因保险事故所受损失 1 087 191.75 美元；短重损失 3 047.59 美元；施救费用人民币 50 522.59 元；因迟付赔款的利息 54 966.19 美元以及其他损失人民币 118.16 万元。

被告辩称：由其承保的 J00221923167 号保单项下的货物受损后，经就事故现场的查勘，已于 1992 年 10 月 17 日致函原告，明确表示了拒赔理由和依据。根据保险条款三（一）规定，保险人的责任，从货到卸货港，收货人提货后运至其仓库，或提货后不运往自己的仓库，到对货物进行分配、分派、分散转运时终止。而本案原告在货物卸离海轮后，并在出险前，已将 8 500 吨灌包运往各地用户，构成了条款中的"被保险人用作分配、分派"的事实，并因此而终止了保险人的责任。所以对原告的该批货物损失，被告已没有赔偿义务。被告认为，原告于 1992 年 4 月 20 日已将被保险货物全部卖给案外人中国农垦物资公司，并且在该批货物运抵天津新港前已将提单转让，原告因此失去了诉权和可保利益。被告还认为，保险单所载明的目的地是天津新港，收货人在港口无自己的仓库。当收货人提货后，把全部货物存放在港区仓库时，港区仓库则视为收货人在目的港的最后仓库，因而构成了保险责任终止的条件。

「**审判**」

天津海事法院经审理查明：原告与被告于 1992 年 5 月 16 日签订的前述保险合同，承保条件是中国人民保险公司海洋货物运输保险条款（1981 年 1 月 1 日）一切险（包括"仓至仓"条款），附加超过装运总量 0.5% 的短重险。上述货物由"丰康"轮承运，自登那德逊威尔至新港。原告于签订保险合同当日，已将保险费 13 548.46 美元支付给被告。载运货物的"丰康"轮于 1992 年 8 月 11 日在天津新港靠泊，随后将船上所载包括原告以及其他收货人的 35 400 吨散装磷酸二氨（商检公估数为 35 195 吨，短卸 205 吨，短卸率为 5.8‰）全部卸入天津港第二港埠公司 203、204、207 号码头仓库内。原告作为 TPA—3 号提单项下的收货人，在"丰康"轮抵港前委托中国对外贸易运输总公司天津塘沽公司和中国农垦物资公司代办提货。至 1992 年 9 月 1 日止，原告共提取磷酸二氨 8 499.9 吨，并对此进行分配、分派运往河北、吉林等地。9 月 1 日，天津港部分码头、仓库遇特大海潮灾害。"丰康"轮所卸包括原告所属的 12 401.1 吨磷酸二氨遭海水浸泡造成损失。根据中国进出口商品检验总公司天津分公司货物残损鉴定报告结果：袋装磷酸二氨 1 813.4 吨受海水浸泡后，部分内货已呈糊状，并有少量流失现象，部分内货已结成硬块，货物内所含有效成分降低，估损 80%；1 960 吨部分内货受海水浸泡后已结硬块，估损 50%；散装 2 967.6 吨受海水浸泡后，呈糊状及泥状，部分受海水冲击后流失。为了防止第二次海潮侵袭，港方虽将所剩的残损货物运往安全场地，但经化验分析货物内所含的有效成分严重降低，已无法使用，估损 100%。以上货损共折合 5 398.32 吨。海潮发生后，因对港存货物进行施救，原告支付了所发生费用人民币 50 522.59 元。此后，原告向被告索赔。同年 10 月 17 日，被告明确表示对该批货物的损失拒赔。

天津海事法院认为：被告以原告在被保险货物出险前已将海运提单转让他人为理由，认为原告不具备实体诉权和可保利益的主张，证据不足，不予认定。原告委托他人提货的行为并未构成提单和货物所有权转移的条件。原告在本案中不但具有实体诉权，而且享有该批货物的可保利益。原告、被告之间签订的货物运输保险单是确定双方当事人权利义务的依据。被告保险责任终止的条件是直至被保险货物到达保险单所载明目的地收货人的最后仓库或储存处所，或被保险人用作分配或分派或非正常运输的其他储存处所为止。然而，原告未提取的 12 401.1 吨磷酸二氨在出险时正处于港口仓库和库场内，该批货物所处地点属港口作业区，因而无法实施对货物的分配、分派。只有在取得对货物的控制权，即提货后，原告才能对该批货物实施分配、分派或转运。因此，被告对原告未提取的处于港口仓库和库场的 12 401.1 吨货物仍负有保险责任。根据保险单约定，被告对超过装运总量 0.5% 的短重险负有赔偿责任。此外，为减少被保险货物的损失而产生的施救费用，亦应由被告承担。据此，依据《中华人民共和国民法通则》第一百一十一条之规定，天津海事法院于 1993 年 6 月 30 日判决如下：

一、被告赔偿原告保险货物因保险事故而遭受的损失 1 087 191.75 美元；

二、被告赔偿原告保险货物短重损失 3 407.59 美元；

三、被告偿付原告上述款项自 1992 年 11 月 1 日起至给付之日止的利息损失

（按中国银行企业同期存款利率计）；

四、被告赔付原告所支付的施救费用人民币 50 522.59 元；

五、原告其他诉讼请求不予支持。

被告中国平安保险公司不服天津海事法院一审判决，上诉于天津市高级人民法院。经二审法院主持调解，双方当事人于 1994 年 1 月 15 日自愿达成协议：

一、上诉人按原判决第一、二项合计金额的 93% 赔付被上诉人货损和短重损失 1 014 257.39 美元，并偿付自 1992 年 11 月 1 日起至给付之日止的利息损失（按给付币种的同期企业短期银行贷款利率计）；

二、上诉人给付被上诉人所支付的施救费人民币 50 522.59 元；

三、上述给付款项上诉人应在本调解书生效之日起十日内一次付清。

上述协议符合有关法律规定，二审法院予以确认。

「评析」

此案是在我国《海商法》施行前受理，《海商法》施行后审结的。根据最高人民法院《关于学习宣传和贯彻执行〈中华人民共和国海商法〉通知》的精神，案件的审理仍然适用了受理时的法律规定。这起海上货物运输保险合同纠纷，主要焦点集中在被保险人即原告是否有可保险利益和保险责任期限两个问题上。

一、本案被保险人即原告的可保利益问题。被保险人是否有可保利益，关键是保险标的物是否属于其所有。根据国际惯例，提单具有物权凭证作用。提单持有人只要合法取得提单，那么就享有该提单项下所载货物的所有权。本案被保险人即原告是"丰康"轮所载磷酸二氨的 TPA—3 提单持有人，尽管在目的港卸货时委托了中国外贸运输总公司天津塘沽公司和中国农垦物资公司办理排港、报关、提货等手续，但并未构成提单转让的条件，提单仍然属于被保险人即原告持有，提单项下记载的货物所有权没有转移。我国财产保险合同条例规定：财产保险的投保方，应当是被保险财产的所有人或者经营管理人或者对保险标的有保险利益的人。因此，此案的被保险人即原告，具有可保利益。

二、保险责任期限问题。此案的承保条件是 1981 年 1 月 1 日公布的中国人民保险公司海洋货物运输保险条款，险别为一切险，附加短重险。该条款的保险人保险责任起讫是负"仓至仓"责任。也就是自被保险货物运离保险单所载明的起运地仓库或储存处所时起，保险人保险责任开始发生，包括正常运输过程中的海上、陆上、内海和驳船运输在内，直至该项货物到达保险单所载明目的地收货人的最后仓库或储存处所或被保险人用作分配、分派或非常运输的其他储存处所止，保险人保险责任终止。本案被保险货物卸离海轮后，堆存于港口当局所属码头仓库和库场，货物虽然属于被保险人所有，但货物的控制权在港口当局，被保险人不能实施对该批货物分配、分派或转运，只有提取货物后，取得对货物的控制权，才能实施分配、分派或转运行为。因此，港口当局所属仓库或库场尚未构成保险责任期限"仓至仓"条款中指出的"被保险人用作分配、分派的其他储存处所"，该批货物仍在保险人的保险责任期限内，故保险人即被告应对此期限内发生的保险责任事故所造成的原告损失负赔偿责任。

（资料来源：110 法律咨询网，2008 - 06 - 26。）

2. 非正常运输。由于被保险人无法控制的运输延迟、绕道、被迫卸货、重新装载、转载或承运人运用运输合同赋予的权限所作的任何航海上的变更或终止运输契约，致使被保险货物运到非保险单所载明目的地时，在被保险人及时将获知的情况通知保险人，并在必要时加缴保险费的情况下，本保险仍继续有效，保险责任按下列规定终止：（1）被保险货物如在非保险单所载明的目的地出售，保险责任至交货时为止，但不论任何情况，均以被保险货物在卸载港全部卸离海船后满 60 天为止。（2）被保险货物如在上述 60 天期限内继续运往保险单所载原目的地或其他目的地时，保险责任按正常运输的规定终止。

3. "驳船条款"。驳船在驳运过程中会发生损失，而驳船又非保单上写明的海船。通过这一条款明确保险公司对驳运过程中保险货物的损失，也予负责。负责的范围，按照保险单上所载的承保险别办理。这一条款中还规定每一条驳船均作为单独的保险，而且并不因为被保险人同驳船方有任何免责的协议而影响被保险人对保险的权利。单独保险的含义是指驳船上承运的货物虽然从整个保险单所保的货物来看是一个部分，不是单独的，但是将它作为一个单独的整体来考虑。例如，一张保险单承保了 1 200 包水泥，保的是平安险，分装四条驳船运往海船，每艘驳船装 300 包，其中一条驳船在驳运过程中，遭遇恶劣气候，300 包水泥全部损失。如果作为一张保险单的一部分来对待，那么没有达到所保货物的全损，保险公司不予负责，现在将它作为单独的保险来处理，则已经达到驳船驳运货物的全部损失，保险公司予以负责。

4. "海运进口货物国内转运期间保险责任扩展条款"。保险货物运至海运提单载明的我国卸货港后，如需转运至国内其他地区，承保人按《海洋货物运输保险条款》规定的保险险别（战争险除外），继续负责转运期间的保险责任，直至所保货物运至卸货港货物转运单据上载明的国内最后目的地。

责任终止情况如下：（1）经收货单位提货后运抵其仓库时终止；（2）自货物进入承运人仓库或堆场当日 24 时起算满 30 天终止。以上两项，以先发生者为准。

卸货港等待转运期间的保险责任，以货物全部卸离海船当日 24 时起算满 60 天终止。如货物不能在 60 天内转运，收货或接货单位可在 60 天满期前开列不能转运的货物清单，申请展延保险期限。承保人可根据具体情况决定是否同意展延和确定展延的日期。如同意展延，展延期限最长不能超过 60 天。期限届满 120 天之后，如仍要求继续展延，经承保人同意后，每 30 天为一期按保险有关规定加费。转运货物在卸货港存放满 60 天或经展延保险期限届满而未继续办理保险责任展延申请的，收货或接货单位应立即在港口进行检验、如发现货物有短缺或残损，应在保险责任终止日起十天内通知承保人港口机构进行联合检验。承保人仅对在港口检验确定的货物损失负保险责任。承保人对所有散装货物（如散装油类、粮、糖、矿石、矿砂、废铜铁、旧轮胎等）以及化肥、活牲畜、新鲜果菜所承担的保险责任，一律按《海洋货物运输保险条款》的规定在卸货港终止，不负责国内转运期间的保险责任。

四、被保险人的义务

被保险人如因未履行规定的义务而影响保险人利益时，保险人对有关损失有权拒绝赔偿。被保险人的义务包括：

1. 及时提货、申请检验。当被保险货物运抵保险单所载明的目的地以后，被保险人应及时提货，当发现被保险货物遭受任何损失，应立即向保险单上所载明的检验、理赔代理人申请检验，如发现被保险货物整件短少或有明显残损痕迹应立即向承运人、受托人或有关当局（海关、港务当局等）索取货损货差证明。如果货损货差是由于承运人、受托人或其他有关方面的责任所造成，应以书面方式提出索赔，必要时还须取得延长时效的认证。

2. 采取合理的抢救措施。对遭受承保责任内危险的货物，保险双方都可迅速采取合理的抢救措施，防止或减少货物的损失，被保险人采取此措施，不应视为放弃委付的表示，保险人采取此措施，也不得视为接受委付的表示。

3. 维护保险单的效力。如遇航程变更或发现保险单所载明的货物，船名或航程有遗漏或错误时，被保险人应在获悉后立即通知保险人并在必要时加缴保费，保险合同才继续有效。

4. 提供索赔单证。索赔时，一般须提供：保险单正本、提单、发票、装箱单、磅码单、货损货差证明、检验报告及索赔清单。如涉及第三者责任，还须提供向责任方追偿的有关函电及其他必要单证或文件。

5. 被保险人在获悉有关运输合同中"双方有责碰撞"条款的实际责任时，须及时通知保险人。如果能够证明承运方未尽到应尽职责，则其不能豁免对本船货损的赔偿责任。

五、索赔期限

被保险人提出保险索赔的期限最多不超过两年，从货物在最后卸载港全部卸离海船之日算起，逾期将丧失索赔权。

第二节　中国海运货物附加险条款

附加险是相对于基本险或主险而言，它不能单独投保，必须依附于主险项下，只有在投保了主险后方能加保的险别。附加险包括普通附加险、特别附加险和特殊附加险三大类。

一、普通附加险

普通附加险又称一般附加险，包括在一切险的责任范围内，属于一切险的责任范畴，所承保的保险责任是在自然灾害和意外事故之外的外来风险造成的货物损失，共有 11 种。

（一）偷窃、提货不着险（Theft Pilferage and Non-Delivery，T. P. N. D.）

保险人对被保险货物因被偷窃，以及被保险货物运抵目的地后整件未交的损失承担保险责任。但是，被保险人对于偷窃行为所致的货物损失，必须在提货后 10 天内申请检验，而对于整件提货不着，被保险人必须取得责任方的有关证明文件，保险人才予赔偿。同时保险人享有代位追偿的权利。

（二）淡水雨淋险（Fresh Water Rain Damage，F. W. R. D.）

承保货物在运输途中由于淡水或雨水造成的损失，包括船上淡水舱、水管漏水以及舱汗所造成的货物损失。不过，保险人承担赔偿责任，要求被保险人必须在知道发生损失后的 10 天内申请检验，并要以外包装痕迹或其他证明为依据。

（三）短量险（Risk of Shortage）

负责对被保险货物在运输过程中，因包装破裂或散装货物发生数量损失或重量短缺的损失进行赔偿，但不包括货物在途中的正常损耗。被保险人对于包装货物的短少，应当提供外包装发生破裂现象的证明；对于散装货物，则以装船重量和卸船重量之间的差额作为计算短量的依据，同时还要扣除免赔额。

（四）混杂玷污险（Risk of Intermixture and Contamination）

承保被保险货物在运输过程中，因与其他物质接触而被玷污或混进杂质，影响货物质量所造成的损失。混杂是指运输的货物在运输途中因混进杂质而损失，如矿砂、矿石混进了泥土、草屑等，使货物的质量受到影响。玷污是指货物与其他物质接触而被玷污致损，如布匹、纸张、食物、衣服等被油类或带色的物质污染引起损失。如果是因为船舱不洁而造成混杂、玷污的则属于承运方责任。

（五）渗漏险（Risk of Leakage）

承保流质、半流质、油类货物在运输途中因容器损坏而引起的渗漏损失，以及用液体储运的货物因储体的渗漏引起货物腐烂变质造成的损失。保险人承保由于包装渗漏造成的短量和由于保护性液体渗漏造成的货物腐烂变质的损失，但对渗漏出来的物质对其他货物或船舶造成的损失不予承保。

（六）碰损破碎险（Risk of Clashing and Breakage）

承保货物运输过程中，因震动、碰撞、挤压造成的损失。碰损指的是一些金属制品或一些怕碰的货物，如机器、搪瓷、家具等，在运输途中因受震、受压、碰击等造成的凹痕、脱漆、破裂等。破碎指的是一些易碎的货物，如玻璃制品、大理石等，在运输过程中因粗鲁装卸、运输工具的震颤等外来原因造成货物的破碎。保险人对保险货物本身发生的碰损或破碎承担赔偿责任，但对被碰破碎的货物造成其他货物碰损破碎的损失不负责任。

（七）串味险（Risk of Odour）

承保被保险货物因在运输过程受其他物品影响而引起的串味损失。一般用于易发生串味损失的食品、粮食、茶叶、中药材、香料、化妆品等货物。如这种串味损失因承运人配载不当所造成，保险人在对被保险人赔付后，应向承运人追偿损失。

（八）受潮受热险（Damage Caused by Sweating and Heating）

承保被保险货物在运输过程中，因气温突然变化或船上通风设施失灵致使船舱内水汽凝结，而使货物发潮发热所造成的损失。

（九）钩损险（Hook Damage）

承保被保险货物（一般是袋装、箱装或捆装货物）在装卸过程中，因使用钩子包括手钩、吊钩等工具装卸，致使包装破裂造成货物外漏或直接钩破货物所造成的损失。

（十） 包装破裂险（Loss for Damage Caused by Breakage of Packing）

承保被保险货物用袋装、箱装、桶装、篓装的块、粒、粉状物品在运输过程中因搬运或装卸不当，造成包装破裂所引起的货损、玷污、受潮等损失，以及因续运安全的需要修补或调换包装所支出的费用。

（十一） 锈损险（Risk of Rust）

承保被保险货物在运输过程中由于生锈而造成的损失。生锈只要在保险期限内发生的，且不是原装时就存在的，保险公司都将负责赔偿，因此在保险实务中，保险人一般不就裸装的金属材料承保锈损险，因为裸装的金属板、块、条等必然会生锈。

二、特别附加险

特别附加险不能独立投保，必须附属于基本险项下。它与普通附加险的区别在于：特别附加险不包括在一切险的责任范围内，而普通附加险属于一切险的责任范畴。

（一） 进口关税险（Import Duty Risk）

保险人负责货物受损但被保险人仍需按完好价值缴纳进口关税所造成的损失，保险金额是单独的，与货物本身的保险金额分别载明在保险单内，不能互相串用，是我国海运附加险中唯一需另行确定保险金额的险种。保险金额根据可能缴纳的关税来确定，通常由被保险人根据进口国进口关税的税率来制定。这个险别的设置，是因有些国家规定，不论进口货物有无损失，都要照申报价值交纳进口关税。如果货物发生全损或者丢失，根据一切险条款，进口商的货物损失可从保险公司得到补偿。但所纳关税属于间接损失，是一切险的除外责任，得不到补偿。收货人为取得这种在一切险责任以外的保障，需要向保险公司单独投保进口关税险。保险公司在承保时，也要审核和限定保险金额，以防止道德风险。这种附加险在赔偿时，保险公司赔偿的金额是被保险人因货物损毁而不应缴纳的那部分关税。即用完好价值关税减去残余货物关税的余额即可。例如，某批货物申报价值100万元，关税税率40%，则其完好价值应纳关税为40万元，假设该批货物在途中遇险，只剩下30万元的货物，则应纳关税为12万元，则保险人负责赔偿的关税损失为28万元。

【热点新闻】

最高254%关税负担压顶 我光伏企业拟海外找代工

北京时间2012年10月11日凌晨，美国商务部对华光伏"双反"案作出终裁决定，认定中国向美国出口的晶体硅光伏电池及组件存在倾销和补贴行为，并设定了18.32%~249.96%的最终反倾销税率及14.78%~15.97%的最终反补贴税率。这一终裁结果基本维持了5月美国商务部的初裁决定。

面对美国"双反"靴子的最终落定，国内众多光伏企业除一方面继续声明对终裁结果的不满外，也无奈加紧谋划到海外设厂以尽力规避"双反"带来的不利影响。

最高 254% 关税负担压顶

根据美国商务部的终裁结果，其对华"光伏"反倾销税率从今年 5 月初裁的最高 31.14% 下调至 18.32%，最高幅度不变仍为接近 250%。而反补贴税率则大幅增加逾 10 个百分点，大大高于初裁的 2.9% ~ 4.73%。

具体征税方面，龙头企业中，无锡尚德被征收的税率最高，反倾销税扣减出口补贴后为 21.19%，反补贴税为 14.78%，综合税率为 35.97%。另有 61 家光伏企业享有单独的反倾销税率，范围在 18.32% ~ 31.73%，其中英利适用的关税税率为 30.66%，而天合光能在龙头光伏企业中享有最低的税率，综合关税为 23.75%。

但值得一提的是，绝大多数光伏企业在美国出口电池片及组件将要被征收 249.96% 的反倾销税率。

对于美国终裁结果的直接影响，一位业内人士对《中国证券报》记者分析，如果从中扣除 10.54% 的出口补贴，"双反"增加的关税范围为 23.75% ~ 254.66%，这意味着最高增加 2.5 倍以上的成本负担。而目前美国在售的中国光伏电池板成本约比美国同行业仅低出 20%，这意味着"双反"给中国光伏电池带来的成本负担急剧升高，失去成本优势的国内光伏企业未来在美国的份额将加速丢失。

事实上，自 5 月美国出台"双反"初裁以来，国内光伏产品对美出口量已出现快速下滑，其中仅 6 月出口额同比就下降 6 成之多。

加紧海外设厂转移产能

值得注意的是，此次美国对华光伏"双反"终裁提出维持调查范围不变，即征税范围仅限原产于中国电池。这意味着中国企业通过海外代工方式输往美国的产品不在惩罚范围内。

这也让众多企业看到一丝利好。事实上，不愿坐以待毙的企业早已趋向选择到海外直接设厂，转移部分产能到海外。毕竟国内市场份额不到 5%，面对 20% 的美国市场及其长远成长潜力，谁都不愿意轻易放弃。

据了解，无锡尚德早在 2010 年就在美国亚利桑那州凤凰城建造了工厂，目前的产能在 50 兆瓦左右。同为第一梯队的阿特斯目前在北美地区的工厂产能为 200 兆瓦，今年底计划将提升到 400 兆瓦。

《中国证券报》记者了解到，包括天合光能、昱辉阳光和中电光伏等第一梯队企业目前都在筹划到海外设厂。天合光能董事长高纪凡此前曾表示，目前天合光能产品出口到欧洲的份额达到 70%，如果反倾销制裁出台，公司不得不到海外直接设厂。昱辉阳光则直接表示，公司目前已决定加大其光伏硅片在台湾的代工量，今年释放的代工订单为 150 兆瓦，明年预计将增加三倍。

国信证券分析师认为，由于美国"双反"没有将"双反"范围扩大到上游电池片，因此部分大厂仍可以选择海外建厂和海外贴牌等方法规避"双反"的影响。同时，由于税率普遍上调，没有资金在海外建厂的中小企业可能会被加速淘汰，对于行业可能也是个好的市场调节的方向。

（资料来源：www. sina. com. cn，2012 - 10 - 12。）

（二）舱面险（On Deck Risk）

根据海运习惯，海上运输货物通常装在船舱内，如果货物装在甲板上，船方对货物不负任何责任，在遇到共同海损时，也不能得到补偿。因此，船方应取得货方同意才能将货物装载在甲板上。货主同意装甲板，等于放弃了货物的安全，属于被保险人的过失或故意行为，是除外责任。如在办理投保时，未向保险人声明，属于申报不实，依法保险人不负责任。保险人核定责任范围和制定费率时，是以货物装载在船舱内为基础来核算的。但有些货物因为有毒、有腐蚀性或体积庞大，航运习惯上只能装于甲板上，就有必要加保舱面险，并增加风浪将货物击落入海的责任。如承运人未得到货方同意而私自将货物装在甲板上，则承运人违约，承运人要负完全责任，保险人在排除被保险人的过失或故意的情况下，可以对损失进行赔偿后向承运人追偿。货物装载在舱面上容易遭受水湿雨淋，因此保险人为避免责任过大，一般只接受在平安险、水渍险的基础上加保舱面险，不接受在一切险的基础上加保舱面险。集装箱货物视同舱内货物，不必加保本保险。

（三）黄曲霉毒素险（Aflatoxin Risk）

保险人负责赔偿被拒绝进口或被没收部分货物的保险价值或改变用途所造成的损失。黄曲霉毒素是肉眼不能看到的无色无味的致癌物。有些货物，主要是粮食、食油和食品类，往往在出口前就含有一定量的黄曲霉毒素，而花生、大米、油籽如果遇到霉变，则这种毒素含量会大大提高。许多国家的卫生标准有最大允许量的规定。如果进口商品在海关被检出黄曲霉毒素超标，这种商品就会被拒绝进口、没收或强制改变其用途。但保险责任开始前已存在的黄曲霉毒素超标，不在保险人的责任范围内。

（四）拒收险（Rejection Risk）

拒收险承保货物在生产、质量、包装、商品检验等方面，必须符合产地国和进口国的有关规定。例如，出口国和进口国的卫生标准的区别，或出口国的检验手段、使用的试验材料与进口国不同，出口国认为货物符合卫生标准，而进口国当局认为货物不合格，不准进口；贸易成交时，进口商已取得进口国的许可证，而当货物到达时，进口国当局发布临时命令禁止进口等。这些情况使货物往往被没收或销毁，有的转到其他地方出售或运回原地，这些原因属于政府行为，是一切险的除外责任，须额外加保。投保拒收险的条件是被保险人在投保时必须持有进口所需的一切手续（特许证或许可证或进口限额）。如果被保险货物在起运后至抵达进口港之前的期间内，进口国宣布禁运或禁止进口的，保险人只负责赔偿将该货物运回出口国或转口到其他目的地所增加的运费，且以该货物的保险金额为限。

（五）交货不到险（Failure to Delivery Risk）

承保自被保险货物装上船舶时开始，在6个月内不能运到原定目的地交货的损失。这种损失不是指货物受损，而是没有按时交到收货人手中产生的损失。例如，专门用于特定节日的用品，如果在节日前不能运到，价格损失很大。不论何种原因造成交货不到，保险人都按全部损失予以赔偿，但被保险人应将货物的全部权益转移给保险人。因为造成交货不到的原因并非运输上的，而是某些政治原因（如被另一国在中途港强迫卸货等），所以被保险人在投保该险别时必须获得进口货物所有一切许可手续，否则投保该险无效。另外，由于该附加险与提货不着险和战争险承保责任范围有重叠之处，故中国人民保险公司在条款中规定，提货不着险和战争险项下所承担的责任，不在交货不到险的保险责任范围之内。

（六）出口货物到香港（包括九龙）或澳门存仓火险责任扩展条款（Fire Risk Extension Clause for Storage of Cargo at Destination Hongkong, including Konloon or Macao）

这是中保财产保险公司所开办的一种特别附加险，承保被保险货物自内地出口到香港（包括九龙）或澳门，卸离运输工具，直接存放于保险单载明的过户银行指定的仓库期间发生火灾所受的损失。该附加险是一种保障过户银行权益的险种。货主通过银行办理押汇，在货主未向银行归还贷款前，货物的权益属于银行，在该保单上必须注明过户给放款银行。货物在此期间到达目的港，收货人无权提货，必须存入过户银行指定的仓库。该附加险的保险期限，自被保险货物运入过户银行指定的仓库之时起，至过户银行收回货款，解除货物权益之时，或者运输责任终止（即基本险责任）时起满 30 天时止。若被保险人在保险期限届满前向保险人书面申请延明的，在加缴所需保险费后可以继续延长。

三、特殊附加险

特殊附加险包括战争险和罢工险。

（一）战争险

1. 承保风险

与《协会货物条款》规定基本一致：①海盗风险。我国原将其列为战争险承保责任，而伦敦保险协会将其作为 ICC（A）条款的保险责任，为与国际通行做法统一，中国人民保险公司在 1995 年上报保监会的海运货物保险条款修改稿中将其作为战争险的除外责任。②关于武器。协会条款为遗弃的战争武器，而我国为常规武器，包括水雷、鱼雷、炸弹等。

2. 除外责任

与《协会货物条款》相同：①原子武器损失。②航程挫折条款。条款中说明的是核武器损失，因此若核电站发生了泄漏事件，造成的损失保险人应当赔偿。

3. 保险期间

与协会货物条款规定基本相同，采用"水面危险条款"，包含中途转运、驳船转运、航程终止、扩展责任等内容，唯一不同的是关于驳船装运的货物在时间上我国为 15 天，而《协会货物条款》为保险人自货物从海船卸至驳船可以承担 60 天的责任。

4. 注销

保险双方在保险生效以前都可以向对方发出注销本保险的通知，在通知发出后 7 天期满时，该通知生效，战争险被注销。这种做法是国际市场上的通行做法。

5. 战争险附加费用保险

承保发生战争险责任内的风险引起航程中断或挫折，以及由于承运人行使运输合同中有关战争险条款规定所赋予的权利，把货物卸在保险单载明目的港以外的港口或其他任何地方，因此而产生的应由被保险人负责的那部分附加的合理费用，包括卸货、上岸、存仓、转运、关税以及保险费等。被保险人可以在投保战争险的前提下，投保本保险来获得保障。

（二）罢工险

罢工险是保险人承保被保险货物因罢工等人为活动造成损失的特殊附加险。我国的罢工险与《协会货物条款》基本相同，不同的是没有特别强调恐怖行为或政治目的的行为损失。

1. 承保风险

（1）罢工者、被迫停工工人或参加工潮暴动、民众斗争的人员的行动所造成的直接损失。（2）任何人的恶意行动所造成的直接损失。（3）因上述行动或行为引起的共同海损的牺牲、分摊和救助费用。除共同海损的牺牲、分摊和救助费用外，保险人不承担其他费用，特别是不承担续运费用。

2. 除外责任

因罢工引起的间接损失是除外责任，即在罢工期间由于劳动力短缺或不能运输所致被保险货物的损失，或因罢工引起动力或燃料缺乏使冷藏机停止工作所致冷藏货物的损失，不在保险人的责任范围内。

罢工险条款与货物运输保险条款中的任何条文有抵触时，以罢工险条款为准。

第三节　中国海运货物专门险条款

一、海洋运输冷藏货物保险条款

有些货物在海运过程当中需要保持新鲜，如鱼、虾、肉等，需要经过特别处理后装入轮船冷藏舱内。在运输途中，可能会因船舱冷藏设备失灵造成鲜货的腐烂，为此设立海洋运输冷藏货物保险。

（一）承保风险

1. 冷藏险（Risk for Shipment of Frozen Products）

在水渍险的基础上，增加"由于冷藏机器停止工作连续达 24 小时以上造成的腐烂或损失"责任。冷藏机器是指载运保险货物的冷藏车、冷藏集装箱和冷藏船上的制冷设备。一般是指被保险货物在运输途中由于恶劣气候、雷电、海啸、地震、洪水自然灾害或由于运输工具遭受搁浅、触礁、沉没、互撞、与流冰或其他物体碰撞以及失火、爆炸意外事故或由于冷藏机器停止工作连续达 24 小时以上所造成的腐败或损失。

2. 冷藏一切险

与一切险的责任基本相同：除包括上列冷藏险的各项责任外，还负责被保险货物在运输途中由于外来原因所致的腐败或损失。

（二）除外责任

除包含海运险的除外责任外，增加：

1. 被保险货物在运输过程中的任何阶段，因未存放在有冷藏设备的仓库或运输工具中，或辅助运输工具没有隔温设备造成的货物腐败。

2. 被保险货物在保险责任开始时因未保持良好状态，包括整理加工和包扎不妥，冷冻上的不合规定及骨头变质所引起的货物腐败和损失。

（三）保险期间

同海运险基本一致，只是针对冷藏货物的特点，对有关时间进行了调整：

1. 正常运输

保险责任自被保险货物运离保险单所载起运地点的冷藏仓库装入运送工具开始运输时生效，包括正常运输过程中的海上、陆上、内河和驳船运输在内，直至该项货物到达保险单所载明的最后卸载港30天内卸离海船，并将货物存入岸上冷藏库后继续有效。但以货物全部卸离海船时起算满10天为限。在上述期限内货物一经移出冷藏库，则责任即行终止，如卸离海船后不存入冷藏库，则至卸离海船时终止。上述30天与10天的规定以先发生者为准，并不做内陆责任的扩展。

2. 非正常运输

由于被保险人无法控制的运输延迟、绕道、被迫卸货、重新装载、转载或承运人运用运输合同赋予的权限所作的任何航海上的变更或终止，致使被保险货物运到非保险单所载明目的地时，在被保险人及时将情况通知保险人，并在必要时加缴保险费的情况下，保险仍继续有效。保险责任按下列规定终止：（1）在货物到达卸载港30天内卸离海船并将货物存入岸上冷藏仓库后继续有效，但以货物全部卸离海船后时起算满10天终止。在上述期限内，被保险货物如在非保险单所载明目的地出售，保险责任至交货时为止。（2）被保险货物如在上述10天期限内继续运往保险单所载原目的地或其他目的地时，保险责任仍按上述第（1）款的规定终止。

二、海洋运输散装桐油保险条款

桐油在运输过程中容易遭受污染、短少、渗漏、变质等损失。海洋运输散装桐油保险在参照《海洋货物运输保险条款》的基础上，既承保桐油在海上运输过程中因自然灾害或意外事故所致的损失，又负责因一部分外来原因造成的货损。

（一）承保风险

除了货运险的责任外，还承保：

1. 不论任何原因所致被保险桐油短少、渗漏损失而超过保险单规定的免赔率时（以每个油仓作为计算单位）。

2. 不论任何原因所致被保险桐油的玷污或变质损坏。

3. 被保险人对遭受承保责任危险的桐油采取抢救、防止或减少货损的措施而支付的合理费用，但以不超过该批被救桐油的保险金额为限。

（二）除外责任

1. 被保险人的故意行为或过失所造成的损失。

2. 属于发货人责任所引起的损失。

3. 在保险责任开始前，被保险桐油已存在的品质不良或数量短差所造成的损失。

4. 被保险桐油的市价跌落或运输延迟所引起的损失或费用。

（三）保险期间

类似"仓至仓"条款的所谓"罐至罐"（Shore Tank to Shore Tank Clause）条款，但关于未卸离油轮或非正常运的期限为 15 天。

1. 正常运输

保险责任自被保险桐油运离保险单所载明的起运港的岸上油库或盛装容器开始运输时生效，在整个运输过程中，包括油管卸油（抽油），继续有效，直至安全交至保险单所载明的目的地的岸上油库时为止。但如桐油不及时卸离海船或未交至岸上油库，则最长保险期限以海船到达目的港后 15 天为限。

2. 非正常运输

由于被保险人无法控制的运输延迟、绕道、被迫卸货、重新装载、转载或承运人运用运输契约赋予的权限所作任何航海上的变更或终止运输契约，致使被保险桐油运到非保险单所载明目的港时，在被保险人及时通知保险人，并加缴必要的保险费的情况下，保险仍继续有效，保险责任按下列规定终止：（1）被保险桐油应在到达该港口 15 天内卸离海船，在卸离海船后满 15 天责任终止，如在前述期限内货物在该地出售，则在交货时终止。（2）被保险桐油如在上述 15 天内继续运往保险单所载原目的地或其他目的地时，保险责任仍按第（1）款的规定终止。

（四）特别约定

主要是关于桐油的检验问题。

1. 被保险人在起运港必须取得下列检验保证书，否则保险人对桐油品质上的损失不负责任：（1）船上油仓在装油前必须清洁并经在场的商品检验局代表检验，出具合格的证书；（2）桐油装船后的容量或重量和温度必须由商品检验局详细检验并出具证书，装船重量即作为保险负责的装运量；（3）装船桐油的品质须由商品检验局抽样化验并出具合格证书，证明在装运时确无玷污、变质或"培他"（桐油损失专门名词）迹象。

2. 如遇非正常运输必须在非目的港卸货，在卸货前须进行品质鉴定并取得证书，对接受所卸桐油的油驳、岸上油库其他容器以及重新装载桐油的船舶油轮均须申请当地合格检验人进行检验，并取得证书。

3. 被保险桐油在运抵保险单所载目的港后，被保险人必须在卸货前通知保险单所指定的检验、理赔代理人，由其指定的检验人进行检验。在检验时要确定卸货时油仓中的温度、容量、重量等，并应由代理人指定的合格化验师进行一次或数次抽样化验，出具确定当时品质状况的证书。如到货后由油驳驳运，则油驳在装油前须经检验人检验出证。

（五）赔偿处理

1. 如被保险桐油经检验和化验证明已发生短少或损失时，必须同装船时的检验和化验报告相比较，估定损失数额。如发生全损，以经过商品检验局详细检验并出具证书的装船重量作为本保险负责的装运量作为计算的标准。同时需要扣除约定的免赔或正常途耗。

2. 如根据化验报告中的鉴定被保险桐油品质上有变异时，按实际所需的提炼费用（包括提炼后的短量、贬值、运输、人工、存仓、保险等各项费用）减去通常所的提炼费用后差额赔付。

3. 一切检验和化验费用均由被保险人负担，但为了决定赔款数额而支付的必要检验和化验费用，可由保险人负担。

4. 保险索赔时效从被保险货物在最后卸载港全部卸离海船后起计算，最多不超过 2 年。

第四节　集装箱保险

一、集装箱保险概述

集装箱保险既是运输工具的保险，又与货物保险有一定的相同性，属于特殊保险。集装箱保险包括集装箱箱体保险和集装箱责任保险。集装箱箱体保险是保险人向集装箱的使用者，对于集装箱在运输、使用和管理过程中因各种危险而产生的集装箱的灭失、损坏提供保障的保险。集装箱责任保险是在运输过程中，因集装箱发生事故而导致第三者的财产损失或人身伤害，集装箱所有人或经营人对于受害者承担法律赔偿责任时，保险人给予补偿。伦敦保险协会在 1987 年制定了集装箱保险条款。伦敦保险市场的联运保赔协会承保与集装箱运输相关的集装箱的灭失、损坏和责任，是集装箱运输的专业保险人。中国人民保险公司制定了集装箱损失定期和战争险条款。中国船东保赔协会对会员集装箱灭失和因集装箱引起的责任承担赔偿责任。

集装箱保险具有如下特点：

1. 集装箱保险是综合保险。集装箱保险既可承保集装箱本身，也可承保集装箱的责任，包括集装箱所有人和租借人的责任，以及集装箱运输的承运人、港站经营人和其他的受托人对于集装箱内货物损坏赔偿的责任。集装箱保险可以用单独的保险单承保，也可以使用同一份保险单综合承保。

2. 集装箱保险是定期保险。集装箱保险一般是定期保险，这与集装箱的数量多、流动频繁的运输特性相适应。

3. 集装箱保险约定赔偿限额。保险人对集装箱的损坏、灭失或因集装箱引起对第三者的赔偿责任均限定赔偿限额。同时，为避免小额、频繁的索赔，集装箱保险通常也采用免赔额的做法。

4. 集装箱保险单一般不转让。因为集装箱一般不作为买卖的货物，而集装箱保险又常含有责任保险，因此集装箱保险单通常不转让。

二、集装箱箱体保险

（一）承保风险

中国集装箱保险分为全损险和综合险。全损险承保集装箱的全损（包括实际全损和推定全损），综合险承保集装箱的全损和部分损失。全损险和综合险均承保集装箱对于共同海损及其分摊和救助费用以及施救费用。对于施救费用的补偿以不超过集装箱的保险金额为限。

（二）除外责任

由于集装箱不符合国际标准、内在缺陷和特性、工人罢工、延迟引起的损失和费用；正常磨损及其修理费用；集装箱战争险承保的风险和除外责任。

（三）退保

保险双方均可提前 30 天通知取消保险。如果由被保险人在保险期内退保，以短期费率计算保险费；如果由保险人提出退保，应按日比例退还保险费。

此外，在投保全损险或综合险后，可加保战争险，但仅承保水上危险和航空危险。

三、集装箱运输责任保险

（一）对集装箱船船东和租船人的承保

1. 承保财产。包括任何原因引起的被保险人财产灭失或损坏；财产共同海损的分摊和救助费用；因战争、罢工等原因造成的财产灭失以及财产共同海损的分摊和救助费用。

2. 承保陆上战争。集装箱陆上战争险的承保范围与海运战争险基本一致，只是将海运战争险的承保期间延伸至陆上。

3. 承保对第三者的责任。包括第三者财产的灭失或损坏以及间接损失，第三者人身伤亡赔偿责任以及因集装箱租赁、转包或联运契约而产生的契约责任。但对被保险人自有或出租的非集装箱的财产损失不负责任；对被保险人雇员的人身伤亡以及作为机动车业主的第三者责任不负责任；对因被保险人将其所投保的设备出租给他人或同意让其他人使用而造成的第三者责任不予承保。

4. 承保罚款。对被保险人或其代理人因违反设备进出口规定、移民规定、安全工作条件规定而被有关当局罚款（如税收罚款、营业增值税罚款等）承担赔偿责任。

5. 承保其他费用。费用包括调查、律师、检验费用，处理设备而发生的费用，正常业务之外的设备检疫、消毒和熏蒸费用等。

（二）对集装箱经营人的承保

1. 承保对货物、船舶或其他财产的赔偿责任，包括：因被保险人的过失，在装卸过程中造成货物、船舶或其他财产灭失或损坏的赔偿责任；错运或错交货物的赔偿责任，如未按权利人的指示交付货物或未凭提单交付货物；在安排运输货物或客户设备或船舶作业的过程中造成延误的赔偿责任；对部分贵重货物的赔偿责任等，但对被保险人违法行为所引起的赔偿责任保险人不负赔偿责任。

2. 承保对于其他第三者的责任，包括对于任何第三者的人身伤亡赔偿责任和财产赔偿责任、被保险人的契约责任，但不包括被保险人应负的雇主责任。

3. 承保提供错误建议或信息的风险。被保险人一般对自己管理或经营的服务项目有向客户提供建议或信息的义务，承保范围包括对被保险人提供的建议和信息错误而引起的对第三方的赔偿责任。

4. 承保港口装卸设备。港口装卸设备主要是指大型门式起重机、桥式起重机等。承保范围包括这些大型设备的灭失或损坏。对于这些设备的保险通常使用不定值保险，保险赔偿额以发生事故时这些港口附属财产的实际价值为基础。

5. 承保营业中断风险。对于因保险标的的损失而引起的被保险人的停产、减产、营业中断等间接损失提供保障，包括营业中断而引起的利润损失和额外增加的人工费用和其他费用。

6. 承保火灾的赔偿责任。承保被保险人对其租用的建筑物的火灾造成的损失。

7. 承保罚款和费用。承保责任与集装箱船东和租船人的承保范围相同。

（三）承保港口当局的责任

港口当局对其所提供的集装箱运输服务须承担一定的责任，这些服务包括装卸货物，货物、集装箱、拖车的仓储；设置航行标志；绘制海图；清偿残骸；提供引航；港口紧急服务以及提供建议和信息等。

（四）承保货运代理人等的责任

货运代理人、无船承运人和国际仓储经营人在其经营活动中也须对客户承担一定的责任，承保范围包括对客户的责任，如对货物灭失或损坏的责任以及因被保险人的疏忽造成的客户经济损失；对海关的责任，主要指被海关当局课以罚款；对第三者的责任；有关费用，除检验费用、律师费用外，还有将错运的货物重新运抵目的地的费用和共同海损分摊和救助费用；设备的灭失、损坏及战争险等责任。

（五）中国船东保赔协会集装箱运输的责任保险

中国船东保赔协会章程第二十五条将集装箱视为入会船的延伸部分，规定对会员因集装箱运输而引起的下列责任特别予以承保：会员在入会船上装载自有的或租用的集装箱而产生的责任和费用（不包括集装箱本身的灭失或损坏）。

四、集装箱运输货物保险

根据可保利益原则和"仓至仓"原则，海上货物保险条款适用于集装箱运输货物保险。中国海运货物保险条款和 ICC 的 A、B、C 条款均适用于集装箱运输货物保险。

（一）集装箱运输货物的风险

1. 集装箱货物湿损。包括雨水、海水侵入导致集装箱货物的湿损，其原因主要是集装箱的箱体结构不够严密造成的。

2. 因撞击而造成的货物损坏。运输过程中，集装箱难免会遭受各种撞击，导致内装货物因撞击而损坏。

3. 集装箱货物的汗损。当集装箱气温上升，集装箱内部及所装载货物的水分会变成蒸汽，如集装箱内气温下降，蒸汽会变成水滴，从而造成内装货物的汗损。

4. 集装箱货物的污损或串味。当集装箱内部混装了不能相容的货物时或未将集装箱内部残留的污物彻底清扫干净就装载货物，容易使货物在运输途中发生污损或串味。

5. 因特种集装箱温度变化而引起的货损。如冷冻或冷藏集装箱上的制冷机发生故障导致货物损坏。

6. 偷窃、提货不着。这种风险主要是由集装箱作业区未能保持安全的管理体制引起。

（二）集装箱货物保险

1. 一切险（All Risks）和 ICC 的 A 条款承保集装箱运输货物。中国海运货物保险条款一切险承保外来原因引起的货物损失，ICC 的 A 条款承保的风险与一切险基本一致，基本覆盖了集装箱运输中经常发生的风险。

2. 进口集装箱运输货物保险特别条款。由中国人民保险公司于 1982 年 8 月 1 日制定，可与海运货物保险条款一并使用。内容如下：①保险责任。进口集装箱运输货物保险责任按原运输保险单责任范围负责，但保险责任至保险单载明的目的港收货人仓库终止；集装箱货物运抵目的港，原箱未经启封而转运内地的，保险责任至转运目的地收货人仓库终止；如果集装箱货物运抵目的港或目的港集装箱转运站，一经启封开箱，全部或部分货物仍需继续转运至内地时，被保险人或其代理人必须征得保险人同意，按原保险条件和保险金额办理加批、加费手续后，保险责任可至转运单上标明的目的地收货人仓库终止。②特别除外责任。凡因集装箱箱体无明显损坏，铅封完整，但开箱后，发现内装货物数量规格与合同规定不符，或因积载或配载不当所致的损失，不属保险责任；装运货物的集装箱必须具有合格的检验证书，如因集装箱不适货而造成的货物残损或短少不属于保险责任。③被保险人的义务。集装箱在目的港转运站、收货人仓库或经装转运至目的地收货人仓库，发现箱体明显损坏或铅封被损坏或灭失，或铅封号码与提单、发票所列的号码不符时，被保险人或其代理人或收货人应保留现场、保持原状，并立即通知当地保险人进行联合检验；进口集装箱货物残损或短少涉及承运人或第三者责任的，被保险人有义务先向承运人或第三者取证、进行索偿和保留追索权。

（三）装于甲板上的集装箱

在甲板上装载集装箱是国际航运惯例，承运人并不因集装箱装于甲板而构成对收货方的违约行为。集装箱装载于甲板上所面临的最大风险是浪击落海。ICC 的 A 条款和 B 条款承保此风险。

【本章小结】

我国海上货物运输保险条款	中国海运货物基本险条款	我国目前使用的海上货物运输保险条款是中国人民保险公司修订的《海洋货物运输保险条款》，其基本险可分平安险、水渍险和一切险三个险别，三个险别除了在承保风险上有所不同外，在除外责任、保险期间、被保险人义务和索赔期限等内容基本相同。
	中国海运货物附加险条款	中国海运货物附加险条款包括一般附加险、特别附加险和特殊附加险。
	中国海运货物专门险条款	中国海运货物专门险条款包括冷藏货物保险条款和散装桐油保险条款。
	集装箱保险	集装箱箱体保险是保险人向集装箱的使用者，对于集装箱在运输、使用和管理过程中因各种危险而产生的集装箱的灭失、损坏提供保障的保险。

【课后习题】

一、单选题

1. 根据我国《海洋货物运输保险条款》规定，一切险包括（　　　）。

A. 平安险加 11 种一般附加险　　B. 一切险加 11 种一般附加险

C. 水渍险加 11 种一般附加险　　D. 11 种一般附加险加特殊附加险

2. 某批出口货物投保了水渍险，在运输过程中由于雨淋致使货物遭受部分损失，这样的损失保险公司将（　　　）。

A. 负责赔偿整批货物

B. 负责赔偿被雨淋湿的部分

C. 不给予赔偿

D. 在被保险人同意的情况下，保险公司负责赔偿被雨淋湿的部分

3. 战争、罢工风险属于（　　　）。

A. 自然灾害　　　B. 意外事故　　　C. 一般外来风险　　　D. 特殊外来风险

4. 我公司按 FOB 条件进口一批玻璃器皿，在运输途中的装卸、搬运过程中，部分货物受损，要得到保险公司赔偿，我公司应投保（　　　）。

A. 平安险　　　B. 一切险　　　C. 破碎险　　　D. 一切险加破碎险

5. 保险公司承担保险责任的期间通常是（　　　）。

A. 钩至钩期间　　B. 舷至舷期间　　C. "仓至仓"期间　　D. 水面责任期间

6. 平安险不赔偿（　　　）。

A. 自然灾害造成的实际全损

B. 自然灾害造成的推定全损

C. 意外事故造成的全部损失和部分损失

D. 自然灾害造成的单独海损

7. 淡水雨淋险属于（　　　）的承保范围。

A. 平安险　　　B. 水渍险　　　C. 一般附加险　　　D. 特别附加险

8. 按《海洋货物运输保险条款》的规定，在三种基本险别中，保险公司承担赔偿责任的范围是（　　　）。

A. 平安险最大，其次是一切险，再次是水渍险

B. 水渍险最大，其次是一切险，再次是平安险

C. 一切险最大，其次是水渍险，再次是平安险

D. 一切险最大，其次是平安险，再次是水渍险

二、多选题

1. 我公司以 CFR 条件进口一批货物，在海运途中部分货物丢失。要得到保险公司赔偿，我公司可投保（　　　）。

A. 平安险　　　　　　　　　　B. 一切险

C. 平安险加保偷窃、提货不着险　　D. 一切险加保偷窃、提货不着险

2. 根据我国现行《海洋货物运输保险条款》的规定，能够独立投保的险别有（　　）。

A. 平安险　　　　　B. 水渍险　　　　　　C. 一切险　　　　　D. 战争险

3. 根据我国现行《海洋货物运输保险条款》的规定，下列损失中，属于水渍险承保范围的有（　　）。

A. 由于海啸造成的被保货物的损失

B. 由于下雨造成的被保货物的损失

C. 由于船舱淡水水管渗漏造成的被保货物的损失

D. 由于船舶搁浅造成的被保货物的损失

4. 一般附加险包括（　　）。

A. 淡水雨淋险　　B. 包装破裂险　　　　C. 拒收险　　　　　D. 舱面险

5. 为防止海上运输途中货物被窃，可以投保（　　）。

A. 平安险加保偷窃险　　　　　　　　B. 水渍险加保偷窃险

C. 一切险加保偷窃险　　　　　　　　D. 一切险

6. 中国人民保险公司《海洋货物运输保险条款》规定的基本险别包括（　　）。

A. 平安险　　　　　B. 战争险　　　　　　C. 水渍险　　　　　D. 一切险

7. 出口茶叶，为防止运输途中串味，办理投保时，应该投保（　　）。

A. 串味险　　　　　B. 平安险加串味险　　C. 一切险　　　　　D. 水渍险加串味险

E. 一切险加串味险

三、判断题

1. 一切险的承保范围包括由自然灾害、意外事故以及一切外来风险所造成的被保险货物的损失。　　　　　　　　　　　　　　　　　　　　　　　　　　　　（　　）

2. 保险公司对战争险的责任起讫与基本险的责任起讫相同，都采用"仓至仓"条款。　　　　　　　　　　　　　　　　　　　　　　　　　　　　　　　　　　（　　）

3. "仓至仓"条款是指船公司负责将货物从装运地发货人仓库运送至目的地收货人仓库的运输条款。　　　　　　　　　　　　　　　　　　　　　　　　　　　　（　　）

四、简答题

1. 简述我国现行保险条款的平安险、水渍险和一切险的承保范围。

2. 我国海运货物保险的一般附加险、特别附加险和特殊附加险分别包括哪些险别？

3. 集装箱运输货物通常应投保哪种险别？

第八章

伦敦保险协会货物保险

【学习目标】

通过本章内容的学习，学生应掌握新协会货物运输保险条款的特点、协会货物 A 条款、协会货物 B 条款、协会货物 C 条款、协会战争险、罢工险和恶意损害险条款。

【学习重点与难点】

协会货物 A 条款、协会货物 B 条款、协会货物 C 条款。

【关键术语】

ICC 条款　基本险　附加险　专门险

【本章知识结构】

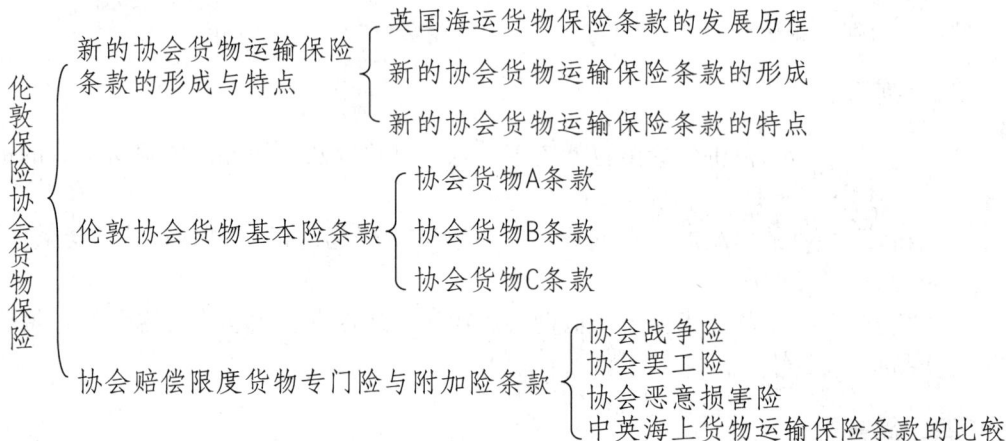

伦敦保险协会货物保险
- 新的协会货物运输保险条款的形成与特点
  - 英国海运货物保险条款的发展历程
  - 新的协会货物运输保险条款的形成
  - 新的协会货物运输保险条款的特点
- 伦敦协会货物基本险条款
  - 协会货物A条款
  - 协会货物B条款
  - 协会货物C条款
- 协会赔偿限度货物专门险与附加险条款
  - 协会战争险
  - 协会罢工险
  - 协会恶意损害险
  - 中英海上货物运输保险条款的比较

第一节　伦敦保险协会货物运输保险条款形成及特点

现行的《协会货物条款》通称 ICC（*Institute Cargo Clauses*）新条款，是相对于 1963 年的 ICC 旧条款而言的。该条款中的"货物"是指具有商品性质的货品，不包括个人财物或船上供应品和储备品。若无任何相反的习惯，甲板货和活牲畜必须特别投保，而不属于一般货物。"相反的习惯"的一个例子是"木材货物"，即原木，依习惯原木贸易通常在甲板上运输且无须申报为"甲板货"。在现代社会，另一个"相反的习惯"的例子是集装箱货物。

206

一、英国海运货物保险条款的发展历程

（一）劳氏S. G. 保险单货物保险条款

旧保险单 S. G. Form，全称"劳氏 S. G. 保险单格式"（The Lloyd's S. G. Form of Policy），S. G. 的含义：S（Ship）代表船舶；G（Goods）代表货物。劳氏 S. G. 保险单从 1779 年 1 月开始在伦敦保险市场上采用，1795 年取代所有其他海上保险单，成为船舶与货物运输保险的标准海上保险单。1906 年英国《海上保险法》将旧保险单列为"附件一"，该法第三十条规定，保险单得采用本附件一的格式，虽非强制性规定，但事实上已被广泛采用而成为英国海上保险市场上的标准保险单，并被许多国家作为蓝本来制订自己的海上保险单。

【知识链接】

劳氏 S. G. 保险单货物保险条款的内容

1. 劳氏 S. G. 保险单货物保险基本条款

劳氏 S. G. 保险单在 1982 年进行重大改革后，已于 1983 年停止使用，但其基本精神仍体现在现行的条款中。劳氏 S. G. 保险单有 16 项基本条款：

（1）说明条款。填写要保人（现在称为投保人）姓名，同时要求要保人对保险标的要具有保险利益，否则，该保险无效。

（2）转让条款。海上货物保险单可以不通过保险人而背书转让，理由是运输过程中风险由承运人控制。但船舶保险单不可随意转让。

（3）不论"灭失与否"条款。追溯性条款，在签合同时，不论保险标的是否发生灭失，保险合同都有效。但是在被保险人事先知道损失或保险人事先知道安全的情况下，保险合同无效。

（4）"在"和"从"条款。规定保险单生效的期限或航程的起点：①航程保险单：只填"从"字，保险合同从船舶启航时开始生效。"在"和"从"并用，保险合同则从船舶在港口停泊时开始生效。②定期保险单：只用"从"字，保险从约定日期开始生效。

（5）保险标的物条款。货物指的是作为商品运输的货物，不包含船员个人物品，船上物品及储备，甲板物及活牲畜，但在中世纪时，海上海盗横行，所以保险标的物包含船舶携带的枪炮、军火等。船舶包括船壳、机器设备及附件。

（6）船舶和船长名称条款。了解船舶的性能及船长的资历，这些对保证船舶安全关系重大。

（7）保险责任的开始、继续和终止条款。①开始适用第四条"在"和"从"条款。②继续，根据危险不可分割的原则，保险人不能中断保险责任。③终止：ⅰ. 船舶保险：航程保险（抵达目的港安全停泊 24 小时，保险责任终止）、定期保险（到期日当天中午终止）；ⅱ. 货物保险：适用"仓至仓"条款。

（8）停留条款。在本保险不受影响的情况下，船舶开航后可自由驶往、挂靠和停留在任何港口。前提是：①必须通知保险人；②不能违反惯常航线。

（9）保险金额和估值条款。标的物估值作为保险金额的条款，货物可以采用定值与不定值保险，船舶可以按照船壳和机器两部分分别估值，也可以将船壳、机器、锅炉及附属设备合在一起估出一个总的价值。与现在做法有区别，现在的货物完全采用定值保险。

（10）危险条款。表明保险人承保的12种危险。分为两类：第一类是天灾（Act of God），但限于"海上的"危险，如海难等；第二类为人祸（Act of Men），如火灾、军舰、海盗、敌人、捕获、报复、扣押、恶意行为。除此之外还包括共同海损。责任之所以这么少，主要是因为当时英国普通法中对承运人的责任规定得相当严格，承运人除非能够证明货物损失是因为天灾、公敌行为、货物自身固有缺陷以及包装不善、共同海损所引起外，应该对运输途中的一切货物损失承担赔偿责任。在承运人承担了大部分风险的前提下，托运人向外转嫁的风险自然随之减少，因此才出现这样的危险条款。后来承运人根据"契约自由原则"，利用自身的海运垄断地位，迫使或诱骗不懂运输业务的托运人在提单上签订了一系列有利于自己的免责条款，最多时达到六七十种免责，从而导致控制承运人免责责任的相关法规及国际公约的出现，如美国1893年的《哈特法》，以及后来的《海牙规则》、《维斯比规则》及《汉堡规则》等。

（11）施救和整理条款。基本思想和现在的施救费用相同。被保险人或其代理人、受让人应积极抢救和整理遇险标的，因此产生的费用由保险人负责。

（12）放弃条款。明确施救并不意味着接受或放弃委付，从而鼓励保险人和被保险人积极施救，有利于减少保险财产的损失，最终也必然会减轻保险人的赔偿责任。该条款可以看作是施救和整理条款的补充和说明。

（13）约束条款。保险人的信用和承担责任的声明和许诺。①本保险单的可靠性：信用等同于伦巴第大街（Lombard Street，伦敦金融中心）或皇家交易所的保单。②保险人的独立性：保险人所负责任是独立的，互相不负连带责任。

（14）保费条款。多使用经纪人业务，定期结算，使得保险人在签发保险单时，并非以收讫保费为条件。

（15）证明条款。保险人签名，确认承保金额。

（16）附注条款。关于货物免赔的规定：①易腐货物，单独海损不赔，如鱼、面粉、谷物、盐、水果、种子等；此类货物发生单独海损是不可避免的，因此不论其单独海损的程度如何，保险人概不赔偿。②易损货物，保额5％内的免赔，如茶、糖、大麻、熟皮、生皮等；此类货物也有很大可能发生单独海损，因此规定其损失程度达到保险金额的一定比例以后才能赔偿。以上主要是考虑了货物的自然属性。③其他保额3％内的免赔，如其他货物、船舶、运费等。此规定主要是为了避免小额赔案索赔处理的麻烦，原因在于保险人缺乏控制风险的能力，期望排除小额索赔，并且有时难以证明损失是否由承保危险所致。例如，在目的港卸货时发现货物被海水湿损的情况下，无法判断舱内的水湿及货物的腐坏状态是否由于某种不可避免的风险使海水从船边接缝处渗透进舱，或者由于船员未能定期泵吸船底部污水造成。因此，在附加条款所列举的特别易受海水湿损的那些货物情况下，保险人不保单独海损。而对其他商品，实行相对免赔率，低于5％或3％的损失被视为航运中的正常事件，而非由于海上危险所致。但是无论哪类货物，由于共同海损或船舶搁浅的损失，保险人都负责赔偿。

2. 劳氏 S. G. 保险单的除外责任

劳氏 S. G. 保险单没有专门设立除外责任条款，因为其保险人认为，不能承保的风险太多，不能一一列出。但在《1906年海上保险法》第55条第二款有所规定：①被保险人不当行为所致损失保险人不负赔偿责任。最典型的例子是船东为获取不当利益，指使或默许船长、船员将船舶损毁。但保险人需承担举证责任。②不论任何原因引起的运输延迟。即使因为承保风险引起的运输延迟，保险人也不负赔偿责任。运输延迟，可能会造成运送货物的市价跌落。而市价跌落是商业经营活动中的正常风险，属于投机风险的范畴，海上保险是不能负责的。海上运输最大的缺点就是受自然因素的影响比较大，船舶是否能按时到达无法保证，因此即使是承保风险造成的运输延迟，保险人也不能承保。③正常损耗、固有瑕疵、虫鼠的损失不负赔偿责任。正常损耗是一种必然的损失，如新鲜水果的腐烂。固有瑕疵是货物本身存在的本质缺陷所致，如优质原煤的自燃。而虫鼠的损害是船舶在航行中不可避免的必然结果，也可以看作是一种正常损耗，保险人对此损失不予负责。

（资料来源：杨良宜、汪鹏南：《英国海上保险条款详论》，大连海事大学出版社，1996。）

（二）旧的协会货物运输保险条款

早期海上运输的货物品种不多，加上早期保险人的承保能力不够，劳氏 S. G. 保险单基本可以满足海上运输的需要。劳氏 S. G. 保险单使用了二百多年，未作重大改变。为补充、修正内容陈旧、用语古老的劳氏 S. G. 保险单，1912年制定了英国"协会货物条款"。20世纪60年代，欧美各国掀起了统一官方和民间贸易票据格式的运动。伦敦保险协会1963年对"协会货物条款"进行了修订和补充，但仍依附于劳氏 S. G. 保险单，在投保货运险时要先使用劳氏 S. G. 保险单，然后在保险单上加贴伦敦协会货物保险条款。但随着国际贸易和保险业务的发展，仅靠在劳氏 S. G. 保险单上加贴、加盖或加写有关条款已不能满足实际需要，因为这经常会导致保险单的承保责任范围不清。海上承运人会利用契约自由原则，在提单和租约等海上货物运输合同中采用广泛的免责条款，货方在很多情况下无法向承运人索赔货损货差。此外，自铁壳船逐渐替代木质船后，船舶运输的安全性得以改善，加之再保险的发达，海上保险人有能力扩大其承保范围，因此海上货运险的承保范围逐渐扩大。这一点不仅反映在保险期间的"仓至仓"条款扩及于海上航程之外的两端，也主要反映在保险人赔付的损失，在协会条款中由三个条款，即平安险条款（FPA Clause）、水渍险条款（Average Clause）、一切险条款（All Risks Clause）来改变上述劳氏 S. G. 保险单中附注条款的规定。这个扩大承保的过程十分缓慢，其中协会一切险条款始于20世纪50年代。

二、新的协会货物运输保险条款的形成

1964年，联合国贸易和发展委员会（UNCTAD）对各国海上保险合同法律和条款研究后，提出一份《保险——海上保险合同的法律和文件问题》的报告，指出英国劳氏 S. G. 保险单存在的三个主要问题：一是使用数百年前的古老英语，难以看

懂；二是保险人的承保范围不仅需依据保险单本身，还要符合协会条款和英国《1906年海上保险法》，使被保险人索赔时面临较大的不确定性；三是劳氏S.G.保险单里保险人承保的一些风险已无现实意义，而新增的海上危险需要借助复杂的协会条款才能补充进去，很不方便。在联合国贸易和发展委员会的压力下，英国"劳氏保险人协会"和"伦敦海上保险人协会"两个团体着手研究修订1963年条款的工作，对劳氏S.G.保险单进行彻底的改革。

1982年1月1日，协会货物保险新条款和相应的新海上保险单格式在伦敦保险市场上投入使用。1983年4月1日起开始强制性要求使用新保单和新条款，完全取代1963年6月1日协会货物保险条款和劳氏S.G.保险单。新条款至今已使用近三十年，很少出现因其词义不明打官司，改革相当成功。英国（伦敦）海上保险市场在世界上具有垄断地位，目前世界上大约有2/3的海上保险合同使用1982年新的英国海上保险单格式和保险条件，涉及船货保险及其再保险安排。

伦敦协会的货物保险新条款对旧条款的结构和内容进行了调整：原"协会货物一切险条款"调整为"协会货物A条款"；原"协会货物水渍险条款"调整为"协会货物B条款"；原"协会货物平安险条款"调整为"协会货物C条款"；原"协会战争险条款"调整为"协会战争险条款（货物）"；原"协会罢工、暴动和民变险条款"调整为"协会罢工险条款（货物）"；并增添"恶意损害险条款"。

三、新的协会货物运输保险条款的特点

1. 新保险条款内容丰富、条款格式清晰

新条款使用现代的标准语言将承保危险明确记载于条款中，而不是保单内，使被保险人无须参照保单的规定，也不必翻阅《1906年海上保险法》，方便被保险人对所投保的海上货物运输保险内容的了解。新条款有3个基本险，2个专门险，1个附加险，前5个险种的后五项内容一致，前5项险种都包括8项内容：承保风险、除外责任、保险期间、索赔事项、保险受益、减少损失、避免延迟、法律和惯例，如表7-1所示。新条款扩大了承保范围，保险责任不限于"仓至仓"条款，还增加承保陆上运输工具的碰撞、倾覆等危险事故。此外，新条款将英国《海上保险法》中规定的不保危险事故全部写进除外责任条款，将默示保证的内容列明，以避免因保险责任不清而产生争议。

表8-1　　　　　　　　　　A、B、C保险条款名目和类型

条款名目	条款类别
风险条款	承保风险条款
共同海损条款	
"双方互有责任碰撞"条款	
普通除外	除外责任条款
不适航和不适运除外条款	
战争除外条款	
罢工除外条款	

续表

条款名目	条款类别
运送条款	保险期间条款
运输合同终止条款	
航程变更条款	
保险利益条款	索赔事项
续运费用条款	
推定全损条款	
增值条款	
不适用条款	保险受益
被保险人的义务条款	减少损失
弃权条款	
合理速办条款	避免延迟
英国法律和惯例条款	法律和惯例

2. 新条款的 A、B、C 命名便于称谓和理解

ICC（A）所对应的原条款名称为 AR（All Risks），容易让人理解为保险人负责一切风险；ICC（B）所对应的原条款名称为 WA（With Average），负责单独海损，容易让人理解为只负责单独海损；ICC（C）所对应的原条款名称为 FPA（Free from Particular Average），意思是单独海损不赔，给人的理解是任何一种单独海损都不赔，而实际上并不是这样。A、B、C 各条款与旧条款的一切险、水渍险和平安险有类似之处，但在许多方面有所不同。1963 年的协会条款有 14 条，而新条款有 19 条，增加了保险利益条款、续运费用条款、增值条款、弃权条款和英国法律与惯例条款等5 条。同时新条款对原有的受托人条款加以修改，改为被保险人义务条款，扩大了原条款的范围。

3. 新条款的独立性更强

不仅 A、B、C 各条款同旧条款中的一切险、水渍险、平安险一样，可以独立投保，而且协会战争险、协会罢工险条款也同 A、B、C 各条款一样具有独立完整的结构，对承保范围及除外风险责任均有明确的规定，在需要时也可以征得保险公司的同意，作为独立的险别投保，但恶意损害险属于附加险。

4. 新条款引入适应现今货运方式的保险处理机制

保险对象增添了集装箱、起重运货车等运输方式，对陆上运输工具的倾覆、出轨提供保险。

第二节 伦敦保险协会货物基本险条款

伦敦保险协会货物基本险条款分为 A、B、C 三个条款。

一、协会货物 A 条款

（一）承保风险

包括风险条款、共同海损条款、"双方互有责任碰撞"条款。

1. 风险条款（Risks Clause）

协会货物 A 条款承保造成保险标的损失或损害的一切险减去除外责任，要求被保险人只要证明其保险货物遭受意外损失即可索赔。B、C 条款采用列明承保风险，保险条款未列明承保的风险不在保险人的保险赔偿责任范围内。

2. 共同海损条款（General Average Clause）

承保根据运输合同、准据法和惯例理算或确定的共同海损和救助费用。由于货方通常对运输合同条款无法控制，故货物保险人接受运输合同中关于共同海损理算应适用的法律或规则的规定；如果运输合同对此未作规定，共同海损理算的准据法为船货分离地的法律。此条款还扩大了货物保险人应承担的共同海损及救助费用风险的范围。规定保险人应对为避免"非除外危险"或与此有关所引起的救助费用或共同海损负责赔偿。

3. "双方互有责任碰撞"条款（Both to Blame Collision Clause）

赔偿被保险人根据运输合同中的"双方互有责任碰撞"条款中应付比例责任部分产生的损失。在船东据此条款提出索赔时，被保险人应立即通知保险人，保险人应自负费用为被保险人就此项索赔提出抗辩。例如，如果保险人能证明有关货损是开航时存在的船舶不适航造成的，或管货过失引起的，承运人就不能免除对本船货损应承担的赔偿责任。美国等极少数国家法律中有"货物无辜规则"，碰撞受损货主原则上既可以向涉及碰撞的载货船舶，也可向非载货船舶索赔。因此，若承运人根据运输合同免责，货主可向非载货船舶的船东索赔全额损失。后者可将支付给货主的赔偿按过失比例向载货船舶索赔。"双方互有责任碰撞"条款被插入提单和租船合同，以防止美国法律中的这种规则起作用，即载货船承担装载于他的船上的货物因碰撞招致损害的赔偿责任。在美国，提出"双方互有责任碰撞"抗辩，试图免除装载于自己船上的货物损害赔偿之责的船东不能获得支持。因为最高法院基于公共政策的理由已判定在提单中的此种条款无效。在美国，船东将会承担一些按照相关的国际公约（如《海牙规则》）本不用承担的责任。

（二）除外责任（Exclusion）

除外责任又称责任免除，是指保险人不予承保的风险，不仅适用于保险标的的损失或损害，而且适用于费用，因此有关除外责任的规定，不仅影响到风险条款，而且还影响到共同海损、转运费用和被保险人义务等条款，包括普通除外责任、不适航和不适运除外条款、战争除外条款和罢工除外条款。除外责任分为法定除外责任和约定除外责任两类。与之前的法定除外责任为默示的不同，新的协会货物条款几乎所有的法定除外责任都在条款中予以重申，以便于被保险人掌握。

1. 普通除外责任（General Exclusion Clause）

保险人不予承保的损失和费用：

（1）可归因于被保险人"故意渎职"（Wilful Misconduct）的损失、损害或费用。"故意渎职"指某种故意采取的行为，采取这种行为的目的就是骗谋保险赔款。被保险人指（对保险标的）拥有利益的人，为了此人的利益订立了保险合同。例如，某人投保明知目的港国家禁止进口的货物，其进口的结果是海关当局命令销毁或没收货物，保险人可不予赔偿。

（2）保险标的的正常渗漏、正常重量或体积损失或正常磨损。"正常"指非偶发的或必然发生的。正常渗漏或损害或损失经常被与由一切险承保的由于某种偶发的渗漏或灭失比较（我国条款中一般附加险的一种——渗漏险）。

（3）保险标的的包装不足或不当引起的损失、损害或费用（"包装"包括集装箱或托盘内的积载，此种积载必须是在本保险责任开始前进行或是由被保险人或其雇员进行）。包装是否不足或不当，判断的标准是该包装是否适于"经受正常预期的操作和运输"。一般认为若包装的形式符合该贸易的通常习惯，即产生一种强有力的衬托、缓冲力量，则可推定它是合适的。否则，则可以认定它是不合适的。

（4）保险标的的固有缺陷或性质造成的损失、损害或费用。固有缺陷指货物本身存在容易损失的先天条件，比如原煤的自燃现象，新鲜蔬菜、水果的腐烂现象等。固有缺陷所致的损失是指近因是在其被预期的运输情况下，由于保险标的的自然作用造成的损失。例如，装在硬纸箱内的皮手套装入集装箱内，在卸货时发现潮湿、玷污、发霉和褪色。该手套是由于吸进的湿气受损，而湿气是在装船前集装箱顶部热气的对流，凝结成水珠滴落在下面的纸箱上。上诉法院判定损害的近因是保险标的的固有缺陷，依据是"货物变质是由于完成航行的正常过程中的自然行为方式造成的，而没有任何偶发的外部事件或事故的干预。"

（5）因延迟直接造成的损失、损害或费用，包括由于承保风险引起的延迟。例如，船舶由于碰撞受损需要修理，导致航次迟延，部分水果由此变质，保险人不负责赔偿。

（6）船舶所有人、经理人、租船人或经营人的无偿付能力或财务困境产生的损失、损害或费用。"无偿付能力或财务困境"一般解释为当某人无法全额偿付其所有的债务时即称作无偿付能力。例如承运人船东没钱加油、船东拿到预付运费后逃逸、船东因担心目的港扣船而更改目的地等，保险人不负责由此产生的二次运输费用。该条款的目的是鼓励货主谨慎选择承运人，不要一味贪图运费便宜。

（7）因使用原子或核裂变/聚变或其他类似反应或放射性力量或物质所制造的任何战争武器引起的损失、损害或费用。"使用任何原子战争武器"推定包括此种武器的试验以及在战时的使用。如果某船、货被意图作为某种武器基础的核装置试验的坠落物污染，一般认为该除外责任将适用。另一方面，如果由于核电站意外事故导致核反应物泄漏造成污染，承保一切险的保险人应当负责赔偿由此造成的灭失或损害。因为核电站不属于战争武器。

2. 不适航和不适运除外条款（Unseaworthiness and Unfitness Exclusion Clause）

（1）保险标的装载使用不适航的船舶或驳船，包括对保险标的的安全运输不适合的船舶、驳船、运输工具、集装箱或托盘。如果保险标的在装载时，被保险人或其受雇人知道这种不适航和不适运的情况，对由此引起的损失、损害或费用不予承保。

（2）保险人放弃载运保险标的到目的港的船舶不得违反默示适航或适运保证，除非被保险人或其受雇人知道这种不适航或不适运的情况。"被保险人或其受雇人"可以是被保险人雇用来监督装船运作的货物监管人；"知道"指实际知情而假装看不见。在此种情况下，如果他是被保险人雇用的，他的"知情"将为保险人提供抗辩理由。

3. 战争除外条款（War Exclusion Clause）

不承保由下列原因引起的损失、损害或费用：

（1）战争、内战、革命、叛乱，或由此引起的内乱，或任何交战方之间的敌对行为；

（2）捕获、扣押、扣留、拘禁或羁押（海盗除外）和此种行为或进行此种行为的企图引起的后果；

（3）被遗弃的水雷、鱼雷、炸弹或其他被遗弃的战争武器。

4. 罢工除外条款（Strikes Exclusion Clause）

不承保下列损失、损害或费用：

（1）由罢工工人、被迫停工工人或参加工潮、暴动或民变的人员造成的；

（2）罢工、停工、工潮、暴动或民变造成的；

（3）恐怖分子或出于政治动机而行为的人员造成的。

（三）保险期间（Duration）

包括运送条款、运输合同终止条款和航程变更条款。运送条款即"仓至仓"条款（Warehouse to Warehouse Clause），规定保险责任的起讫点，并规定在被保险人不能控制的非正常运输发生时，保险合同仍然有效。运输合同终止条款和航程变更条款是运送条款规定的例外情况，为使保险合同有效，被保险人须办理续保手续。

1. 运送条款（Transit Clause）

（1）本保险责任始于货物运离保险单载明的仓库或储存处所开始运送之时，在运送的通常过程期间持续，直至运到下述地点时终止，以先发生者为准：①到达目的地收货人仓库或储存处所；②任何仓库或储存处所，该仓库或储存处所被用作：正常运输以外的储存，货物的分配、分派或分散；③被保险货物在最后卸货港全部卸离海船满 60 天。

"始于货物运离仓库之时"。"运离"包括意图着手进行运送时对货物物理位置上的移动。仅是将货物装上卡车，然后仍停留在建筑物内是不够的。"载明的处所开始运送"，这可以是建筑物内部的任何地方，假如被保险人在其声明中已确切地确定了该处所，即使该处所在陆地上，那么同样自该处所开始运送时保险责任即已经开始。例如，在起运地装上运输工具过程中发生的损害，不在保险责任期间，但运输工具一经启动开始运输则责任开始。

"在运送的通常过程期间持续"。如果"运送的通常过程"被打断，即便货物合适地装载上船舶、驳船或运输工具，保险责任也会出现效力暂停。例如，装载被保险人货物的卡车，在被司机开往目的地无关的行驶过程中翻倒，法院判决这并非在运送的通常过程中发生的事故，保险人没有义务赔偿被保险人遭受的损失。又如，押货员发现包装松散，要求卡车开往包装厂重新打包，在包装厂重新打包期间，仓库发生火灾，将货物烧毁，则这项火灾损失也不能赔偿，因为它也不是在正常的运输途中发生的。正常的运输途中还包含了正常的运输中转与等待，因为在运送货物时，如果使用汽车向码头仓库倒运，则码头仓库一般会等到货物全部入库后，再进行统一的整理、配载，这批货物最先运到的就可能在码头等待，在此期间发生损失，保险人需要赔偿。

在目的港卸离海船 60 天为限，超过 60 天，保险人不负责。即便预期的内陆运送至最终目的地不可能在 60 天内完成，本保险亦将终止，除非被保险人就其持续效力与保险人达成特别协议。鉴于有些港口业务繁忙，经常出现货轮在港口排队等待卸货的情况，伦敦保险协会制定了"码头延迟条款"，根据该条款，在货物的最终卸货港，只要届满船舶到达 60 天，则保险效力终止。

（2）如果在最后卸货港卸离海船后，在保险终止之前，货物被发送到非保险承保的目的地，保险责任终止于开始向其他目的地运送之时。

（3）在被保险人不能控制的延迟、任何绕航、强制卸货、重装或转运期间，以及船东或承运人行使根据运输合同赋予的自由权产生的任何航海上的变更期间，保险继续有效。例如，载运船前往避难港修理船舶遭遇的意外损害，当然这些修理是安全完成该航次所必需的。在此种情况下，可能必须将货卸下在岸上贮存以便修理船舶。在这种情况下，在通知保险人并加缴保费的条件下，保险将继续有效。

2. 运输合同终止条款（Termination of Contract of Carriage Clause）

如果由于被保险人无法控制的原因，运输合同在载明的目的地以外的港口或地点终止，或运送因故在运送条款规定的交付货物前另行终止，那么保险终止。但若及时通知了保险人并在保险有效时提出继续承保的要求，在同意保险人附加保险费的要求后，保险继续有效至下述情形之一发生时为止：

（1）直至货物在此港或该地出售并交付，或者如无特别约定，直至被保险货物到达此港口或地点满 60 天，二者以先发生者为准。

（2）如果货物在上述 60 天期限内（或任何约定的延展期间）被运往保险单载明的目的地或其他目的地，则保险单的效力根据运输合同终止条款的规定而终止。

3. 航程变更条款（Change of Voyage Clause）

如在保险责任开始后，被保险人改变了目的地，须通知并另行商议保险条件，保险可继续有效。航程开始前存在不合理的延迟、航次叙述错误和船名错误等，都可能导致保险责任从未开始，因而不存在航程改变、绕航等问题，保险效力无可补救。

（四）索赔

索赔条款包括四个条款，即可保利益条款（保险索赔的基本原则之一）、续运费用条款（规定了保险人对续运费用的赔偿责任）、推定全损条款（重申了保险法关于推定全损的构成要件）、增加价值条款（规定在增值保险情况下，适用于保险人之间的分摊原则）。

1. 可保利益条款（Insurable Interest Clause）

（1）要取得赔偿，被保险人在损失发生时对保险标的须有可保利益。

（2）尽管损失发生在保险合同订立之前，除非当时被保险人知道该损失而保险人不知道，被保险人有权取得本保险承保期间发生的承保损失赔偿。本规定使保险单具有追溯力。

【案例分析】

江苏外企公司诉上海丰泰保险公司海上货物运输合同纠纷案

1999 年 7 月 16 日，江苏外企公司与法国 S 公司达成木材进口贸易协议。货物由法国 A 公司承运从法国加蓬港至中国张家港。同年 10 月 14 日上午，江苏外企公司向丰泰保险投保货物运输险。10 月 18 日，丰泰保险向江苏外企公司出具了 3 份保险单，并特别载明江苏外企公司保证"1999 年 10 月 14 日之前不知或不被告知已有货损存在"的保证条款。格式保险单背面条款约定适用英国《1906 年海上保险法》。10 月 14 日，载货船在距南非德班港 750 海里处遇强烈暴风雨沉没，货物全损。

11 月 8 日，江苏外企公司向丰泰保险提出理赔要求，但被丰泰保险以江苏外企公司违反保险单正面载明的保证条款、未依最大诚信原则披露真实情况及丰泰保险有权废止和终止保险合同为由，拒绝支付保险赔款。2000 年 6 月 9 日，法国一保险专业鉴定机构根据其对本案情况的了解出具声明，称 1999 年 10 月 12 日，发货人 S 公司收到承运人 A 公司的传真，获悉载货船已因大量进水而于 1999 年 10 月 11 日被船员放弃；1999 年 10 月 14 日 20 时 38 分，江苏外企公司收到 S 公司发送的来自承运人的关于货损的 2 份传真副本。

分析：

保险公司应该赔偿，理由如下：

第一，关于保险合同何时订立问题：根据英国《1906 年海上保险法》第二十一条规定：保险人接受被保险人的投保单后，无论当时是否出具保险单，海上保险合同即被认为已经成立。所以，虽然丰泰公司 10 月 18 日才出具保险单，但该海上保险合同已于 10 月 14 日订立。

第二，是否违背保证条款问题：在保险合同中，订有保证条款，即 2001 年 10 月 14 日之前不知或不被告知已有货损存在。经法国一保险专业鉴定机构调查得知，被保险人海外集团 2001 年 10 月 14 日 20 时 38 分才收到的货损通知，可见海外集团并没有违反保证条款。所以丰泰保险公司以海外公司违反保证拒赔的理由不成立，投保时海外集团确实不知道货物已经受损，也就不能认定其未依最大诚信原则披露真实情况，当然也就没理由不赔偿。

（资料来源：上海国际贸易律师网，www. shlawyer. org/old/ShowArticle. asp？ArticleID = 1960。）

2. 续运费用条款（Forwarding Charges Clause）

保险事故致使承保保险标的的运输航程在保险目的地以外的港口或地点终止，保险人补偿被保险人卸下、储存和续运保险标的至所承保目的地的适当和合理支付的额外费用。本条款不适用于共同海损和救助费用，并受除外责任制约，且不包括由被保险人或其雇员的过错、疏忽、破产或经济困境而引起的费用。体现保险人不仅承保了货物的实体，还承保了预计的航程。在承运人放弃运送的情况下，保险人应补偿被保险人为把货物续运到目的地所支出的费用。如果无法续运，便构成推定全损。

3. 推定全损条款（Constructive Total Loss Clause）

除非保险标的被合理放弃是因为实际全损看来不可避免，或因为恢复、重整和续运保险标的到承保目的地的费用会超过其抵达时的价值，否则不能以推定全损得到赔偿。

4. 增加价值条款（Increased Value Clause）

货物的约定价值应视为等于原有的保险单项下的总保额和被保险人对该项损失投保所有增值保险额的总和。本保险应按其保险金额在保险总额中的比例，承担赔偿责任。被保险人提出索赔时，应向保险人提供所有其他保险单所保金额的证件。这一条款使得货运保险与增值保险在支付保险赔偿和享受追偿所得方面处于完全平等的地位——以保险金额作为分配基础。

（五）其他条款

其他条款包括不适用条款、被保险人的义务条款、弃权条款、合理速办条款以及英国法律和惯例条款。

1. 不适用条款（Not to Inure Clause）

不适用条款也称"不得受益条款"，表明保险不使承运人或其他保管人受益，目的是保护货物保险人对承运人或其他货物保管人的代位求偿权不受损害，保留保险人的代位求偿权受到损害时向被保险人反索赔的权利。

2. 被保险人的义务条款（Duty of Assured Clause）

被保险人及其雇员和代理人有采取合理的措施以避免或尽量减少承保损失的义务和保护保险人代位求偿的义务。保险人负责在可取得赔偿的损失之外补偿被保险人履行这些义务产生的适当、合理的费用。被保险人向保险人索赔应满足三个条件：一是损失或不幸已经发生或已开始起作用，需要支付一定的费用来减少或避免保险承保的损失；二是费用是被保险人及其雇员或代理人所支出的；三是费用的产生仅关系到保险货物，而不是为了同一运送中的共同利益。

3. 弃权条款（Waiver Clause）

被保险人或保险人采取的旨在拯救、保护或恢复保险标的的措施不得视为放弃或接受委托或在其他方面影响任何一方的权利，目的是在可能发生全损的情况下，保护合同双方的法律地位，任何一方的权益不因其所采取的保护保险货物的措施而受影响，使得保险人放心参与施救行动或进行调查时，不致被认为已接受被保险人的委托通知或该项索赔，同样被保险人进行抢救保险标的的工作并不意味着其放弃委付。

4. 合理速办条款（Reasonable Despatch Clause）

合理速办条款要求被保险人应在所有力所能及的情况下合理迅速地行动，目的是要求被保险人避免运送的延迟。

5. 英国法律和惯例条款（English Law and Practice Clause）

看保险条款附在哪种保险单后面，即保单格式上规定的准据法条款是被优先运用的。

（六）附注（Note）

附注也称"仍予负责"条款，保单中未包含的风险，只要在事故发生时及时通知保险人，保险人一般仍负责，若保险条件变化时，被保险人需加缴一定的保险费。

二、协会货物 B 条款

与协会货物 A 条款相比，协会货物 B 条款和协会货物 C 条款属于限制条件条款，对承保风险采用列明形式，凡是没有列明的风险被排除在承保范围之外，承保的风险与协会货物 A 条款也有差别。协会货物 B 条款类似于我国 PICC 海洋货物运输保险中的水渍险。协会货物 B 条款仅在承保风险和除外责任两部分上与协会货物 A 条款有区别，其余内容完全一致。

（一）承保风险

1. 损失合理归因于下列原因的不用证明因果关系，只须证明事故属实即可：

（1）火灾或爆炸；

（2）船舶或驳船遭受搁浅、触礁、沉没或倾覆；

（3）陆上运输工具的倾覆或出轨；

（4）船舶、驳船或其他运输工具同除水以外的任何外界物体碰撞或接触；

（5）在避难港卸货；

（6）地震、火山爆发或雷电。

2. 损失由下列原因造成，必须证明存在必然的因果关系：

（1）共同海损牺牲；

（2）抛货或浪击落海；

（3）海水、湖水或河水进入船舶、驳船、其他运输工具、集装箱、托盘或海运集装箱贮存处所；

（4）货物在船舶或驳船装卸时落海或跌落造成任何整件的全损。

（二）除外责任

协会货物 B 条款的除外责任基本上与协会货物 A 条款相同，但存在下列两点区别：

（1）在普通除外责任条款中，增加了"由于任何个人或数人非法行动故意损坏或故意破坏保险标的或其任何部分"所造成的损失或费用不负责。此款的重点在于"任何个人或数人"，而非限定为"被保险人"。这说明协会货物 A 条款对被保险人以外的其他人的故意不法行为所造成的损失或费用是负责的，而协会货物 B 条款却将被保险人以外的其他人，包括船长和船员的故意行为所造成的损失，排除在承保范围之外。如果被保险人需要得到这方面的保证，可加保恶意损害险。

（2）在战争除外责任条款中，规定对"捕获、拘留、扣留、禁制、扣押，以及这种行动的后果或者这方面的企图"所造成的损失或费用不予负责。而协会货物 A 条款在同样的除外规定加上"海盗行为除外"，即协会货物 A 条款将海盗行为作为其承保风险，而协会货物 B 条款并不承保海盗风险。

三、协会货物 C 条款

协会货物 C 条款对所承保风险采用列明方式，只承保重大意外事故损失，不承担自然灾害及非重大意外事故的损失。协会货物 C 条款相当于我国的 PICC 平安险条款。C 条款仅在承保风险和除外责任两部分上与 A 条款有区别，仅在承保风险上与 B 条款有区别，其余内容完全一致。

1. 损失合理归因于下列原因的不用证明因果关系，只须证明事故属实即可：

（1）火灾、爆炸；

（2）船舶或驳船搁浅、触礁、沉没或倾覆；

（3）陆上运输工具倾覆或出轨；

（4）船舶、驳船或其他运输工具同水以外的任何外界物体碰撞；

（5）在避难港卸货。

2. 损失由下列原因造成，必须证明存在必然的因果关系：

（1）共同海损牺牲；

（2）抛货。

表 8 - 2　　　ICC（A）、ICC（B）、ICC（C）承保责任范围的对照表

承保风险	ICC（A）	ICC（B）	ICC（C）
（1）火灾、爆炸	✓	✓	✓
（2）船舶、驳船的触礁、搁浅、沉没、倾覆	✓	✓	✓
（3）陆上运输工具的倾覆或出轨	✓	✓	✓
（4）船舶、驳船或其他运输工具同水以外的任何外界物体碰撞	✓	✓	✓
（5）在避难港卸货	✓	✓	✓
（6）地震、火山爆发或雷电	✓	✓	×
（7）共同海损牺牲	✓	✓	✓
（8）共同海损分摊和救助费用	✓	✓	✓
（9）运输合同订有船舶互撞责任条款时，应由货方偿还船方的损失	✓	✓	✓
（10）抛货	✓	✓	✓
（11）浪击落海	✓	✓	×
（12）海水、湖水或河水进入船舶、驳船、其他运输工具、集装箱、托盘或海运集装箱贮存处所	✓	✓	×
（13）货物在船舶或驳船装卸时落海或跌落造成任何整件的全损	✓	✓	×
（14）由于被保险人以外的其他人（如船长、船员等）的故意违法行为所造成的损失或费用	✓	×	×
（15）海盗行为	✓	×	×
（16）由于一般外来风险造成的损失	✓	×	×

说明：①"✓"代表承保风险，"×"代表不承保风险。

　　　　②第 13 项即吊索损害，第 14 项即恶意损害。

【案例分析】

鹰星保险有限公司与中国对外贸易运输总公司、
韩进海运公司海上保险代位求偿权纠纷案

1999 年 10 月 16 日，鹰星公司承保自荷兰鹿特丹运往中国上海的 29 卷装饰纸。投保人为香港添百利木业有限公司（以下简称添百利公司），收货人是江苏美亚装饰耐火板有限公司（以下简称美亚公司），保险条款为一切险加战争险（协会货物 A 条款 01/01/82）。该批货物于 1999 年 10 月 6 日装船，中外运公司的代理人中外运德国公司签发了以中外运作为承运人的已装船清洁提单，承运船舶为"HANJIN（韩进）SAVANNAH"轮。该批货物于 1999 年 11 月 6 日到达上海港，1999 年 11 月 16 日收货人美亚公司从码头提货，开箱后发现货物有水湿现象。1999 年 11 月 17 日中国外轮理货公司出具了发现货物水湿的报告，1999 年 11 月 23 日，鹰星公司在目的港的检验代理人中国人民保险公司上海分公司委托上海东方公估行对受损货物进行了检验并出具了检验报告，认定货损原因系承运船舶在运输过程中淡水进入集装箱所致，认定货物实际损失为 23 521.96 美元。鹰星公司依保险条款向收货人美亚公司进行了赔偿，收货人美亚公司授权香港美亚新染化有限公司（以下简称美亚新公司）接受赔款。鹰星公司按美亚公司的指示进行了付款，并从美亚公司处得到代位求偿权益转让书。所以，鹰星公司据此向两被告主张权利，请求两被告赔偿其损失。

法院认为，此案是一起海上保险代位求偿权纠纷。

1. 鹰星公司与添百利公司的海上货物运输保险公司符合法律的规定，依法成立并有效；

2. 鹰星公司依照保险条款向收货人美亚公司进行了赔偿并得到了其的权益转让书，取得了涉案货物的代位求偿权；

3. 被告中外运公司在此案中应是涉案货物的承运人；

4. 货损的价值应以鹰星公司在上海的检验代理人中国人民保险公司山海分公司申请的上海东方公估行出具的检验报告为标准；

5. 被告韩进公司不承担责任。原告鹰星公司仅凭承运船舶名称猜测但没有证据证明韩进公司是实际承运人。

依据《中华人民共和国海商法》第四十二条第（一）项、第二百五十二条第一款、第二百五十七条第一款的规定，判决：被告中外运公司赔偿原告货物损失金额 23 521.96 美元；驳回对被告韩进公司的诉讼请求。

被告中外运公司不服此判决，向天津市高级人民法院提起上诉，天津市高级人民法院经审理，依法驳回其上诉，维持了一审判决。

评析

本案涉及保险人如何取得被保险人对第三人的权益和诉讼时效问题。

《海商法》第二百五十二条就海上保险代位求偿问题作了规定："保险标的发生保险责任范围内的损失是由第三人造成的，被保险人向第三人要求海事法规赔偿的权利，自保险人支付赔偿之日起，相应转移给保险人。"可见保险人的代位求偿权是基于法律规定而产生的，其适用具有强制性。代位求偿权既然是法定权利，其适用必然应符合法定的条件，才能为法律所认可。这些条件包括：（1）被保险人因海上保险事故对第三人有损害赔偿请求权；（2）保险人已经向被保险人实际支付保险赔偿；（3）保险人行使代位求偿权以保险赔偿范围为限；（4）保险人应当在保险责任范围内赔偿被保险人的损失。

本案中外运承运涉案货物，其应为承运人。该案中的提单为外运总公司的格式提单，标志为 SINOTRANS，由中外运（德国）公司代承运人签发，按航运业惯例通过该提单可以识别的唯一承运人为外运总公司。承运人在海上运输过程中未尽谨慎管货义务，对涉案货物发生货损应承担责任，收货人美亚公司对中外运公司享有损害赔偿请求权。

保险人鹰星公司根据保险条款的规定应向收货人美亚公司进行赔偿。虽然鹰星公司是将赔款交给了美亚新公司，但其是根据收货人美亚公司对美亚新公司接受赔款的授权。根据我国《民法通则》关于债权转移的规定，债权人可以将债权转移，债务人向新债权人清偿债务的行为，视为债务人向原债权人清偿债务。因此本案中保险人鹰星公司完成了保险赔偿并取得了收货人的代位求偿权已转让书，其在保险赔偿范围内享有了收货人对承运人的损害赔偿权。

《海商法》第二百五十七条规定，就海上货物运输向承运人要求赔偿的请求权，时效期间为一年，自承运人交付或应当交付货物之日起计算。代位求偿权的实质是法定债权让与，时效作为实体权利，也应当包括在受让的权利之内，因此保险人行使代位求偿权向第三人要求赔偿的权利，其时效期间应当和被保险人向第三人要求赔偿的时效期间一致，即一年。《海商法》第二百六十四条第二款规定，根据保险合同向保险人要求保险赔偿的请求权，时效期间为两年，自保险事故发生之日起计算。由于运输合同诉讼时效与保险合同诉讼时效不一致，而且《海商法》也没有像规定承运人向第三人的追偿时效一样规定保险人的代位追偿时效，但一般认为，既然是代位权，保险人对于责任方索赔的诉讼时效应当依被保险人对于责任方的诉讼时效决定。这很容易导致保险人向被保险人赔偿后再向第三人追偿时往往已过了时效期间，这样就使保险人的代位求偿权得不到时效上的保证。尤其是被保险人和承运人为外国当事人的情况时，其追偿时效的矛盾就更突出。之所以如此，是因为与其他民事权利相比，保险人行使代位求偿权的期间有其特殊性。从保险事故发生到保险人向第三人追偿，有两个索赔阶段，一是被保险人向保险人索赔；二是保险人代位向第三人索赔。保险人向第三人索赔的前提条件是向被保险人作出赔偿。但有时保险人于被保险人就是否应予赔偿而发生纠纷，如果经过一审、二审后，保险人败诉，则保险人在赔偿被保险人后，被保险人对第三人的请求可能已过诉讼时效，这就会剥夺保险人的代位求偿权。因此当被保险人首先向保险人提起诉讼请求赔偿，而保险合同诉讼一时难以解决时，应当加重被保险人在保险诉讼期间所负有的向责任第三人索赔的义务，以保护运输合同诉讼时效。否则，保险人可以援引《海商法》第二百五十三条的规定：被保险人未经保险人同意放弃向第三人要求赔偿的权利，或者由于过失致使保险人不能行使追偿权利的，保险人可以相应扣减保险赔偿。

因此被保险人必须在一年内向第三人提出赔偿请求。本案中原告保险人在一年内起诉，未超过法律规定的诉讼时效。

（资料来源：110 法律咨询网，2009 – 06 – 09。）

第三节　协会货物专门险与附加险条款

协会货物专门险条款是协会战争险、罢工险条款，附加险条款是恶意损害险条款。

一、协会战争险（Institute War Clause）

1. 承保风险

（1）战争（不论是否宣战）、内战、革命、叛乱或由此引起的内战，或由交战力量引起的敌对行为。例如，1939 年英国某船舶投保船舶战争险，该船舶在驶往中国时，日本发动了全面侵华战争，因此该船舶将货物卸到其他国家，该货主要求保险人赔偿，保险人以中日两国尚未正式宣战，不算进入战争状态为由拒赔。法庭根据中日双方交战的地域、投入的兵力等因素判断，虽然中日尚未正式宣战，但战争状态确实存在，故判决保险公司赔偿。

（2）由于上述承保风险造成的捕获、拘留、扣留、禁制或扣押以及此种行为的后果或任何进行此种行为的企图。

（3）被遗弃的水雷、鱼雷、炸弹或其他被遗弃的战争武器。

（4）上述承保风险所致的共同海损和救助费用。

2. 除外责任

包括普通除外责任条款、不适航和不适运除外责任条款，与协会货物 A 条款同名条款的规定基本相同，但存在两点区别：

（1）在普通除外责任条款中，增加了"航程挫折"。保险人对所有因战争原因导致航程挫折而引起的保险标的的间接损失都不赔偿，因而协会战争险条款没有续运费用条款。

（2）规定由于敌对行为使用原子武器等造成的灭失或损害不负赔偿责任。

3. 保险期间

一般使用"水面危险"条款，因为如果按照"仓至仓"条款来承保的话，那么货物在陆地上运输期间、包括在码头存放转运期间，一旦发生战争风险容易造成货物积压，风险不易分散，保险人承担的风险过于集中，损失将会很严重。根据 1937 年英国的《水上限制协定》规定：货运战争险保险责任始于货物在指定的港口装上船舶，终止于货物在目的港完全卸离海船。"水面危险"条款的通常解释为：本保险负责保险货物被装上船舶时开始，到保险货物的全部或一部分在最终卸载港卸离海船时为止；若保险货物不卸离海船，则本保险的责任期限从船舶到达最终卸载港之日午夜 12 时算起满 15 天为限。两者以先发生者为准。关于到达，一般掌握为在港口第一次抛锚系缆，如果港内没有泊位，那么经港口指定，在港外第一次抛锚系缆，也视为到达。

（1）中途转运。如果在所保航程期间，海船抵达中途港口或其他地点卸下保险标的，并由海船或航空器续运，或者货物在避难港或其他地点卸离船舶，被保险人在支付附加的保险费后，本保险责任连续，直至自船舶到达此港口或地点当日午夜12点算起届满15天终止。如果货物在所述15天期间内被续运，则保险责任重新开始。在该中转港口货物卸离水面存入仓库，只要存放地不超出转船港口的所辖区域，保险仍有效。

（2）驳船转运。有些港口由于受水深的限制或因业务繁忙，需要使用驳船来在海船与码头之间进行倒运货物，则本保险对装在驳船上的货物，由于驳船触及水雷或遗弃的鱼雷而导致的货物损失负责赔偿。而在期限上，保险人自货物从海船卸至驳船可以承担60天的责任，比"水面危险"条款规定的期限要长（15天）。

（3）航程终止。如果运输合同的航程在保险单约定的目的地以外的港口或地点终止，该港口或地点视为最后卸货港，此时保险责任根据"水面危险"条款的规定终止。如果保险标的在其后被重新发运到原来目的地，需通知保险人，并加缴保险费，才能重新恢复效力。

（4）扩展责任条款。如遇绕道或航程变更或船舶所有人或租船人运用运输合同所赋予的权限作出其他的变更，或有关货物、船舶或航程的记载发生遗漏或错误，本保险仍予负责，但须另行议定保险费。

【材料解析】

战争：保险业不买单 海运战争险收缩战线

● 让船公司们更为担心的是特别战争险的保费暴涨。如果船只进入战区，不但费率奇高，而且往往可能拒保。

● "海湾地区并不是中国远洋贸易的主要伙伴，所以对中国保险业的整体影响不会太大"。

● 对于这场战争，如果说直接保险公司还有些许紧张，那么再保险公司几乎可以用"气定神闲"来形容。

保险公司谨慎

2003年3月20日，美国正式向伊拉克开战，这让中国众多船公司所忧虑的保费大增开始变得触手可及。其实春节刚过，国内的保险公司已经开始给开往海湾地区的船只加上更多的承保条件。等到进入3月，随着美国对伊拉克最后通牒期限的临近和突破，远洋航运公司的船只在开往海湾时感受到保险公司越来越紧的压力。对这部分业务，先是各家保险公司纷纷进入特别审查的阶段，在这个阶段当中，承保权一般被收归总公司。

3月5日，平安财产保险公司向系统内的销售机构下发通知，要求即日起对来往于海湾地区船只货物的承保，一律由总公司统一审查，各分支机构须在得到书面通知后方能承保。该公司有关负责人表示，这种谨慎的态度并非平安一家，平安之所以下发这个通知，也是为了加强对业务安全性审查，由总公司直接决定承保与否以及费率高低。也有一些实力不济的保险公司开始考虑，暂停对来往于海湾地区船只的承保。保险业一位资深人士透露："进入 3 月以后，已经有一些公司停止了往海湾的货运险。"能做到这一步，是因为保险公司早已埋下伏笔。早些时候，一些大型保险公司就在与往来海湾地区固定大客户的战争险合同上添加了一条特别说明：根据国际战争局势，保险公司可随时调整保险费率，或者取消承保。

战争险"噩梦"

而这仍然只是一个开始。对于有海湾航线的船公司而言，可能暴涨的保费则是一片挥之不去且越来越近的阴云。

"货运险费率并不固定，一般根据英国劳合社公布的最新行情而定。"中国人民保险公司一位船舶货运险业务人员透露，涨价已经发生，一些定期去海湾的船只，费率上涨幅度已经高达 1‰。"这并不是一个小数目。"这位人士评价说，"即使一艘货船及货物的价值只有 2 000 万美元，光船舶货运险的保费成本就增加了两万美元。"

让船公司们更为担心的是特别战争险的保费暴涨。"战争险通常分为一般战争险和特别战争险。"劳合社注册经纪人孙鸣岐介绍说，"前者通常按年度缴纳保费，保障范围通常也极为狭窄；后者的保费则往往按周甚至天来计算，对船只的类别、活动范围都有严格的规定。如果船只进入战区，则不但费率奇高，而且往往可能拒保。"

"9·11"事件之后，航运公司的一般战争险已由每周 0.1‰升至 0.4‰，2003 年 1 月后旋又升至 0.6‰。船只若在最接近危险的区域停靠，如伊拉克的港口或亚丁港，还须支付高达 4‰和 1‰的战区附加费。

船公司的预期甚至更坏。中远集团的有关人士对媒体称，战争爆发后特别战争险费率可能高达每周 10‰。以一艘中型集装箱船为例，可能要在战区待两周，以该船价值 5 000 万美元计，则该项保费即高达 100 万美元。

事实上，外电称劳合社最近已经将一些中东地区国家列入了战争险除外责任范围。业界也预计，经过苏伊士运河和印度洋的货物战争险保费也将提高。而自 3 月 11 日起，世界各大保险公司也已开始对驶往海湾水域的船只和运载货物征收高额战争风险保险费。

保险业大局稳固

但综合来看，这部分业务并不能左右保险业的大局。"往中海湾的海运不占国内船公司的大头。"一位船公司人士透露。

据了解，国内船运公司的航线结构中，中东线显得有些无足轻重。以中远集运、中海集团为例，两家公司直接通往战争危险区域的航线均只有一条。中远的这条航线只涉及阿联酋的迪拜和沙特阿拉伯的达曼两处中东港口。而中海发往中东的货物在到达迪拜后，则用其他船公司的船运往目的地，离战争核心区域的距离也就更远。

两家公司的人士向媒体透露，两伊战争时期，中海这条航线就基本没有受影响，中远的运量甚至还有所增长。

"海湾地区并不是中国远洋贸易的主要伙伴，所以对中国保险业的整体影响不会太大。"中央财经大学保险系教授郝演苏的判断可以解释保险公司的平静状态。

郝演苏进一步分析说："如果战争扩大以至于苏伊士运河被封锁，涉及的保险

224

标的可能会有较大的增加，这样战争的影响会通过贸易传导到保险业——但目前看来没有这样的迹象。"

"没有看法。"对这场战争对保险业可能造成的影响，记者向美国一家知名财产保险公司的人士询问看法时，这位人士干脆地回答说。面对记者的疑问，这位人士进一步解释说，在战争的状态下，对于人身险和财产险，保险公司都可以通过拒保来规避大得惊人的风险。

郝演苏解释说，这种拒保符合保险业的惯例。"保险公司有3种风险可以不保：客户的故意行为、核风险以及由政府行为导致的风险——包括政变、政府没收和军事行动等。"

中国人保的一位人士也丝毫不担心战争的影响："'9·11'事件让保险业损失惨重，但保险公司随即以提高费率来应对——每当形势恶化时，国际保险市场总会予以适当调节。"

在掌握了协议费率乃至对无法掌控其风险的保险标的拒保的权利之后，保险公司似乎已经在战争面前立于不败之地。"到目前为止，还没有一起理赔案例。"上述中国人保的人士称。他倒认为，随着保险公司拒保的增多，失去了保险公司保障的船公司的业务量可能会下滑。

再保险气定神闲

对于这场战争，如果说直接保险公司还有些许紧张，那么再保险公司几乎可以用"气定神闲"来形容。"没有什么需要特别做的。"从中国再保险公司国际业务部的有关人士的语气听来，这场战争似乎还很远。"我们也就是向直接保险公司下一些最新行情的通知，或者在发现可能出现不可估量的损失时注销再保业务。"他介绍说。他进一步介绍说，与直接保险公司再保险协议一般在每年的年初签订，之后一般性的业务就不再具体过问。他说："我们通常并不知道直接保险公司承保的飞机会飞越哪一地区，也不知道哪些船只会经过海湾地区。"他透露，再保险公司通常的办法是事后调节，"如果前一年发生了亏损，那么接下来的一年再保险的手续费就会坚挺。"当然，他承认再保险公司会特别关注船舶、货运和航空险。"对这些险种，我们一贯比较谨慎。因为从国际上看这部分业务不太稳定，因而费率也比较高。"

但他转而透露，这部分业务只占中国再保业务总量的10%~15%，而涉及中东地区的业务更是少之又少，因而这场战争决不会对中国再保业务产生大的影响。"目前还不好说。"这位人士总结道，"'9·11'也是事后才发现损失惨重，此次战争究竟会造成多大损失，还要等战争结束之后。"

（资料来源：finance. sina. com. cn。）

二、协会罢工险（Institute Strike Clause）

1. 承保风险

（1）罢工工人、被迫停工工人、工潮、暴动（根据英国1986年公共秩序法的规定，暴动指至少12个人以上为共同目的使用或威胁使用武力）、民变（全国性的内乱，规模比暴动大）造成的损失。

（2）任何恐怖分子或任何出于政治目的的行动所造成的损失。

（3）由于上述风险所致的共同海损、分摊和救助费用。

2. 除外责任

（1）因罢工、停工、工潮、暴动或民变造成的劳动力缺乏或怠工引起的损失或费用。如装上船的水果，因无人卸载而腐烂。而不是罢工工人等的过激行为直接造成的保险货物的实际损毁灭失，加上保险人不想承保延迟造成的损失，明确予以除外。

（2）由于航程或航海上的损失或受阻的索赔。

（3）因战争、内乱、革命、叛乱或由此引起的内战，或由交战力量引起的敌对行为所引起的损失或费用。核武器除外责任仅对敌对性使用核武器所致的损失后果予以除外。

（4）由于罢工、关厂、工潮、暴动或民变造成的各种劳动力缺乏、短缺或抵制引起的损失保险人不负责。

3. 保险期间

采用"仓至仓"条款，即保险人承担货物自发货人仓库开始至收货人仓库为止的整个运输期间的风险。

三、协会恶意损害险 （Institute Malicious Damage Clause）

恶意损害险是协会货物 B 条款和协会货物 C 条款的附加险别，该险别包含在协会货物 A 条款中，为 1982 年协会货物条款唯一的附加险，它没有完整的结构，不能单独投保，仅供双方当事人在基本条款基础上加保使用。

恶意损害险承保被保险人以外的其他人（如船长、船员等）的故意损坏，故意破坏保险标的或其任何部分所造成的损失或费用。但恶意行为若出于政治动机，则不属本险别的承保范围，而属于罢工险的承保范围。

四、中英海上货物运输保险条款的比较

在全球国际贸易中，货物运输是最重要的环节之一，其中有 80% 的货物进出口是依靠海洋运输来完成的。而以海洋运输货物保险为核心的国际运输货物保险，作为支持国际货物贸易和国际航运业及风险管理的手段，对于国民经济的发展，尤其是外向型经济的发展至关重要。

为了适应对外贸易的发展，各国都设有国际运输货物保险机构，并制定了相应的保险条款。在我国国际贸易实践中，进出口货物的保险一般要求采用"中国保险条款"（China Insurance Clauses，CIC）。但随着我国对外经济贸易的发展，目前，在我国企业以 CIF 价格条件对外出口时，有些外商也常会要求采用国际保险市场上通用的英国伦敦保险协会所制定的"协会货物条款"（Institute Cargo Clauses，ICC）进行投保。为了达成交易，我国出口企业一般都予以接受。因此有必要对 CIC 与 ICC 险别的责任范围进行比较，这样既有助于掌握各种险别的精神实质，也有助于做好投保的选择。

CIC 和 ICC 从总体上看大体相同，一般认为两者一一对应，即一切险对应 ICC

（A）、水渍险对应 ICC（B）、平安险对应 ICC（C），战争险和罢工险也分别相似，投保时可以任选其一。但若仔细加以分析，两者也不是完全相同，对应关系的说法并不严谨，在投保（特别是有人坚持使用 ICC）时，有必要将两者进行详细的比较，注意其中的差异，以免错保或引起纠纷。

（一）两者总体上的比较

1. CIC 沿用了传统的分类形式，即以平安险、水渍险和一切险表示为基本险，附加险另文说明。风险承保范围从小到大、逐一列明，除外责任单独表示。ICC 则以"A、B、C"等系统命名方式将保险责任明显区分为基本险和附加险。风险承保范围由大到小，承保风险采用排外式和列举式两种方法表示：ICC 的（A）险以承保所有风险减除外责任的方法表示，其他两个（B）险、（C）险逐一列明，在列明的基础上，再去除除外责任。

2. CIC 只有三种基本险可以单独承保（尽管近年来我国实践中也已开展战争险和罢工险的独保业务，但在条文形式上仍是如此），而 ICC 的战争险和罢工险由于自成体系，根据条款规定，在征得保险公司同意后，可以单独承保。

3. CIC 仅原则性地规定了"船舶互撞"责任条款的赔偿责任，而 ICC 各险均特别指明保险人在赔付时有对被保险人此种索赔进行抗辩的权利，这样可以避免保险人因单方理算不清或"过失"而承担不应有的赔偿责任，反映出保险方在赔付时不仅要严格查明应由保险方承担的被保险方的最小损失，还要通过"双方有责碰撞"条款向索赔方抗辩的机会，将扩展赔偿的责任紧缩到最小限度。

4. ICC 将被保险人无法控制的迟延或绕道等情况与运输契约在目的地之前终止的情况区别对待：在前一种情况下，被保险人无须发出通知，保险责任自动继续有效；在后一种情况下，只有在被保险人及时将情况通知保险人并在必要时加缴保险费的情况下，保险责任才可以继续有效。CIC 对这两种情况没有区分对待，而是均需要被保险人及时将情况通知保险人并在必要时加缴保险费，保险责任才可以继续有效。显然 CIC 的规定对被保险人不利。

（二）两者具体内容上的比较

1. CIC 平安险与 ICC（C）险的比较

从所列的两者承保的责任范围来看，ICC（C）险的实际保障范围明显小于平安险。这可从以下三方面加以说明：

（1）CIC 平安险承保自然灾害所导致的货物的全部损失，虽已明确指出自然灾害造成的部分损失不赔，但对在运输工具已经发生意外事故的情况下，货物在此前后又在海上遭受自然灾害所造成的部分损失则赔。而 ICC 的（C）险中对自然灾害和一般性的意外事故均未列入责任范围，即对自然灾害如"地震、火山爆发、雷电"以及一般性的意外事故如"海水、湖水或河水进入船舶、驳船、其他运输工具、集装箱、大型海运箱或贮存处所"所致的损失（无论是全部损失还是部分损失）都是不予赔偿的。

（2）CIC 平安险负责承保装卸时所造成的一件或数件或整件货物落海而致的全部或部分损失，而 ICC（C）险不承保货物装卸（避难港除外）时所造成的损失。

（3）在 ICC（C）险的除外责任中规定：对于由任何个人或数人非法行动故意

损坏或故意破坏保险标的或其他任何部分不负赔偿责任。对"任何人"可以理解为包括被保险人及其他一切人的故意行为所造成的损失都是不负赔偿责任的，被保险人如要获得此保障，需加保新附加险"恶意损害条款"。而 CIC 的除外责任中规定对"被保险人的故意行为或过失所造成的损失"是不负赔偿责任的，说明我国条款仅限于被保险人（包括被保险人的代理人）的故意行为或过失造成的损失不予负责，而对其他人的故意行为造成的损失是负责赔偿的。

2. CIC 水渍险与 ICC（B）险的比较

CIC 水渍险的承保责任范围除包括上述平安险的各项责任外，保险人还负责被保险货物由于恶劣气候、雷电、海啸、地震、洪水等自然灾害所造成的部分损失。ICC（B）险承保范围采用"列明风险"的方式，承保可合理归因于以下原因造成的保险标的损失：火灾或爆炸；船舶或驳船遭受搁浅、触礁、沉没或倾覆；陆上运输工具的倾覆或出轨；船舶、驳船或其他运输工具同除水以外的任何外界物体碰撞或接触；在避难港卸货；地震、火山爆发或雷电；共同海损的牺牲；抛货或浪击落海；海水、湖水或河水进入船舶、驳船、其他运输工具、集装箱或海运集装箱贮存处所；货物在船舶或驳船装卸时落海或跌落造成任何整件的全损。

从总体上来看，ICC（B）险承保的风险与 CIC 水渍险并无明显的差别，但就其列出的承保风险责任来说，以下三点是必须注意的：

（1）在 ICC（B）险承保范围中规定："货物在船舶或驳船装卸时落海或跌落造成任何整件的全损"，说明它对装卸时落海或跌落造成的整件全损负责赔偿，对部分损失是不予负责的。CIC 水渍险责任范围规定："在装卸或转运时由于一件或数件整件货物落海造成的全部或部分损失"，说明 CIC 水渍险对全损或部分损失都负赔偿责任，但对货物跌落岸上造成的损失不予负责。

（2）在 ICC（B）险的除外责任中，与 ICC（C）险规定相同，"由任何个人或数人非法行为故意损坏或故意破坏保险标的或其他任何部分"不负责赔偿。如获得这些保障，同样需加保"恶意损害条款"。

（3）在自然灾害和意外事故的认定上两者不尽一致。自然灾害上，CIC 水渍险仅承保恶劣气候、雷电、海啸、地震和洪水造成的损失；ICC（B）险除了承保地震、闪电所造成的各种损失外，还对火山爆发、浪击落水和江、河、湖、海水浸染货物等造成的损失负责赔偿，但又不包括类似于海啸、恶劣气候和洪水等范畴。意外事故上，ICC（B）险除了包含 CIC 水渍险范围外，还新规定了一项内容，即陆上运输工具倾覆或出轨。

3. CIC 一切险与 ICC（A）险的比较

CIC 一切险承保责任范围除包括水渍险的各项承保责任外，保险人还负责被保险货物在运输途中由于一般外来风险所致的全部或部分损失。ICC（A）险承保范围采用"承保除规定的除外责任以外的一切风险所造成保险标的的损失"，其除外责任包括一般除外责任、不适航和不适货除外责任、战争除外责任和罢工除外责任四类。

通过分析一切险的承保范围和 ICC（A）险所列的除外责任后，便会发现一切险与 ICC（A）险的承保范围确实相似。但若仔细研究，两者仍然是有区别的：

一方面，CIC 一切险的责任范围总体上要大于 ICC 的（A）险。虽然 ICC 的（A）险条款承保保险标的损失和损害的一切风险，但其除外责任比 CIC 条款要宽得多。在 ICC 的除外责任中除了与 CIC 的相同之处外，还特别提到了因船舶所有人、经理人、承租人或经营人的破产或经济困境产生的损失、损害或费用；被保险人或者雇员有私谋时，船舶、驳船的不适航及船舶、驳船、运输工具、集装箱、托盘等不适运；任何人的错误行为对保险标的或其组成部分的蓄意损害或蓄意毁坏；恐怖分子或出于政治动机而行为的人员造损等。另外根据英国《海上保险法》（因为 ICC 受英国法律和惯例调整）55 条"……由于与鼠害与虫害最相近的原因造成的损失，保险人不负赔偿责任"的规定，ICC 的（A）险也不承保虫害和鼠害造成的损失。而我国的《海商法》和《保险法》并未有此规定，因此，一旦出现虫蚀鼠咬就有承担赔偿责任的可能，因为 CIC 一切险要负责赔偿运输过程中由于一般外来原因所致的除外责任以外的所有风险。

另一方面，ICC 的（A）险的责任范围在以下几点又要大于 CIC 一切险：（1）在（A）险的战争除外责任的规定中，将"海盗行为"排除在除外责任之外，说明（A）险对"海盗行为"的损失是负赔偿责任的。而 CIC 一切险只有加保战争险时才对"海盗行为"的损失予以负责，如未加保战争险是不予负责的；（2）在承保抛弃损失时，ICC 的（A）险承保的范围包括共同海损抛弃和非共同海损抛弃造成的损失，而 CIC 一切险只承保共同海损抛弃造成的损失。

4. 附加险的比较

ICC 新条款的附加险只有三种，即协会战争险、协会罢工险和恶意损害险。而我国 CIC 的附加险则分为一般附加险（11 种）、特别附加险（6 种）和特殊附加险（3 种）。就两者同有的战争险和罢工险来说，其承保的责任范围并无实质性差别。但要注意以下几点：

（1）战争险在除外责任中对敌对行为使用原子武器造成货物的损失有些变化。修订的 CIC 和 ICC 都仅规定由于敌对行为使用原子武器等所致灭失或损害不负赔偿责任，但对由于非敌对行为使用原子武器等造成的灭失或损失必须负责。所谓"非敌对行为"主要指敌对双方以外的海轮遭受他们使用原子武器所造成的灭失或损害，保险人仍负赔偿责任。

（2）战争险和罢工险在除外责任中增加了一条航程挫折条款。该条款规定，由于战争或罢工原因而使航程受挫折导致货物未能运达保险单所载明的目的地而引起的间接损失，保险人不负赔偿责任。

（3）协会恶意损害险是 ICC 新增加的附加险，其承保范围主要是对被保险人以外的其他人（如船长、船员等）的故意行为所致保险标的的灭失或损害负赔偿责任。但如果恶意损害是出于有政治动机的人的行为所致保险标的的损失，不属于本险别的保险责任。协会恶意损害险的承保范围在 ICC（A）险的责任中已经包括，只适用于在 ICC（B）险和 ICC（C）险的基础上加保。

综上所述，一般流行的 ICC 与 CIC 相对应的说法是不够严谨的，不仅 ICC（C）险与平安险差别较大，ICC（B）险与水渍险、ICC（A）险与一切险也不完全对应。因此，在国际贸易实践中投保海运货物保险时，我们在坚持出口用 CIF、进口用

FOB 的基础上应力争使用 CIC，但如果对方坚持使用 ICC 时，则需注意两类保险的差异，谨慎确认自然灾害概括的范围及所造成的损失，根据货物、航线、航程、预期损失等情况仔细选择保险险别，切忌简单对应，以免真正损失索赔时因在条文上找不到依据而陷于被动。

【本章小结】

伦敦保险协会货物保险	伦敦保险协会货物保险条款形成及特点	《协会货物条款》通称 ICC（Institute Cargo Clauses）新条款，该条款中的"货物"是指具有商品性质的货品，不包括个人财物或船上供应品和储备品。新条款有 3 个基本险，2 个专门险，1 个附加险。 1982 年 1 月 1 日，协会货物保险新条款和相应的新海上保险单格式在伦敦保险市场上投入使用。1983 年 4 月 1 日起开始强制性要求使用新保单和新条款，完全取代 1963 年 6 月 1 日协会货物保险条款和劳氏 S. G. 保险单。
	伦敦保险协会货物基本险条款	伦敦协会货物基本险条款分为 A、B、C 三个条款。 A、B、C 三个条款均包含 8 个条款，即承保风险、除外责任、保险期间、索赔事项、保险受益、减少损失、避免延迟、法律和惯例。
	协会货物专门险与附加险条款	协会货物专门险条款是协会战争险、罢工险条款，附加险条款是恶意损害险条款。 战争险的保险期间采用"水面危险"原则。 恶意损害险是协会货物 B 条款和协会货物 C 条款的附加险别，该险别包含在协会货物 A 条款中，为 1982 年协会货物条款唯一的附加险。

【课后习题】

一、单选题

1. 根据现行伦敦保险协会《协会货物条款》的规定，承保风险最大的险别是（　　）。

A. ICC（A）　　　　B. ICC（B）　　　　C. ICC（C）　　　　D. ICC（D）

2. 根据现行伦敦保险协会《协会货物条款》的规定，下列险别中，不能单独投保的是（　　）。

A. ICC（A）　　　　B. 战争险　　　　C. ICC（C）　　　　D. 恶意损害险

3. 根据"仓至仓"条款的规定，从货物在目的港卸离海船时起满（　　）天，不管货物是否进入保险单载明的收货人仓库，保险公司的保险责任均告终止。

A. 15　　　　B. 30　　　　C. 10　　　　D. 60

4. 关于国际货运保险被保险人应在（　　）具有可保利益。

A. 投保时　　　　　　　　B. 保险单签发时

C. 保险事故发生要求赔偿时　　　　D. 向保险公司办理索赔时

5. 保险公司承担保险责任的期间通常是（　　）。

A. 钩至钩期间　　B. 舷至舷期间　　C. 仓至仓期间　　D. 水面责任期间

6. 伦敦保险协会《协会货物条款》中的附加险是（　　）。

A. 战争险　　　　B. 罢工险　　　　C. 恶意损害险　　　D. 淡水雨淋险

二、多选题

1. 根据伦敦保险协会《协会货物条款》的规定，能够独立投保的险别有(　　)。

A. 战争险　　　　B. 罢工险　　　　C. 恶意损害险　　　D. 舱面险

2. 根据伦敦保险协会《协会货物条款》的规定，下列损失中，属于协会货物 A 条款承保范围的有 (　　)。

A. 由于海啸造成的被保货物的损失

B. 由于下雨造成的被保货物的损失

C. 由于船舱淡水水管渗漏造成的被保货物的损失

D. 由于船舶搁浅造成的被保货物的损失

3. 在国际货物运输保险中，保险公司承保的风险包括 (　　)。

A. 自然灾害　　　　　　　　　B. 意外事故

C. 外来风险　　　　　　　　　D. 运输延迟造成损失的风险

三、判断题

1. 平安险英文名称为单独海损不赔，实际上，保险公司仍然承担了一部分单独海损的责任。　　　　　　　　　　　　　　　　　　　　　　(　　)

2. 基本险别中，保险公司责任最小的险别是协会货物 A 条款。　　　(　　)

四、简答题

1. 简述协会货物 A 条款的承保责任范围。

2. 协会货物 B 条款和协会货物 C 条款分别承保哪些风险？

第九章
陆上、航空、邮包运输货物保险

【学习目标】

通过本章内容的学习，学生应熟悉陆上、航空、邮包运输货物保险的具体险种，掌握陆上、航空、邮包运输货物保险的承保责任、起讫时间并能进行实务操作，清楚陆上、航空、邮包运输货物保险与海运货物保险的区别。

【学习重点与难点】

陆运与海运货物基本险的区别；陆上货物运输保险被保险人的义务；空运与海运货物保险基本险的区别。

【关键术语】

陆上运输货物保险　航空运输货物保险　邮政包裹运输货物保险

【本章知识结构】

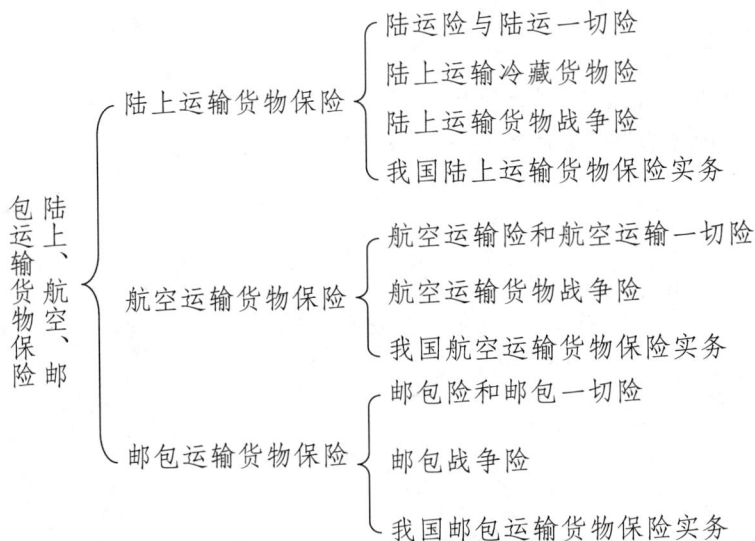

陆上、航空、邮包运输货物保险

- 陆上运输货物保险
  - 陆运险与陆运一切险
  - 陆上运输冷藏货物险
  - 陆上运输货物战争险
  - 我国陆上运输货物保险实务
- 航空运输货物保险
  - 航空运输险和航空运输一切险
  - 航空运输货物战争险
  - 我国航空运输货物保险实务
- 邮包运输货物保险
  - 邮包险和邮包一切险
  - 邮包战争险
  - 我国邮包运输货物保险实务

【案例引入】

2000年11月15日，湖北省技术进出口公司委托大通国际运输有限公司湖北分公司（以下简称大通公司），向保险公司为其在加拿大购买的价值851 108美元的数字数据网络设备办理运输保险，并由大通公司代交了保险费32 417元人民币。被保险人是进出口公司，保险货物项目是一套数字数据网络设备，投保险别为一切险，保险金额为 978 774.2 美元，运输方式为陆空联运，运输线路为国外陆运 Kanata（公路运输）——渥太华机场（空运）——北京首都机场——天河机场。

2000 年 11 月 16 日，投保设备在加拿大渥太华被盗。随即进出口公司和大通公司分别于 12 月 7 日和 12 月 21 日将出险情况通知保险公司，并书面提出了理赔要求，但保险公司置之不理。为此，进出口公司作为原告起诉保险公司，请求法院判令保险公司支付保险金 978 774.2 美元并承担本案的全部诉讼费用。

在审判期间，原告、被告双方均进行了大量举证。通过庭前证据交换及调查发现：渥太华时间 2000 年 11 月 15 日 19：00 即北京时间 2000 年 11 月 16 日 8:00，被保险货物在渥太华 2270STEVENAGE 路、地区 35、小区 505、地点 350504 被盗窃。2000 年 12 月 7 日，大通公司将出险情况告知了被告保险公司。12 月 21 日，原告技术进出口公司向被告保险公司提出了理赔要求，并提交了相关证明文件。

本单货物大通公司委托的海外运输商是 Secure 公司，提货时间是渥太华时间 2000 年 11 月 14 日。被告保险公司未能向本院提交陆空联运保险条款，在其向本院提交的中国人民保险公司《陆上运输货物保险条款》（火车、汽车，1981 年 1 月 1 日修订）中，载明陆运一切险，除包括陆运险的责任外，还负责被保险货物在运输途中由于外来原因所致的全部或者部分损失；责任起讫为"仓至仓"责任。众所周知的事实是，北京时间比渥太华时间早 13 小时。

本案当事人争议的焦点是：（1）被告保险公司保险责任的起讫问题；（2）投保货物是否提前提货、首次空运港是否改变及其对本案被告保险公司赔偿责任是否存在影响的问题；（3）原告技术进出口公司是否享有可保利益问题。

对本案进行分析判决，需要了解陆上、航空运输货物保险的相关内容。在国际贸易中，货物运输主要采用海洋运输方式，但随着科技发展进步，运输方式日益多样化，货物运输采用陆上运输、航空运输、邮政包裹运输以及由海运、陆运、空运中的两种或两种以上运输方式衔接起来所组成的多种联合运输等方式的情况越来越多。由于现代的陆上、航空、邮包等运输保险业务均在海上运输保险基础上发展起来，因而它们在很多方面都与海运货物保险有相同或相似之处。不过，由于陆上、航空、邮包等运输方式与海洋运输具有不同的特点，货物在运输途中可能遭遇的风险损失与海洋运输不同，因而保险人对陆上、航空、邮包运输货物在承保险别和责任范围等方面与海洋货物运输保险也有不同的规定。本章将介绍国际贸易中陆上、航空、邮包运输货物保险的具体内容。

第一节　陆上运输货物保险

该险种主要承保用火车、汽车等陆上运输工具进行货物运输的保险。国际上保险公司对于采用畜力、畜力车等落后运输工具运送货物的风险，一般不予承保。在我国，中国人民保险公司现行的陆上运输货物保险条款也明确规定以火车、汽车为限。但在基本险方面，我国不论是使用火车还是汽车运输货物的保险，均采用相同的险别和条款，这与有些西方国家对使用火车和汽车运输货物的保险分别采用不同的险别和条款有所不同。

根据 1981 年 1 月 1 日中国人民保险公司修订的《陆上运输货物保险条款》，陆运货物保险的基本险有陆运险（Overland Transportation Risk）和陆运一切险（Overland Transportation All Risks）两种。此外，为适应冷藏运输货物的需要而专设的陆上运输冷藏货物保险 [Overland Transportation Insurance（Frozen Products）]，也具有基本险的性质。在附加险方面，陆上货物的附加险有陆上运输货物战争险（Overland Transportation Cargo War Risks）。

一、陆运险和陆运一切险

（一）承保责任

陆运险的承保责任范围与《海洋货物运输保险条款》中的水渍险相似。保险公司负责赔偿被保险货物在运输途中遭受暴风、雷电、洪水、地震等自然灾害或由于运输工具遭受碰撞、倾覆、出轨或在驳运过程中因驳运工具遭受搁浅、触礁、沉没、碰撞；或由于遭受隧道坍塌、崖崩或失火、爆炸等意外事故所造成的全部或部分损失。此外，被保险人对承保责任范围内的危险发生时，采取的抢救、防止或减少货损的措施而支付的合理费用，保险公司也负责赔偿，但以不超过该批被救货物的保险金额为限。

陆运一切险的承保责任范围与海上运输货物保险条款中的一切险相似。除包括上述陆运险的责任外，保险人还对被保险货物在运输途中由于外来原因造成的短少、短量、偷窃、渗漏、碰损、破碎、钩损、雨淋、生锈、受潮、受热、发霉、串味、玷污等全部或部分损失承担赔偿责任。

（二）除外责任

陆运险与陆运一切险的除外责任与海洋运输货物险的除外责任基本相同，主要包括：被保险人的故意行为或过失行为所造成的损失；属于发货人所负责任或被保险货物的自然损耗所引起的损失；由于战争、工人罢工或运输延迟所造成的损失；保险责任开始前，被保险货物本身已经存在的品质不良、数量短差所造成的损失。

（三）责任起讫

陆上运输货物险的责任起讫也采用"仓至仓"责任条款。保险人负责自被保险货物运离保险单所载明的起运地仓库或储运处所开始运输时生效，包括正常运输过程中的陆上和与其有关的水上驳运在内，直至该项货物运达保险单所载目的地收货人的最后仓库或储存处所或被保险人用作分配、分派的其他储存处所为止。如未运抵上述仓库或储存处所，则以被保险货物运抵最后卸载的车站满 60 天为止。

陆上运输货物保险的索赔时效为：从被保险货物在最后目的地车站全部卸离车辆后起算，最多不超过两年。

（四）陆运与海运货物基本险的区别

陆运货物保险的两种基本险（陆运险和陆运一切险）与海运货物的基本险既有相似之处，又有区别。其不同之处为：

1. 在陆运货物保险的承保风险中，不包括流冰、海啸等海上运输中的自然灾害，而增加了倾覆、出轨、隧道坍塌、崖崩等陆上运输中所特有的意外事故。

2. 在陆运货物保险的承保风险中，没有共同海损牺牲、分摊以及救助费用等海上损失和费用。

3. 在陆运货物保险中，凡属承保责任范围内的损失，不论起因于自然灾害或意外事故，也不论损失的程度是全部还是部分，保险人一般都予赔偿，因此，在陆运货物保险中不存在海运货物保险中的"单独海损不赔"的问题。也正因为如此，陆运货物的基本险只有陆运险和陆运一切险，前者相当于海运货物保险中的水渍险，后者相当于海运货物保险中的一切险，而没有与海运货物保险中的平安险相当的险别。

4. 陆运货物保险的责任起讫期间虽然也采用"仓至仓"原则，但在货物运达目的地后如不卸离运输工具或不及时运往收货人仓库或储存处所，保险期限规定为到达卸载站后满 60 天终止。

二、陆上运输冷藏货物险

陆上运输冷藏货物险是陆上运输货物险中的一种专门保险，是针对冷藏货物运输的一种基本险。

（一）承保责任与责任免除

陆上运输冷藏货物险的主要责任范围除负责陆运险所列举的自然灾害和意外事故造成的全部或部分损失外，还负责赔偿由于冷藏机器或隔温设备在运输途中损坏造成的被保险货物解冻融化而腐败的损失。但对于一般的除外责任，因战争、工人罢工或运输迟延而造成的被保险货物的腐败或损失，以及被保险冷藏货物在保险责任开始时未能保持良好状况，整理、包扎不妥或冷冻不合规格造成的损失，保险人不承担赔偿责任。

（二）责任起讫

陆上运输冷藏货物险的责任自被保险货物运离保险单所载起运地的冷藏仓库装入运输工具开始运输时生效，包括正常陆运和与其有关的水上驳运在内，直至货物到达目的地收货人仓库为止。但最长保险责任的有效期限以被保险货物到达目的地车站后 10 天为限。

陆上运输冷藏货物险的索赔时效为：从被保险货物在最后目的地全部卸离车辆后起算，最多不超过两年。

三、陆上运输货物战争险

陆上运输货物战争险是陆上运输货物险的一种附加险，只有在投保了陆运险或陆运一切险的基础上，经过投保人与保险公司协商方可加保。这种陆运战争险，国外私营保险公司大都是不保的，中国人民保险公司为适应外贸业务需要，接受加保，但目前仅限于火车运输，若使用汽车运输则不能加保。加保陆上运输货物战争险需另加付保险费。

（一）承保责任与责任免除

加保陆上运输货物战争险后，保险公司负责赔偿在火车运输途中由于战争、类似战争行为和敌对行为、武装冲突所致的损失，以及各种常规武器包括地雷、炸弹所致的损失。但是，由于敌对行为使用原子或热核武器所致的损失和费用，以及根据执政者、当权者或其他武装集团的扣押、拘留引起的承保运程的丧失或挫折而造成的损失除外。

（二）责任起讫

陆上运输货物战争险的责任起讫与海洋运输战争险相似，以货物置于运输工具时为限，即自被保险货物装上保险单所载起运地的火车时开始到卸离保险单所载目的地火车时为止。如果被保险货物不卸离火车，则自火车到达目的地的当日午夜起算，满48小时为止；如在运输中途转车，不论货物在当地卸载与否，保险责任以火车到达该中途站的当日午夜起计算满10天为止。如货物在此期限内重新装车续运，仍恢复有效。但需指出，如运输契约在保险单所载目的地以外的地点终止时，该地即视作本保险单所载目的地，在货物卸离该地火车时为止，如不卸离火车，则保险责任以火车到达该地当日午夜起计算满48小时为止。

同海洋运输货物保险一样，陆上运输货物在投保战争险的基础上可以加保罢工险，加保罢工险不另行收费。但如单独要求加保罢工险，则按战争险费率收费。陆上运输罢工险的承保责任范围与海洋运输货物罢工险的责任范围相同。

四、我国陆上运输货物保险实务

陆运出口货物如由我方保险时，应按照有关规定及时向保险公司办理投保手续。陆运进口货物，则按同保险公司签订的陆运进口货物预约保险合同的规定办理投保手续。

（一）陆上货物运输保险被保险人的义务

陆运货物保险被保险人应按照以下规定的应尽义务办理有关事项，如未履行规定的应尽义务，保险公司对有关损失有权拒绝赔偿。

1. 当被保险货物运抵保险单所载目的地以后，被保险人应及时提货，当发现被保险货物任何部分有腐败或损失，应立即向保险单上所载明的检验、理赔代理人申请检验，由其在保险责任终止前确定腐败件数或损失程度。如发现被保险货物整体损坏或有明显残损痕迹应即向承运人、受托人或有关当局索取货损货差证明。如果货损货差是由于承运人、受托人或其他有关方面的责任所造成，应以书面方式向他们提出索赔，必要时还应取得延长时效的认证。

2. 对遭受承保责任内风险的货物，应迅速采取合理的抢救措施，防止或减少货物的损失，被保险人采取此项措施，不应视为放弃委付的表示。

3. 在向保险人索赔时，必须提供下列单证：保险单正本、提单、发票、装箱单、磅码单、货损货差证明、检验报告及索赔清单。如涉及第三者责任，还须提供向责任方追偿的有关的往来函电及其他必要的单证或文件。

（二）陆运货物保险索赔期限

陆运货物保险的索赔时效，从被保险货物在最后目的地车站全部卸离车辆后起算，最多不超过两年。

【资料链接】

陆上货物运输保险合同样例

陆 上 货 物 运 输 保 险 单

发 票 号 码

保 险 单 号 次

中保财产保险有限公司（以下简称本公司）根据＿＿＿＿＿＿＿＿＿＿（以下简称为被保险人）的要求由被保险人向本公司缴付约定的保险费，按照本保险单承保险别和背后所载条款与下列特款承保下述货物运输保险，特立本保险单。

标记	包装及量	保险货物项目	保险金额

总 保 险 金 额：＿＿＿＿＿＿＿＿＿＿＿＿＿＿＿＿＿＿＿＿＿＿＿＿＿

保费＿＿＿＿＿＿＿＿＿费率＿＿＿＿＿＿＿＿＿装载工具＿＿＿＿＿＿＿＿＿

开航日期＿＿＿＿＿＿＿＿＿自＿＿＿＿＿＿＿＿＿至＿＿＿＿＿＿＿＿＿

承保险别：

所保货物，如发生保险单项下可能引起索赔的损失或损坏，应立即通知本公司下述代理人查勘。

如有索赔，应向本公司提交保险单正本（本保险单共有一份正本）及有关文件。

＿＿＿＿＿＿＿＿＿＿保险公司

赔 款 偿 付 地 点

出 单 公 司 地 址

第二节 航空运输货物保险

利用飞机运输国际贸易货物，始于 20 世纪初。由于当时的机型和地面设备以及国际贸易货物的内容和规模均属初级发展阶段，初期的空运货物主要只是一些军用品和部分邮件等，而且运量也很小。1929 年在荷兰海牙成立了国际航空协会，开始推动航空工业和航空货运的发展，特别是在第二次世界大战以后，随着科学技术水平的提高和国际贸易量的增长，航空运输在国际贸易货运中越来越被重视。

我国利用航空运输方式运送进出口货物虽然起步相对发达国家来说较晚，但自进入 20 世纪 70 年代以来，空运出口的业务也迅速增加，从初期只限于贵重商品和鲜活商品，现已发展到纺织品匹头、成品以及土产等普通出口商品。目的地已从初期的以中国的香港、澳门地区为主发展到世界各主要国家。

航空运输货物保险是以飞机为运输工具的一种货物运输保险。随着国际贸易的迅猛发展，20 世纪以来，航空运输迅速发展，航空运输货物保险业务也随之得到发展，但由于其历史不长，迄今尚未能像海洋运输货物保险那样成为一个完整的体系。

1965 年，英国伦敦保险协会制定了有关航空运输货物的保险条款，包括《协会航空运输货物一切险条款》（*Institute Cargo Clauses All Risks*），《协会航空运输货物战争险条款》（*Institute War Clauses—Air Cargo*）及《协会航空运输货物罢工险条款》（*Institute Strikes Clauses—Air Cargo*），以供保险界采用。现行协会空运货物保险条款于 1982 年进行修订，仍有三种，即《协会空运货物条款（不包括邮递）》、《协会空运货物战争条款（不包括邮递）》以及《协会空运货物罢工险条款》。这些条款的首部均标明："本条款仅供新的海上保险单格式使用。"这意味着航空运输货物保险没有独自的保险单格式，空运货物保险条款必须与海上保险单格式连用。在实际业务中，对空运货物保险条款有关术语的解释，也常常参照英国《1906 年海上保险法》的规定。

为了适应我国对外贸易发展的需要，中国人民保险公司也接受办理航空运输货物的保险业务，并制定有航空运输险和航空运输一切险两种基本险条款以及航空运输货物战争险的附加险条款。现介绍如下：

一、航空运输险和航空运输一切险

（一）承保责任

航空运输货物险分为航空运输险和航空运输一切险。航空运输险的承保责任范围与海洋运输货物保险条款中的水渍险大致相同。保险公司负责赔偿被保险货物在运输途中遭受雷电、火灾、爆炸或由于飞机遭受恶劣气候或其他危难事故而被抛弃，或由于飞机遭受碰撞、倾覆、坠落或失踪等自然灾害和意外事故所造成的全部或部分损失。

航空运输一切险的承保责任范围除包括上述航空运输险的全部责任外，保险公司还负责赔偿被保险货物由于被偷窃、短少等一般外来原因所造成的全部或部分损失。

被保险货物遭受损失时，保险公司按保险单上载明承保险别的条款负赔偿责任。由于下列保险事故造成保险货物的损失，保险人应该负航空货物保险赔偿责任：

1. 火灾、爆炸、雷电、冰雹、暴风、暴雨、洪水、海啸、地陷、崖崩；

2. 因飞机遭受碰撞、倾覆、坠落、失踪（在三个月以上），在危难中发生卸载以及遭受恶劣气候或其他危难事故发生抛弃行为所造成的损失；

3. 因受震动、碰撞或压力而造成破碎、弯曲、凹瘪、折断、开裂的损失；

4. 因包装破裂致使货物散失的损失；

5. 凡属液体、半流体或者需要用液体保藏的保险货物，在运输途中因受震动、碰撞或压力致使所装容器（包括封口）损坏发生渗漏而造成的损失，或用液体保藏的货物因液体渗漏而致保藏货物腐烂的损失；

6. 遭受盗窃或者提货不着的损失；

7. 在装货、卸货时和港内地面运输过程中，因遭受不可抗力的意外事故及雨淋所造成的损失。

在发生航空运输保险责任范围内的灾害事故时，因施救或保护保险货物而支付的直接合理费用，但最高以不超过保险货物的保险金额为限。

（二）责任免除

航空运输险与航空运输一切险的除外责任与海洋运输货物险的除外责任基本相同。主要包括：

1. 被保险人的故意行为或过失所造成的损失。

2. 属于发货人责任所引起的损失。

3. 保险责任开始前，被保险货物已存在的品质不良或数量短差所造成的损失。

4. 被保险货物的自然损耗、本质缺陷、特性以及市价跌落、运输延迟所引起的损失或费用。

5. 本公司航空运输货物战争险条款和货物及罢工险条款规定的责任范围和除外责任。

（三）责任起讫

航空运输货物险的两种基本险的保险责任也采用"仓至仓"条款，如果由于被保险人无法控制的运输延迟、绕道、被迫卸货、重新装载、转载或承运人运用运输契约赋予的权限所做的任何航行上的变更或终止运输契约，致使被保险货物运到非保险单上所载的目的地时，在被保险人及时将情况通知保险人，并在必要时加缴保险费的情况下，航空运输货物保险合同继续有效，保险责任的终止要按照下列具体规定：如被保险货物在非保险单载明的目的地出售，保险责任至交货时为止；被保险货物如在30天期限内继续运往保险单所载原目的地或其他目的地时，保险责任仍按上面的"仓至仓"条款，货物运到目的地收货人仓库或在目的地卸离飞机满30天时保险责任终止。

但与海洋运输险的"仓至仓"责任条款不同的是：如货物运达保险单所载明目的地而未运抵保险单所载明的收货人仓库或储存处所，则以被保险货物在最后卸载地卸离飞机后满30天为止。如在上述30天内被保险货物需转运到非保险单所载明的目的地时，则以该项货物开始转运时终止。

（四）空运与海运货物保险基本险的区别

从以上内容可以看出，空运货物保险的两种基本险与海运货物保险的基本险有下列不同：

1. 在空运货物保险的承保风险中，不包括流冰、海啸、地震、洪水等自然灾害和运输工具搁浅、触礁、沉没、与海冰相撞等意外事故以及共同海损牺牲、分摊和救助以及双方有责碰撞等，但增加了飞机倾覆、坠落或失踪等风险。

2. 空运货物保险的基本险只有航空运输险和航空运输一切险，亦即只有相当于海运货物保险中的水渍险和一切险，而没有相当于海运货物保险中的平安险的险别。

3. 空运货物保险的责任期限虽然也采用"仓至仓"原则，但对货物在运达目的地后的终止日期规定为卸离飞机后满30天，因而大大短于海运货物保险的卸离海轮后满60天的规定。

二、航空运输货物战争险

航空运输货物战争险是航空运输货物险的一种附加险，只有在投保了航空运输险或航空运输一切险的基础上，经过投保人与保险公司协商后方可加保。加保时需另加付保险费。

（一）承保责任

加保航空运输货物战争险后，保险公司负责赔偿在航空运输途中由于战争、类似战争行为、敌对行为或武装冲突以及各种常规武器包括地雷、炸弹所造成的货物的损失，但因使用原子或热核武器所致的损失属于除外责任。

（二）责任起讫

航空运输货物战争险的保险责任期限是自被保险货物装上保险单所载起运地的飞机时开始，直到卸离保险单所载目的地的飞机时为止。如果被保险货物不卸离飞机，则以飞机到达目的地当日午夜起计算，满15天为止；如被保险货物在中途转运，保险责任以飞机到达该转运地的当日午夜起计算，满15天为止。一旦装上续运的飞机，保险责任恢复有效。

与海运、陆运货物保险一样，航空运输货物在投保战争险的基础上可以加保罢工险，加保罢工险不另行收费，但如仅要求加保罢工险，则按战争险费率收费。航空运输罢工险的承保责任范围与海洋运输货物罢工险的责任范围相同。

三、我国航空运输货物保险实务

空运出口货物，如由我方保险，则应按有关规定向保险公司办理投保手续。空运进口货物应按预约保险合同的规定办理投保。

我国航空运输货物保险承保范围包括以下情况：凡在中国境内经航空运输的货物均可为本保险之标的；金银、珠宝、钻石、玉器、首饰、古币、古玩、古书、古画、邮票、艺术品、稀有金属等珍贵财物非经投保人与保险人特别约定，在保险单（凭证）上载明，不在保险标的范围以内；蔬菜、水果、活牲畜、禽鱼类和其他动物不在保险标的范围以内。

（一）被保险人义务

为保障合同效力，我国航空运输货物保险的被保险人应尽以下义务：

1. 当被保险货物运抵保险单所载目的地以后，被保险人应及时提货，当发现被保险货物遭受任何损失，应即向保险单上所载明的检验、理赔代理人申请检验，如发现被保险货物整件短少或有明显残损痕迹应即向承运人、受托人或有关当局索取货损货差证明，如果货损货差是由于承运人、受托人或其他有关方面的责任所致，则应以书面方式向他们提出索赔，必要时还须取得延长时效的认证。如未履行上述规定义务，保险人对有关损失不负赔偿责任。

2. 对遭受承保责任内危险的货物，应迅速采取合理的抢救措施，防止或减少货物损失。否则，对因此扩大的损失，保险人不承担赔偿责任。

3. 在向保险人索赔时，必须提供下列单证：

保险单正本、提单、发票、装箱单、磅码单、货损货差证明、检验报告及索赔清单，如涉及第三者责任还须提供向责任方追偿的有关函电及被保险人所能提供的其他与确认保险事故的性质、原因、损失程度等有关的证明和资料。

被保险人未履行前款约定的单证提供义务，导致保险人无法核实损失情况的，保险人对无法核实的部分不承担赔偿责任。

（二）赔偿处理

保险人收到被保险人的赔偿请求后，应当及时就是否属于保险责任作出核定，并将核定结果通知被保险人。情形复杂的，保险人在收到被保险人的赔偿请求并提供理赔所需资料后 30 日内未能核定保险责任的，保险人与被保险人根据实际情形商议合理期间，保险人在商定的期间内作出核定结果并通知被保险人。对属于保险责任的，在与被保险人达成有关赔偿金额的协议后 10 日内，履行赔偿义务。

【资料链接】

国内航空运输货物保险案

2007 年 6 月 28 日，某制药公司由沈阳经航空向北京运送原材料和产成品，起运日期为 2007 年 6 月 28 日，2007 年 7 月 2 日在北京药品因挤压破损造成保险标的损失，估计损失金额 12 万元。于 2007 年 7 月 6 日，向保险公司报案。7 月 13 日保险公司查勘定损部门接报案电话通知，由沈阳经航空发北京的 45 件药品，到达后，发现 20 件包装破损。

经与被保险人联系，告之药品未返回沈阳，等返回后查勘。7 月 16 日其返回沈阳，第二现场查勘情况如下：（一）破损货物为低箱包装，内装注射用法莫替丁；（二）外包纸箱变形，内装注射用法莫替丁纸盒变形，针剂无损失；（三）更换纸箱 20 个，纸盒 400 个，说明书 40 个。

本案焦点在于在出险情况属实已确认的情况下，保险公司对药品因挤压破损造成保险标损失的保险责任怎么认定及赔偿如何确定。

首先，来看下被保险人的保险信息，被保险人某公司投保的是国内航空货物运输保险，保险金额为 110 230.66 元，投保基本险，费率为 1.1‰，无附加险，保险费 121.25 元。

其次，根据国内航空货物运输保险条款——第四条中第三项"因受震动、碰撞或压力而造成破碎、弯曲、凹瘪、折断、开裂的损失"、第七项"在装货、卸货时和港内地面运输过程中，因遭受不可抗力的意外事故及雨淋所造成的损失"，确定药品因挤压破损造成保险标的的损失属于保险责任。

对本案，保险公司只需确定药品因挤压破损造成保险标的损失，并弄清国内航空货物运输保险条款和双方签订的国内货物运输预约保险协议书中的约定即可。

保险公司根据现场查勘及被保险人某制药公司提供的货物价格证明确认，进行了损失认定和赔偿金额的确定。

最终保险公司赔付给被保险人某制药公司 243.4 元，双方无异议。

本案点评

1. 此案清晰明了，对于本案只需弄清国内航空货物运输保险条款中的保险责任范围和责任起讫中的规定即可，不存在复杂争议的地方，因此保险人与被保险人对本案中货物损坏的责任认定和赔偿确定均无异议。

2. 此案赔付金额是保险案例中较少的，在本案中保险人并未因为其案例金额以减少理赔程序。首先坚持现场查勘，其次确定保险责任，最后按保险协议书计算赔偿金额，这是保险人应坚持的原则。

3. 被保险人 12 小时内报案，保护损失现场，是处理保险事故的前提。保险意识要体现在承保前和事故后的全过程，保险人与被保险人都要对保险全过程负责。

（资料来源：wl. 100xuexi. com/view/otdetail/20120405/6a679f13 – ac8f – 4e48 – aafa – 7e9427a6b4a7. html。）

第三节　邮包运输货物保险

随着现代物流的迅速发展，邮包运输随处可见。近年来，在国际贸易中，小件货品的运输或买卖双方寄送样品采用邮政包裹的形式也逐渐增多，但是，邮包运输一般须经由海洋、陆上、航空辗转运送，在运送过程中遭遇自然灾害和意外事故而导致损失的可能性很大。因此，寄件人必然寻求发生损失后能得到补偿的办法，邮包运输货物保险应运而生。

邮包运输货物保险亦称邮递运输货物保险，主要承保通过邮局以邮包递运的货物，因为邮包在运输途中可能遭到自然灾害、意外事故或外来原因而造成货物损失。以邮包方式将货物发送到目的地可能通过海运，也可能通过陆上或航空运输，或者经过两种或两种以上的运输工具运送。不论通过何种运送工具，凡是以邮包方式将贸易货物运达目的地的保险均属邮包保险。按照邮包保险的惯例，凡经常有需要经邮局递送货物的货主，通常都与保险人订有总括保险单，为整个运输期间的货物投保一切险。因此，伦敦保险协会迄今除已制定《协会邮递战争险条款》之外，尚未制定有成套的邮递货物保险的标准条款。此外，同空运货物保险一样，协会邮递货物战争险的保险也使用海洋运输货物保险单加贴邮递战争险条款的做法。

在我国，中国人民保险公司参照国际上的通行做法，结合我国邮政包裹业务的实际情况，于 1981 年 1 月 1 日修订并公布了一套较为完备的邮递货物保险条款，包括：邮包险（Parcel Post Risks）、邮包一切险（Parcel Post All Risks）及邮包战争险（Parcel Post War Risks）三种。前两种为基本险，最后一种为附加险。

一、邮包险和邮包一切险

（一）承保责任

邮包险的承保责任范围是负责赔偿被保险邮包在运输途中由于恶劣气候、雷电、海啸、地震、洪水、自然灾害或由于运输工具搁浅、触礁、沉没、出轨、倾覆、坠落、失踪，或由于失火和爆炸等意外事故所造成的全部或部分损失；另外，还负责被保险人对遭受承保责任内风险的货物采取抢救、防止或减少货损的措施而支付的合理费用，但以不超过该批被救货物的保险金额为限。

邮包一切险的承保责任范围除包括上述邮包险的全部责任外，还负责被保险邮包在运输途中由于外来原因所致的全部或部分损失。

（二）除外责任

邮包险和邮包一切险对下列损失不负赔偿责任：

1. 被保险人的故意行为和过失所造成的损失；

2. 属于发货人责任所造成的损失；

3. 在保险责任开始时，被保险邮包已经存在的品质不良或数量短差所造成的损失；

4. 被保险邮包的自然损耗、本质缺陷、特性及市价跌落、运输延迟所引起的损失；

5. 邮包战争险条款和货物运输罢工险条款规定的责任范围和除外责任。

（三）责任起讫

邮包险和邮包一切险的保险责任是自被保险邮包离开保险单所载起运地点从寄件人的处所运往邮局时开始生效，直至被保险邮包运达保险单所载明的目的地邮局发出通知书给收件人当日午夜起算满 15 天为止，但在此期限内邮包一经递交至收件人的处所，保险责任即行终止。保险的索赔时效，从被保险邮包递交收件人时起算，最多不超过两年。

（四）邮包险与海运险的基本险区别

从以上内容可以看出，邮递货物的两种基本险（邮包险和邮包一切险）同海运货物保险的基本险有以下不同：

1. 由于邮包递运涉及海运、陆运、空运三种运输方式，所以邮包运输保险基本险的承保责任范围兼顾了海、陆、空三种运输工具。它除负责海运货物保险所承保的自然灾害和意外事故外，还负责陆、空运输中的自然灾害和意外事故；被保险人在投保时，无须申明使用何种运输工具运送，保险人对海运、陆运、空运的邮包均予负责，即使邮包使用海、陆、空三种运输工具联运，也予负责。

多式联运系统是指集装箱运输过程中，海洋运输、公路运输、铁路运输及内河运输等多种运输方式通过系统集成，使相对独立的运输部门有机结合，成为相互联系的高效运输系统。这种系统在发达国家已经十分成熟，在我国则尚未正式起步。随着我国对外贸易在国民生产总值中所占比重的不断提高，集装箱运输的需求也相应地大幅增长。对外贸易的发展使国内外的集装箱货主要求我国集装箱运输系统与国际接轨。

目前，我国已开展的国际多式联运路线主要包括我国内地经海运往返日本内地、美国内地、非洲内地、西欧内地、大洋洲内地等联运线以及经蒙古或前苏联至伊朗和往返西欧、北欧各国的西伯利亚大陆桥运输线。

2. 邮包运输保险的责任终止期限是在货物运抵保险单所载明的目的地邮局，由邮局签发到货通知书当日午夜起计算，满 15 天终止。这一期限与海运货物保险规定为在卸货港全部卸离海轮后满 60 天不同。

【资料链接】

邮包保险理赔案

被保险人某机电有限责任公司，由首尔经航空至沈阳空运电脑配件，起运日期为 2007 年 10 月 19 日，于 10 月 19 日到达沈阳后，在卸货开包时发现其中两个显卡破裂造成保险标的损失，估损金额 2 700 元。由此，被保险人某机电有限责任公司向保险公司提出索赔申请。

本案焦点在于，保险公司对在卸货开包时发现其中两个显卡破裂造成保险标的损失的保险责任如何认定及赔偿标准。

1. 确定被保险人的保险信息。某机电有限责任公司于 2007 年 5 月 10 日在某财产保险公司投保了邮包险，保险金额为 10 000 000 美元，保险合同中起运地为韩国首尔，目的地为中国沈阳，没有保邮包一切险。

2. 邮包险保险条款的保险责任：一是被保险邮包在运输途中由于恶劣气候、雷电、海啸、地震、洪水自然灾害或由于运输工具遭受搁浅、触礁、沉没、碰撞、倾覆、出轨、坠落、失踪，或由于失火、爆炸意外事故所造成的全部或部分损失；二是被保险人对遭受承保责任内危险的货物采取抢救、防止或减少货损的措施而支付的合理费用，但以不超过该批被救货物的保险金额为限。本案出险原因，不属于以上的保险责任。

对本案，保险公司只需弄清邮包险保险条款和双方签订的国内货物运输预约保险协议书中的约定即可。

本案是因在卸货开包时发现其中两个显卡破裂造成保险标的损失，仅符合邮包一切险所规定的保险责任，而不在邮包险的保险责任范围内，保险公司根据被保险人某机电有限责任公司所投保邮包险的保险责任，确定本案不属于保险责任，保险公司不需向被保险人赔偿损失。

本案点评

本案中如果被保险人某机电有限责任公司投保邮包一切险，根据一切险保险责任"除包括邮包险的各项责任外，本保险还负责被保险邮包在运输途中由于外来原因所致的全部或部分损失"，则保险人某保险公司根据保险责任将向被保险人某有限公司赔偿损失。

若投保人在投保时对邮包运输货物保险的具体险种和保险责任具有一定的专业了解，则不会发生损失而得不到保险赔偿。

（资料来源：www.imibao.com/thread – 14614 – 1 – 1.html。）

二、邮包战争险

邮包战争险是邮包险或邮包一切险的一种附加险，只有在投保了邮包险或邮包一切险的基础上，经过投保人与保险公司协商后方可加保。加保时需另加付保险费。

1. 责任范围

邮包战争险中，保险人负责赔偿在航运途中由于战争、类似战争行为、敌对行为或武装冲突、海盗行为，以及常规武器包括水雷、鱼雷、炸弹等所造成货物的损失。此外，保险公司还负责被保险人对遭受以上承保责任内危险的物品采取抢救、防止或减少损失的措施而支付的合理费用。但保险公司不承担因使用原子弹或热核制造的武器所致的损失。

2. 责任起讫

邮包战争险的保险责任期限是自被保险邮包经邮政机构收讫后自储存处所开始运送时生效，直至该项邮包运达保险单所载目的地的邮政机构送交收件人为止。

邮政包裹附加险，除战争险外，还有罢工险。在投保战争险的前提下，加保罢工险不另行收费。但如仅要求加保罢工险，则按战争险费率收费。邮政包裹罢工险的承保责任范围与海洋运输货物罢工险的责任范围相同。

三、我国邮包运输货物保险实务

在办理国际邮包运输时，应当正确选用邮包的保价与保险。凡经过保价的邮包，一旦在途中遗失或损坏，即可向邮政机构按保价金额取得补偿。因此，对寄往办理保价业务的国家，可予保价。鉴于有些国家和地区不办保价业务，或有关邮政机构对保价邮包损失赔偿限制过严，或保价限额低于邮包实际价值，则可采取保险，也可采取既保险、又保价的做法。根据中国人民保险公司规定，凡进行保价的邮包，可享受保险费减半收费的优待。我国通过邮包运输进口的货物，按邮包运输进口货物预约保险合同的规定办理投保手续。

【资料链接】

国际贸易货物运输保险程序

在国际货物买卖过程中，由哪一方负责办理投保，应根据买卖双方商定的价格条件来确定。例如按 FOB 条件和 CFR 条件成交，保险即应由买方办理；如按 CIF 条件成交，保险就应由卖方办理。办理货运保险的一般程序如下所述。

1. 确定投保的金额

投保金额是诸保险费的依据，又是货物发生损失后计算赔偿的依据。按照国际惯例，投保金额应按发票上的 CIF 的预期利润计算。但是，各国市场情况不尽相同，对进出口贸易的管理办法也各有异。向中国人民保险公司办理进出口货物运输保险，有两种办法：一种是逐笔投保；另一种是按签订预约保险总合同办理。

2. 填写投保单

保险单是投保人向保险人提出投保的书面申请，其主要内容包括被保险人的姓名、被保险货物的品名、标记、数量及包装、保险金额、运输工具名称、开航日期及起讫地点、投保险别、投保日期及签章等。

3. 支付保险费，取得保险单

保险费按投保险别的保险费率计算。保险费率是根据不同的险别、不同的商品、不同的运输方式、不同的目的地，并参照国际上的费率水平而制订的。它分为一般货物费率和指明货物加费费率两种。前者是一般商品的费率，后者系指特别列明的货物（如某些易碎、易损商品）在一般费率的基础上另行加收的费率。交付保险费后，投保人即可取得保险单。保险单实际上已构成投保人与保险人之间的保险契约，是保险人对被保险人的承保证明。在发生保险范围内的损失或灭失时，投保人可凭保险单要求赔偿。

4. 提出索赔手续

当被保险的货物发生属于保险责任范围内的损失时，投保人可以向保险人提出赔偿要求。被保险货物运抵目的地后，收货人如发现整件短少或有明显残损，应立即向承运人或有关方面索取货损或货差证明，并联系保险公司指定的检验理赔代理人申请检验，提出检验报告，确定损失程度；同时向承运人或有关责任方提出索赔。属于保险责任的，可填写索赔清单，连同提单副本、装箱单、保险单正本、磅码单、修理配置费凭证、第三者责任方的签证或商务记录以及向第三者责任方索赔的来往函件等向保险公司索赔。

索赔应当在保险有效期内提出并办理，否则保险公司可以不予办理。

【本章小结】

陆上、航空、邮包运输货物保险	陆上运输货物保险	陆上运输货物保险主要承保以火车、汽车等陆上运输工具进行货物运输的保险。我国现行陆运货物保险的基本险有陆运险和陆运一切险两种，附加险有陆上运输货物战争险，专门险有陆上运输冷藏货物保险。 陆运货物保险的两种基本险与海运货物的基本险有以下不同：（1）在陆运货物保险的承保风险中，不包括流冰、海啸，增加了倾覆、出轨、隧道坍塌、崖崩等意外事故。（2）陆运货物保险不承保共同海损牺牲、分摊以及救助费用。（3）陆运货物保险的责任起讫期间虽然也采用仓至仓原则，但在货物运达目的地后如不卸离运输工具或不及时运往收货人仓库或储存处所，保险期限规定为到达（而非卸离）卸载站（而非海轮）后满60天终止。
	航空运输货物保险	航空运输货物保险的基本险别有航空运输险和航空运输一切险，附加险有航空运输货物战争险。 航空运输货物保险的两种基本险与海运货物保险的基本险有下列不同：（1）空运货物保险不承保流冰、海啸、地震、洪水等自然灾害和运输工具搁浅、触礁、沉没、与海冰相撞等意外事故以及共同海损牺牲、分摊和救助以及双方有责碰撞等，但增加了飞机倾覆、坠落或失踪等风险。（2）空运货物保险的责任期限虽然也采用"仓至仓"原则，但对货物在运达目的地后的终止日期规定为卸离飞机后满30天。
	邮包运输货物保险	邮递货物保险的基本险为邮包险和邮包一切险，附加险为邮包战争险。 邮递货物的两种基本险同海运货物保险的基本险有以下不同：（1）邮包运输保险基本险的承保责任范围兼顾了海、陆、空三种运输工具。（2）邮包运输保险的责任终止期限是在货物运抵保险单所载明的目的地邮局，由邮局签发到货通知书当日午夜起算，满15天终止。这一期限与海运货物保险规定为在卸货港全部卸离海轮后满60天不同。

【课后习题】

一、单选题

1. 陆上运输货物险的索赔时效为：从被保险货物在最后目的地车站全部卸离车辆后起算，最多不超过（ ）。

A. 1 年　　　　B. 2 年　　　　C. 3 年　　　　D. 4 年

2. 下面说法错误的是（ ）。

A. 陆运货物保险与海运货物保险所承保的风险有所不同

B. 在陆运货物保险中，凡属承保责任范围内的损失，不论起因于自然灾害或意外事故，也不论损失的程度如何，保险人一般都予赔偿

C. 陆运货物保险与海运货物保险的责任终止时期均为到达卸载站后满 60 天为止

D. 在基本险方面，我国不论是使用火车还是汽车运输货物的保险，均采用相同的险别和条款

3. 陆上运输冷藏货物险的承保范围是（ ）。

A. 冷藏机器或隔温设备在运输途中损坏所造成的被保险货物解冻融化而腐败的损失

B. 除了 A 选项外，还承保陆运险所列举的自然灾害和意外事故所造成的全部或部分损失

C. 除了 A、B 选项外，还承保因战争、工人罢工而造成的被保险货物腐败或损失

D. 除了 A、B、C 选项外，还承保运输迟延造成的被保险货物腐败或损失

4. 中国人民保险公司加保的陆上运输货物战争险，目前仅限于承保（ ）运输风险，被保险人在投保了此险的基础上，加保罢工险，（ ）另行缴费。

A. 火车，无须　　　　　　　B. 汽车，需要

C. 火车，需要　　　　　　　D. 汽车，无须

5. 下面说法正确的是（ ）。

A. 陆运、海运、空运基本险的保险责任均采用"仓至仓"条款

B. 陆运、海运、空运基本险的保险责任终止时间相同，均为卸离载货工具后满 60 天为止

C. 陆运、海运、空运均涉及共同损失牺牲、分摊以及救助费用等问题

D. 陆运、海运、空运保险合同的赔偿均在与被保险人达成有关赔偿金额的协议后 15 日内，履行赔偿义务

二、判断题

1. 中国人民保险公司现行的陆上运输货物保险条款明确规定承保范围以火车、汽车为限。　　　　　　　　　　　　　　　　　　　　　　　（ 　）

2. 陆上运输冷藏货物险的最长保险责任的有效期限以被保险货物到达目的地后

15 天为限。 （　　）

3. 陆上运输货物险与陆上运输冷藏货物险的索赔时效相同。 （　　）

4. 航空运输货物战争险规定，如果被保险货物不卸离飞机，则以飞机到达目的地当日午夜起计算，满 10 天为止。 （　　）

5. 邮包运输保险基本险的承保责任范围兼顾海、陆、空三种运输工具。（　　）

6. 邮包运输保险的责任终止期限是从货物运抵保险单所载明的目的地邮局，由邮局签发到货通知书当日午夜起计算，满 60 天终止。 （　　）

三、简答题

1. 我国陆上运输货物保险有哪些基本险别？它们的责任范围分别是怎样规定的？

2. 试比较我国陆运与海运货物保险中基本险的区别。

3. 我国航空运输货物有哪些保险险别？相应的承保责任和除外责任是怎样的？

4. 试比较航空运输货物保险与海洋运输货物保险相关规定的异同。

5. 简述邮包险和邮包一切险的承保范围和责任起讫。

四、案例分析题

案情介绍

原告：东方海外货柜航运有限公司

被告：中国外运江苏集团公司苏州公司

2001 年 11 月 18 日华映公司与特灵台湾公司签订了进口三套冷水机组的贸易合同，交货方式为 FOB 美国西海岸，货物总价值为 319 360 美元，保险由买方安排，目的地为吴江。2001 年 12 月 24 日特灵美国公司出具了编号为 FEINV045309 的商业发票，发票金额为 319 360 美元。

原告于 2001 年 12 月 27 日从美国西雅图港以国际多式联运方式运输了共有三个集装箱的货物经上海到吴江。原告作为全程承运人签发了编号为 OOCL19107710 的空白指示提单，发货人为特灵出口公司，收货人为空白指示提单经托运人背书后的提单持有人即华映公司。涉案货损的 20 英尺框架集装箱有两个，箱号为 TRIU0604894 和 TRIU0610388，货物为冷水机组。

货物到达上海港后，2002 年 1 月 11 日原告公司职员杨逢泉与被告公司职员李俭通过传真方式就关于编号为 OOCL19107710 提单下货物的陆路直通运费、短驳运费和开道车费用达成协议，约定上述三项费用的总金额为 9 415 元人民币。在运输时，案外人上海港集装箱码头有限公司开出了户名为"吴江华映"的大件开道费 3 500 元人民币。2002 年 6 月 5 日被告开出了付款单位为原告的编号为 0305143、0305142 的两张国际货物运输代理业专用发票，发票金额为 9 415 元人民币。

2002 年 1 月 9 日，编号为 95318816.7 的中国外轮理货总公司上海分公司在上海卸船时出具了由沈红坚签名的理货单，涉案的箱号为 TRIU0604894 和 TRIU0610388 的两个框架集装箱无损坏记录；原告出具的编号为 0745604、0745605 的两份集装箱发放/设备交接单（出场联）表明，涉案箱号为 TRIU0604894 和 TRIU0610388 的两个框架集装箱离开上海外高桥港区时完好无损，而 2002 年 1 月 22 日涉案集装箱到达目的地吴江时由堆场值班员贺文广签署的编号为 0745604、0745605 的两份集装箱发放/设备交接单的"进场联"表明，货物到场时两个框架集装箱底板破损，机器设备压缩机顶部外壳破碎（内部受损程度待查）。因涉案集装箱为框架集装箱，货物包装方式为裸装，在集装箱交接时可以直接发现货物的表面状况，因此堆场值班员可以在集装箱发放/设备交接单上就货物表面状况进行记载。

2002 年 2 月 4 日收货人委托的上海东方天祥检验服务有限公司出具的检验报告，2002 年 2 月 25 日收货人申请的中华人民共和国吴江出入境检验检疫局出具的编号为 320300102000135 的检验证书和 2002 年 4 月 26 日中国人民保险公司吴江市支公司委托的上海大洋保险公估有限公司出具的公估报告书，虽非原告、收货人和保险人及被告共同委托，但关于货损事实的存在是可以认定的，被告对货损区段的责任提出了异议，而对货损事实未予否认，本院对货损事实予以确认。2002 年 4 月 26 日人保吴江公司作为涉案货物的保险人委托上海大洋保险公估有限公司就损失进行了公估，并出具了公估报告书，因案外人人保吴江公司作为货损的赔偿责任人，其与收货人存在相对立的利害关系，并要承担对收货人损失的保险赔偿责任，且鉴于该报告书的"公估"性质，故对该公估报告书予以采信。上海大洋保险公估有限公司出具的公估报告书所确立的损失金额为 211 378 美元。

2002 年 1 月 9 日编号为 95318816.7 的中国外轮理货总公司上海分公司的货物在上海卸船时出具的理货单和原告的编号为 0745604、0745605 的两份集装箱发放/设备交接单的出场联，可以证明货物在上海卸货和出集装箱堆场时是完好的，而到达目的地吴江后 0745604、0745605 的两份集装箱发放/设备交接单的进场联表明集装箱和货物均存在损坏。

2001 年 12 月 24 日，收货人华映公司就涉案货物的运输保险填具投保单向人保吴江公司投保。2001 年 12 月 24 日保险人向华映公司开具编号为 0868074 的货物运输保险费发票。2001 年 12 月 24 日人保吴江公司开具了编号为 PY-CA200132058400IT010 的货物运输保险单，被保险人为华映公司。该保险合同的承保险别是中国人民保险公司 1981 年 1 月 1 日的海洋货运保险条款一切险，保险责任期间为"仓至仓"条款。2002 年 3 月 29 日收货人华映公司向保险人人保吴江公司出具情况说明，并提出理赔要求。2002 年 4 月 19 日收货人华映公司与受损货物的保险人人保吴江公司达成了赔偿合约，约定保险人向收货人赔偿 21 万美元。2002 年 4 月 26 日人保吴江公司委托的上海大洋保险公估有限公司出具了公估报告书，公估定损金额为 210 103.56 美元。2002 年 4 月 30 日人保吴江公司赔付给收货人华映公司赔付金额为 19 万美元，折合人民币 1 571 300 元（汇率为：1 美元兑换人民币 8.27 元）的保险赔偿金，收货人华映公司签署了金额为人民币 1 571 300 元的权益转让书给保险人人保吴江公司。

2002 年 6 月 5 日保险人人保吴江公司向原告发出了索赔函。2002 年 12 月 18 日原告与该货物保险人人保吴江公司达成了原告赔付该货物保险人金额为 11 万美元的和解协议。2002 年 12 月 23 日人保吴江公司向原告签发了收据和免除责任确认书。

2002 年 4 月 11 日被告已通过中国光大银行汇付给案外人上海吴淞汽车运输服

务公司（以下简称吴淞公司）涉案提单下货物运输的运费 8 900 元人民币。

庭审中原、被告均同意适用中华人民共和国法律。

争议焦点

原告诉称：2002 年 1 月 11 日原告与被告达成将提单号码为 OOCL19107710 下的货物从上海陆路运至苏州市吴江区的运输协议后，原告将货物交给被告运输。原告是通过委托被告确立了陆路运输关系，并向被告或其委托的其他人交付该集装箱重箱。该货物的收货人于 2002 年 1 月 21 日收到货物，但发现货物严重损坏。收货人依据货物保险合同向保险人索赔，保险人赔付后取得保险代位权，并向原告进行追偿，原告与该货物保险人达成和解协议，已向该保险人赔偿 11 万美元。原告认为该货损系由被告在将该货物从上海运至苏州市吴江区的陆路运输区段发生损坏，被告作为陆路区段的承运人应负全部责任。请求判令被告向原告赔偿货物损失 11 万美元和利息损失，并由被告承担本案法律费用。庭审中，原告明确利息损失按照外币同期存款利率计算，期间为从原告支付货物损害赔偿款之日起至法院判决生效之日止；法律费用明确为本案诉讼费。

被告辩称：（1）原告起诉被告属诉讼对象错误，陆路实际承运人为案外人吴淞公司，被告仅是原告的货运代理人。货代关系中的包干费是口头约定，但以短驳费名义向原告收取；陆路实际承运人吴淞公司先向被告报价后，被告在该价格的基础上加收短驳费作为代理费。被告与案外人吴淞公司是口头委托，双方属长期合作关系，费用按月结算。（2）原告没有证据证明货损发生在陆路运输区段。（3）原告未向该货物的保险人进行抗辩，草率赔付，对此被告不承担责任。被告请求驳回原告起诉。

请试作为法官进行判案并针对此案进行案例分析。

第十章

国际货物运输保险实务

【学习目标】

通过本章内容的学习，学生应了解国际货物运输保险的实际操作技术，选择投保类别的标准，计算保险金额和保险费，了解国际货物运输保险合同的批改和转让，掌握理赔的基本流程和相关规则。

【学习重点与难点】

保险金额和保险费的计算；投保类别的选择标准；国际货物运输保险索赔的原则；国际货物运输保险理赔的原则。

【关键术语】

保险金额　保险费　核保　保险理赔

【本章知识结构】

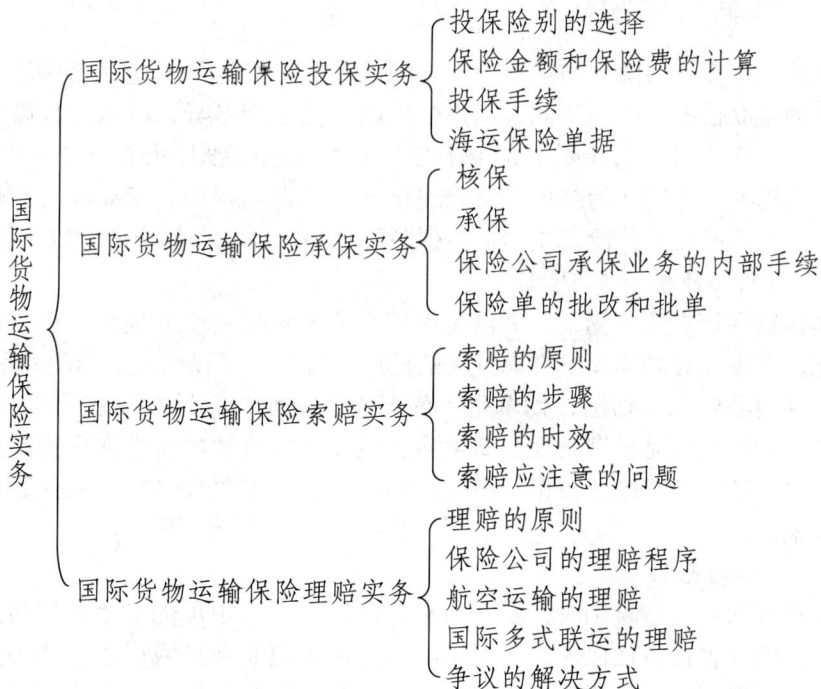

国际货物运输保险实务
- 国际货物运输保险投保实务
  - 投保险别的选择
  - 保险金额和保险费的计算
  - 投保手续
  - 海运保险单据
- 国际货物运输保险承保实务
  - 核保
  - 承保
  - 保险公司承保业务的内部手续
  - 保险单的批改和批单
- 国际货物运输保险索赔实务
  - 索赔的原则
  - 索赔的步骤
  - 索赔的时效
  - 索赔应注意的问题
- 国际货物运输保险理赔实务
  - 理赔的原则
  - 保险公司的理赔程序
  - 航空运输的理赔
  - 国际多式联运的理赔
  - 争议的解决方式

【案例引入】

我国某公司以每箱 150 美元 CIF 纽约出口某商品共 15 000 箱，货物出口前，由我公司向中国人民保险公司某分公司投保了水渍险、串味险及淡水雨淋险，其保险费率分别为 0.5%、0.4% 和 0.2%，按发票金额 110% 投保。试计算该批货物的投保金额和保险费各是多少？

保险总金额 = CIF 价格 × （1 + 加成率）× 15 000 箱 = 150 × （1 + 10%）× 15 000 = 2 475 000 （美元）

总保险费 = 保险金额 × 保险费率 = 2 475 000 × （0.5% + 0.4% + 0.2%）= 27 225 （美元）。

第一节 国际货物运输保险投保实务

在国际贸易中，选定价格条款的同时也决定了应由何方作为投保人办理保险手续。同其他国家一样，中国的对外贸易一般都尽量选择国内保险，这样不仅可以为国家减少外汇支出，促进我国保险事业的发展，而且，在发生保险事故时，对于进口商来说可以在国内对货损进行检验、理赔，既可以避免对外国法律的不熟悉带来的麻烦，又有利于保护我方当事人的利益，方便快捷。投保人在办理投保时，主要涉及险别的选择、保险金额的确定、保险费的计算等项工作。

一、投保险别的选择

保险险别中关于保险人与被保险人之间的权利与义务的规定，是保险公司所负赔偿责任的主要依据。险别不同，保险公司的责任范围各异，收取的保险费也不相同，因此，如何适当地选择险别是个十分重要的问题。投保人在选择保险险别时，既要顾及所选择的险别能为被保险货物提供充分的保险保障，又要注意到保险费用的节省，避免不必要的保险费支出。对保险险别的选择，一般应考虑以下因素：

（一）货物的性质和特点

不同性质和特点的货物，在运输途中遭遇的风险和发生的损失往往有很大的不同，因此，在投保时必须充分考虑货物的性质和特点，据以确定适当的险别。例如，易碎的玻璃制品要保一切险，而笨重不易损失、损坏的钢铁制品就不必保一切险。又如，茶叶、烟草容易吸潮，大麻易生热自燃，这些货物的特性在选择险别时应考虑周全。对于特种货物则要投保特种险，如冷藏货物要投保冷藏货物险，散装桐油投保散装桐油险。

（二）货物的包装

在办理投保和选择险别时，对货物包装在运输过程中可能发生的损坏及其对货物可能造成的损害也应加以考虑。但须注意，由于包装不良或由于包装不适应国际贸易运输的一般要求而致货物遭受损失，保险人一般不负责。

（三）货运航线、停靠港口及装卸货的损耗情况

海运中船舶的航行路线和停靠的港口不同，货物可能遭受的风险和损失也有很

大的不同。某些航线途经气候炎热地区，如果载货船舶通风不良，就会增大货损。而在政局动荡不定或在已经发生战争的海域内航行，货物遭受意外损失的可能性自然增大。同时，由于不同停靠港口在设备、装卸能力以及安全等方面有很大差异，进出口货物在港口装卸时发生货损、货差的情况也就不同。

（四）运输季节、气候及安全因素

货物运输季节不同，也会对运输货物带来不同的风险和损失。例如，载货船舶冬季在北纬 60°以北航行，极易发生与流动冰山碰撞的风险；又如，夏季装运粮食、果品，极易出现发霉腐烂或生虫的现象。

（五）货物的残损规律

根据过去的货物残损情况，进行收集、分析和研究，就可得出其中的规律。掌握某种货物运输最容易发生何种危险和损失，就可作为投保时选择险别的重要参考资料。

总之，对于投保险别的选择，要根据多方面的因素进行考虑。一般地说，由于进出口货物运输保险承保的基本风险是在运输途中因自然灾害和运输工具遭受意外事故造成的货物损失，所以选择投保险别应首先在基本险别中选择水渍险或平安险，然后再根据需要加保必要的附加险别。如果根据商品特点、包装和运输等情况，货物遭受外来原因风险的范围较广，遭受损失的可能性较大，则可投保一切险。对于一些特殊的风险也可根据需要加保，例如载货船舶航经的海域或卸货口岸局势紧张或已发生武装冲突，可加保战争险。另外，在选择险别时，还应考虑交易对方的意见以及付款方式的选择。

【资料链接】

进出口货物运输保险险别选择

表 10-1

商品种类	主要商品	经常遭受的风险损失	应保险别	备注
粮谷类	粮食、籽仁、豆类、花生仁、饲料等	常因水分蒸发或晒漏、散失而短量，或因潮受热而发生霉变	一切险，或在水渍险的基础上加保短量险、受潮受热险	这类商品都有免赔率的规定，如投保人要求取消免赔率，则要相应地增加保费率
油脂类	桶装或散装动、植物油	桶装油往往因容器破裂渗漏或玷污。散装油会因沾附舱壁或装卸时漏耗而短量	应在水渍险的基础上加短量险和玷污险	散装油有免赔率的规定
食品类	铁皮罐头、玻璃罐头、坛装食品	被偷窃，铁皮罐头易沾水，受潮而使外皮生锈，或因碰撞而凹瘪。玻璃罐头、坛装食品容易破碎	一切险，或在平安险、水渍险的基础上加保破碎、碰损、锈损险和偷窃、提货不着险等	

续表

商品种类	主要商品	经常遭受的风险损失	应保险别	备注
冻品类	冻猪肉、冻牛羊肉、冻鸡鸭、冻鱼虾、冻兔等	容易因制冷设备失灵而使商品化冻变质腐烂等	必须投保冷藏货物险	
活牲畜、活禽、鱼类	活牛、活马、活鸡、活鸭、活鱼等	死亡	死亡险	
麻类	黄麻、萱麻	因受潮,受热而变质或自燃	平安险或水渍险基础上加保受潮受热险	
毛绒类	羊毛、羊绒、羽毛等	易遭玷污而影响质量	在平安险或水渍险的基础上加保混杂、玷污险	
皮张类	小羊板皮、兔皮、黄狼皮等	易遭玷污,受潮受热而变质,并易遭偷窃	在一切险或者平安险、水渍险的基础上加保受潮受热险、玷污险以及偷窃、提货不着险	
盐渍肠衣及兽皮类	猪肠衣、羊肠衣、盐渍湿牛皮、羊皮等	桶装货常因盐水渗漏而变质	在平安险或水渍险的基础上加保渗漏险	
玻璃制品类	热水瓶、灯泡、灯管、玻璃瓶、玻璃板、玻璃器皿等	易破碎	在平安险或水渍险基础上加保破碎险	有免赔率的规定
陶制品类	日用陶、陶器、工艺陶、陶瓷洁具、陶瓷等、瓷砖等	同上	同上	这类商品的包装好坏对损失率影响很大。如包装粗糙,保费较多

表 10－2

商品种类	主要商品	经常遭受的风险损失	应保险别	备注
家用电器和相机类	无线电、半导体收音机、电视机、收录机、电扇、电冰箱和各种照相机等	常见损失为碰损和被窃	在平安险或水渍险基础上加保碰损险和偷窃、提货不着险	对一些高级收录机、电视机、照相机运往不安全港口,有时保险公司拒绝承保或只负责到卸离海轮时为止
杂货类	仪表、金属餐具、文体用品、鞋等	被窃、碰损、破碎	在水渍险基础上加保偷窃、提货不着险和碰损破碎险或淡水雨淋险	
首饰类	金、银、珠、宝、钻翠等首饰	易遭偷窃	一切险,或在平安险、水渍险的基础上加保偷窃、提货不着险	
珐琅类	景泰蓝、烧瓷、珐琅制品	遭受碰击后容易脱瓷、凹瘪、弯曲	应在平安险基础上加保碰损险	

续表

商品种类	主要商品	经常遭受的风险损失	应保险别	备注
雕刻、制品类	玉、石、木、牙、竹料雕刻、贝壳制品、盆景等	破碎、碰损、被窃	要加保破碎、碰损险和偷窃、提货不着险	包装不当保险公司不愿承保
五金类	铁皮、铁板、铸铁块、自来水管等	生锈、短卸	平安险即可，如数量大可加保偷窃、提货不着险	对这类商品保险公司往往不接受一切险，因生锈后责任难以确定
	铸铁制品如下水管道、坩埚等	破碎	平安险加保破碎险	
	铁纱、铁钉、自来水龙头、金属门把、窗钩等	碰损、破碎	平安险加保破碎险	
	矿石、矿砂、水泥	短量、漏损	在平安险或水渍险基础上加保短量险。包装破裂险	一般规定有免赔率

表 10－3

商品种类	主要商品	经常遭受的风险损失	应保险别	备注
五金类	石棉板、水泥板、砖、瓦、水磨石、大理石、耐火砖	破碎	加保破碎险	
化工类	石油、汽油、石墨粉	散装时容易短量、玷污，桶装时容易渗漏	散装货应投保散舱油类险，桶装应加保渗漏险	一般规定有免赔率
	化肥、立得粉、石墨粉	外漏、短少	加保包装破裂险	同上
机械类	机床、车床、刨床、铣床、精密机床	碰损	加保碰损险	
	纺织机、卷烟机、造纸机、马达、变压器等	碰坏、擦损	加保碰损险	
	轿车、卡车、大客车、摩托车	碰损、破碎、偷窃	应在平安险或水渍险基础上加保碰损险、破碎险、偷窃、提货不着	如装在甲板上应加保甲板险
纺织纤维服装类	棉毛、麻、丝和化学纤维匹头等	玷污、钩损、偷窃、短少、雨淋	一切险	
	抽纱和绣制的床罩、台布、沙发垫、餐巾等	同上	同上	
	服装	同上	一般为一切险或在水渍险的基础上加保玷污、钩损、淡水雨淋险等	由于面料的价值相差悬殊，因此在选择险别时应结合价值考虑

资料来源：wenku. baidu. com/view/a2bf6b215901020207409c7a. html.

二、保险金额和保险费的计算

（一）保险金额

保险金额是被保险人对保险标的实际投保金额，是保险人依据保险合同所应承担的最高赔偿金额，也是计算保险费的基础。投保人可自行决定保险金额。采用 CIF 或 CIP 术语成交，买卖合同应规定保险金额，如合同未作规定，按《2000 年国际贸易术语解释通则》与国际保险市场的习惯做法，卖方应按 CIF 或 CIP 价格的总值另加 10% 作为保险金额。这增加部分的保险金额就是买方进行这笔交易所支付的费用（开证费、电报费、借款利息、税款等）和预期利润。

【资料链接】

投保加成的比例确定和目的

投保加成（Margin for Insurance），又称保险加成，指的是投保人按一定比例，在保险标的实际价值之上增加投保的金额。

实际操作中一般以保险标的（多为货物）的预期利润为依据来确定该投保加成比例。出口交易中，在以 CIF 术语成交的情况下，出口商需要查询保险费率，用以核算保险费。

国际货物运输的投保加成一般是货物 CIF 价格的 10%，但出口商也可根据进口商的要求与保险公司约定不同的保险加成率，不过一般在 10%～30%。

投保加成的目的只有一个，即在发生风险时尽可能地减少被保险人的损失。保险加成率一般作为买方的经营管理费用和预期利润加保，订立保险合同时，当事人双方以保险标的的保险价值和投保加成为基础确定保险金额，作为保险人承担保险责任的最大限度。

（资料来源：www. haishang-law. com/Article/haishanghaishi/zuchuanhetong/201101/5746. html。）

如买方要求按较高金额投保，而保险公司又同意承保，卖方也可接受，但因此而增加的保险费原则上应由买方支付。

保险金额的计算公式是

$$保险金额 = CIF 价格 \times (1 + 加成率)$$

[**例 10 -1**]：CIF 价格为 1 200 美元，加成率 10%。

则：保险金额 = 1 200 × （1 + 10%）

= 1 200 × 1.1

= 1 320（美元）

若对外报价为 CFR 价格，而对方要求改报 CIF 价格，或者在 CFR 合同项下，卖方代买方办理投保，应先把 CFR 价格转化为 CIF 价格再加成计算保险金额，公式如下：

$$CIF 价格 = CFR 价格 / [1 - (1 + 加成率) \times 保险费率]$$

[**例 10 -2**]：某公司出口一批商品到英国某港口，CFR 价格总金额为 2 000 美

元。现买方要求改报 CIF 价格，投保一切险，加保战争险，保险加成率为 10%。已知该货物一切险保险费率为 0.7%，战争险保险费率为 0.06%。

则：CIF 价格 = 2 000/［1 -（1 + 10%）×（0.7% + 0.06%）］= 2 016.86（美元）

保险金额 = 2 016.86 ×（1 + 10%）= 2 218.55（美元）

由此可得出，若已知 CFR 价格，可利用下列公式直接计算其保险金额：

保险金额 = CFR 价格/［1 -（1 + 加成率）× 保险费率］×（1 + 加成率）

（二）保险费

投保人向保险人交付保险费，是保险合同生效的前提条件。保险费是保险人经营业务的基本收入，也就是保险人所掌握的保险基金（即损失赔偿的基金）的主要来源。

其计算公式如下：

保险费 = 保险金额 × 保险费率

如系按 CIF 加成投保，此公式可改为

保险费 = CIF 价格 ×（1 + 保险加成率）× 保险费率

保险费率是保险人以保险标的危险性大小、损失率高低、经营费用多少等因素为依据，按不同商品、不同目地以及不同的投保险别加以规定的。例如，目前中国人民保险公司的海洋货运保险费率分为出口货物费率表和进口货物费率表两大类。

1. 出口货物的保险费率。目前，中国人民保险公司的出口货物费率分为两类：一类为一般货物费率，另一类为指明货物加费费率。

（1）一般货物费率。一般货物费率是按照保险货物运往的目的地和投保的基本险，分别列出平安险、水渍险和一切险的费率标准。所有出口货物只要投保了基本险别，均需按此费率标准计收保险费。

（2）指明货物加费费率。指明货物加费费率是针对某些指明的易损货物加收的一种附加费率。这些货物在运输途中，由于外来风险的发生极易遭受短少、破碎和腐烂等损失，并且损失率较高，不易同其他非易损货物采用相同的费率，因此把这些货物专门列出来。当投保人就这些货物投保一切险时，保险公司需在一般货物费率的基础上按规定的加费费率加收保险费。中国人民保险公司在指明货物加费费率表中对某些易损货物规定了绝对免赔率。如投保人要求降低免赔率或不计免赔率（Irrespective of Percentage，IOP），可按费率表规定的标准，加费承保。

（3）一般附加险费率。如果货物投保了平安险或水渍险，又另外加保了一项或几项一般附加险，如果加保的附加险是该货物在运输过程中可能遭受的最主要的外来风险，则加保的一般附加险按指明货物加费费率计收。

（4）战争险、罢工险费率。战争险的费率是波动型费率。中国人民保险公司海运货物战争险费率在和平时期是确定的，凡从我国各出口口岸运往世界各地的货物，均按一个费率计收战争险保险费，而不论是什么货物，不论货物运往何处。战争险、罢工险一起投保时，只按战争险费率计收，罢工险不另加费，如只投保罢工险，则按战争险费率计收。

2. 进口货物的保险费率。目前，中国人民保险公司的进口货物费率表有三种，即特约费率表、进口货物费率表和特价费率表。

（1）特约费率表适用于同中国人民保险公司签订有预约保险协议的各专业进出口公司的进口货物的保险费的计算。特约费率表是按照预约保险协议的规定所确定的保险费率的标准。特约费率表规定的费率是一种优惠的平均费率，对从世界各国进口到我国各个口岸的进口货物按商品的类别划分，不分投保的险别，对每一大类商品只制定一个费率。

（2）进口货物费率表适用于专业进出口公司以外的其他单位的进口货物的保险费的计算。这种费率按照进口地区不同，按投保险别不同制定了不同的费率。它不分商品，适用于一切进口货物的保险费计算。进口货物费率表类似于出口货物的一般货物费率表。

（3）特价费率表是对一些指定的商品投保一切险时采用的费率。特价费率表类似于出口货物的指明货物加费费率表。

凡属指明货物费率表中所列的货物，如投保一切险，则在计算费率时，应先查出一般货物费率，然后再加上指明货物加费费率。

[例 10 - 3] 一批货物由大连出口至某国某港口。CIF 总金额为 500 000 美元。投保一切险，保险费率为 0.7%，附加战争险保险费率为 0.15%，保险金额按照 CIF 总金额加成 10%，试计算投保人应付保险费。

解：投保人应付的保险费 = 500 000 × （1 + 10%）×（0.7% + 0.15%）

= 550 000 × 0.0085

= 4 675（美元）

三、投保手续

投保手续是指投保人向保险公司要求保险时应办的手续。在我国的对外贸易中，由于各种保险承保的对象和具体内容不同，因而办理手续的具体细节和所需的单证也会不同，出口货物和进口货物的投保手续也不同。现就投保手续的一般要求分别介绍如下：

（一）出口货物的投保手续

对以 CIF 条件成交的出口货物，保险应由我方办理，装船风险也属我方，因而在货物从起运地仓库到装船期间，我方对货物享有可保利益，保险人对这个阶段中所发生的风险损失应负赔偿责任。但是，为了避免在办理投保时风险已经发生，以致影响保险合同的订立，我方最好在起运地仓库起运之前办妥保险的手续。

其具体做法是，根据合同或信用证的规定，在备齐货物确定装船出运后，向保险公司填制一份运输险投保申请单，这是保险公司接受投保、出具保险单的依据。投保单一般包括下述内容：

1. 被保险人的名称：一般是出口企业的单位名称。

2. 标记：应与提单上所载的标记符号一致，特别要同印刷在货物外包装上的实际标记符号相同。

3. 包装及数量：对包装的性质如箱、包、件、捆以及数量均须书写清楚，数量以提单数量为准。

4. 保险货物项目：对货物的名称的填写必须具体明确，如棉布、袜子、玻璃器皿等。一般不要笼统地写纺织品、百货、杂货等。

5. 保险金额：指发票的 CIF 金额加约定的加成比例，加成率一般为 10%，也可以根据实际情况加二成或三成不等。如果发票价格为 FOB 或 CFR，应该将运费、保险费加上后，再另行加成。日后保险公司按这个金额承担经济责任。

6. 装载运输工具：一般指承运的船名，需转运的也要写明。如果是用轮船装运应写明船名，需要转运的也要写明。如果是火车或航空运输，最好注明班机航次和火车班次。如为联运，最好写明联运方式，比如空陆联运、海空联运等。

7. 开航日期：应填写确切日期"×月×日"。无确切日期的，可填写"约于×月×日开航"。

8. 提单号码：应填写清楚，以备保险公司核对。

9. 航程或路程：应写明"自××港（地）到××港（地）"。如果到达目的地的路线有两条，应写明"自×× 经×× 到××"。

10. 承保险别：需要投保哪种险别应填写明确，不能含糊。如果对保险条款有特别要求的，也要在这一栏内注明。

11. 赔付地点：一般都是在保险目的地支付赔款，如果要求在保险目的地以外的地方给付赔款，应予申明。

12. 投保人名称：明确是谁来办理保险的，一般为经办人签名。

13. 投保日期：说明办理保险的时间。在一般情况下，从投保之日起保险公司就开始承担责任。需要注意的是，尽管目前的做法是在货已装船取得提单后才向保险公司办理投保手续，但这个投保日期必须早于提单日期。

投保时还须特别注意以下事项：

1. 投保时申报的情况必须属实

保险是建立在最高诚信原则的基础之上的契约关系，保险人对投保人的投保是否接受，按什么费率承保主要是以投保人申报的情况为依据来确定的。因此，投保人在办理投保时，应当将有关被保险货物的重要事项（包括货物的名称、装载的工具以及包装的性质等）向保险人作真实的申报和正确的陈述。如所报情节不实或隐瞒真实情况，保险人有权解除合同或不负赔偿责任。

2. 保单的内容必须同买卖合同及信用证上的有关规定相一致

由于保险单是以投保单为依据填制的，如果投保人不按合同的规定写投保单，保险人据此出立的保险单就会与合同的规定不符，收货人也就可以拒绝接受这种保险单。在信用证支付方式下，投保单的内容还应符合信用证的有关规定，否则保险人所签发的保险单也会因单证不符而遭到银行的拒收。

3. 要注意尽可能投保到内陆目的地

国际贸易中收货人的收货地点往往是在内陆，但在海上运输中所常用的 CIF 术语却只规定将货物装运到目的港。如果同 CIF 术语一样只将保险保到港口，则从港口到内陆段所发生的损失得不到保险赔偿。尤其是保一切险，有很多损失在港口是无法发现的，只有在货物运达内陆目的地经检验后才能确定，如只保到港口就会对责任的确定造成困难。因此，为解决收货人的实际需要并避免工作上的扯皮，以保到内陆目的地为宜，当然有些内陆城市由于运输条件过差，保险公司明确不保，这就须按照保险公司的规定办理。

国际贸易货物如果采用多式联运方式运输，贸易术语一般应采用CIP。在这一贸易术语下，卖方须负责办理运输全程的各种运输方式的保险（包括海洋运输）并支付运输全程的保险费，因而保险人的责任期限可在指定的内陆目的地终止。

4. 投保的险别和条件要符合贸易合同的规定

投保的险别小于买卖合同规定，例如，合同要求投保一切险，但却投保了水渍险；合同要求不计免赔额，但保险单有免赔额的规定。这些不符合合同规定的做法极易导致贸易纠纷。对于一些较为特殊的险别要求，如买方要求投保拒收险，应事先与保险公司协商是否接受，保险费率多少和保险条件如何等。

5. 错误和遗漏

投保后如果发现有错误和遗漏，要及时向保险公司申请批改，特别是涉及保险金额的增减、保险目的地变更、船名错报等，都应立即通知保险公司，否则可能导致不能获赔或保险合同失效。

（二）进口货物的投保手续

我国的进口货物，除CIF合同应由卖方办理保险外，FOB和CFR合同项下的进口货物，均须由国内买方办理投保，投保的方式有两种：

1. 订立预约保险合同

对在一定期间内有分批装运进口的货物，为了简化保险手续，并防止进口货物在国外装运后因信息传送不及时而发生漏保或来不及办理投保等情况，经营进口业务的公司可同保险公司签订海运进口货物运输预约保险合同，并由保险公司签发预约保险单证，且明确规定：凡属该合同海运进口的货物，保险人负有自动承保的责任。各进口公司对每批进口货物无须填制投保单，只须在获悉所投保的货物在国外某港口装运时，将装运情况通知保险人。通知的内容包括装运货物的船名、货物名称和数量、货物价值和保险金额等。如被保险人要求对依据预约保险合同分批装运的货物签发保险单证，保险人应当照办。如分批装运分别签发的保险单证内容与预约保险单证的内容有不一致时，应以分别签发的保险单证为准。

2. 逐笔办理投保

在采用这种投保方式时，货主必须在接到国外的发货通知后，立即向保险公司索取并填写"进口货物国际运输预约起运通知书"送交保险公司。此项通知书经保险公司盖章即完成了投保手续。根据我国《海商法》第二百三十四条的规定，被保险人应当在合同订立之后立即支付保险费；在被保险人支付保险费前，保险人可以拒绝签发保险单证。

四、海运保险单据

保险单据既是保险公司对被保险人的承保证明，又是双方之间权利和义务的契约。在被保险货物遭受损失时，它是被保险人索赔的主要依据，也是保险公司理赔的主要依据，同时又是银行结汇的重要单据之一。

根据国际海上保险业的习惯，如果被保险人所具有的货物的权利发生转移，则承保该项利益的保险单据就可以在有关该项利益的权利发生转移时转让。所以，我国保险公司承保出口货物所出具的保险单据，都可以由国外买方随同该批货物权利的转移而转让给权利受让人，既不需要事先征得保险公司的同意，也不需要通知保险公司。

（一）保险单的种类

目前在我国进出口业务中应用的保险单据主要有以下几种：

1. 保险单

保险单又称大保单，是使用最广的一种保险单据，也是保险人与投保人之间订立的正式保险合同的书面凭证。海上货物运输保险中，这种保险单一般是由保险人根据投保人逐笔投保签发的，它承保在保险单所指定的、经由指定船舶和航次承运的货物在运输途中的风险，货物安全抵达目的地，保险单的效力即告终止。

世界各地保险人签发的保险单格式互异，但是内容基本相同。保险单是保险人印就的固定格式，但是使用时还可以根据双方当事人的约定进行增删修改，以调整双方的权利和义务。这种修改一般采取在原保险单上加贴条款或其他书写语句的方式。从效力上看，书写条款的效力优先于打字机打印的条款，打字机打印的条款优先于加贴条款，加贴条款又优先于原保险单内印就的条款。

货物运输保险单的主要类别有以下几种：

（1）逐笔保险单

逐笔保险单是由保险人根据投保人的逐笔投保而逐笔商定承保条件、逐笔签发的保险单。在货物运输保险中，保险人据此承担保险单内所指定的、经由指定运输工具和班次承运的货物在运输途中的风险。保险单内容包括保险标的名称、数量或重量、保险金额、运输工具名称、保险险别、保险期限等。

（2）流动保险单

流动保险单是一种持续有效的保险单，适用于长期有相同类型货物、需要分批装运的情况。在流动保险单中，保险人与被保险人事先约定一个总的保险金额，载明保险标的名称、投保险别、保险费率、保险运程等条件。至于每批出运货物的具体数量、金额、运输工具名称、卸货地点等，要在货物出运时以起运通知书的形式向保险公司申报。每批货物申报的出运金额要在流动保险单的保险总额内扣除。当保险总额被扣完后，保险责任宣告终止。因此流动保险单不是定期保险单，而是多个运程保险单的总和。

在流动保险情况下，保险人为防止承保风险过于集中，通常在保险单内加列"限额条款"和"地点条款"等限制性的条款。保险人对超过限额部分、超过每一装运地点保险货物限额部分的风险不予承保，也就是超额部分发生损失不予赔偿。另外，流动保险单还规定有"注销条款"，在总保险金额扣完之后，任何一方均可按注销条款的规定通知对方注销该保险。

流动保险单比逐笔办理保险更省时省力，手续也很方便。但流动保险单采用预付保险费的方式，对被保险人不利，所以在近年来流动保险单在国际市场上的应用已日益减少，并逐渐为预约保险单所代替。

（3）预约保险单

预约保险单又称开口保险单，它一般适用于经常有相同类型货物需要陆续分批装运时的保险。目前，我国各大专业外贸公司均与保险公司订有进口货物预约保险合同。凡是由该公司进口的货物，均在预约保险的保障范围之内。预约保险没有总保险金额的限制，只要货物属于合同范围，就可自动得到保障。投保预约保险，每次货物发运后，投保人都要将货物的名称、数量、价格、包装，以及装运港、目的港、运输工具名称、起运日期等有关内容通知保险人，保险人则按约定承保，并每月按具体运输情况结算保险费。投保人的申报如有遗漏或错误，只要不是出于恶意，即使货物已发生损失，而后仍可向保险人要求更正，保险公司应予负责。如果投保人申报时该批货物已安全到达目的地，仍需缴纳货运保险费。

预约保险单一般也订有"限额条款"和"地点条款"以限制保险人的责任。另外，预约保险单可以是定期的，也可以是永久的，但双方均可按"注销条款"的规定中途终止合同。

（4）总括保险单

总括保险单又称闭口保险单，是保险人在约定的保险期间内，对一定保险标的的总承保单，适用于整批成交多次分批出运、运输距离短、每次出运货物的种类及价值相近的货物保险。采用这种保险方式，被保险人只要向保险公司商定一个承保范围，明确保险标的、保险总额、航程、险别等，支付一笔总保险费，双方约定一个保险期，在期限内凡属保险范围内的货物，全部承保在内。每批货物出运时被保险人不必通知保险人，保险人也不为每批货物计算保险费。发生赔款即在保险总额内扣除，总额扣完，保险责任终止。被保险人如果希望继续得到保险保障，可加贴"恢复条款"，按比例加缴保险费后，即可恢复原保险责任。

2. 保险凭证

保险凭证实质上是一种简化的保险单，用以证明海上货物运输保险合同的有效存在。保险凭证与海上保险单具有同等的法律效力，故又被称为小保单。

保险凭证正面所列内容与海上保险单是一样的。但是，其背面是空白的，没有载明保险条款，而在正面声明以海上保险单所载条款为准。如正式保险单上的条款与保险凭证上的特定条款有抵触，应以保险凭证上所载的特定条款为准。

3. 联合凭证

联合凭证是指国际贸易的发货票与海上保险单相结合的一种特殊保险凭证，亦称为联合发票，这种单证只有我国采用。其具体做法是，保险人在出口公司为国际贸易活动签发的出口商品发票上，加注承保的保险种类、保险金额等，并加盖保险人的公章。至于海上保险单上所列明的其他项目，诸如承保货物名称、数量、包装、承运工具、装运港和目的港等，均以发票记载的为准。一旦发生了海上事故，保险人按有关承保险别规定的保险责任向被保险人进行赔偿。

联合凭证的上述特点，要求投保人应当熟悉保险人的保险业务和相应的保险条款。目前，它的适用范围受到限制，中国人民保险公司主要对我国向香港特别行政区、澳门特别行政区、新加坡、马来西亚等出口货物的运输保险予以适用。

4. 预约保险单

这种事先预约的保险合同在我国的货物进出口中广泛适用，特别是我国进口货物基本上都采用预约保险单。

用于出口货物的预约保险单，要求出口公司在预约保险合同范围内的出口货物装船出运之前，填制"出口货物装运通知"，将该批出口货物的保险项目通知保险公司。中国人民保险公司据此签发保险凭证。出口公司若因疏漏而未通知的，均应补办保险。补办时货物若已受损的，保险公司仍予赔偿。

用于进口货物的预约保险单，要求进口公司在收到出口商的装船通知后，应当填制"国际运输起运通知书"给保险公司，保险公司据此自动承保。如果进口公司未通知的应予补报，则仍自货物装船时开始享受保险公司的保险保障。

5. 暂保单

暂保单亦称临时保险单，是保险人签发正式保险单前所出立的临时证明。它常常是在投保与保险人订立保险合同时，还有一些条件尚未确定而投保人又急需保险凭证的情况下，由保险人先行开立的。

暂保单的有效期一般为 30 天。30 天内如果保险人出具保险单，暂保单即自动失效。在正式保险单签发之前，保险人也可取消暂保单，但须事先通知投保人。

（二）保险单的批改和转让

1. 保险单的批改

在保险单签发以后，在保险期限内，被保险人如果发现投保时的申报有错误或遗漏，或由于新的或意外的情况发生，致使保险单内所载内容与实际情况不符合时，被保险人必须以书面的形式向保险人或保险人授权的代理人提出批改的申请，以使保险标的获得与实际情况相适合的保险保障。被保险人申请批改的内容一般有商品名称、标记、包装及数量、被保险人姓名、保险险别、保险金额、保险期限、船名、航程、开航日期、赔付地点等。被保险人申请批改的内容如果涉及扩大保险责任或增加保险金额，必须在被保险人不知有损失事故发生的情况下且在货物到达目的地之前提出，并需加缴一定的保险费。

保险人批改保险单一般采用签发批单的方式进行。保险人所签发的批单，一般应贴在原保险单上，构成原保险单的一个组成部分。批改的内容如与保险合同有抵触的地方，应以批单为准。

2. 保险单的转让

保险单是被保险人和保险人之间订立保险合同的书面证明。保险单的转让，主要是指保险单权利的转让，也就是被保险人把保险合同所赋予的损害索赔权及相应的诉讼权转让给受让人。保险合同不是保险标的的附属物，因而保险单权利的转让同保险标的的所有权的转让是两种不同的法律行为。买卖双方交接货物，转移所有权，并不能自动转移保险单项下所享有的权利，而必须由被保险人在保险单上以背书表示转让的意思才能产生转让的效力。

根据各国海上保险法律，有关保险单的转让一般有以下规定：

（1）海上货物保险单可以不经保险人的同意而自由转让；船舶保险单则须获得保险人的同意才能转让。

（2）海上保险单的转让，必须在保险标的所有权转移之前或转移的同时进行，如果所有权已经转移，事后再办理保险单的转让，这种转让是无效的。

（3）在海上保险单办理转让时，无论损失是否发生，只要被保险人对保险标的仍然具有可保利益，保险单均可有效转让。

（4）保险单的受让人只能享有与原被保险人在保险单下所享有的相同的权利和义务。

（5）保险单转让后，受让人有权以自己的名义向保险人进行诉讼，保险人也有权如同对待原被保险人一样，对保险合同项下引起的责任进行辩护。

（6）保险单的转让可以采取由被保险人在保险单上背书或其他习惯方式进行。按照习惯做法，采用空白背书方式转让的保险单，可以自由转让，采用记名背书方式转让的保险单，则只有被背书人才能成为保险单权利的受让人。

第二节　国际货物运输保险承保实务

一、核保

核保是承保活动中的关键环节，是保险公司对保险标的的选择和风险控制。其内容一般包括：风险因素的审查、保险费率的确定和保险业务的选择。

（一）风险因素的审查

影响货物保险人承保的风险因素如下。

1. 货物的性质

被保险货物的性质不同，保险人承保的责任也就不同，因此保险费率自然会有高有低。对一些容易丢失或损坏的货物，以及冷藏货物、危险品等特种货物，保险人制定的保险费率不言而喻要高于一般货物。

2. 货物的包装

包装是货物最重要的防损措施。海运货物的包装应达到防潮、防震的功能，否则，货物在长距离的运输中就会遭受很大的损失。

3. 货物的重量、体积和价值

很显然，沉重和大体积的货物对窃贼来说难于搬运，相反体积较小、价值较大的货物，如珠宝，就容易成为盗窃对象，从而需要更严密的看管。但是，从另一个角度看，笨重的货物往往需要特殊的装卸设备，如果在目的港没有这种设备的话，就有可能导致意外事故而造成损失。

4. 运输方式

被保险货物的运输方式有海运、陆运和空运等数种，不同的运输方式下，货物在运输途中可能遭遇的风险和发生损失的程度就会不同。即使是同一种运输方式，也会由于采用直达、转船或联运等不同的货运组织方式而使货物遭受的风险，国际运输货物保险损失情况不一。这些都会导致不同的费率。

5. 载货船舶

船舶的建造年份、吨位、设备等对确定船舶的适航性很重要。尤其是船龄，这是海上保险人厘定费率时必须考虑的一个重要因素。一般来说，对于船龄在 15 年以上的船舶，保险人会按照有关条款适当加收保险费，而对于吨位较小的船舶也会酌情加收保险费。

6. 投保险别

这是决定保险费率的重要条件。承保范围与保险费率成正比例关系，在海运货物保险中，平安险或 ICC（C）险承保的范围最小，因此保险费率也最低，而一切险或 ICC（A）险承保的范围最广，责任最重，因此保险费率也相应最高。各种附加险也因保险人承担的风险责任不一，保险费率也或高或低。

7. 航程和装卸港口

航程的远近以及承保期限的长短与保险费率的高低密切相关。此外，装卸港口的设备条件、安全管理状况也是影响保险费率的因素。

8. 被保险人以往的索赔记录

一般来说，保险人在厘定基本费率时，考虑的只是所有被保险人共有的特点，对于个别情况则需要针对具体情况分别确定适用的费率。对于那些从未向保险公司提出索赔的或者索赔金额很小的被保险人，保险公司在续保时应该考虑给予一定的优惠，以资鼓励。反之，保险公司将会认真考虑是否予以续保，并调整包括保险费率在内的保险条件。

9. 社会经济环境

这一因素是最难以衡量的，但它又的的确确影响着人们的行为，也就是保险学中所说的道德风险。当货物一夜之间变得不值钱了，货主如能把它们按照保险金额的价格"卖给"保险公司，可以想象这该是多么大的诱惑。

（二）费率的确定

经过审慎的核保后，如果保险人决定予以承保，就应根据上述风险因素审核承保人员在展业时向投保人的开价是否适当。核保人员根据以往惯例、市场情况、承保方式等进行综合审定。当保险市场上存在同业公会统一费率时，还应遵守有关规定。

（三）保险业务的选择

为了保证业务质量，保险公司在审定投保因素后，对拟承保的风险还要进行最后的选择。如伦敦保险协会 1992 年 4 月 13 日实施的"协会船级条款"，对于船龄超过 15 年的干散货船以及船龄在 11 ~ 15 年的油轮，根据不同船旗国酌情加收保险费。如果把展业前所进行的选择称为事前选择，是对风险的规避，核保时的选择就属于事后选择，事后选择的目的在于将拟承保的标的风险状况与被保险人所交付的保险费进行比较，实现保险合同双方权利和义务的对等，避免消极因素的产生。应根据具体情况对原承保条件进行修改和补充，采取一些限制性措施，比如控制保险金额、限制赔偿限度、规定免赔额或采取成数承保。

二、承保

（一）保险合同的订立

通过核保后，对于确认可以承保的标的，保险人与投保人或被保险人达成协议，正式签订保险合同，保险公司出具正式的保单。需要注意的是，保险单是合同成立的书面证明文件，双方合同关系的确定以双方是否达成意思一致为准，不以保险单是否实际签发为条件。保险单的签发证明了合同关系的存在，同时又是承保活动的结束。

保险单出具后，如果保险合同内容方面有重大变更，被保险人应及时通知保险人，经保险人同意后，按新的条件承保。对变更内容，保险人应签发批单。

（二）承保时应掌握的原则

1. 在保证保险企业自身经济效益、遵守有关行业规范的同时，又要考虑市场竞争的实际情况以及拓展保险业务的需要。

2. 帮助外贸企业或投保企业选择适当的投保险别，使其既能获得所需要的保险保障，又能节省保险费支出。

3. 保险单项目填写要全面、规范，内容要严格依据投保单出具。如果两者内容不符，很容易引发争议。

（三）保险单的缮制

保险单是根据投保单的内容缮制的，如果保险单上所列各项内容与信用证要求不符，买卖双方银行均有权拒绝接受保险单。因此，保险单内容必须符合信用证要求。下面就保险单的缮制逐项予以说明：

1. 被保险人的写法

根据信用证要求，出口运输货物保险的被保险人主要有以下几种写法：

（1）外贸公司或企业名称。被保险人名称可直接打上"×××外贸公司"或某企业名称。

（2）指定银行为受益人。被保险人名称可打为"×××进口公司，由×××银行受益"。

（3）指定其他受益人。被保险人名称可打开证行的名称或公司名称。

（4）空白抬头。被保险人名称可分别打"to order"和"to bear"。

2. 标记的打法

标记又称唛头，应与提单所标记的一致，特别要同印刷在货物外包装上的实际标记相符，以免在检验、核赔时引起混乱。

3. 包装及数量的打法

投保单及保险单均应依据发票或提单缮打。

4. 货物项目的打法

货物名称单一的，按照发票名称打。如果货物的分类项目很多，打上它的总称即可。

5. 保险金额的打法

除非信用证特别规定，小数点后尾数一律进为整数。保险金额不得修改。保险金额大小写必须一致，大写后需加"Only"，表示"整"。

6. 保险费和保险费率栏的打法

除非信用证特别规定，不必逐单打明保险费和保险费率，只需打上"as arranged"即可。

7. 运输工具的打法

直达海运的，写明船名，如"Yong Kang"。直达海运，出单时船名未定的，打"to be declared"。中途转船的，打"Yong Kang / Yong Feng"或"Yong Kang or steamers with transshipment"。

火车运输的，打"By train"。

航空运输的，打"By air"。

邮包运输的，打"By parcel post"。

海陆联运的，打"By S. S. ... and thence by overland transportation to ..."。

陆空陆联运的，打"Train / Air/ Truck"。

8. 承保险别的打法

许多保险公司内部有"保险险别及代码描述"，可按照代码打制。在缮打保险险别时需要注意：

（1）在保险险别上，目前，除了中国保险条款外，亦可接受英国伦敦保险协会条款以及美国协会货物条款，但各国条款不可混用。

（2）险别的缮打次序为：主险、一般附加险、特别附加险、特殊附加险。

（3）海陆联运的，保险险别要同时打明海运险和陆运险。

（4）一般不接受相对免赔率。

9. 开航日期的打法

按照提单签发日缮打。

10. 赔款偿付地点及赔付币值的打法

一般在进口商所在地或目的地支付赔款，如果在保险目的地以外的地点赔付，则应写明。所以，赔款地点的打法通常有：目的港、目的地和指定赔付地。

11. 投保日期的打法

应按照保险单签发日如实缮打。

12. 保险代理人的选择

（1）使用目的港、目的地、中转港或转船港的代理人。

（2）当地没有代理人的，可使用全境代理人；若也没有全境代理人，则可由当地合格的检验机构进行检验。

需要注意的是，一般不接受客户指定的非当地代理人，除非该代理是保险人委托的代理人。

（3）保险险别代码

为了规范保险单险别的措辞，减少差错率，保险公司内部会根据保险市场通用的条款和信用证中常见的对投保险别的要求，规定相应的保险险别代码及描述。

三、保险公司承保业务的内部手续

综上所述，保险公司从接受投保到出立保险单，内部要有一套制度以保证业务的质量。

接到投保单后，保险人首先应该审查投保单上各个项目是否填写清楚，对具体业务的投保对象和保险标的进行选择。经综合考虑后才决定是否承保以及费率水平。

这样做可以使保险人的保险费收入与承担的责任达到平衡。

1. 核定保险费率和计算保险费

审核投保单后，由经办人按照货物的种类、保险目的地、承保险别等有关内容按照费率表确定费率并计算应收保险费，在投保单上注明，交复核人员审核。

2. 缮制保险单和保险费收据

投保单经审核无误后，即凭以缮制保险单和保险费收据。要注意保险单据的内容要与投保单上的内容一致。承保险别的措辞，要根据投保单的内容，符合信用证的要求及保险习惯。

3. 粘贴保险条款和特约条款

如果保险双方有一些特别约定，那么就要将该条款粘贴到保险单上，以使双方明了责任。粘贴条款的顺序依然是先贴主险，后为一般附加险、特殊附加险、特别附加险、特别条款，依次粘贴。如粘贴的条款中内容发生冲突时，以后粘贴的条款为准。

4. 复核

复核的主要内容是：保险单据上的项目是否完整；保险单据的内容是否与投保单相一致；承保险别是否符合投保要求以及信用证的要求，是否符合保险习惯；理赔检验代理人的名称、地址是否准确；保险费率和保险费的计算是否有误；该业务是否违反有关政策规定等。经以上复核无误后，由复核人员在保险单副本留底上签字。

5. 签章

复核完毕后，将保险单或凭证送负责人或指定签章人员加盖公司印章和负责人手章。至此，保险单据的缮制正式完成。

6. 单据分发

保险单据正本和投保单位需要的副本份数连同保险费收据送投保人。保险公司自留两份保险单据副本，一份同保险费收据按顺序放好理齐，订本归卷，备以后理赔时查阅；另一份留作统计或办理分保用。

四、保险单的批改和批单

(一) 保险单批改的作用

保险单出立后，在保险期限内，被保险人如果发现投保时的申报有错误或遗漏，或由于有新的或意外的情况发生，致使保险单所载内容与实际情况不相符，被保险人必须向保险公司申请批改，由其出具批单，对原保险单的内容进行补充或变更，以使保险标的获得与实际情况相适合的保险保障。

从保险公司来看，希望及时了解掌握保险标的的实际情况，以便做到心中有数，甚至采取一些必要的措施以避免或减少损失的发生，有时保险人出于再保险合同下的义务的需要，要及时了解保险标的的实际变化。对于被保险人来说，及时将保险合同内容的变化通知保险人是被保险人的一项义务，也是保护自己权利必须履行的手续，可以避免保险人事后拒赔带来的损失和不愉快。

保险公司对保险单批改掌握的依据是，一般凡是承保规定允许的，批改也是可以的。批改的内容如果是增加保险金额或者扩大保险责任，必须是在被保险人不知有任何损失事故发生的情况下且货物到达目的地以前申请批改，并需加缴一定的保险费。

（二）批单的内容

保险人批改保险单一般采用签发批单的方式进行。保险人所签发的批单，一般应贴在原保险单上，构成原保险单的一个组成部分。批改的内容如与保险合同有抵触的地方，应以批单为准。

批单可由保险人直接批改签发，也可以由保险公司设立的代办处代为批改，或由在口岸的兄弟公司代为批改。有时，为了适应国外客户在货物出运以后，因保险货物的情况有变化就地办理批改的需要，保险公司往往授权国外代理人办理保险单的批改。

保险单的批改涉及保险合同的各个方面。经常批改的内容有：

（1）更改被保险人的名称。

（2）更改标记。

（3）更改包装、数量。包括更改包装种类，更改包装数量、更改标记等。

（4）更改商品名称。有时商品名称有遗漏或错误，需要补充或修改。

（5）更改保险金额。包括增加或减少保险金额，有时也对保险单中错写的阿拉伯数字进行更正。

（6）更改船名。载货船一经确定，不允许随意更换。如必须更换，则必须通知保险人，并更改保险单相应内容。有时被保险人通知保险人通过批单加注转运船船名。

（7）更改开航日期。

（8）更改目的地。这样保险责任就会延展至新的目的地。有时，在需要转运到内陆目的地的情况下，需要将内陆目的地通知保险人，并加批单批改。

（9）更改保险条件。包括更改险别，或在原险别基础上增加承保内容。有时可能通知取消一切险中的一项附加险。

（10）延长保险期限。通过批单延长保险人的保险期限，如延长码头存仓期限、延长海关存仓期限等。

（11）更改代理人。

（12）更改赔付地点。

（13）更改出单日期。《跟单信用证统一惯例》规定，保险单的出立日期不能迟于提单的出立日期，或者货物接受承运人监管的日期。所以，如果保险单的出立日期不符合上述规定而被银行拒受，那么被保险人可以要求保险人更改保险单的出立日期。

第三节　国际货物运输保险索赔实务

当被保险的货物发生属于保险责任范围内的损失时，投保人可以向保险人提出赔偿要求。索赔是被保险人依据保险合同所享有的重要权利，当保险标的发生保险合同项下的保险事故造成损失或对此损失负有责任时，被保险人有权向保险人要求赔偿或追偿。但被保险人在向保险人行使索赔权时应当履行相应的义务并遵守法定程序。

一、索赔的原则

索赔是指货主因货运事故造成损失而向承运人或者船舶所有人提出赔偿要求的行为。在发生货运事故后，货主提出索赔应该遵循以下原则：

1. 实事求是的原则

要根据发生损失的实际原因确定责任人和责任范围，在货运过程中许多环节都有可能出现货物损失的情况，有的甚至确定起来比较困难，这就要求双方在沟通协调的基础上，尊重事实，根据所掌握的证据提出索赔要求。

2. 合乎情理的原则

要根据实际货物损失的程度和金额，提出合理的赔偿方案，注意运用灵活多变的方法解决不同的问题。

3. 注重实效的原则

在货损发生后的索赔中要注重经济效益，不可以拖延过多时间作无谓的努力。例如，明知道不可能得到赔偿，就不要在无休止的长期法律诉讼中白白浪费时间和金钱。

二、索赔的步骤

（一）损失通知

当被保险人获悉保险货物发生损失，或者在货物运抵目的地后，发现货物有短损的情况，被保险人或收货人应该马上通知保险人或保险人的代理机构并申请联合检验。损失一经通知，表示索赔行为已经开始，不再受保险索赔时效的限制。在联合检验之前，被保险人应尽可能保留现场，保存受损货物的原有状态。保险人在接到损失通知后，一般立即采取相应的措施，如检验损失、提出施救意见、确定责任、查核发货人或承运人责任等。迟延通知会影响保险公司的上述工作，引起异议，影响索赔。

很多货物保险单上都有用红色字体印刷的"重要"条款，提示被保险人注意履行损害通知义务和索赔时应向保险人提交的文件。需要指出的是，外国代理人或其他公证机构出立的货损检验报告一般只能作为一种公证证明，不能最后决定保险责任。

载货船发生碰撞后，在承运人根据运输合同中的"双方有责碰撞"条款索赔时，被保险人也要及时通知保险人。

（二）向承运人等有关方面提出索赔

1. 海运货物发生损失的索赔

被保险货物运抵目的地后，收货人如发现整件短少或有明显残损，应立即向承运人或有关方面索取货损或货差证明，并联系保险公司指定的检验理赔代理人申请检验，提出检验报告，确定损失程度，同时向承运人或有关责任方提出索赔。属于保险责任的，可填写索赔清单，连同提单副本、装箱单、保险单正本、磅码单、修理配置费凭证、第三者责任方的签证或商务记录以及向第三者责任方索赔的来往函件等向保险公司索赔。被保险人除向保险公司报损外，还应向承运人及有关责任方（如海关、理货公司等）索取货损货差证明，如系属承运人等方面责任的，应及时以书面方式提出索赔。

2. 多式联运货物发生损失的索赔

要根据货损的原因确定索赔对象，即受损人在索赔时应该首先根据货损情况确定实际责任人，如果在目的地交货时发现箱内所装货物与贸易合同不符（如数量、品种、质量、规格等不符），或者外包装不牢、未按期装运等情况，可以凭有关部门、机构出具的鉴定证书向发货人提出索赔。

3. 航空运输货物发生损失的索赔

航空货物运输所承运的货物，由托运方交承运方起，承运方即对所运物负有责任，直至承运方将货物交收货方为止，这一段时间称为承运责任期间。

航空公司是承运人，航空运单是交货凭证，作为航空运输代理（如外运公司），也有自己的运单（空运上又称航空分运单），航空运单和航空分运单背面，均有责任划分和赔偿条款。

（1）航空货物运输中，如果发生货损货差，首先追查责任方，是代理责任还是承运人责任，不论是哪方责任一般均按《华沙公约》进行赔偿，也就是按航空总运单、分运单背面条款进行赔偿，一般根据货物计费重量，最高赔偿额为每公斤 20 美元，其余部分由货主向保险公司索赔（即货物在外运前办理了保险）。

（2）进口货物在卸机后，如有残损或短少，民航须在 48 小时内向飞机承运人提出。

（3）外运公司作为货主代理人，应尽力维护货主利益，在与民航交接货物时，发现货物外包装有破损或件数短少时，应在接货同时，取得民航货运的商务记录，届时凭此向航空公司提出索赔。

（4）航空快件的运输与一般货物运输一样也有索赔条款，每个代理的快件运单背面均有说明。如果快件在传递过程中丢失，也要追查在哪个环节上丢失，责任方在哪里。每份国际快件的最高赔偿为 100 美元。凡是委托外运公司快件代理出口的快件，如有丢失，外运公司一般免费提供一次寄件。

（5）国际航空运输货物受损后，托运人、收货人或者代理人提出索赔的地点可以是始发站、目的站或损失事故发生的中间站，凭书面形式或者运输凭证的注明向承运人或其代理提出索赔要求。

（6）在规定期限内，提出索赔的当事人除了书面索赔申请外，还应开具"索赔清单"，详细说明货物损坏、短少、遗失、延误的具体情况，并随附货运单、装箱单的影印件。

4. 铁路运输货物发生损失的索赔

受损方可以向货物的发站或到站提出赔偿申请书，且必须持有有关单据，如行李票、运单、提货联等。

（三）采取合理的施救、整理措施

保险货物受损后，作为货方的被保险人要像一个未投保的谨慎的货主那样，对受损货物采取积极施救措施，以防止损失的扩大。各国保险法律或保险条款都规定了被保险人的这项义务，如果被保险人没有采取积极措施，对于扩大的损失，保险人不负责赔偿。

被保险人应采取必要的措施以防止损失的扩大，保险公司对此提出处理意见的，应按保险公司的要求办理，所支出的费用可由保险公司负责。

（四）备妥索赔单证，提出索赔要求

索赔单证除正式的索赔函以外（应包括保险单证、运输单据、发票、装箱单、磅码单以及检验报告、货损货差证明等），还要保险人给付赔偿清单，说明索赔数字的计算依据和有关费用的项目与用途。保险索赔的时效一般为两年。

保险索赔可分为以下几种情况：

1. 属于出口货物遭受损失，对方（进口方）向保险单所载明的国外理赔代理人提出索赔申请。

中国人民保险公司在世界各主要港口和城市，均设有委托国外检验代理人和理赔代理人两种机构，前者负责检验货物损失，收货人取得检验报告后，附同其他单证，自行向出单公司索赔；后者可在授权的一定金额内，直接处理赔案，就地给付赔款。

进口方在向国外理赔代理人提出索赔时，要同时提供下列单证：

（1）保险单或保险凭证正本。这是向保险人索赔的基本证件，可以证明保险人承担的保险责任。

（2）运输契约。包括海运提单、陆空运单、邮寄单等运输单证。这些单证证明被保险货物承运的状况，如承运的件数、运输路线、交运时货物的状况，以确定货物在保险责任开始前的情况以及受损货物是否属于保险责任。

（3）装箱单、磅码单。证明保险货物装运时的件数和重量的细节，是核对损失数量的依据。

（4）向承运人等第三者责任方请求赔偿的函电或其他单证和文件。这些文件中常需包括第三者责任方的答复文件，因为它可表明被保险人确已履行了其应该办的追偿手续，亦即维护了保险人的追偿权利。

（5）货损货差证明。这是在承运人所签发的提单是清洁的，而所交的货物有残损或短少的情况下，要求承运人签发的文件。它既作为向保险人索赔的证明，又是日后向保险人和承运人追偿的根据。如果是整件短少，应要求承运方签具短缺证明。

（6）索赔清单。这是被保险人要求保险人给付赔款的详细清单，主要说明索取赔款数字的计算依据以及有关费用的项目和用途。

（7）海事报告。这是记载船舶在航行途中遭遇恶劣气候、意外事故或其他海难，可能对保险货物造成损害或灭失时船方所应提供的一项重要证件，是船长据实记录的报告。内容主要证明航程中遭遇海难，船舶或货物可能遭受损失，并声明船长船员已经采取了一切必要措施，是人力不可抗拒的损失，船方不予负责。海事报告对海上遭受风险的情况、货损原因以及采取的措施都有记录，对于确定损失原因和保险责任具有重要参考作用。

除了上述各种证明和单据外，保险人还可以根据损失情况和理赔需要，要求被保险人提供与确认保险事故性质和损失程度有关的证明和资料。所有这些证明和资料是被保险人提赔的依据，保险人是否承担赔偿责任，除根据现场调查搜集的资料外，主要是依据这些证明和资料进行判断。

2. 属于进口货物遭受损失，我国进口方向保险公司提出索赔申请。

当进口货物运抵我国港口、机场或内地后发现有残损短缺时，应立即通知当地保险公司，会同当地国家商检部门联合进行检验。若经确定属于保险责任范围的损失，则由当地保险公司出具进口货物残短检验报告。同时，凡对于涉及国外发货人、承运人、港务局、铁路或其他第三者所造成的货损事故责任，只要由收货人办妥向上述责任方的追偿手续，保险公司即予赔款。但对于属于国外发货人的有关质量、规格责任问题，根据保险公司条款规定，保险公司不负赔偿责任，而应由收货人请国家商检机构出具公证检验书，然后由收货单位通过外贸公司向发货人提出索赔。

进口货物收货人向保险公司提出索赔时，要提交下列单证。

（1）进口发票；

（2）提单或进出口货物到货通知书、运单；

（3）在最后目的地卸货记录及磅码单。

3. 如果损失涉及发货人责任，须提供订货合同。如有发货人保函和船方批注，也应一并提供。如果损失涉及船方责任，须提供卸货港口理货签证。如有船方批注，也一并提供。凡涉及发货人或船方责任，还需由国家商检部门进行鉴定出证。如果损失涉及港口装卸及内陆、内河或铁路运输方责任，须提供责任方出具的货运记录（商务记录）及联检报告等。

收货人向保险公司办理索赔，可按下列途径进行：海运进口货物的损失，向卸货港保险公司索赔；空运进口货物的损失，向国际运单上注明的目的地保险公司索赔；邮运进口货物的损失，向国际包裹单上注明的目的地保险公司索赔；陆运进口货物的损失，向国际铁路运单上注明的目的地保险公司索赔。

（五）等候结案

被保险人可在办好有关索赔手续后等待保险公司最后审定责任，然后领取赔款。在等待过程中应积极配合保险公司工作，对个别不清楚的问题予以补充。如果证件手续齐全，保险公司没有及时答复，也有权催赔。

三、索赔的时效

被保险人向保险公司提出索赔时必须在保险单规定的索赔时效内提出索赔要求，否则视为无效索赔。索赔应当在保险有效期内提出并办理，否则保险公司可以不予办理。

索赔时效期，即索赔的有效期，它是保险确认的索赔权利得以行使的时间限制，索赔权利超过法定期限不行使即归于消灭。由于国际货物运输中货物流动性强，环节复杂，导致事故发生的原因较多，如果不及时提出索赔，容易给保险公司的损失检查、责任确定带来许多不便，加上国际运输的时间和距离都很长，往往从发生损失到发现损失已经间隔了很长时间，再不及时提出索赔难免会使损失加剧。根据国际保险业惯例及一些保险单的规定，索赔时效一般为两年。被保险人要在索赔时效内提出索赔，超过索赔时效，保险人不再受理索赔。此外，在处理保险索赔和理赔时，应当分清责任，在此基础上合理确定赔偿额。

（一）海运的索赔期限

我国《海商法》第二百六十四条规定，根据海上保险合同向保险人要求保险赔偿的请求权，时效为两年，自保险事故发生之日起计算。第二百六十六条规定，在时效期间的最后六个月内，因不可抗力或者其他障碍不能行使请求权的，时效终止；自终止时效的原因消除之日起，有效期继续计算。第二百六十七条规定，时效因请求人起诉、提交仲裁或者被保险人同意履行义务而中断。但请求人撤回起诉、撤回仲裁或者诉讼被裁定驳回的，时效不中断。

（二）航空运输的索赔期限

根据华沙公约的规定，货物损失或短缺属于明显可见的赔偿要求应该从发现时起立即提出并最迟延至收到货物起 14 天内提出；货物运输延误的赔偿要求，在货物由收货人支配之日起 21 天内提出；货物毁灭或遗失的赔偿要求，自填开运单之日起 120 天内提出。

如在以上规定期限内没有提出，则作为托运人放弃该项索赔。诉讼在两年内提起，即从货物到达之日，或从运输终止之日起，过了该期限没有提起诉讼，则作为托运人放弃了该项诉讼权利。

（三）国际铁路运输的索赔期限

凡根据运输合同向铁路部门提出索赔，以铁路对发货人、收货人关于支付运费、罚款的赔偿要求应在 9 个月内提出，有关货物运输延误的赔偿，应在 2 个月内提出。

（四）国际多式联运的索赔期限

根据国际多式联运公约的规定，有关国际多式联运的任何诉讼，如果在两年内没有提出，即失去时效。时效时间自多式联运经营人交付货物之日起次日开始计算。在货物交付之日后 6 个月仍未交付的情况下，如果没有提出书面索赔通知，则诉讼在此期限届满后即失去时效。

四、索赔应注意的问题

在实际保险业务中，索赔是保险合同履行的最后一个程序，被保险人能否得到赔偿取决于他是否符合保险公司规定的赔偿条件。所以，被保险人向保险公司提出索赔必须注意以下问题：

1. 提出索赔的人必须具有合法、有效的身份

根据保险利益原则，损失发生时，只有那些对保险标的具有保险利益的人才能向保险公司提出索赔要求；否则，发生损失时对保险标的不具有保险利益的人提出索赔是无效索赔，将不能得到保险公司的赔偿。

2. 保险标的的损失必须是发生在承保风险范围内

即责任方必须负有实际责任。根据近因原则，如果保险标的的损失不是因为承保的风险造成的，则保险公司不能赔偿。收货人作为索赔方提出的索赔，其货物损失还

应该是属于承运人免责范围之外的，或者是买卖合同规定由卖方承担的货损、货差。

3. 索赔提出的金额必须是合理的

合理的索赔其金额应该以货损实际程度作为计算的基础，要考虑责任人常会受到赔偿责任限额的保护，不切实际的赔偿金额一般不能得到全额补偿。

4. 要在规定的时间内提出索赔

必须注意在索赔时效内提出索赔要求，否则会因错过索赔时效不能得到赔偿。

第四节　国际货物运输保险理赔实务

理赔指处理保险索赔案的全部过程，它包括损失通知、保险索赔、损失确定、责任审定、赔款计算、赔款支付等环节。

保险公司在处理赔案的过程中还要同海外的检验理赔代理人、检验人、船方（包括保赔协会）、港口、律师、法院等部门发生联系，以确定损失是否属于保险责任并追究第三方的责任。因此，保险理赔是一项联系面广、政策性强的工作，理赔人员要坚持"主动、迅速、正确、合理"的基本原则。保险公司要重合同、守信用。对于被保险人的损失通知，不管损失到底赔还是不赔，都要迅速作出行动，即所谓的主动迅速。要正确贯彻有关政策、法令，正确分清责任，定损准确，仔细核对赔款数字。对于不同的情况，要合情合理地对待，既要严格按照条款办事，又要具有一定的灵活性。对于拒赔的案件，要做到有理有据。

一、理赔的原则

（一）以保险合同为依据的原则

运输事故发生后，是否属保险责任范围、是否在保险期限内、保险赔偿金额多少、免赔额的确定、被保险人的自负责任等均依据保险合同确定的责任判断。

（二）合理赔偿的原则

保险人在处理保险赔偿时，要以保险合同为依据并注意合理原则，因为海上保险合同条款不能概括所有情况，必要时允许灵活处理。

（三）及时原则

货运保险的主要职能是提供经济补偿。保险事故发生后，保险人应迅速查勘、检验、定损，将保险赔偿及时送到被保险人手中。

二、保险公司的理赔程序

（一）损失通知

当发生保险事故或保险责任范围内的损失时，被保险人应立即通知保险人。损失通知是保险理赔的第一项程序。在船舶保险中，如其事故在国外，还应通知距离最近的保险代理人。

当保险公司接到被保险人的损失通知后，应立即查明保险单和批单的底单，并按照手头的资料建立赔案，按顺序登记在赔案登记簿中。赔款登记的内容包括：赔案的编号、保险单号码、保险标的、保险金额、运输工具、损失细节。在全案处理结束后，应将处理经过和处理结果陆续记载，以便于以后了解整个赔案的过程。

（二）查勘检验

保险人或其代理人获悉损失通知后应立即开展保险标的损失的查勘检验工作。如果海上保险事故或损失发生在国外，查勘检验常由保险的代理或委托人进行。

查勘检验作为海上保险理赔的一项重要内容，主要包括事故原因、救助工作、第三者责任取证、勘察报告和检验报告制作等。海上保险的检验是理赔实务中一项十分重要的工作，它确定保险标的损失的责任归属、施救措施的合理性等。

在海上货物运输保险中，凡属保险责任的货损，收货人必须及时向承保的保险公司申请进行联合检验。有两个步骤。

（1）港口联合检验。货物抵达目的港后发现货损时，收货人应及时通知保险公司，向商检部门申请联检，共同查明致损原因、损坏数量和程度，并编制港口联检报告或情况记录。

（2）异地联合检验。当货物转运至内陆收货人时，无论货物在港口卸货是否发现损坏，只要货物运抵目的地，发现有保险责任范围内短缺残损时，收货人可通过当地保险公司进行联合检验并编制联检报告。通过货物检验后，理赔人员应据此确定货损责任的归属。

（三）核实保险案情

保险人收到代理人或委托人的检验报告后，还应向有关各方收集资料，并加以核实、补充和修正赔案的材料。

（四）分析理赔案情，确定责任

保险人应判断原因是否属保险责任，是否发生在保险期限内，索赔人是否具有可保利益等，审查有关单证（如保险单证、事故检验报告、保险事故证明、保险标的施救和修理等方面文件）。

1. 保险险别的审定

保险公司可根据保险单所载明的险别确定损失是否属于保险责任。一般情况下保险单上除了明确规定保险公司所承保的险别外，还附有保险条款，这是判定损失是否属于赔偿范围的依据。

【资料链接】

海上货物运输保险确定损失的原因

1. 水湿损失

水湿损失可以分为由海水、淡水和舱汗三种原因造成。货物遭受水湿损失通常都会留下痕迹。货物在目的港卸下时如果发现有水湿损失，被保险人应立即会同有关方登轮查看进水原因，以确定责任归属。货物在船舱中遭受水湿损失的原因主要有：

（1）船舶在航行途中遭遇暴风、碰撞、触礁等灾害事故导致海水进入货舱，或导致船上水管等破裂漏水。航海日志应有关于海难的记录。如系海难，船方对货损可以免责。

（2）船舶年久失修，舱盖胶条老化进水，或者水管、水柜锈蚀破裂漏水，这属于船舶不适航，船方应负赔偿责任。

（3）船舱通风不良，或在遭遇恶劣气候时关闭通风口，致使舱内湿气凝结产生汗水。如果船舶在航行途中未曾遭遇恶劣气候，船方对这类货损应该承担赔偿责任。

（4）已经生虫的粮谷，由于昆虫活动发热，也会产生水气，并凝结成水。

为了区别海水或淡水造成的货物损失，一般委托专业化验室进行检测。常用的方法是采用硝酸银实验法来检测氯化物的含量。

2. 短少

（1）偷窃。一般被窃的迹象是外包装破裂或有重钉、重缝等痕迹，包装内部凌乱或被翻动，留有被窃的空隙地位或空隙被异物填充。

（2）包装破裂。由于包装经受不住运输途中颠簸而损坏或捆扎不紧或缝口不严导致短少，应属于发货人责任；由于配载不当，货物包装被挤压破损或被船舱的护货板钩子钩破，应属于承运人责任；由于装卸港粗暴装卸所致包装破裂的，应属于港务局的责任，但是如果承运人对此又签发了清洁提单的，应属于承运人责任。

（3）原装短少。指内外包装完好，内部亦无缝隙，到货毛重与单证记载相符，但实际到货重量与发票或装箱单不符，可以判定为原装短少，应属于发货人责任。

（4）自然损耗。如在装卸过程中的漏失、货物本身所含水分的蒸发、货物的途耗和残留等都属于自然损耗。自然损耗属于海运货物保险的除外责任。

（5）错发错运。

3. 碰损、破裂、变形、开裂

（1）包装不善造成。指包装材料不合格或包装方法不善造成货物损失，属于发货人的责任。例如，用很薄的木板钉成空间很大的木条箱运输大型石刻制品，结果造成货物损失。

（2）海事。船舶在航行途中遭遇灾害事故，致使舱内货物受震、互撞而碰损、破碎。

（3）承运人配载不当。如隔垫不当、绑扎不牢固等都属于承运人配载不当。

（4）发货人或托运人装箱不当。

（5）粗暴装卸。粗暴装卸应属于装卸公司或港务局责任。

4. 钩损

在装卸搬运过程中由于使用手钩、吊钩等钩类工具操作造成的损失，保险人应负责所造成的货损、重新包装或修补费用。

5. 混杂玷污

此类货损的原因有船舱不清洁、船上设施损坏、配载不当等。这些损失大都属于船方责任。

6. 串味

一些特殊商品如茶叶、蛋品、果仁等容易被异味串味，一般是由于配载不当或包装不良造成。

7. 霉烂变质

造成此类损失的原因一般是货物本身水分含量过高，包装不良；或遭受水湿后发霉腐烂；或因配载隔垫不当，造成受潮发霉。检验时应分清责任，取得证据。对于因货物特性、内在缺陷造成的霉烂变质，不属于承保责任。

8. 虫蛀

货物本身原因引起的虫蛀属于发货人责任。例如，某些货物的特性即是易生虫。在运输途中，虫卵遇合适的温度和湿度，就可繁殖出虫子。但外来原因所引起的虫蛀，如其他货物中的虫子感染到此批货物，则属于一切险的承保责任。

9. 锈损

在判断锈损原因时，应注意货物的特性及包装，是否属于货物的内在缺陷。例如，中国曾从国外购进多批镀锌板，到港后均发现严重锈损，商检检验发现货物没有铬酸盐的保护，生锈是必然的，属于货物的内在缺陷。

10. 火灾

火灾在海上运输过程中经常出现，是一种严重威胁到船货安全的风险。火灾保险责任一般包括意外失火、因救火所致保险货物的损失、邻处火灾波及保险货物等。对于由自然原因发热或自燃引起的火灾损失，如无明确约定，保险人均不负责。但是由于意外事故、水手疏忽或某些不能肯定的原因引起的火灾所造成的损失，或由于海水造成潮湿而引起的发热所招致的损失，保险人应负责赔偿。例如，黄麻是一种易于受潮自燃的货物，若因装船前潮湿自燃引起火灾，保险人不负责任。如因运输途中海水浸湿黄麻或货舱通风不良引起火灾，属于保险人的承保责任。

造成火灾的原因很多。运输合同一般规定，承运人对火灾损失不承担责任，除非是承运人过失所致。另外，为了防疫而焚毁货物以及被保险人纵火等，均不能视为保险责任中的火灾。

（资料来源：曾立新：《国际运输货物保险》，北京，对外经济贸易大学出版社，2007。）

2. 保险期间的审定

审定损失发生的时间是否在保险有效期内，这也是审核赔偿的重要环节。审定时一般把注意力放在以下问题上。

（1）查看保险单上的责任起讫地点

例如在海运中，保险责任的开始是从货物运离保险单载明的起运地发货人仓库时生效；货物离开发货人仓库但没有直接装船而是存放在承运部门的仓库里，在此期间的损失保险公司也应该负责。

（2）查看不同保险期限的限制

如果保险单中没有特别说明，海运货物一般在目的港卸货离开海轮满60天、陆运在货物运抵最后卸载车站满60天、航空运输在货物卸离最后卸离地飞机满30天，保险责任即终止。

（3）查看保险单上被保险人的身份

保险人所承保的标的，是保险所要保障的对象。但被保险人（投保人）投保的并不是保险标的本身，而是被保险人对保险标的所具有的利益，即叫做保险利益。投保人对保险标的不具有保险利益的，保险合同无效。国际货运保险同其他保险一样，被保险人必须对保险标的具有保险利益。在国际货运中，保险利益体现在对保险标的的所有权和所承担的风险责任上。以 FOB、FCA、CFR 和 CPT 方式达成的交易，货物在越过船舷后风险由买方承担，一旦货物发生损失，买方的利益受到损失，所以买方具有保险利益，因此由买方作为被保险人向保险公司投保，保险合同只在货物越过船舷后才生效。货物越过船舷以前，买方不具有保险利益，因此不属于保险人对买方所投保险的承保范围。以 CIF 和 CIP 方式达成的交易，投保是卖方的合同义务，卖方拥有货物所有权，当然具有保险利益。卖方向保险公司投保，保险合同在货物起运地起运后即生效。

同样一张保险单，会因为抬头所写的被保险人不同而有保险期限的差异。例如，在海运中被保险人是卖方，保险责任会从发货人仓库货物运离仓库开始。如果被保险人是买方，则保险责任从货物越过船舷时开始。

（4）查看是否属于正常运输

运输工具按照正常航程、航线、港口等运输发生的损失应该属于保险公司负责的范围，但是，也不排除在运输过程中遇到特殊情况会迫使运输工具改变航线、目的地的情况，这种情况往往不是人力所能抗拒的改变，就是说被保险人也是在不得已的情况下才作出改变的决定，保险公司应该本着合理保障的原则予以负责。

3. 对被保险义务人的审定

保险合同依靠当事人的诚信与合作，在发生货物损失后保险公司也会审核被保险人履行合同规定的告知义务、保证义务等情况，并以此作为判定是否予以赔偿的依据之一。

（1）审查被保险人的诚信情况。了解被保险人是否真实地告知货物损失的重要情况，如果存在隐瞒重要事实的，保险公司可以据此解除保险合同，还要查看被保险人是否始终遵守所作承诺，一旦有违反合同中的保证条款，保险公司也有权解除保险合同。

（2）考察在合同有效期间被保险人是否对货物危险程度的增加及时通知保险公司。

（3）审查被保险人在事故发生后是否尽力采取措施，尽可能减少损失范围，如果存在故意纵容损失的行为，也有权对扩大的损失拒绝赔偿。

（五）计算赔偿金额，支付保险赔偿

如果经过上述程序可以确定损失属于保险公司的责任，保险公司应该及时对被保险人进行经济补偿。根据我国《保险法》第二十三条规定，保险人收到赔偿请求后，应及时核定，如属保险责任，应在同被保险人达成保险赔偿协议后 10 日内支付保险赔款。否则，保险人应当赔偿被保险人因此受到的损失。如果案情复杂，我国《保险法》第二十五条规定，保险人自收到赔偿请求及有关资料 60 天内不能确定赔偿金额的，应当根据已有证明和材料可以确定的最低数额先予支付，最终确定赔偿金额后再支付相应差额。

保险人通常依据索赔清单计算保险赔偿额。保险赔偿的计算可以由保险人自身进行，也可由其代理人计算或委托海损理赔人理算。

1. 全部损失

当货物发生实际全损或发生推定全损时，被保险人进行委付，保险公司也接受委付，只要保险金额不超过约定的保险价值，保险人按照保险金额给予全额赔偿而不管损失时货物的完好市价是多少，如果尚有残值，则归保险公司所有。

2. 部分损失

发生部分损失时，要根据损失的程度或者损失的数量确定损失的比例来计算赔付的金额。

（1）数量或重量短少

保险货物中部分货物灭失或发生数量（重量）的短少，以灭失或损失的部分占保险货物总量之比来计算赔偿的金额。

计算公式为

保险赔款 = 保险金额 × 损失数量（重量）/保险货物总数量（重量）

例如，中国某公司出口大米共 3 000 包，每包重 25 公斤，按照中国《海洋货物运输保险条款》投保海运一切险，保险金额 9.2 万美元，运至目的地卸货时发现部分外包装破裂，还有几包短少，共短缺 400 公斤，则

赔款额 = 92 000 × 400/（3 000 × 25）= 490.67（美元）

（2）质量损失

保险货物遭受质量损失时，应该先确定货物完好的价值和受损的价值，计算出贬值率，以此乘以保险金额，即可计算出赔偿金额。

完好价值和受损价值一般以货物运抵目的地检验时的市场价格为准。如果受损货物在中途处理不再运往目的地，可按照处理地市价计算。处理地或目的地的市价一般是指当地的批发价。计算公式为

赔款额 = 保险金额 × （货物完好价值 – 货物受损后价值）/货物完好价值

例如，出口一批水果，按照中国《海洋货物运输保险条款》投保海运一切险，保险金额为 30 万美元，途中遇到暴风雨，耽误行程，水果开始腐烂。被迫在途中降价处理出卖，收回货款 18 万美元，该批货物在当地的完好价应当为 24 万美元，保险公司应当赔付的金额是

赔偿款 = 300 000 × （240 000 – 180 000）/ 240 000 = 75 000（美元）

（3）规定有免赔率时的货物损失

有些货物因为易碎、易损、易耗，保险公司往往规定一定比率的免赔率。免赔率的具体比例由各公司根据不同货物而定。我国现在实行的是绝对免赔率，即无论货物损失的程度如何，对于免赔范围内的货物损失，保险公司都不负责任。

例如，出口一批散装小麦，共计 600 吨，从天津运往香港，按照中国《海洋货物运输保险条款》投保一切险，保险金额为 70 万美元，保险合同规定扣短量免赔率 2%，到目的地经过检验发现短卸 18 吨，保险公司应该赔付的金额为

受损率 = （18/600）× 100% = 3%

保险赔款 = 700 000 × （3% – 2%）= 7 000（美元）

（4）修复时的赔偿

有些货物遭受损失后，经过修复可以维持原状，保险公司对于这些合理的修复费用可以在保险金额范围内予以赔偿。

例如，进口一台机床，按照中国《海洋货物运输保险条款》投保一切险，保险金额为 10 万美元，到达目的地后发现一处损坏，从国外进口部件及运费、修理费用

共计 12 600 美元，保险公司经过审定，认为该笔费用合理，给付了 12 600 美元。

3. 共同海损

发生共同海损时，无论投保了什么险种，保险公司必须对共同海损的牺牲和费用负责赔偿。具体方法是，保险公司先按实际损失对共同海损的牺牲予以赔付，然后参与共同海损的分摊，摊回部分归保险公司所有。被保险人可以提前得到保险赔偿而不受共同海损分摊价值的影响。

如果保险货物本身没有受到共同海损牺牲，但需要承担共同海损费用或其他方的共同海损分摊，一般先由保险人出具共同海损担保函，等分摊结束后保险公司对分摊金额予以赔付。共同海损分摊价值和保险金额不一定相等，保险公司赔偿的金额也有调整。

【资料链接】

共同海损担保函

共同海损担保函是货方向船方提供经货物保险人签署的、保证分摊共同海损的书面文件。海损担保函又分为两种：一种是限额担保函，即保险人以对货方应当赔付的金额为限而出具的书面保证；另一种是无限额担保函（Unlimited General Average Guarantee），即货物保险人出具的不论货物保险金额大小，都对该项货物的共同海损分摊金额予以全额赔付的书面保证。

船方在收取共同海损担保函时，总希望收取货物保险人所出具的无限额担保函。而作为货物保险人，如果出具了这种担保函，就有责任支付货物的全部共同海损分摊金额。因此，在货物分摊价值高于保险金额的情况下，货物保险人往往要求货物所有人向其提供反担保，以便在赔付全部共同海损分摊后，向被保险人追回货物保险不足部分的共同海损分摊金额。

（资料来源：wiki. mbalib. com/wiki/General_Average_Letter_of_Guaranty。）

4. 连续损失

连续损失指的是货物在保险期限内发生几次保险事故造成的损失。我国《海商法》第二百三十九条规定，保险标的在保险期内发生几次保险事故所造成的损失，即使损失金额的总和超过保险金额，保险公司也应当赔偿。但是，对发生部分损失未经修复又发生全部损失的，保险公司按照全部损失赔偿。

5. 费用的赔偿

发生货物损失的时候，也会因此而发生一些费用的损失，如为了避免损失的扩大或者处理余损物、继续完成航程、检验货物而支付的费用，可分为施救费用、救助费用、续运费用、检验费用、出售费用、理算费用等。

保险公司对这些费用的支付一般要考虑货物损失是否属于保险责任，否则不予赔偿。

（六）赔款给付

1. 缮制赔款计算书。一般一式三份，详细列上计算方式，分别列明保险货物本身的损失和费用，对损失原因要填写确切。赔款如需兑换成保险单规定的其他货币时，要注意汇兑率的正确性。

2. 填写赔款收据。赔款收据往往与权益转让书合并在一起，要求被保险人签字、盖章。证明被保险人已收到赔款，而且还表明被保险人将已取得赔款部分的货物权益转让给保险人。如果涉及第三责任方，还要将收据寄往责任方，表示保险公司已取得转让权益，有权追偿。

3. 拟写赔付函件。根据赔案的情况拟写赔付函件，寄送索赔人。

（七）损余处理

经保险人赔款后的受损物资，其残余尚有一定价值即损余。损余一般由被保险人自己处理，折价从保险赔款中予以扣除。如果交给保险人处理，则处理完毕后，应按售得款项，缮制收回损余赔款计算书，入账销案。

（八）归档

凡经赔付结案的案卷，应予归档，保存一定年限，供追偿和备查。

在我国，保险公司赔款方式有两种：一是直接赔付给收货单位；二是集中赔付给各有关外贸公司，再由各外贸公司与各订货单位进行结算。

三、航空运输的理赔

（一）航空运输理赔的最高限额

受理赔偿的部门根据要求先备制有关文件，包括货运单、舱单、货物事故调查报告等，然后提出合理的赔偿金额，如果货物没有办理声明价值，承运人按照实际损失的价值进行赔偿，最高金额为 20 美元/千克；如果托运人已经办理了声明价值并交付了声明价值附加费，赔偿金额以不超过声明价值为限。同时，对已使用航段的运费不退还，仅退还未使用的航段。

（二）理赔程序

1. 作出货物损失签证

航空货运代理在卸货时发现货物破损，即应由航空公司或代理填写"货物运输事故签证"，用以证明在目的站货物出现了问题。在填写之前收货人应进一步确认内装货物的受损情况，与航空公司的货运人员一起开箱检查，并在签证上签署货运人的名字，一式两份，航空公司和收货人各自保留一份。

2. 提出索赔申请书

在索赔人开具的索赔清单上应该详细说明货物损坏、短缺、遗失、延误的情况，还要随附货运单、商业发票、装箱单的影印件。

3. 航空公司审核单据和资料

航空公司审核的单据和资料包括正式索赔函（两份）、货运单正本或副本、货物商业发票、装箱单、货物舱单、货物运输事故签证、商检证明、运输事故记录、来往电传等文件。

4. 填写航空货物索赔单

由航空公司填写航空货物索赔单，索赔人签字盖章，表明航空公司正式认可索赔事项。

5. 货物索赔审批单

航空货物索赔的金额不同，需要各级领导审批。

6. 责任解除协议

索赔人收到索赔款时签署责任解除协议书，表明放弃诉讼权及进一步的索赔权。

四、国际多式联运的理赔

（一）发生损失的主要种类

损失主要包括货物破损、擦损、水渍损、汗渍损、盗损，气温变化引起的腐烂变质、货物解冻或解冻损失等原因引起的货物全部损失和灭失。

（二）国际多式联运理赔的复杂性

国际多式联运的经营人承担货物全过程的运输任务，但在运输过程中为了保持高效率，往往和各运输区段的实际承运人建立分运合同。一般情况下，在货方投保全程运输险和多式联运经营人投保运输责任险的情况下，货损处理中的索赔和理赔次数会增加。如果货方投保全程运输险，多式联运经营人可根据合同先向受损人承担责任，然后向保险公司索赔，保险公司理赔后，再向责任人索赔。

另外，多式联运经营人采取不同的责任形式对货损的理赔也有不同影响。如果是统一责任制，多式联运经营人要对运输全程负责；各区段的实际承运人对自己承担的区段负责，无论损失发生在哪个区段，都按照统一规定的限额赔偿。如果在网状责任制下，多式联运经营人对全程运输负责，各区段的实际承运人对自己承担的区段运输负责，在确知损失发生区段的情况下，多式联运经营人或实际承运人都按损失发生的区段适用的国际公约、地区法律规定进行。

五、争议的解决方式

国际货物运输保险业务中，被保险人和保险公司之间有时候会因为对承保的风险范围或保险合同条款的解释产生认识上的分歧，也可能对损失的赔偿问题、保险费的缴纳等产生争议。对上述矛盾的解决可以有以下几种选择：

（一）协商

协商也叫自行和解，指当事人本着友好合作、互相谅解、互惠互利的原则，对彼此之间的纠纷通过协商达成和解的解决方式。

当发生合同争议时，使用自行协商解决这种方式，必须基于双方当事人的自愿。如果其中任何一方当事人不同意协商解决，该合同争议就不能使用当事人自行协商解决这种方式。一旦一方不同意协商解决，对方当事人和其他任何单位、个人都不得强迫该方当事人采取这种方式；否则，所谓达成的解决"协议"无效。

（二）调解

由双方当事人自愿将争议提交选定的调解机构（法院、仲裁机构或专门的调解机构），由该机构按调解程序进行调解。若调解成功，双方应签订和解协议，作为一种新的契约予以执行，若调解意见不为双方或其中一方接受，则该意见对当事人无约束力，调解即告失败。

（三）仲裁

仲裁是在争议发生之前或之后，双方达成协议，自愿将争议提交第三方审理并作出裁决的制度。与诉讼相比，仲裁在机构性质、当事人的选择权、仲裁制度、裁决的执行范围等方面存在着明显的区别。

仲裁协议规定了双方约定的提交仲裁解决争议的事项，主要内容包括：仲裁事项、仲裁地点、仲裁机构、仲裁程序、仲裁所适用的法律以及仲裁员的指定、仲裁效力等。其中，我国的仲裁程序为：仲裁申请、答辩、组成仲裁庭、审理和裁决、裁决的执行。

海上保险的争议在我国应提交中国海事仲裁委员会以及中国国际经济贸易仲裁委员会，总部在北京，在上海和深圳设有分会。前者侧重于海事及船舶纠纷的审理，后者侧重于贸易及海商纠纷的审理。

（四）诉讼

一方当事人向法院起诉，控告合同的另一方，一般要求法院判令另一方当事人以赔偿经济损失或支付违约金的方式承担违约责任，也有要求对方实际履行合同义务的。

诉讼是当事人单方面的行为，只要法院受理，另一方就必须应诉。但诉讼方式的缺点在于立案时间长，诉讼费用高，异国法院的判决未必是公正的，各国司法程序不同，当事人在异国诉讼比较复杂。

仲裁与诉讼是密切联系而有差异的，这体现在许多方面：

1. 两者性质不同。诉讼是国家司法行为，而仲裁则具民间性。

2. 管辖权基础不同。诉讼为法定管辖，仲裁则在仲裁协议的基础上进行，具有私人性；当事人得选择仲裁庭、仲裁员及仲裁适用的规则和法律。

3. 两者遵循原则有别。诉讼为二审终审，可上诉、申诉；而仲裁则一裁终局，一般不可上诉、申诉。诉讼以公开为原则，而仲裁以不公开为常态，以保护当事人的秘密。

此外，诉讼判决书和仲裁裁决书的强制执行方式有异。诉讼判决的效力直接，而仲裁裁决则需要接受司法监督，并由获胜方申请法院执行。当然，诉讼与仲裁的差异远非如此。差异之外，两者的共性是它们构筑了争议解决的主要渠道，为息讼止争提供了良好的法律机制。

【本章小结】

国际货物运输保险实务	国际货物运输保险投保实务	保险险别中关于保险人与被保险人之间的权利与义务的规定，是保险公司所负赔偿责任的主要依据。
		保险金额是被保险人对保险标的实际投保金额，是保险人依据保险合同所应承担的最高赔偿金额，也是计算保险费的基础。
		投保人向保险人交付保险费是保险合同生效的前提条件。保险费是保险人经营业务的基本收入，也就是保险人所掌握的保险基金（即损失赔偿的基金）的主要来源。
		保险手续是指投保人向保险公司要求保险时应办的手续。
		保险单据既是保险公司对被保险人的承保证明，又是双方之间权利和义务的契约。在被保险货物遭受损失时，它是被保险人索赔的主要依据，也是保险公司理赔的主要依据，同时又是银行结汇的重要单据之一。

国际货物运输保险承保实务	核保是承保活动中的关键环节，是保险公司对保险标的的选择和风险控制。其内容一般包括：风险因素的审查、保险费率的确定和保险业务的选择。 通过核保后，对于确认可以承保的标的，保险人与投保人或被保险人达成协议，正式签订保险合同，保险公司出具正式的保单。 保险单出立后，在保险期限内，被保险人如果发现投保时的申报有错误或遗漏，或由于新的或意外的情况发生，致使保险单所载内容与实际情况不相符，被保险人必须向保险公司申请批改，由其出具批单，对原保险单的内容进行补充或变更，以使保险标的获得与实际情况相适合的保险保障。	
国际货物运输保险索赔实务	当被保险的货物发生属于保险责任范围内的损失时，投保人可以向保险人提出赔偿要求。索赔是被保险人依据保险合同所享有的重要权利，当保险标的发生保险合同项下的保险事故造成损失或对此损失负有责任时，被保险人有权向保险人要求赔偿或追偿。 被保险人向保险公司提出索赔时必须在保险单规定的索赔时效内提出索赔要求，否则视为无效索赔。索赔应当在保险有效期内提出并办理，否则保险公司可以不予办理。	
国际货物运输保险理赔实务	理赔指处理保险索赔案的全部过程，它包括损失通知、保险索赔、损失确定、责任审定、赔款计算、赔款支付等环节。	

【课后习题】

一、单选题

1. 对于出口货物，通常保险是按 CIF 发票金额加成（　　　）投保平安险。

A. 10%　　　　　　B. 20%　　　　　　C. 5%　　　　　　D. 无惯例

2. CIF 合同的货物在装船后因火灾被焚，应由（　　　）。

A. 卖方负担损失　　　　　　　　　　B. 卖方请求保险公司赔偿

C. 买方请示保险公司赔偿　　　　　　D. 买方负担损失并请求保险公司赔偿

3. 某货轮在航运途中，A 舱失火，船长误以为 B 舱也同时失火，命令对两舱同时施救。A 舱共两批货，甲批货物全部焚毁，乙批货物为棉织被单全部遭水浸，B 舱货物也全部遭水浸，则（　　　）。

A. A 舱乙批货与 B 舱货都属于单独海损

B. A 舱乙批货与 B 舱货都属于共同海损

C. A 舱乙批货属共同海损，B 舱货属于单独海损

D. A 舱乙批货属单独海损，B 舱货属于共同海损

4. 如果计算出的保险金额为 10.25 元人民币，则保险单中的保险金额为（　　　）。

A. 10.25 元人民币　　B. 10 元人民币　　C. 11 元人民币　　D. 10.5 元人民币

5. 下列风险中属于一般外来风险的有（　　　）。

A. 地震、偷窃、战争　　　　　　　　B. 偷窃、串味、短量

C. 洪水、海啸、雨淋　　　　　　　　D. 受潮、雨淋、舱面

二、多选题

1. 关于保险单，下列说法正确的是（　　　）。

A. 它是一种保险合同　　　　　　　　B. 它是一种索赔依据

C. 它是可以转让的　　　　　　　　　D. 它不可以转让

E. 它是一种承保证明

2. 保险金额是（　　　）。

A. 发票上货物的价格　　　　　　　　B. 保险人应承担的最高赔偿金

C. 保险人应承担的最低赔偿金　　　　D. 核算保险费的基础

E. 按 CIF 或 CIP 总值加成 5% 计算

3. 出口茶叶，为防止运输途中串味，办理投保时，应该投保（　　　）。

A. 串味险　　　　B. 平安险加串味险　　C. 一切险

D. 水渍险加串味险　　　　　　　　　E. 一切险加串味险

4. 货物运输保险单据按保险单的形式划分，主要有（　　　）。

A. 流动保险单　　　B. 保险单　　　C. 保险凭证

D. 联合凭证　　　　　　　　　　　　E. 暂保单

5. 国际货物运输保险投保人选择投保险别时应考虑（　　　）几种因素。

A. 货物的性质和特点　　B. 货物的包装　　C. 货运航线

D. 运输季节　　　　　　　　　　　　E. 货物的残损规律

三、判断题

1. 当保险单需转让时，应由保险人加以背书。　　　　　　　　　　（　　）

2. 保险金额去掉附值的方法为四舍五入。　　　　　　　　　　　　（　　）

3. 本着既避免风险，又节省保费的原则，以 FOB 条件进口玻璃器皿，可仅投保破碎险。　　　　　　　　　　　　　　　　　　　　　　　　　　（　　）

4. 投保人在投保一切险后，根据需要还可加保特殊附加险。　　　　（　　）

5. 投保一切险后，由于任何原因造成的损失可向保险公司索赔。　　（　　）

四、计算题

1. 某货主在货物装船前，按发票金额的 110% 办理了货物投保手续，投保一切险加保战争险。该批货物以 CIF 价格成交的总价值为 20.75 万美元，一切险和战争险的保险费率分别为 0.4% 和 0.2%。

问：（1）该货主应交的保险费是多少？（2）若发生了保险公司承保范围内的风险，导致该批货物全部灭失，保险公司的最高赔偿金额是多少？

2. 一份 CIF 合同，出售大米 50 公吨，卖方在装船前投保了一切险加战争险，自南美内陆仓库起，直至英国伦敦的买方仓库为止。货物从卖方仓库运往码头装运途中，发生了承保范围内的货物损失。当卖方凭保险单向保险公司提出索赔时，保险公司以货物未装运，货物损失不在承保范围内为由，拒绝给予赔偿。

问：在上述情况下，卖方有无权利向保险公司索赔，为什么？

第十一章
出口信用保险

【学习目标】

通过本章内容的学习，学生应熟悉出口信用保险的具体险种及保险责任，了解中国与其他国家出口信用保险的异同，掌握出口信用保险的实务操作。

【学习重点与难点】

出口信用保险的概念和特征；出口信用保险的种类；出口信用保险的保险责任；出口信用保险的发展历程。

【关键术语】

短期出口信用保险　中长期出口信用保险　投资保险　融资担保

【本章知识结构】

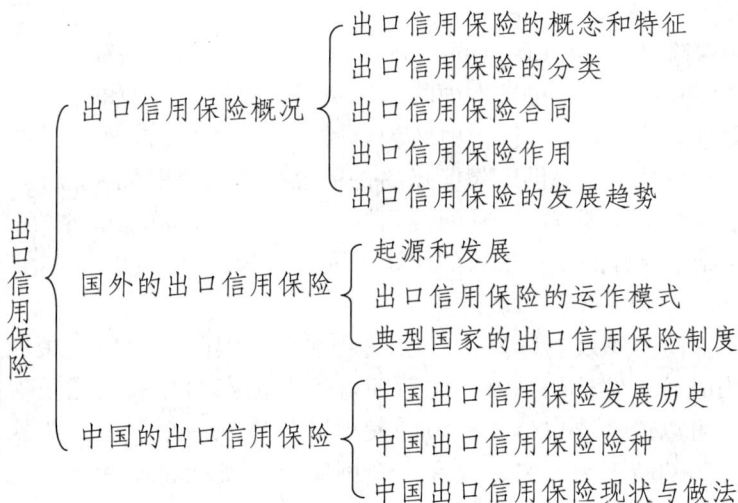

```
                              ┌ 出口信用保险的概念和特征
                              │ 出口信用保险的分类
                  出口信用保险概况 ┤ 出口信用保险合同
                              │ 出口信用保险作用
                              └ 出口信用保险的发展趋势
出
口                            ┌ 起源和发展
信                 国外的出口信用保险 ┤ 出口信用保险的运作模式
用                            └ 典型国家的出口信用保险制度
保
险                            ┌ 中国出口信用保险发展历史
                  中国的出口信用保险 ┤ 中国出口信用保险险种
                              └ 中国出口信用保险现状与做法
```

【案例引入】

2007 年 9 月至 12 月间，大连保税区 A 公司向巴西买方出运 10 票化工品，申报发票金额约 70 万美元，申报合同支付条件为 O/A150 天，实际合同支付条件为 D/A150 天。中国出口信用保险公司（以下简称中国信保）于 2007 年 9 月为其批复买方信用限额 O/A150 天 600 000 美元，并于 2007 年 12 月将限额追加至 O/A150 天 800 000 美元。货物出运后，买方承兑并提取了货物，但未按期支付货款。

A 公司已向中国信保投保出口信用保险，遂于 2008 年 5 月 7 日向中国信保报损并委托调查追讨。经中国信保渠道的海外追讨，买方全额承认债务，但拒绝提供明确的还款计划。2008 年 6 月 16 日，A 公司向中国信保提交了"索赔申请书"。经调查，本案事实清楚，索赔单证齐全，A 公司无履约瑕疵，因此本案属于中国信保的保险责任。随后，中国信保支付的 63 万美元赔款正式划到了 A 公司的账上，免除了我国企业在出口贸易中的贸易风险，为外贸企业的生存发展提供了有力保障。

通过以上案例可以看出，商业环境中风险无处不在，建立风险防范机制是企业必要的管理手段。特别是 2008 年 9 月，国际投资银行雷曼兄弟轰然倒下，经济危机悄然袭来，众多大企业、大集团、金融机构陷入困境，甚至破产倒闭，越来越多的国家和地区受到影响。在这样的环境下，出口企业无疑将面临巨大的冲击，同时也面临更大的外贸风险，因为越来越多的企业会受到金融危机影响而经营困难，因无力偿债而拒付。在这种局势下，通过出口信用保险来转嫁和规避风险、应对危机，越来越被出口企业所重视。本章将介绍出口信用保险的具体内容。

第一节　出口信用保险概况

一、出口信用保险的概念和特征

（一）概念

出口信用保险（Export Credit Insurance），也叫出口信贷保险，是各国政府为提高本国产品的国际竞争力，推动本国的出口贸易，保障出口商的收汇安全和银行的信贷安全，促进经济发展，以国家财政为后盾，为企业在出口贸易、对外投资和对外工程承包等经济活动中提供风险保障的一项政策性支持措施，属于非营利性的保险业务，是政府对市场经济的一种间接调控手段和补充，也是世界贸易组织补贴和反补贴协议原则上允许的支持出口的政策手段。

（二）特征

出口信用保险的发展与国家的经济发展水平和国际地位紧密关联。出口信用保险产生于当时较为发达的国家，之后随着许多国家的经济迅猛发展得以在世界范围内推广。可以说，出口信用保险的发展既是体现一个国家经济实力，尤其是经济国际竞争力的晴雨表，又是提高一个国家经济发展速度和国际地位提高的必然要求。出口信用保险是对外贸易发展到一定阶段的产物，反过来又会推动对外贸易的更大发展。出口信用保险自诞生之日起，就存在着区别于其他保险种类的明显特点：

1. 政策性

出口信用保险可以保证出口商以及与之融通资金的金融机构因出口所致的各种损失得到及时补偿，其目的是为了鼓励和扩大出口从而促进经济发展和扩大就业，其业务方针体现着国家的产业政策和国际贸易政策。因此，出口信用保险属政策性业务，具有很强的政策导向性。它的开展与国家的外贸、外交政策结合紧密。

2. 非盈利性

从技术层面看，出口信用保险所承担的风险集中度高、风险程度大，受国际政治、经济变化等因素的影响剧烈，因此，不具备市场化运作的盈利条件，必须有政府的财政支持；从政策层面看，由于这项业务需体现政府的外贸政策导向，也只有政府的主导作用才能确保政策导向的准确体现。国家财政作为出口信用保险的坚强后盾，往往直接投资专业出口信用保险公司，拨付部分或全部资本金，或给予政府委托或办理信用保险业务的商业性公司经营性补贴。

3. 经营机构的政府经营下非企业化

由于这种保险所应付的风险特别巨大，所需资金较多，而且难以使用统计方法测算风险损失概率，故一般的商业保险人均不愿经营，经营机构大多为国家控股机构，包括政府机构或由国家财政直接投资设立的公司或国家委托独家代办的商业保险机构，带有明显的政府经营下非企业化的特征。

4. 费率厘定方法不同于其他财产保险

在出口信用保险中，由于其风险的非物质性和投机性，信息在厘定费率时具有举足轻重的作用。短期综合险业务在一定程度上可以通过大数法则将公司若干年内各种致损原因进行分析，得出其重复发生的比率。但信用风险中包括了很多人为因素，往往受社会政治环境及进口商经营情况的影响。因此出口信用保险厘定费率时，考虑保险人的赔付记录、出口商资信、国际市场发展趋势等诸多因素，并根据新情况需要经常调整以保证费率的合理公平。不像其他财产保险中，以概率论和大数定律进行费率厘定后，一般是固定不变的。

5. 投保人与适用范围的特定性

出口信用保险的投保人只能是本国公民或本国企业，投保的业务一般应是本国生产或制造的产品的出口。凡出口公司通过银行以信用证、付款交单、承兑交单、赊账等支付方式结汇的出口贸易均可投保出口信用保险。投保人在投保时应先填写保险人提供的投保单，同时向保险人申请国外买方的信用限额，并每月向保险人申报一次出口货物金额，以便保险人据此承担保险责任和收取保险费。

6. 承保对象和风险的特殊性

出口信用保险承保的对象是出口企业的资本和应收账款，承保的风险主要是人为原因造成的商业信用风险和政治风险。商业信用风险主要包括：买方因破产而无力支付债务、买方收货后超过付款期限 4 个月以上仍未支付货款、买方因自身原因而拒绝收货及付款。政治风险主要包括因买方所在国禁止或限制汇兑、实施进口管制、撤销进口许可证、发生战争、叛乱等卖方、买方均无法控制的情况，导致买方无法支付货款。而以上这些风险，是无法预计、难以计算发生概率的，因此也是商业保险无法承受的。

【资料链接】

第一季度中国出口贸易信用风险明显上升

中国出口信用保险公司 2013 年 4 月 23 日发布的中国短期出口贸易信用风险指

数（ERI）显示，2013年第一季度 ERI 综合指数收于 102.13 点，创下 2011 年以来的最低位，表明中国短期出口贸易信用风险明显上升。

中国出口信用保险公司的分析报告显示，第一季度中国短期出口贸易产品结构和贸易伙伴结构等都有较大变化，随着圣诞、新年效应的减退，传统行业产品外贸需求面临下滑，出口增速会回落，违约事件明显增多。

报告分析认为，结合当前的全球经济形势和国际贸易形势，发达经济体的增长态势面临压力，量化宽松的货币政策面临挑战，难以持续提振金融市场以及推动实体经济的复苏，预计 2013 年第二季度 ERI 综合指数会保持相对稳定。同时，一些重大风险仍可能重现，建议警惕输入性通胀引起的市场风险转化为信用风险、地缘政治局势变化引起的政治风险、贸易保护主义抬头引起的某些行业贸易环境变化风险。

国别方面，建议关注日本、埃及以及部分拉美国家可能的下滑趋势，关注欧洲部分离岸金融中心银行业危机引起的局部企业或银行的信用风险上升。

行业方面，随着节日消费热情的消退，预计家具纺织服装行业、家电视听行业和食品饮料烟草行业的外贸需求可能恢复常态，其第二季度 ERI 指数可能会有所下降。

（资料来源：news. xinhuanet. com/2013 – 04/23/c_115509747. htm。）

二、出口信用保险的分类

根据不同的标准，出口信用保险有不同的分类。一般来讲，根据保险的期限不同，出口信用保险分为短期出口信用保险和中长期出口信用保险；根据保险责任起讫时间不同，出口信用保险业务可分为出运前的保险和出运后的保险；根据承保方式不同，出口信用保险业务可以分为综合承保和选择承保；根据承保的风险不同，出口信用保险可以分为商业风险保险和政治风险保险等。

在实务中，一般依据出口标的不同性质、信用期限的长短、保险责任起讫以及承保方式等不同，将出口信用保险进行如下具体分类：

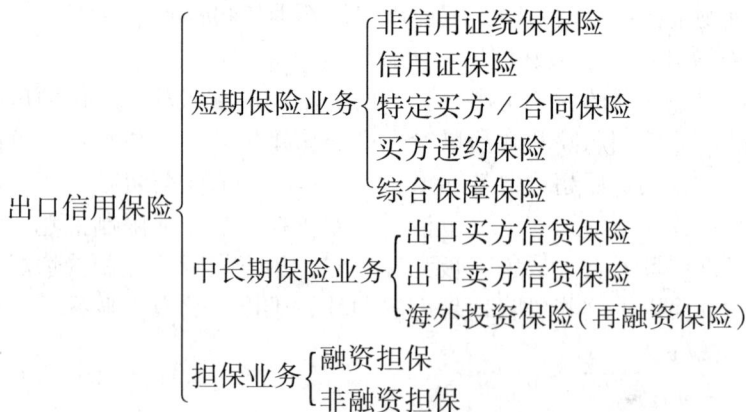

出口信用保险：
- 短期保险业务：非信用证统保保险、信用证保险、特定买方／合同保险、买方违约保险、综合保障保险
- 中长期保险业务：出口买方信贷保险、出口卖方信贷保险、海外投资保险（再融资保险）
- 担保业务：融资担保、非融资担保

（一）短期出口信用保险

它适用于大批量、重复性出口的初级产品和消费性工业产品，信用期不超过180 天的出口合同。这是国际上出口信用保险适用性最广、承保量最大的险种。保险机构都制定了标准格式的保险单和统一的保险条款和费率。

各国的短期出口信用保险通常都有以下共同性规定：

1. 被保险人在投保时，应以书面方式提出申请，向保险公司详细申报其出口的有关情况，包括以往一个时期出口的货物种类、国家或地区、金额、主要客户情况、收汇方式和发生过的收汇风险情况。

2. 实行按全部营业额投保的原则（Whole Turnover Basis），即被保险人应按销售总额投保其全部，或保单规定适用范围的全部，且信用期不超过180天的出口合同，不允许只选择一部分的合同投保。即保险公司要求全部投保非信用证方式收汇的出口。

3. 根据全部投保的原则，被保险人随时或定期向保险公司申报每一年出口的有关情况，作为保险公司承担保险责任并计算保费的依据。未事先申报的出口，保险公司不予负责。

4. 被保险人在与买方签订合同并申请投保信用险时，须向保险公司申请该买方的信用限额。经保险公司审查批准的信用限额，即成为保险公司对被保险人在该买方名下发生损失承担的最高赔偿限额。

5. 保险公司为了促使被保险人谨慎从事，尽可能地避免或减少损失，都要求被保险人自己承担一定比例的损失，不实行百分之百的赔偿。国外短期保险一般规定损失赔偿比例为80%～90%。同时，保险公司按被保险人出口量的大小规定每年保单的总赔偿限额，即对该被保险人每年累计的赔偿不能超过总赔偿限额。

6. 出口信用保险承保的收汇风险基本上都发生在国外，为使保险公司对损失进行核审和督促或协助被保险人采取有效措施减少损失，一般根据不同原因，规定了保险公司核定损失的期限，即通常所指的等待期。保险公司应在保单规定的等待期满后，定损核赔。

在短期信用保险基础上，可对其承保时间进行一定延伸，承保180天到两年之间的出口贸易风险的保险也被称为延长期信用保险。适用于诸如汽车、机械工具、生产线等货物的出口，此险种是短期出口信用保险的延续。

（二）中长期出口信用保险

中长期出口信用保险是承保两年以上、金额巨大、付款期长的信用风险，尤指建筑工业、造船业等贸易。海外工程承保和技术服务项下的费用结算的收汇风险也可承保。

（三）特定的出口信用保险

特定的出口信用保险是在特定情况下，承保特定合同项下的风险，承保的对象一般是复杂的、大型的项目，如大型的转口贸易、军用设备、出口成套设备（包括土建工程等）及其他保险公司认为风险较大需单独出立保单承保的项目。

（四）投资保险

投资保险一般是由国家出资经营或由国家授权商业保险机构经营的政策性保险业务。投资保险通过向跨境投资者提供中长期政治风险保险及相关投资风险咨询服务，积极配合本国外交、外贸、产业、财政、金融等政策，为跨境投资活动提供风险保障，对保单项下规定的损失进行赔偿，支持和鼓励本国投资者积极开拓海外市场、更好地利用国外的资源优势，以达到促进本国经济发展的目的。

投资保险源自第二次世界大战后"欧洲复兴计划"中的投资保证方案。1948年，美国根据《对外援助法》制定了《经济合作法》，开始实施"欧洲复兴计划"，对战后的欧洲进行经济援助，并通过投资保证制度促进本国国民对欧洲的投资，投资保险制度由此初步形成。

20世纪60年代至70年代，许多经济合作与发展组织（OECD）国家，如日本、法国、德国、加拿大、英国等，纷纷仿效美国的做法，通过本国的出口信用机构（ECA）或其他政府代理机构开展投资保险业务，用以推动和保护具有本国利益的跨境投资活动。投资保险制度由此广泛建立。

进入20世纪90年代，经济全球化进程加速，跨国直接投资增长迅猛，国际资本流动加快，导致新兴市场风险日益显现，客观上形成了对投资保险的巨大需求，由此推动了投资保险业务的快速发展。

时至今日，投资保险已被各主要资本输出国在支持跨境投资方面广泛应用，被公认为是当今促进跨境投资和保护国际投资的通行做法和有效制度，并在国际投资活动中扮演着越来越重要的角色。海外投资保险是针对我国投资者进行海外投资，保障投资者的海外投资免受征收、汇兑限制、战争和政府违约等事件造成损失进行承保的保险产品。

投资保险承保的风险包括：汇兑限制、征收、战争及政治暴乱、政府违约及承租人违约。其功能与作用主要体现在补偿损失、融资便利、市场开拓、提升信用等级、风险管理等几个方面。汇兑限制指投资所在国政府实施的阻碍、限制投资者把当地货币兑换为投资货币或汇出投资所在国的措施，或者使投资者以高于市场汇率的价格将当地货币兑换为投资货币或汇出投资所在国的措施；征收指东道国政府采取国有化、没收、征用或未经适当法律程序的行为，剥夺了被保险人或项目企业对投资项目的所有权和经营权，或剥夺了被保险人或项目企业对投资项目资金的使用权和控制权；战争指投资所在国发生的战争、革命、暴动、内战、恐怖行为以及其他类似战争的行为，战争项下的保障范围包括因战争造成的项目企业有形财产的损失和因战争行为导致项目企业不能正常经营的损失；政府违约指东道国政府违反或不履行与被保险人或项目企业就投资项目签署的有关协议，且拒绝按照仲裁裁决书中裁定的赔偿金额对被保险人或项目企业进行赔偿的行为；承租人违约指承租人因不可抗力以外的原因，不能向被保险人或出租人支付"租赁协议"约定的应付租金的行为。

（五）担保业务

担保业务服务于国内出口企业和提供出口融资的银行，旨在为企业提升信用等级，帮助企业解决出口融资困难。在出口贸易、对外工程承包和海外投资项目中，出口商或工程承包商按照有关合同履行合同约定的义务，信保公司作为担保人向交易的另一方或银行出具保函/保证合同，承诺在出口商或工程承包商未能履行合同约定时，信保公司按照保函/保证合同的约定履行责任。其业务流程如图11-1所示。

三、出口信用保险合同

出口信用保险合同是指本国出口商作为投保人向保险人支付保险费，在不能按

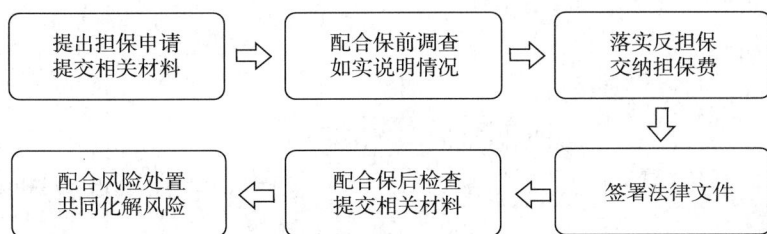

图 11－1 业务流程图

时收回出口商品的全部外汇时，由保险人赔偿保险金的保险合同。在出口信用保险合同中，由出口商投保进口商信用的保险。出口商是投保人，同时也是被保险人。保险人担保的是债务人的信用，使投保人的权利得到保障。

出口信用保险合同的主要内容包括：

1. 保险责任

出口信用保险承保的风险主要是商业风险和政治风险，保险人对由此造成的损失承担赔偿责任。商业风险又称买方风险，包括：买方破产无力偿还贷款或买方经济走向崩溃，对所购货物已无能力支付货款；买方逾期不付款，即买方收货后拖欠货款；买方违约拒收货物致使货物被运回、降价转卖或放弃。政治风险又称国家风险，是指与被保险人进行贸易的对象即买方所属国家内部的政治、经济状况的变化而导致的收汇风险，包括：买方所在国家实行外汇控制，限制汇兑；买方所在国家实行进口管制；买方的进口许可证被撤销；买方所在国或支付货款须经过的第三国颁布延期货款令；买方所在国发生战争或骚乱等；买方所在国或任何有关第三国发生非常事件。

保险人的除外责任包括：被保险人违约或违法导致买方拒付货款所致的损失；汇率变动的损失；在货物交付时，已经或通常能够由货物运输保险或其他保险承保的损失；发货前，买方未能获得进口许可证或其他有关的许可而导致不能收货付款的损失。

2. 保险费和费率厘定

出口信用保险费率厘定，一般应考虑下列因素：买方所在国家的政治、经济及外汇收支状况；出口商的资信状况、经营规模、支付能力及出口贸易的历史记录；以往出口商赔付的记录；贸易合同约定的付款方式和期限；投保的出口贸易额的大小、货物的种类以及国际市场的经济发展趋势等。

3. 赔偿处理

当发生保险责任范围内的损失时，被保险人应立即通知保险人，并采取一切措施减少损失。被保险人申请索赔时，应填写索赔申请书，并提供出口贸易合同、发票、银行证明和其他必要的单证。保险人在接到损失可能发生或已经发生的报告后，应立即要求并配合被保险人采取措施避免损失的扩大或减少损失；保险人支付赔款后，应及时采取追偿措施；被保险人在获得赔付后，仍应协助保险人向债务人追偿欠款。

【资料链接】

信用证保险投保单样式

短期出口信用保险

中国出口信用保险公司
China Export & Credit Insurance Corporation

信 用 证 保 险
投 保 单

中国出口信用保险公司：

遵照贵公司"短期出口信用保险信用证保险单"条款的规定，并在出具以下申报、要求和保证的基础上，我公司特向贵公司提出投保短期出口信用保险信用证保险的申请。请贵公司对我公司自_____年_____月_____日起适保范围内的出口予以审核承保，并及时通知我公司承保条件及费率。

一、投保人基本情况

公司名称（中文）

（英文）

注册地址

地区

营业地址

组织机构代码

工商注册号

电话   传真   邮编

电子信箱

网址

企业类型（请在适合的□内打"✓"）

| 国有企业 □ 国有独资 □ 国有控股 □ 国有联营 □ |
| 乡镇企业 □ 私营企业 □ 个体企业 □ |
| 外国独资 □ 中外合资 □ 中外合作 □ |

经营性质（请在适合的□内打"✓"）贸易公司 □ 贸易代理 □ 生产性企业 □

是否上市公司（请在适合的□内打"✓"）是 □ 否 □

营业范围

开始出口年份

法定代表人

姓名   职务   电话

委托代理人

姓名   职务   电话

电子信箱_____

主要联系人

姓名　　　　　　职务　　　　　　电话

电子信箱＿＿＿＿＿＿＿＿＿＿＿＿＿＿＿＿＿＿＿＿＿＿＿

姓名　　　　　　职务　　　　　　电话

电子信箱＿＿＿＿＿＿＿＿＿＿＿＿＿＿＿＿＿＿＿＿＿＿＿

二、出口情况

（一）出口商品

商品大类	所占比例（%）

（二）近三年出口额和经营情况

年份	出口总额（万美元）	适保出口额（万美元）	税后利润（万元人民币）

（三）过去三年中超过 10 万美元信用证项下未收汇情况的细节

未收汇年份	国家	开证行名称	买方名称/地址	未收汇金额（万美元）	损失原因（选择下述代码填写）（A＝破产，B＝拖欠，C＝政治风险，D＝不符点）

注：1. 如地方不够可另加页；

　　2. 可以近期向国家外汇管理局报送的逾期未收汇报表复印件代替此表。

三、投保范围

（一）全部信用证业务

（二）国家（地区）的全部信用证业务

（三）如下信用证业务

序号	开证行名称（英文大写）	保兑行名称（英文大写，如是保兑信用证）	买方名称（英文大写）	信用证金额（万美元）	信用证付款期限
1					
2					
3					
4					
5					
6					

注：如地方不够，可另加页。

四、对赔偿比例的选择

鉴于政治风险所致损失的赔偿比例固定，而对商业风险所致损失的赔偿比例的选择结果会影响我公司所得保险费率，我公司选择意向如下。（请在适合的□内打"✓"）

商业风险所致损失的赔偿比例	选择结果
90%	□
80%	□
70%	□
60%	□
50%	□

五、对争议解决方式的选择（请在下述□内打"✓"选一）

仲裁	在北京仲裁委员会仲裁 □
诉讼	在保险人所在地诉讼 □ 在被保险人所在地诉讼 □ 在保单签发地诉讼 □

六、其他需要说明事项（被保险人有特殊要求，可在此填写）

七、随本投保单所附资料清单

八、保证事项

（一）我公司郑重声明已经详读"短期出口信用保险信用证保险单"条款，对该条款已经充分理解，并在此基础上填写本投保单。

（二）我公司保证未经中国出口信用保险公司书面同意，不向除我公司开户银行以外的任何机构、买方或其他人泄露本保险的细节。

（三）我公司保证将按"短期出口信用保险信用证保险单"的规定，对所有适保范围内的实际投入成本按时向中国出口信用保险公司申报并足额缴纳保险费。

（四）我公司保证按照"短期出口信用保险信用证保险单"的规定全面履行被保险人的义务。

（五）我公司保证本投保单中所填写的内容均是真实的，无故意隐瞒任何与本保险有关的重要情况，并同意以此作为贵公司承担保险责任的先决条件。

投保单位盖章   法定代表人＿＿＿＿＿＿＿＿＿＿

                                  （请用正楷填写）

                             签 字＿＿＿＿＿＿＿＿＿＿

                             签字人职务＿＿＿＿＿＿＿＿＿＿

                             签字日期＿＿＿＿年＿＿＿＿月＿＿＿＿日

四、出口信用保险的作用

1. 有利于出口企业降低收汇风险

出口信用保险弥补了货物运输保险所不能涵盖的买方商业信用风险和国家政治风险的空白，保证了出口商的安全收汇，使其能够避免坏账，保持良好的财务记录。通过出口信用保险机构补偿应收账款的损失，一般情况下，赔偿商业信用风险所致损失的80%～90%，政治风险所致损失的90%。这样可以大大减少出口商对进口方无理拒付货款或因财政困难、倒闭破产而蒙受损失的担忧，使收汇有了一定的保障，减少了出口收汇风险。

2. 有利于出口企业采取灵活的贸易方式，开拓多元化市场

随着国际市场的竞争日趋激烈，出口商的竞争手段也呈现多样化。从质量、价格、交货期直至支付条件等不一而足。其中，灵活多样的支付方式和富有弹性的非信用证支付条件（D/P、D/A、O/A）成为出口竞争能力的一个主流趋势。有了出口信用保险，出口商便可通过缴纳少量保险费将承担的收汇风险转嫁给出口信用保险机构，从而灵活采用 D/P、D/A、O/A 等非信用证方式开拓国际市场。

3. 便于贸易融资和出口押汇

出口企业以灵活的贸易方式和延期收汇方式出口，固然提高了其出口产品的竞争力，扩大了出口，但随着应收账款的增加，也加大了企业资金的占用，影响本身的资金周转。尤其对那些出口价值大、期限长的资本货物或大型工程项目而言，如何获得贷款以及贷款的利率、期限等条件是参与竞争的前提条件。而发放出口信贷对银行来说风险特别大，银行只有在出口企业投保了出口信用保险之后，才同意对其发放出口信贷。

4. 对出口方提供了信息咨询服务

出口方出于自身的实力原因，无力对买方的经营状况、财务状况和资信进行调查，更不可能对买方国家的市场行情及国家状况进行了解。况且如果这样做，成本也是巨大的。但是如果投保了出口信用保险，出口信用保险机构就可利用其健全的资信组织、追偿网络和庞大的信息库对进口方进行调查，为出口企业提供更多的资信。

【思考一下】

出口信用保险与一般财产保险有何异同？与国际贸易中其他商业保险的区别体现在哪些方面？

五、出口信用保险的发展趋势

1. 经营机构的私有化

出口信用保险可分为短期和中长期业务两种。短期业务的私有化特征越来越明显。仅仅在十几年前，政府还是所有出口信用保险的承保者，而现在，很大一部分的短期业务是由私营保险商在经营。

在经营机构私有化的浪潮中，私营保险商提供了更多的新产品，受到了出口商

的欢迎。不但如此，出口商还能更容易得到贸易融资，得到更多的风险保障，如装船前风险、出口前融资风险、易货贸易风险等特殊风险。对于不适用于伯尔尼协议指导条例中的交易，私营保险商也能提供保险。

经营机构私有化不仅受到了出口商的欢迎，也受到了长期以来承办出口信用保险的政府的欢迎。

2. 政府角色的再定位

传统上，政府出口信用保险机构偏重于对出口商提供保险从而推动本国贸易发展，积累外汇，忽视了对出口信用保险中的风险进行管理与分散。许多政府建立或授权建立的出口信用保险机构连年亏损，面临倒闭，原因就在于此。

在这种压力之下，政府对自己在出口信用保险中的角色进行了重新定位，实施了一系列提高效率的方案和措施。例如，把发展贸易的角色与融资角色相分离，增强内部信息网络系统以加强对海外客户的了解，提高风险资产管理能力，等等。政府角色的再定位还表现在政府与私人保险商的关系变化上。在私营保险商出现初期，政府出口信用保险机构与其的关系是一种纯竞争的关系。随着私营保险商的发展，政府逐步认识到他们存在的合理性与必要性，开始尽力避免竞争，进行合作。这种合作关系通常是按风险性制裁来划分的。一般而言，政治风险与中长期风险由政府机构承担，短期商业风险则由政府授权给私营保险商承担。在涉及多个国家的出口而需要相互给予融资时，政府与私营保险商也常常成为合作者。政府与私营保险商之间的合作范围越来越广，已经发展到由组织良好的机构来为其统一安排格局了。

3. 出口信用保险服务的国际化

在贸易全球化与金融全球化的大趋势下，出口信用保险服务也在实现着国际化。欧盟的出口信用保险业务在 20 世纪 80 年代以前几乎完全限制在本国市场，在认识出口信用保险的特殊性后，欧盟委员会单独颁布了一条法令，并把它作为单一市场改革的一部分。该法令允许成员国内注册的信用保险商在欧盟范围内经营业务。现在，欧盟信用保险市场已经成为运作良好的区域保险市场。

【资料链接】

江苏某出口企业（以下简称 A 公司）2001 年 9 月至 2002 年 1 月期间，按照销售合同向巴西某公司（以下简称 B 公司）出口化学药品，同时向中国出口信用保险公司投保出口信用保险，并获得信用限额 D/P150 天 40 万美元和 O/A150 天 30 万美元。B 公司是巴西国内医药行业较大的分销商，与 A 公司合作五年期间年均订单量在 150 万美元左右，双方一直采取 D/P90 天的付款方式，还款比较正常，亦未出现过质量争议。但从 2001 年底开始，B 公司以种种原因累计拖欠货款达 695 117.50 美元。A 公司曾多次通过函电催讨欠款，并聘请巴西律师与 B 公司进行协商，但最终因无法接受 B 公司提出的还款协议而未能取得实质性进展。2002 年 4 月 10 日，A 公司向中国出口信用保险公司通报了可能损失情况，并提交全部贸易单证和往来函电，于 4 月 26 日正式委托中国出口信用保险公司进行追讨。

中国出口信用保险公司对 B 公司进行调查和沟通后，B 公司对拖欠事实和金额无任何异议，但提出因内部人员工作失职，超额订货导致库存过量、资金周转困难，要求在全部货款扣减 12% 后分 10 期逐月还款，既而又以质量缺陷为由（提供了当地实验室的检验报告）要求扣款 18 215 美元。为尽快收回欠款，有效控制汇率及债务人信用风险，A 公司同意接受此还款协议。在律师的监督下，还款协议如期顺利执行，最终于 2003 年 10 月偿清全部欠款 595 450.00 美元。

第二节　国外的出口信用保险

出口信用保险 20 世纪初诞生于欧洲。第二次世界大战以后，在发达国家得以迅速发展。60 年代以后，随着经济的发展和世界贸易的增长，众多发展中国家纷纷建立了自己的出口信用保险机制。目前，出口信用保险已成为世界大多数国家出口支持体系中的一个重要组成部分。

一、起源和发展

出口信用保险诞生于 19 世纪末的欧洲，最早在英国和德国等地萌芽。1919 年，英国建立了出口信用制度，成立了第一家官方支持的出口信贷担保机构——英国出口信用担保局（ECGD）。紧随其后，比利时于 1921 年成立出口信用保险局（ONDD），荷兰政府于 1925 年建立国家出口信用担保机制，挪威政府于 1929 年建立出口信用担保公司，西班牙、瑞典、美国、加拿大和法国分别于 1929 年、1933 年、1934 年、1944 年和 1946 年相继建立了以政府为背景的出口信用保险和担保机构，专门从事对本国的出口和海外投资的政策支持。

为统一各国出口信用保险业务规范，交流业务经验，共享风险信息，研究风险控制技术，总结和研讨业务发展方向，促进出口信用保险的健康发展。世界出口信用保险机构于 1934 年成立了名为"国际出口信用保险和海外投资保险人联盟"的国际性组织，由于首次会议在瑞士的伯尔尼召开，故该机构的简称为"伯尔尼协会"。伯尔尼协会对促进和维护世界贸易和投资的发展起着重要的作用。中国出口信用保险公司是伯尔尼协会的正式会员。

第二次世界大战后，世界各国政府普遍把扩大出口和资本输出作为本国经济发展的主要战略，而对作为支持出口和海外投资的出口信用保险也一直持官方支持的态度，将其作为国家政策性金融工具大力扶持。1950 年，日本政府在通产省设立贸易保险课，经营出口信用保险业务。60 年代以后，众多发展中国家纷纷建立自己的出口信用保险机构。

【资料链接】

"伯尔尼协会"（Berne Union）是"国际出口信用保险和海外投资保险人联盟"的简称，1934 年在瑞士伯尔尼成立，协会秘书处现设在英国伦敦，主要由各国官方出口信用机构（ECA）组成。其宗旨是：

1. 努力达成业界共识，维护并确立国际贸易信用条件和基本原则。

2. 促进良好的投资环境的形成，并确立海外投资保险的基本原则。

3. 为协会成员间及协会与其他国际金融组织之间提供信息交流的论坛。

二、出口信用保险的运作模式

出口信用保险机构的运作模式大致分为五种：

第一种为政府设立的特别机构和部门，政府出钱作为运作该业务的主要资金并设置专人进行管理，等同于国家政府部门，人员编制为国家公共服务人员，像英国出口信用担保局、日本贸易保险公司都属此类。

第二种为政府成立的全资公司形式，政府只负责制定具体的经营政策和方针以及给予资金上的支持，而不具体负责经营，如加拿大的出口发展公司、捷克出口担保和保险公司、芬兰担保委员会、香港出口信用保险局、匈牙利的出口信用保险机构等。

第三种为政府控股的有限责任公司形式，类似于第二种，只不过政府拥有控股权。

第四种为政府委托私人成立的专门信用保险机构，该类公司实行国家账与公司账目分立原则，在国家政策性的出口贸易项目及对外投资项目上由国家财政承担风险，在小型贸易及私人小额对外投资上实行商业化运作及管理，相关收入分别进入两个不同的账户，比如德国的 HERMES 公司。

第五种为进出口银行兼营模式，即由进出口银行兼营出口贸易保险业务，比如美国。主要依据 1945 年颁布的《进出口银行法》的规定办理该项业务。

三、典型国家的出口信用保险制度

（一）英国的出口信用保险制度

1919 年，英国建立了世界上第一个官方支持的出口信用保险机构——出口信用担保局（ECGD），以经营出口信用保险。发展到目前，英国的出口信用保险体系由 ECGD 和私营出口信用保险商共同组成。ECGD 主要为出口资本货物服务，以现金收汇或信用期在两年以上的英国出口商提供出口信用保险。同时，ECGD 也为英国政府实施的对外援助和扶持的项目提供信用保险支持，促进了英国大型资本项目的出口。而对出口消费品和原材料的短期出口信用保险则就由私营出口信用保险商——英国出口信用保险局和贸易保险信用公司经营。从而将英国的短期、中期和长期出口信用保险业务区分开来。ECGD 开展的业务主要在于补充私营市场的不足而不是和私营保险公司进行竞争，凡是私营保险机构能开展、能承保的业务 ECGD 就不参与。

英国出口信用保险具有以下几个特点：

1. 官方支持的力度大。ECGD 是代表国家经营的公共业务，其收支列入国家的财政预算，而且由英国贸工部牵头对其中长期出口信贷保险项目开展审查，并通过其电子信息系统为 ECGD 调查了解其承保的国外进口商的有关资信情况予以支持。

2. 信息网络和未付款追账业务完善。通过与世界其他保险组织的合作，以及在 30 余个国家和地区设立的保险分支机构网络和英国政府在 60 余个国家建立的企业资信联盟网络，确保英国出口信用保险商时获得对方企业的信用资料，为出口信用保险的风险分析和管理提供了重要依据。

3. 出口信用保险与出口信贷相结合。英国出口商在获得保险机构的出口信用担保后，可以以此担保作为抵押向商业银行获得资金融通。特别是通过 ECGD 使用政府资金代表政府对商业银行的出口信贷提供的中长期信用担保。由于有以国家资信为基础的出口信贷担保，大大调动了商业银行从事出口信贷的积极性，达到了为企业融通资金和提高出口竞争力的目的。

（二）法国的出口信用保险制度

法国的出口信用保险体系凭借其完善的服务体系令世界各国的出口商羡慕，享有提供"慷慨保险"之美称。其中，以世界上最大的出口信用保险公司——法国外贸信贷保险公司（COFACE）为主要代表。COFACE 由法国政府于 1946 年组建，最初是国营机构，1994 年实行了全面的私有化改革。目前该公司在法国各大区都设有地方分支机构，负责向全国的企业提供出口信用保险服务。在国外通过控股、参股、分支机构和合作等方式，在全球 37 个国家和地区设立了出口信用保险业务网络，提供统一的服务，并且还在 67 个国家和地区建立了企业资信调查和追账机构，为出口信用保险提供风险评估和欠款追缴。法国出口信用保险涉及的出口金额，占法国全年出口额的 60% 以上，其出口信用保险市场约占世界出口信用保险市场的 1/5，信用保险的保费收入占国民生产总值的 0.054%，法国全部出口企业的 37% 投保了出口信用保险，这一比例是世界上最高的。

法国出口信用体系的主要特点有：

1. 承保范围广。从一般性商业风险和政治风险到特殊的成本上升风险、汇率风险、投资风险以及市场开拓过程中发生的风险都包括在 COFACE 的承保范围之内。

2. 风险评估机制与信息管理系统发达。目前 COFACE 可提供世界 155 个国家和地区 3 500 万个企业的资料信息，不仅为出口信用保险的风险分析和管理提供了重要依据，而且也使 COFACE 成为全球最大的企业信息服务商之一。

3. 官方支持的力度大。COFACE 代表国家经营的公共业务，其收支列入国家的财政预算。每年年初 COFACE 向政府报告当年预期收入及支出情况，政府根据公司的报告编制并批复当年预算，如出现巨额赔款等意外情况，可以向政府直接申请资金，该笔资金的支付不必通过议会。

（三）德国的出口信用保险制度

德国的官方出口信用保险业务由德国联邦政府指定并授权 HERMES 信用保险集团公司和普华永道（PWC）会计咨询公司共同承办，其中 HERMES 公司是主要承办人。其他信用保险公司包括 GERLING 公司都不能从事官方信用保险业务。

HERMES 信用保险集团是世界上第一家办理官方信用保险业务的私营保险公司。其官方出口信用保险业务的主要职责是替联邦政府执行官方出口担保计划，该计划的目的在于帮助出口商防范与出口交易有关的商业性和政治性风险，以促进德国产品的出口。

德国联邦政府在承办保险的公司内无任何股份，只是定期与保险公司签订合同，并根据其承保情况给予保险公司经费上的支持和补助。

HERMES 公司的官方出口信用保险业务在信息收集、业务流程、财务处理及法律规则等方面与商业性信用保险业务有明确、清晰的划分。其两部分业务有不同的账户和名义。商业性信用保险业务是用 HERMES 公司自己的账户和名义；官方出口信用保险业务是以政府的账户和名义，即官方出口信用保险业务的保费收入、理赔支出等全部在政府的账户中列支。HERMES 公司的官方出口信用保险业务，主要承保其他私有商业性保险机构不能承保的业务。如政治方面的风险、购买方风险等。根据期限长短，承保种类可分为短期信用保险和中长期信用保险。

德国的官方出口信用保险业务的特点为：

1. 严格划分政策性及经营性保险业务。任何一家私营信用保险公司能承保的业务，官方出口信用保险代理机构不予受理。

2. 投保的业务必须符合一定的条件和标准，官方信用保险代理机构才能受理。具体是：投保的项目必须符合环境保护要求；必须符合国家对出口产品的管理规定；出口商品的构成大部分应为德国制造；货款风险必须在政府预算限制内。

3. 承保对象既可以是本国企业也可是外国企业。总的承保额有预算方面的限制。

4. 官方出口信用保险费率是根据承保金额大小、买方所在国所处的国家风险级别、货款的支付条件、出口商与保险公司达成的风险承担比例、每个买家的风险级别等因素制定出来的。

5. 普华永道作为咨询公司参与官方出口担保，与 HERMES 有明显的分工。普华永道主要负责承保买家是公共或国有机构的中长期出口项目。

6. 德国官方出口信用保险的项目审批权限：一般合同金额在 250 万欧元以内的项目，承办机构有决定权；250 万～750 万欧元的项目，要报小型部际委员审定；超过 750 万欧元的项目要报部际委员会审批。小型部际委员会和部际委员会的成员是来自经济技术部、财政部、外交部和经济合作发展部等政府部门以及部分银行、保险公司的专家。小型部际委员会每星期开一次会议，部际委员会每三个星期召开一次会议，分别对投保项目进行个案研究分析以确定是否承保。

（四）日本的出口信用保险制度

日本出口信用保险制度诞生于 20 世纪 50 年代。日本在第二次世界大战后建立了相应的出口保障机构，颁布了相应的法律条文。1950 年 3 月日本通过了《出口信用保险法》和《出口信用保险特殊会计法》，为其出口信用保险制度提供了法律依据。1970 年 5 月，建立了"海外投资保险"并加入了伯尔尼公约组织。2001 年 4 月，建立了独立行政法人——日本出口和投资保险组织（NEXI）。日本出口信用保险发展的 50 多年，对日本的出口起到了非常大的支持作用。据统计，日本有 39%的贸易额是在出口信用保险的支持下取得的。

日本的出口信用保险的特点为：

1. 完善的基金补充机制。如 NEXI 出现赔付，日本政府将承担 95% 的风险。同时 NEXI 也将 95% 的保险费收入上缴政府，并转入政府出口专用风险保障基金。如果 NEXI 自留 5% 风险的赔付金额超过 NEXI 的风险基金，则日本政府依然可以通过追加预算弥补不足。

2. 国外厂商信用制度。NEXI 从各种渠道得到关于外国政府、外国企业的信息并建立了相应的信用等级体系。这个体系的建立和及时调整可以有效地降低承保时的风险，最大限度地保留保费收入并对相关外国企业建立长期信用提供了有效的制度约束。

3. 行业协会统一投保。即由企业向出口行业协会投保，行业协会作为保险代理人统一再向 NEXI 购买出口信用保险。这避免了某些当事人在购买保险时经常出现的逆向选择，降低了 NEXI 的经营风险。日本出口信用保险公司保费收入的 90% 以上都来源于这个特殊的保险方式。

【思考一下】
美国、法国、德国、日本的出口信用保险制度有哪些可借鉴之处？

第三节 中国的出口信用保险

我国的出口信用保险业务开始于 20 世纪 90 年代初，先后由中国人民保险公司和中国进出口银行分别承办。由于多方面原因，这项业务的规模一直较小，对外贸的支持作用也不明显，致使中国的绝大多数企业不了解出口信用保险为何物，更谈不上运用这一工具来为出口提供支持。这种局面一直维持到中国出口信用保险公司的成立。

2001 年，中国出口信用保险公司经国务院批准成立。作为从事政策性出口信用保险业务的国有独资公司，中国信保的主要任务是：依据国家外交、外贸、产业、财政、金融等政策，通过政策性出口信用保险手段，支持货物、技术和服务的出口，特别是高科技、附加值大的机电产品等资本性货物出口，积极开拓海外市场，为企业提供收汇风险保障，促进国民经济的健康发展。中国出口信用保险公司的经营范围包括：短期出口信用保险业务、中长期出口信用保险业务、投资保险业务与出口信用保险相关的信用担保业务、应收账款管理及信息咨询业务等。

一、中国出口信用保险发展历史

我国的出口信用保险是在 20 世纪 80 年代末发展起来的。中国于 1988 年创办信用保险制度，由中国人民保险公司设立出口信用保险部，专门负责出口信用保险的推广和管理。当时是以短期业务为主。1992 年，中国人民保险公司开办了中长期业务。1994 年，中国进出口银行成立，其业务中也包括了出口信用保险业务。出口信用保险业务开始由中国人民保险公司和中国进出口银行两家机构共同办理。2001年，在中国加入世界贸易组织的大背景下，国务院批准成立专门的国家信用保险机构——中国出口信用保险公司（简称中国信保），由中国人民保险公司和中国进出口银行各自代办的信用保险业务合并而成。在其运营中坚持最大诚信原则、风险共担原则、事先投保原则。最大诚信原则，即投保人必须如实提供项目情况，不得隐瞒和虚报；风险共担原则，其赔偿比率一般为 90% 左右；事先投保原则，即保险必须在实际风险有可能发生之前办妥。

二、中国出口信用保险险种

出口信用保险目前在国内发展还不够系统，分类主要是依据两方面因素：

一是根据应收账款和投资的回款时间，以一年为节点，一年以内的为短期出口信用保险，一年以上、十五年以下的是中长期出口信用保险。

二是根据业务实际操作，保险标的是投资款还是应收账款，长期业务分为中长期出口信用保险和投资保险。

（一）短期出口信用保险

短期出口信用保险（以下简称短期险）承保放账期在 180 天以内的收汇风险，根据实际情况，短期险还可扩展承保放账期在 180 天以上、360 天以内的出口，以及银行或其他金融机构开具的信用证项下的出口。短期出口信用保险主要适用于：一般情况下保障信用期限在一年以内的出口收汇风险；出口企业从事以信用证（L/C）、付款交单（D/P）、承兑交单（D/A）、赊销（O/A）结算方式自中国出口或转口的贸易。

1. 承保风险

（1）商业风险——买方破产或无力偿付债务；买方拖欠货款；买方拒绝接受货物；开证行破产、停业或被接管；单证相符、单单相符时开证行拖欠或在远期信用项下拒绝承兑。

（2）政治风险——买方或开证行所在国家、地区禁止或限制买方或开证行向被保险人支付货款或信用证款项；禁止买方购买的货物进口或撤销已颁布发给买方的进口许可证；发生战争、内战或者暴动，导致买方无法履行合同或开证行不能履行信用证项下的付款义务；买方支付货款须经过的第三国颁布延期付款令。

2. 损失赔偿比例

由政治风险造成损失的最高赔偿比例为 90%。

由破产、无力偿付债务、拖欠等其他商业风险造成损失的最高赔偿比例为 90%。

由买方拒收货物所造成损失的最高赔偿比例为 80%。

（二）延长期出口信用保险

延长期出口信用保险是承保 180 天到两年之间的出口贸易风险。适用于诸如汽车、机械工具、生产线等货物的出口，此险种也可视为短期出口信用保险的延续。

（三）中长期出口信用保险

中长期出口信用保险（以下简称中长期险）可分为买方信贷保险、卖方信用保险和海外投资保险三大类。中长期险承保放账期在一年以上、一般不超过十年的收汇风险，主要用于高科技、高附加值的大型机电产品和成套设备等资本性货物的出口，以及海外投资，如以 BOT、BOO 或合资等形式在境外兴办企业等。中长期出口信用保险旨在鼓励我国出口企业积极参与国际竞争，支持银行等金融机构为出口贸易提供信贷融资；中长期出口信用保险通过承担保单列明的商业风险和政治风险，使被保险人得以有效规避出口企业收回延期付款的风险和融资机构收回贷款本金和利息的风险。

中长期出口信用保险的作用主要体现在：转移收汇风险，避免巨额损失；提升信用等级，为出口商或进口商提供融资便利；灵活贸易支付方式，增加成交机会；拓宽信用调查和风险鉴别渠道，增强抗风险能力。

（四）特定的出口信用保险

特定的出口信用保险是在特定情况下，承保特定合同项下的风险。承保的对象一般是复杂的、大型的项目。如大型的转口贸易、军用设备、出口成套设备（包括土建工程等）及其他保险公司认为风险较大需单独出立保单承保的项目。

（五）与出口相关的履约保证保险

与出口相关的履约保证保险简称保证保险，分为直接保证保险和间接保证保险。直接保证保险包括开立预付款保函、出具履约保证保险等，间接保证保险包括承保进口方不合理没收出口方银行保函。

三、中国出口信用保险现状与做法

（一）中国出口信用保险发展现状

当前我国规定出口信用保险必须采用统保的方式。所谓统保，就是说承保出口商所有的出口业务。出口企业在一定时期或一定区域市场上所有业务都要一次性办理出口信用保险。从承保人的角度来看，这一规定使承保面扩大，有利于分散风险。但从出口商的角度来看，对于风险不大的出口业务，如老客户或信用证结算方式的贸易则没有必要进行投保。统保方式不被出口商认同，这是我国出口信用保险发展缓慢、没有和对外贸易同步发展的主要原因之一。

经过这 20 年的探索，我国的出口信用保险有力地支持了机电产品、成套设备等商品的出口，在保证企业安全收汇方面发挥了重要作用，并持续以较快速度发展。据初步统计，到 1998 年 11 月，出口信用保险金额约 24 亿美元。1999 年当年的承保金额比 1989 年增长了 213 倍，年增长速度达到 46.9%。从 2001 年中国信保成立至2009 年底，中国信保累计支持的国内外贸易和投资的规模约 4 880 亿美元。2013 年4 月统计显示，中国信保第一季度承保金额同比大幅增长，2011 年出口信用保险实现承保金额 2 162.4 亿美元，占同期我国一般贸易出口总额的 23.6%，占同期出口总额的 11.4%，超过国际平均水平；中长期出口信用保险实现承保金额 107.6 亿美元，增长 11.6%。2013 年 1 月至 3 月出口信用保险累计实现承保金额 684.6 亿美元，同比增长 46.2%，高于同期外贸增长 27.8 个百分点。即便如此，我国的出口信用保险仍然处于较低的水平，与法国等发达国家的出口信用保险参保程度还有一定差距。

【资料链接】

中国信保数据显示，2013 年 1 月至 3 月，出口信用保险累计实现承保金额684.6 亿美元，同比增长 46.2%，高于同期外贸增长 27.8 个百分点；对同期我国出口的渗透率达到 13.5%，同比提高 2.6 个百分点；实现海外投资险承保金额 117.8亿美元，同比增长 3.3%；向企业支付赔款 2.66 亿美元，同比增长 42.2%；同时，支持企业获得银行融资 95.6 亿美元。

在当前世界经济复苏动力疲软的大环境下，出口企业依然面对保护主义抬头、生产成本升高、出口和海外投资风险加大等诸多困难。中国信保根据国家战略要求和市场需求，进一步加大了产品和承保模式创新力度，通过服务前移，更加积极主动地参与到出口贸易或海外项目的前期商务谈判和融资安排，全程风险管理顾问服务模式日臻成熟完善。

针对部分出口企业开拓新市场需求大、业务范围广、融资需求大等特点，中国信保发挥专业优势，推出了包括资信调查、全程风险监控、短期出口信用保险、国内信用保险、特定合同保险、出口卖方信贷保险、出口买方信贷保险等综合产品和服务方案，全方位支持出口企业拓展海外市场、调整业务结构，以及建立内部风险管理机制，助力企业保持业务高速增长和转型升级。

小微企业同样是国家出口信用保险政策重点扶持的群体。

截至 2012 年底，小微企业已占投保出口信用保险企业数量的 60.3%，其中年出口额在 300 万美元以下的小微企业占 85.6%。在出口信用保险的支持下，这些企业 2012 年平均出口增幅 24.6%，高于同期全国平均出口增速 16.7 个百分点。2013 年第一季度，中国信保服务支持的小微出口企业达 2.3 万家，占全国有出口业绩的小微企业数量的 11.4%。

（资料来源：finance. sina. com. cn/money/insurance/bxyx/20130422/155315236424. shtml。）

（二）中国出口信用保险的做法

目前，中国的出口信用保险由中国信保一家经营。出口信用保险按付款期限长短分为短期出口信用保险和中长期出口信用保险。短期出口信用保险又分为综合保险、统保保险、信用证保险、特定买方保险、买方违约保险和特定合同保险六种。中长期出口信用保险分为出口买方信贷保险、出口卖方信贷保险和出口延付合同再融资保险三种。

1. 短期出口信用保险

（1）综合保险

综合保险承保出口企业所有以信用证和非信用证为支付方式出口的收汇风险。它补偿出口企业按合同规定出口货物后，或作为信用证受益人按照信用证条款规定提交单据后，因政治风险或商业风险发生而直接导致的出口收汇损失。其适保范围为：货物、技术或服务从中国出口或转口；支付方式为不可撤销跟单信用证、付款交单、承兑交单或赊销等；付款期限一般在 180 天以内，亦可扩展至 360 天；有明确、规范的出口贸易合同。

承保风险包括政治风险和商业风险。政治风险指买方所在国家（地区）相关的国家风险，包括在信用证支付方式下：开证银行被其所在国家或地区禁止或限制汇兑货款；开证银行所在国家或地区颁布延期付款令，造成货款迟付；开证银行所在国家或地区发生战争等不可抗力因素，使开证银行无法履行付款义务。非信用证支付方式下：禁止或限制汇兑；禁止进口；撤销进口许可证；颁布延期付款令；发生战争等。商业风险指买家信用风险，包括在信用证支付方式下：开证银行因破产、停业或被接管等无力偿还债务；开证银行拒付货款；开证银行拖欠货款。非信用证支付方式下：买方破产或无力偿还债务；买方拒绝受领货物并拒付货款；买方拖欠货款。

理赔追偿：通报可损是被保险人义务，索赔是被保险人权利；被保险人可在一定限度内选择赔偿比例，赔偿比例的选择与保险费率的高低相关联；对符合条件和单证齐全的赔案，实行快速赔付；被保险人如逾期提交"可能损失通知书"，赔偿比例会降低。

保险费率的厘定与保险费的收取：出口企业将信用证、非信用证出口业务全部投保，风险相对分散，保险费率较低；保险费率的厘定主要取决于进口国国家风险类别、支付方式和信用期限等。一般来说，进口国风险越低、支付方式的风险度越低、信用期限越短，保险费率就越低，反之则越高；出口企业按约定方式向中国信保申报符合保险单承保范围的全部出口；中国信保每月或按约定时间根据出口企业申报的发票金额和"保险单明细表"列明的具体费率计收保险费。

（2）统保保险

统保保险承保出口企业所有以非信用证为支付方式出口的收汇风险。它补偿出口企业按合同规定出口货物后，因政治风险或商业风险发生而导致的出口收汇应收账款经济损失。其适保范围为：货物、技术或服务从中国出口或转口；支付方式为付款交单、承兑交单或赊销等；付款期限一般在 180 天以内，亦可扩展至 360 天；有明确、规范的出口贸易合同。

承保风险亦为政治风险和商业风险。政治风险指买方所在国家（地区）相关的国家风险，包括：禁止或限制汇兑，禁止进口，撤销进口许可证，颁布延期付款令，发生战争等。商业风险指买家信用风险，包括：买方破产或无力偿还债务，买方拒绝受领货物并拒付货款，买方拖欠货款。

理赔追偿：通报可损是被保险人义务，索赔是被保险人权利；被保险人可在一定限度内选择赔偿比例，赔偿比例的选择与保险费率的高低相关联；对符合条件和单证齐全的赔案，实行快速赔付；被保险人如逾期提交"可能损失通知书"，赔偿比例会降低。

保险费率的厘定与保险费的收取：出口企业将非信用证出口业务全部投保，风险相对分散，保险费率较低；保险费率的厘定主要取决于进口国国家风险类别、支付方式和信用期限等。一般来说，进口国风险越低、支付方式的风险度越低、信用期限越短，保险费率就越低，反之则越高；出口企业按约定方式向中国信保申报符合保险单承保范围的全部出口；中国信保每月或按约定时间根据出口企业申报的发票金额和"保险单明细表"列明的具体费率计收保险费。

（3）信用证保险

信用证保险承保出口企业以信用证支付方式出口时面临的收汇风险，付款期限在 360 天以内。在此保险项下，出口企业作为信用证受益人，按照信用证条款要求，在规定时间内提交了单证相符、单单相符的单据后，由于商业风险、政治风险的发生，不能如期收到付款的损失由中国信保补偿。该保险适保范围：货物从中国出口；支付方式为不可撤销的跟单信用证；付款期限一般在 180 天以内，亦可扩展到 360 天；有明确的出口贸易合同。

承保风险包括：开证银行因破产、停业或被接管等无力偿还债务，开证银行拒付货款，开证银行拖欠货款情形的商业风险以及开证银行被其所在国家或地区禁止或限制汇兑货款，开证银行所在国家或地区颁布延期付款令造成货款迟付，开证银行所在国家或地区发生战争等不可抗力因素使开证银行无法履行付款义务形成的政治风险。

该险种对所有的客户实行"48 小时以内理赔受理应答制"，对符合条件的客户和单证齐全的赔案申请，简化程序，实行"简易赔付"，采取有效措施加快理赔速度，保户如逾期通报"可能损失通知书"，赔偿比例则会被减低。

信用证保险的费率厘定以基础费率为依据，较低；保险费率的厘定主要取决于进口国状况、进口商情况和付款方式等。一般来说，进口国风险越高、放账期越长，保险费率就越高；在符合保单承保范围内，被保险人须在每票出口单据提交 3 个工作日内向中国信保申报出口；对投保多个信用证的保险保单，中国信保按月收取保费；对于单个信用证的保险保单，在申报后即收取保费。中国信保根据被保险人申报的发票金额和"保单明细表"列明的费率，计算应缴保险费并寄送"保费通知单"，被保险人须于"保费通知单"送达之日起 10 个工作日内支付保费。

（4）特定买方保险

特定买方保险专为中国出口企业而设。它承保企业对某个或某几个特定买方以各种非信用证支付方式出口时面临的收汇风险，其中，付款期限 180 天以内（可扩展至 360 天）。对于货物从中国出口；支付方式为付款交单、承兑交单、赊销等；付款期限一般在 180 天以内，亦可扩展到 360 天；有明确的出口贸易合同的情况予以承保。

承保商业风险和政治风险。商业风险来自于买家，包括：买方破产或无力偿还债务；买方拒绝收货；买方拖欠货款。政治风险即国家风险，包括：买方所在国家或地区禁止或限制汇兑货款；买方所在国家或地区颁布法令或采取行政措施，禁止货物进口或撤销进口许可证；买方所在国家或地区颁布延期付款令，影响货款支付；买方所在国家或地区发生战争等不可抗力因素，导致买方无法履行合同。

该险种的赔偿比例由客户自由选择，对所有的客户实行"48 小时以内理赔受理应答制"，对符合条件的客户和单证齐全的赔案申请，简化程序，实行"简易赔付"，采取有效措施加快理赔速度，保户如逾期通报"可能损失通知书"，赔偿比例则会被减低。

由于风险相对集中，保险费率较高。保险费率的厘定主要取决于进口国状况、进口商情况和付款方式等。一般来说，进口国风险越高、放账期越长，保险费率就越高。在符合保单承保范围内，被保险人须于每月 10 日前向中国信保申报全部出口。中国信保根据被保险人申报的发票金额和"保单明细表"列明的费率，计算应缴保险费并寄送"保费通知单"，被保险人须于"保费通知单"送达之日起 10 个工作日内足额支付保费。该险种业务存续过程中还会发生保险费、买方资信调查费及保单服务费等其他费用。

（5）买方违约保险

买方违约保险专为中国出口企业而设，它承保出口企业以分期付款方式出口因发生买方违约而遭受损失的风险，其中，最长分期付款间隔不超过 360 天。它不仅适用于机电产品、成套设备出口，而且适用于对外工程承包和劳务合作。其特点是：

出口以分期付款为支付方式，分期付款间隔不超过 360 天。在中国境内注册的、有进出口经营权和对外工程承包和劳务合作经营权的企业，其机电成套设备出口、对外工程承包、对外劳务合作业务适用于买方违约保险。

承保范围：货物或服务从中国出口；出口产品属于机电产品、成套设备、高新技术，或带有机电设备出口的对外劳务合作。产品价值中的中国成分不低于 70%，船舶不低于 50%；合同金额在 100 万美元以上，其中预付定金不低于 15%；支付方式为按工程或服务进度分期付款，最长付款间隔不超过 1 年；付款期限一般在 180 天以内，亦可扩展到 360 天；有明确的出口贸易合同，合同执行期不超过 3 年。

承保风险包括商业风险和政治风险。商业风险来自于买家，包括：买方破产或无力偿还债务；买方单方面解除合同；买方恶意变更合同；买方拒绝付款。政治风险即国家风险，包括：买方所在国家或地区颁布法令或采取行政措施，禁止或限制汇兑货款，买方所在国家或地区颁布法令或采取行政措施，禁止货物进口或撤销进口许可证；买方所在国家或地区颁布延期付款令，影响货款支付；买方所在国家或地区被禁运或制裁；买方所在国家或地区发生战争等不可抗力因素，导致买方无法履行合同。

该险种费率按"买方违约保险费率表"执行，保险费率的厘定主要取决于进口国状况、进口商情况和付款方式等。一般来说，进口国风险越高、放账期越长，保险费率就越高；如果客户选择的赔偿比例较低，则费率相应得到下调；被保险人须依照"保单明细表"列明的保险金额和保险费率一次性交纳保险费，交费须按通知在保单签发起 10 个工作日内完成；中国信保根据被保险人申报的保险金额和"保单明细表"列明的费率，计算应缴保险费并寄送"保费通知单"，被保险人须于"保费通知单"送达之日起 10 个工作日内足额支付保费。其费用项目包括保险承担费和保单费。

（6）特定合同保险

特定合同保险专为支持中国出口企业而设。它承保企业某一特定出口合同的收汇风险，适用于较大金额（200 万美元以上）的机电产品和成套设备出口及对外工程承包和劳务合作。其中，以各种非信用证为支付方式，付款期限在 180 天以内（可扩展至 360 天）。其特点为：投保针对特定出口合同，支付方式为非信用证支付。其收取的费用包括：保险费、资信调查费、保单费。承保货物从中国出口；出口产品属于机电产品或成套设备；对外工程承包和劳务合作；合同金额在 200 万美元以上；支付方式为付款交单、承兑交单、赊销等；付款期限一般在 180 天以内，亦可扩展到 360 天；有明确的出口贸易合同的情况。其承保风险、理赔追偿及保险费率的厘定与保险费的收取与其他短期出口信用保险业务相同。

2. 中长期出口信用保险

（1）出口买方信贷保险

买方信贷保险是指在买方信贷融资方式下，出口信用机构（ECA）向贷款银行提供还款风险保障的一种政策性保险产品。在买方信贷保险中，贷款银行是被保险人。投保人可以是出口商或贷款银行。

买方信贷保险对被保险人按贷款协议的规定履行了义务后，由于下列商业或政治事件导致借款人未履行其在贷款协议项下的还本付息义务且担保人未履行其在担保合同项下的担保义务而引起的直接损失，保险人根据保单的规定，承担赔偿责任。

政治事件包括：借款人所在国家（或地区）政府或其在贷款协议项下还款必须经过的第三国（或地区）政府颁布法律、法令、命令、条例或采取行政措施，禁止或限制借款人以贷款协议约定的货币或其他可自由兑换的货币向被保险人偿还贷款；借款人所在国家（或地区）政府或其在贷款协议项下还款必须经过的第三国（或地区）政府颁布延期付款令；借款人所在国家（或地区）发生战争、革命、暴动；借款人所在国家（或地区）发生恐怖主义行动和与之相关的破坏活动；保险人认定的其他政治事件。

商业事件包括：借款人被宣告破产、倒闭或解散，借款人拖欠贷款协议项下应付的本金或利息。

买方信贷保险除外责任为：被保险人违反保险单或贷款协议的规定，或因被保险人的过错致使保险单或贷款协议部分或全部无效。

（2）出口卖方信贷保险

卖方信贷保险是在卖方信贷融资方式下，出口信用机构（ECA）向出口方提供的用于保障出口商收汇风险的一种政策性保险产品，对因政治风险或商业风险引起的出口商在商务合同项下应收的延付款损失承担赔偿责任。

对于被保险人在"保险单明细表"中列明的商务合同项下由下列事件引起的直接损失，保险人按本保险单规定承担赔偿责任：进口商及其担保人破产、倒闭、解散；进口商违反商务合同项下对被保险人的付款义务，且进口商的担保人（如有）也未履行担保合同项下的担保义务；进口商违反商务合同的规定，致使商务合同提前终止或无法履行；进口商所在国政府颁布法律、法令、命令或采取行政措施，禁止或限制进口商以商务合同约定的货币或其他可自由兑换的货币履行商务合同项下对被保险人的付款义务；进口商所在国、项目所在国或进口商付款须经过的第三国颁布延期付款令；进口商所在国或项目所在国颁布法律、法令、命令或采取行政措施（包括撤销或不予展延进口许可证），致使商务合同部分或全部无法履行；进口商所在国或项目所在国发生战争、敌对行动、内战、叛乱、革命或暴动，致使商务合同部分或全部无法履行。

卖方信贷保险的除外责任为：被保险人违反商务合同规定或违反有关法律、法规引起的损失；由于进口商拒绝支付或推迟支付商务合同下的应付款所引起的间接损失；被保险人在其出具的履约保函或其他保函项下发生的损失；汇率变更引起的损失；除进口商及其担保人外的任何与商务合同付款相关的机构和人员违约、欺诈、破产、违反法律或其他行为引起的损失；因进口商违约，被保险人按商务合同规定应向进口商收取的罚款或惩罚性赔偿；在商务合同履行过程中，属于货物运输保险或其他财产以及责任保险范围内的损失；商务合同生效后，被保险人得知合同列明的损失事件已经发生，仍继续履行合同引起的损失；被保险人无权直接从进口商收取的款项的损失。

（3）出口延付合同再融资保险

主要适用于银行或其他金融机构无追索权地买断出口商务合同项下的中长期应收款。从实际操作来说，无论出口商是否已投保过卖方信贷保险，原则上只要出口商在商务合同项下的履约义务已经履行完毕，并且其债权体现于一套可转让的中长期应收款凭证，就可以投保再融资保险。被保险人包括提供融资便利的本国金融机构和符合条件的外国金融机构。

再融资保险承保范围：对被保险人买断商务合同项下的中长期应收款后，由于下列政治或商业事件引起的损失，保险人承担赔偿责任。

政治事件：

债务人或担保人所在国家（或地区）政府或还款必须经过的第三国（或地区）政府，颁布法律、法令、命令、条例或采取行政措施，禁止或限制债务人以中长期应收款凭证约定的货币或其他可自由兑换的货币向被保险人偿还中长期应收款；债务人或担保人所在国家（或地区）政府，或还款必须经过的第三国（或地区）政府颁布延期付款令，致使债务人无法履行其在中长期应收款项下的还款义务，且担保人（如有）也未履行其担保义务；债务人所在国（或地区）发生战争、革命、暴动；债务人所在国（或地区）发生恐怖主义行动和与之相关的破坏活动；保险人认定的其他政治事件。

商业事件：

债务人被宣告破产、倒闭或解散，且担保人也未履行担保合同项下的担保义务；债务人拖欠中长期应收款项下应付的本金或利息，且担保人也未履行担保合同项下的担保义务。

再融资保险的除外责任为：被保险人未能合法有效地取得中长期应收款项下的所有权和收益权；因被保险人的过失导致损害或丧失中长期应收款项下的权利。

除上述短期出口信用保险、中长期出口信用保险业务外，中国信保还承保海外投资保险，从事非融资类、融资类担保业务并提供相关服务。为中国出口企业对外贸易保驾护航。

【资料链接】

政策性信用保险支持我国出口和海外投资首超 3 000 亿美元

2012 年，我国出口信用保险和海外投资保险承保金额达到 3 182.3 亿美元。其中，出口信用保险承保金额增长 35.8%，支持出口 2 936.5 亿美元，占我国出口总额的 14.3%，大幅高于 10% 的国际平均水平；占我国一般贸易出口总额的比重达到 29.7%，比上年提高了 6.1 个百分点；支持小微企业 2.1 万家，是上年的 2.9 倍；全年支持企业获得融资 4 251 亿元，增长 62.0%；帮助企业追回欠款 4.0 亿美元；向企业和银行支付赔款 11.8 亿美元。

（资料来源：www.sinosure.com.cn/sinosure/xwzx/xbdt/156253.html。）

【本章小结】

出口信用保险	出口信用保险概况	出口信用保险也叫出口信贷保险,是各国政府为提高本国产品的国际竞争力,推动本国的出口贸易,保障出口商的收汇安全和银行的信贷安全,促进经济发展,以国家财政为后盾,为企业在出口贸易、对外投资和对外工程承包等经济活动中提供风险保障的一项政策性支持措施,属于非营利性的保险业务,是政府对市场经济的一种间接调控手段和补充,也是世界贸易组织补贴和反补贴协议原则上允许的支持出口的政策手段。 出口信用保险与一般财产保险不同,具有政策性、非盈利性、经营机构的政府经营下非企业化、费率厘定方法不同于其他财产保险、投保人与适用范围的特定性、承保对象和风险的特殊性。 一般来讲,根据保险的期限不同,出口信用保险分为短期出口信用保险和中长期出口信用保险;根据保险责任起讫时间不同,出口信用保险业务可分为出运前的保险和出运后的保险;根据承保方式不同,出口信用保险业务可以分为综合承保和选择承保;根据承保的风险不同,出口信用保险可以分为商业风险保险和政治风险保险等。 出口信用保险合同是指本国出口商作为投保人向保险人支付保险费,在不能按时收回出口商品的全部外汇时,由保险人赔偿保险金的保险合同。在出口信用保险合同中,由出口商投保进口商信用,出口商是投保人,同时也是被保险人。保险人担保的是债务人的信用,使投保人的权利得到保障。
	国外的出口信用保险	出口信用保险20世纪初诞生于欧洲。第二次世界大战以后,在发达国家得以迅速发展。60年代以后,随着经济的发展和世界贸易的增长,众多发展中国家纷纷建立了自己的出口信用保险机制。目前,出口信用保险已成为世界大多数国家出口支持体系中的一个重要组成部分。 出口信用保险诞生于19世纪末的欧洲,最早在英国和德国等地萌芽。1919年,英国建立了出口信用制度,成立了第一家官方支持的出口信贷担保机构——英国出口信用担保局(ECGD)。紧随其后,比利时于1921年成立出口信用保险局(ONDD),荷兰政府于1925年建立国家出口信用担保机制,挪威政府于1929年建立出口信用担保公司,西班牙、瑞典、美国、加拿大和法国分别于1929年、1933年、1934年、1944年和1946年相继建立了以政府为背景的出口信用保险和担保机构,专门从事对本国的出口和海外投资的政策支持。
	中国的出口信用保险	我国的出口信用保险业务开始于20世纪90年代初,先后由中国人民保险公司和中国进出口银行分别承办。由于多方面原因,这项业务的规模一直较小,对外贸的支持作用也不明显,致使中国的绝大多数企业不了解出口信用保险为何物,更谈不上运用这一工具来为出口提供支持。这种局面一直维持到中国出口信用保险公司的成立。 目前,中国的出口信用保险由中国信保一家经营。保险按付款期限长短分为短期出口信用保险和中长期出口信用保险。短期出口信用保险又分为综合保险、统保保险、信用证保险、特定买方保险、买方违约保险和特定合同保险六种。中长期出口信用保险分为出口买方信贷保险、出口卖方信贷保险和出口延付合同再融资保险三种。出口信用保险主要承保政治风险和商业风险。

【课后习题】

一、单选题

1. 第一次对于贸易中的政治风险进行承保的是(   )。

A. 1919 年英国政府成立的出口信用担保局

B. 1903 年的额外保险公司

C. 1893 年的全英地方受托资产公司

D. 1893 年成立的美国信用保险公司

2. 出口信用保险为世界所公认的标志是（　　　）。

A. 1893 年成立的专门经营商业信用保险的美国信用保险公司获得成功

B. 1934 年，英国、法国、意大利和西班牙的私营和国营信用保险机构成立"伯尔尼协会"

C. 1919 年，英国政府成立了出口信用担保局

D. 1850 年，法国的一些保险公司开始开办商业信用保险业务

3. 我国第一笔出口信用保险业务的开办始于（　　　）。

A. 1980 年　　　　B. 1983 年　　　　C. 1986 年　　　　D. 1988 年

4. 短期出口信用保险包括（　　　）。

A. 特定买方/合同保险　　　　　B. 出口买方信贷保险

C. 海外投资保险　　　　　　　　D. 出口卖方信贷保险

5. 中长期出口信用保险包括（　　　）。

A. 特定买方/合同保险　　　　　B. 买方违约保险

C. 信用证保险　　　　　　　　　D. 出口卖方信贷保险

二、判断题

1. 出口信用保险是世界贸易组织补贴和反补贴协议原则上允许的支持出口的政策手段。　　　　　　　　　　　　　　　　　　　　　　　　　　　　（　　　）

2. 投资保险向跨境投资者提供短期政治风险保险及相关投资风险咨询服务。

（　　　）

3. 短期出口信用保险中，被保险人在与买方签订合同并申请投保时，须向保险公司申请该买方的信用限额。　　　　　　　　　　　　　　　　　　　（　　　）

4. 出口信用保险合同是由出口商投保进口商信用的保险。　　　（　　　）

5. 1934 年在瑞士伯尔尼成立的国际信用和投资保险人协会秘书处现设在英国伦敦。　　　　　　　　　　　　　　　　　　　　　　　　　　　　　　　（　　　）

三、简答题

1. 简述出口信用保险的特征。

2. 出口信用保险保险合同的主要内容有哪些？

3. 简述法国出口信用保险制度并分析其可借鉴之处。

4. 我国短期出口信用保险业务有哪些？

5. 简述出口信用保险的作用。

四、案例分析题

1996 年 11 月 1 日，中保财产保险有限公司某分公司（以下简称中保）同意为

设备公司承保卖方信贷保险，并出具了编号为 96SPZJ007 的卖方信贷保险单。该保险单及明细表载明：被保险人为设备公司，买方为美鹰玻璃实业（某）有限公司（以下简称美鹰公司）；鉴于被保险人与买方已签署或即将签署商务合同，被保险人已正式申请出口信用保险，且同意支付保险费，中保同意按照保单条款规定赔偿本保单项下发生的损失；承保金额为 4 101 143.60 美元；赔偿比例为损失金额 90%；中保的责任不超过最高责任金额，或经中保同意并书面认可的总金额；适用于被保险商务合同的损因为：1. ……；2. 买方自付款日起 2 个月后仍未支付被保险部分的款项；3. ……；确认损失的期限为损因 1 逾付款日 1 个月，损因 2 逾付款日 2 个月；保单责任起始于签具保单，且被保险人交纳保费之时；如买方或其担保人在债务裁决生效之日起 6 个月后仍未向被保险人支付所判罚的款项，本保单将继续承担损失责任；如果中保要求被保险人采取某项具体措施，以防止或减少损失，被保险人必须按照中保的要求行事。保险单明细表还注明设备公司要求该保单受益人转为浦发银行。

1997 年 12 月 23 日，中保致函浦发银行，表示同意原信用证 LCNO. 3360960127 撤销的前提下，LCNO. 33609800003 所开金额 1 821 364.60 美元属 96SPZJ007 保单项下责任。1996 年 11 月 5 日，设备公司与美鹰公司签订订货卡片 4 份，约定设备公司为美鹰公司进口玻璃生产设备，总计货款 4 101 143 美元。据此，设备公司根据美鹰公司委托与外商订立了 4 份进口合同，并向浦发银行申请开立信用证，信用证号分别为 LC3360960126、LC3360960124、LC33609800003。信用证对外付款日分别为 1998 年 5 月 7 日、12 月 21 日、12 月 28 日。设备公司按约进口设备，浦发银行根据信用证条款的规定，在信用证到期日对外付款，共计对外支付 3 260 922.43 美元。美鹰公司于 2000 年 2 月 21 日致函设备公司，确认拖欠设备公司货款本金 3 260 922.43 美元，利息部分将依据银行规定另行计算。1999 年 5 月 6 日、2000 年 4 月 20 日，设备公司分别致函中保，要求中保按照保险合同有关条款给予赔偿，并指出受益人为浦发银行。1999 年 5 月 7 日、12 月 21 日以及 2000 年 4 月 29 日，浦发银行分别致函中保，要求中保履行卖方信贷保险责任。

2000 年 9 月 26 日，中国人民保险公司出口信用保险部（以下简称出口信用保险部）致函设备公司称：由于卖方信贷保险单（96SPZJ007）项下的风险责任人美鹰公司已发生严重问题，构成保险单项下的索赔，为防止损失进一步扩大，并根据保险单有关止损条款，要求设备公司在代理合同项上立即对美鹰公司提起诉讼。同年 10 月 11 日，原审法院受理设备公司诉美鹰公司货款纠纷一案，并于同年 11 月 15 日判决美鹰公司应支付设备公司货款本金 3 260 922.43 美元，赔偿利息损失 641 906.13 美元。原判另查明，1998 年 10 月 7 日，国务院决定撤销中国人民保险（集团）公司，原中保财产保险有限公司更名为中国人民保险公司（以下简称人保）。浦发银行、设备公司要求人保赔付保险金未果，于 2001 年 4 月 9 日诉至原审法院，请求判令人保支付保险赔偿金 2 934 830.19 美元及利息 734 358.28 美元，并承担诉讼费用。

原审法院认为：（1）中保系经批准设立的中保财产保险有限公司的分支机构，有权为卖方信贷行为设立保险，且设备公司对本案保险标的具有保险利益，故经设备公司投保，中保签发卖方信贷保险单，保险关系依法成立，且有效，双方当事人均应恪守。（2）设备公司按照商务合同的规定，为美鹰公司代理进口玻璃生产设备后，美鹰公司未在信用证到期日前向设备公司支付货款，已构成保险事故，浦发银行作为保险的受益人向中保索赔并无不当。设备公司作为被保险人已将保险单项下受益权转给浦发银行，故不再享有接受保险人赔付保险金的权利。（3）中保已更名为人保，故此前以原中保名义对外签订的合同项下的权利义务，应由人保概括继受。（4）人保抗辩认为：中长期信用保险只有中国人民保险总公司享有经营权，本案所涉保单系代总公司出具，故本案应以中国人民保险总公司为被告；自损失发生后，总公司从没有拒绝理赔；设备公司已向第三人美鹰公司提起诉讼，其全部损失额业经判决确认，设备公司已无索赔权；浦发银行作为受益人，对保单仅有期待利益，受益人的索赔请求权只有在被保险人丧失索赔能力情况下进行，故浦发银行不符合原告主体资格。

对此，原审法院认为：（1）卖方信贷保险属财产保险中信用保险的一种，按人保营业执照，其具有从事各类财产保险的经营权，中国保险监督管理委员会核发的许可证亦明确其业务范围包括信用保险。本案编号为96SPZJ007的卖方信贷保险单系由中保签发，且该保险单亦未注明代总公司出具。故本案保险法律关系中的保险人应为人保，且其具有从事卖方信贷保险的经营权，是本案适格的被告。（2）本案保险事故发生后，设备公司、浦发银行已及时通知人保，并提出索赔请求，但人保未按保险单约定及《保险法》规定予以理赔，以实际行为表明了拒绝理赔的意志。（3）浦发银行向第三人美鹰公司提起诉讼是接受了人保上级总公司出口信用保险部的指示，其目的在于止损，从而维护保险人的利益，在本案中，人保与其上级总公司的利益是一致的，因此上级总公司的指令亦涵盖了人保的意思表示，设备公司不能因其善意地维护保险人利益的行为而丧失索赔请求权。况且，保险单约定如买方或其担保人在债务裁决生效之日起6个月后仍未向被保险人支付所判罚的款项，本保单将继续承担损失责任。这表明设备公司行使索赔请求权并不排斥其对有过错的第三人提起诉讼，且该约定并不违反《保险法》的禁止性规定。故设备公司对有过错的第三人提起诉讼并不致丧失索赔请求权。设备公司在本案中不具有接受赔付保险金的权利是因为其已将受益权转让给浦发银行。（4）受益人对保险单仅享有期待利益，而非现实利益，是专属人身保险合同的法律特征之一，浦发银行在本案保险单项下的受益人地位相当于财产保险合同的被保险人。故约定的保险事故发生后，浦发银行有权以自己的名义要求人保赔付保险金。综上所述，人保的抗辩理由均不能成立，不予支持。该院依照《保险法》第二十三条第一款、第二款之规定，于2001年7月7日判决：（1）人保赔付浦发银行货款本金2 934 830.19美元，偿付自1999年7月6日起至判决生效之日止的逾期付款利息（按中国人民银行美元贷款法定逾期利率计付），于判决生效之日起10日内履行完毕。（2）驳回设备公司的诉讼请求。一审案件受理费161 853元，由人保负担。

宣判后，人保不服，提起上诉称：（1）原判混淆了本案原告、被告主体。①浦发银行在本案中不享有被保险人的地位，不具有诉权；②设备公司在本案中无索赔权；③本案被告应为人保总公司而非某人保。（2）原告混淆损因与损失的概念进而对保险损失的事实认定不清，证据不足。（3）本案的信贷保险合同与设备公司同美鹰公司之间的商务合同是关联合同，不可分割，故就本案单独下判，造成损失事实不清，证据不足，并潜伏了设备公司不当得利的可能。据此，请求撤销原判，发回重审或改判驳回两被上诉人的诉讼请求。

请根据案情进行分析，法院二审应如何判理？并阐述理由。

【阅读材料】

金融危机引发的一宗巨额赔案

此次巨额保险理赔，涉及哈电工程公司在某新兴市场国家承建的一个大型电站项目。该项目 2004 年开工建设，总合同金额逾 4 亿美元，建设资金来源采用的是卖方信贷方式，即由哈电工程公司向国内金融机构融资。目前该工程已建成交付使用，买方进入还款期。然而今年以来，由于遭受国际金融危机影响，买方失去履约能力，出现了严重的还款拖欠。

面对哈电工程公司出现的巨大收汇风险，作为承保人的中国信保一方面积极开展保后跟踪管理，推动项目所在国政府拿出延期付款方案，另一方面根据保险合同，在拖欠达到约定期限立即开展理赔。

2009 年 8 月 13 日，中国信保就前述哈电工程公司在中长期出口信用保险保单项下的损失进行了赔付，赔款金额 1 680 万美元，折合约 1.15 亿元人民币。中国信保副总经理刘永信在赔款仪式上透露，信保后续还将再赔付哈电 2 000 万美元，年内对哈电的赔付合计将达 2.5 亿元人民币，从而使其 90% 的损失得到弥补。他告诉记者，下一步中国信保要展开商账追偿，尽管追偿的过程会很漫长，但"只要债权不灭失，就要坚决追回来"。

随着全球金融危机不断蔓延扩散，国际市场买家拖欠、拒收和破产的风险明显加大，出口收汇风险成为当前外贸出口企业面对的最大外部风险。"信用保险承保的正是这种由于买方延期付款或无清偿能力造成的企业应收账款的损失。"中国信保的赔偿，保障了中国企业的稳健经营，也增强了其开拓国际市场的信心。

（资料来源：news. xinhuanet. com/fortune/2009 – 08/16/content_11891051. htm。）

第十二章

国际产品责任法与进出口产品责任保险

【学习目标】

通过本章内容的学习，学生应了解国内外产品责任立法的发展情况，熟悉产品责任及产品责任的法律制度，掌握产品责任保险的概念及主要内容，深刻掌握产品责任保险与产品质量保证保险的区别以及产品责任保险承保与赔偿的注意事项。

【学习重点与难点】

产品责任；产品责任保险的投保人与被保险人、保险责任；产品责任保险与产品质量保证保险的区别；产品责任保险承保与赔偿的注意事项。

【关键术语】

产品责任　产品责任保险　产品质量保证保险　赔偿限额　保险责任追溯期

【本章知识结构】

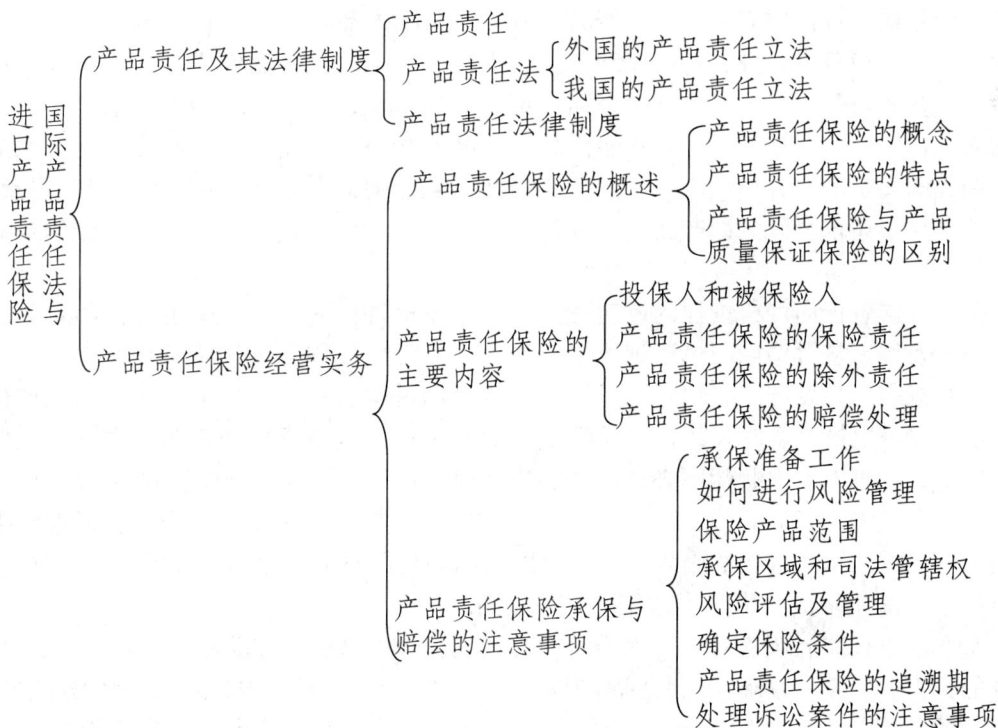

```
                      ┌ 产品责任
                      │            ┌ 外国的产品责任立法
         产品责任及其法律制度 ┤ 产品责任法 ┤
                      │            └ 我国的产品责任立法
                      └ 产品责任法律制度
国                                        ┌ 产品责任保险的概念
际                                        │ 产品责任保险的特点
产                           产品责任保险的概述 ┤
品                                        │ 产品责任保险与产品
责                                        └ 质量保证保险的区别
任
法                                        ┌ 投保人和被保险人
与                           产品责任保险的    │ 产品责任保险的保险责任
进         产品责任保险经营实务 ┤ 主要内容      ┤ 产品责任保险的除外责任
口                                        └ 产品责任保险的赔偿处理
产
品                                        ┌ 承保准备工作
责                                        │ 如何进行风险管理
任                                        │ 保险产品范围
保                           产品责任保险承保与  │ 承保区域和司法管辖权
险                           赔偿的注意事项   ┤ 风险评估及管理
                                          │ 确定保险条件
                                          │ 产品责任保险的追溯期
                                          └ 处理诉讼案件的注意事项
```

【案例引入】

某年一月，美国华盛顿州一栋崭新的木制别墅突然着火，整幢屋子被烧坏。屋主认为火灾是由一盏开着的卤素落地灯短路着火直接导致的，并通过律师将美国一家大超市告上法庭。经核实，该灯是由中国某家灯厂制造并出口到美国超市的。幸运的是，卤素落地灯已投保了出口产品责任险，该厂得以把风险转嫁给了保险公司。

（资料来源：china. findlaw. cn。）

第一节　产品责任及其法律制度

一、产品责任

产品责任是产品侵权损害赔偿责任的简称，它是指产品生产者或销售者因该产品的缺陷致使消费者遭受人身伤害或财产损失时应承担的经济赔偿责任。最初的产品责任是一种合同责任，即产品生产者、销售者不履行或不适当履行合同中规定的产品质量义务，而给消费者造成损害时应负担的责任。它以合同为基础、为条件，受害者只有与生产者具有直接的合同关系，才能就产品缺陷造成的人身、财产损害，对生产者、销售者提出请求赔偿的诉讼。此外，合同中的损害包括产品本身的损害及由此引起的其他经济损失。

随着经济活动的日益复杂，产品的合同责任已不能适应社会经济的发展需要，于是产品侵权责任便应运而生。产品侵权责任是指产品生产者、销售者因产品缺陷而不法侵害消费者人身、财产权利，造成损害时应负的民事赔偿责任。它不以生产者、销售者与受害消费者有直接合同关系为前提条件，而且主要赔偿缺陷产品引起的人身伤害、财产损失，一般不赔偿缺陷产品本身。产品侵权责任不受合同关系的限制，即便是消费者与生产者、销售者之间没有合同关系存在，也能够就其所受伤害提出赔偿请求。因此，产品侵权责任就成为产品责任中重要的、不可缺少的组成部分。

像合同责任向侵权责任的过渡一样，产品侵权责任的归责原则也是伴随着商品经济的发展，从过错原则过渡到严格责任。严格责任又称为无过错责任，按严格责任原则规定，只要产品有缺陷，对消费者或使用者构成不合理的危险，并因此使他们的人身或财产遭受损失，该产品的生产商或销售商就应承担损害赔偿责任。在此制度下，受害人请求赔偿不必证明产品生产商有过失，而仅需证明：（1）商品出售后应具有缺陷；（2）遭受的损失是由产品的缺陷而产生的；（3）人身伤害或财产损失与产品的缺陷有直接的因果关系。美国适用的是严格责任原则，我国 2000 年修改过的《产品质量法》也基本适用的是该原则。

产品责任事件发案率高，后果严重，涉及面广，赔偿金额大。例如，一位 39 岁的妇女，在对一家睡衣制造商的索赔诉讼中，赢得 524 092 美元的赔偿判决。事情的起因是火柴迸发的火星点着了她的毛纺睡衣，引起了火灾。一失灵的咖啡炉起火而造成 17 岁男子死亡，原告赢得 100 万美元的赔偿。一小女孩因吸入童车中玩具熊帽子上的绒球而窒息死亡,协商赔偿金额 150 万美元,等等。因此,产品责任问题引起国际上的广泛关注。许多国家先后制定产品责任法或保护消费者利益的法律。我国的产品责任问题也是十分严重的,一些产品因质量不合格给消费者带来人身伤害和财产损失的事件经常发生,几乎成为社会的公害,种种产品责任事故严重威胁着人的生命和财产安全。因此,产品责任问题在我国也引起了广泛的关注和重视。

二、产品责任法

(一)外国的产品责任立法

随着工业的发展,产品责任事故增多,且责任难分,加之卖方市场向买方市场的转变,就使保护消费者利益、加强产品责任立法,成为西方国家十分尖锐的问题。正是为适应这一需要,产品责任法发展起来了。目前,美国、加拿大地区和欧盟国家已形成了完整的产品责任法律体系。

1. 美国产品责任法律。美国是英美法系国家,以判例法为主。但近年来同大陆法系(法典法系、成文法系)相融合,也注重成文法。美国产品责任法是从传统的侵权行为法和合同法脱胎而来的一种特殊的侵权行为法。美国和英国一样,首先在 20 世纪二三十年代适用侵权行为的理论,从合同法概念转向侵权行为法以确认产品责任。美国产品责任法既有传统的侵权行为三大要件(侵权行为、侵权行为与损失有因果关系、侵权行为确实造成损失),又吸收了现代侵权行为法发展的要素,同时,采纳了合同法里的某些概念。美国产品责任法的这一性质,为美国各州的产品责任诉讼提供了灵活的基础。在美国,目前已有不少产品安全、产品责任及保护消费者的立法,主要有《联邦危险物品法》、《交通汽车安全法》、《联邦食品、药品、化妆品法》、《消费者物品安全法》和《统一产品责任法》。此外,还有《侵权行为法重述第二编》第 402 条 A 款。

2. 英国产品责任法律。在英国,产品责任一直存在于《合同法》、《货物买卖法》和《普通侵权法》之间,有合同关系的产品责任,买方要求损害赔偿的权利目前由 1979 年的《货物买卖法》确定。侵权产品责任原来是由关于侵权的普通法(判例法)调整的。

作为消费者运动的结果,英国的产品责任立法近年来有了重大发展。特别是 1985 年 7 月 25 日欧洲经济共同体的《产品责任指令》对英国产品责任立法有很大的促进作用。为实施该指令,英国公布了 1987 年《消费者保护法》。该法第一部分为产品责任。该部分对产品责任的主体(生产者)、产品、缺陷、抗辩(免责条件)、损害赔偿等产品责任的重大问题作了较全面、具体的规定。该法的第二部分是消费者安全,主要是公法(刑法)的内容,规定了管理问题和行政责任、刑事责任。

3. 关于产品责任的国际公约。由于各国间产品责任问题日益突出,对产品责任进行国际调整已逐渐为各个国家所重视。近年来,世界上正陆续出现一些区域性或全球性的国际产品责任公约,这些公约主要有:欧洲理事会的《关于造成人身伤害与死亡的产品责任的欧洲公约》、欧洲经济共同体的《产品责任指令》、《产品责任法律适用公约》(简称《海牙公约》)。

【知识链接】

国内厂商"被动"就范

一般来说，出口产品都要受出口市场当地法律的监管。在当今世界上，美国、加拿大等北美地区以及欧洲发达国家，因为其经济发展水平及公民的文化水平相对较高，公民的索赔意识较强，因此，产品责任的风险也比其他国家高些。美亚保险公司广州分公司总经理、广东美国商会副会长彭德智博士说："在美国，即使产品设计、生产已极尽完美，产品的说明书和警告用语也已通过专家和律师的严格审查，仍有可能引发与产品责任有关的法律诉讼。"

目前，北美地区和欧盟是中国相当大的商品出口市场。这些地区的进口商在与中国客商进行贸易合作时，考虑到产品在市场上潜在的巨大风险，通常会要求出口商在中国投保产品责任险，并将他们列为额外被保险人共同享受保险利益。具体的做法是，他们将购买产品责任保险作为开具信用证的条件之一，如果出口商未能购买产品责任险，他们将有权拒绝结汇。据了解，目前国内的出口商主要是应进口商的要求而购买出口产品责任险的，真正主动防范和化解出口产品责任风险的少之又少。有关专家认为，中国的出口厂商在将产品销往欧美地区时，应对当地的产品责任、法律等有清晰的认识，并积极采取相关的应对措施，包括购买产品责任保险和产品回收保险，才能有效规避风险。

（资料来源：www.hzins.com。）

（二）我国的产品责任立法

我国的产品责任法律制度还很不健全。1993年9月1日开始实施的《产品质量法》是我国第一部系统地调整产品质量责任法律关系的基本法。在此之前与产品责任有关的法律、法规，都散见于其他法律条文中，还不能称之为严格意义上的产品责任制度。

1. 1993年《产品质量法》。《产品质量法》第四十一条规定，因产品存在缺陷造成人身、缺陷产品以外的其他财产（以下简称他人财产）损害的，生产者应当承担赔偿责任。生产者能够证明有下列情形之一的，不承担赔偿责任：（1）未将产品投入流通的；（2）产品投入流通时，引起损害的缺陷尚不存在的；（3）将产品投入流通时的科学技术水平尚不能发现缺陷的存在的。第四十二条规定，由于销售者的过错使产品存在缺陷，造成人身、他人财产损害的，销售者应当承担赔偿责任。销售者不能指明缺陷产品的生产者也不能指明缺陷产品的供货者的，销售者应当承担赔偿责任。这两条是生产者、销售者承担民事责任的具体规定。由此可以看出，生产者对产品缺陷造成的损害承担严格责任，销售者的侵权损害赔偿责任采用了过错责任原则，只有在销售者不能指明缺陷产品的供货者时，才承担严格责任。这样规定，使产品责任由传统的主观过错转为客观致害原因，使生产者、销售者处于法律监督之下，将消费者置于严格的法律保护之中。因此，这一部分法律规定是我国产品责任制度的核心。

2. 2000年修订的《产品质量法》。随着我国经济建设的不断推进，产品质量问题愈来愈成为制约经济发展的因素。一方面，我国产品质量的总体水平不高，不少地方政府和企业（尤其是中小型企业）的产品质量意识淡薄，解决长期存在的产品质量问题的措施不力，这已成为不争的事实。完善和健全产品质量法制，是改变这一现实的最佳途径和最有力的手段。另一方面，假冒伪劣产品的泛滥已成为社会一大公害，在有些地方和市场，制、售假冒伪劣产品的活动已成为区域性积重难返的"老大难"问题。现实急需一个新的产品质量法，能重新确立广大消费者和名优企业对法律的信心，能有效制裁造假、售假者。在 2000 年第九届全国人民代表大会常务委员会第十六次会议上通过了《产品质量法》的修正版，并于当年 9 月 1 日正式实行。

2000 年的《产品质量法》较之 1993 年的《产品质量法》有了很大的变化，由原来的 6 章 51 条，改为现在的 6 章 74 条，保留了 29 条，增加了 25 条，修改了 20 条，近 2/3 的内容都作了修改。其重大变化表现在以下三个方面：

（1）进一步明确调整范围。新《产品质量法》比原《产品质量法》在调整范围方面有所扩大，主要是：第一，把建设工程使用的建筑材料、建筑构配件和设备等，作为属于经过加工、制作、用于销售的产品，明确纳入了《产品质量法》的调整范围。第二，对于服务业、修理业的经营者，只要在其经营性服务中使用了法律禁止销售的产品，就应承担行政责任，受到行政处罚。第三，对于故意为法律禁止生产、销售的产品提供运输、保管、仓储等便利条件的，或者为以假充真的产品提供制假技术的，行为人要为此承担相应的行政责任和刑事责任。

（2）加大对违法行为惩罚力度。第一，新《产品质量法》将"以违法所得"为行政处罚罚款基数修改为"以生产、销售的伪劣产品货值金额"（包括已售出和未售出的产品）为计算罚款的行政处罚基数，从而加大了行政处罚力度。第二，销售者只要是有销售假冒伪劣产品行为的，无论是否"明知"，都要承担法律责任，受到相应处罚。对有充分证据证明其不知道该产品为假冒伪劣产品的，可以从轻或者减轻处罚。第三，在对违法行为进行行政处罚的相关条款中，明确规定了罚款数额的下限（有的是货值金额的 30%，有的是 50%），加大了处罚力度和执法的严肃性。第四，新《产品质量法》规定，对生产、销售伪劣产品的，不仅要处以罚款，没收违法所得，还要没收所生产、销售的伪劣产品。对于生产者专门用于制假的原辅材料、包装物、生产工具，也应当予以没收，以根治造假之源。

（3）强化对消费者合法权益的保护力度。第一，强调了消费者应享有的对产品质量问题的知情权、检举权、申诉权、获得赔偿权等必须受到法律保护。第二，对安全警示、出厂日期、失效日期、中文说明等标志，作了硬性明确规定。第三，强化了消费者的损害赔偿权利。因生产者、销售者的产品质量责任，消费者有要求责任人负责修理、更换、退货的权利；因产品缺陷造成损失、损害的，消费者有要求赔偿的权利。

三、产品责任法律制度

产品责任与各国的产品责任法律制度紧密相关，经营产品责任保险就须先了解并掌握产品责任法律制度在国际、国内的形成和发展。

产品责任法律制度是指调整产品责任关系的法律规范的总和，其基本含义是由国家立法机关颁布各种有关产品责任的法律及由国家权力机关颁布有关产品责任的法规、条例等，确定产品责任关系当事人承担民事责任的原则，作为人们在产品责任关系中的最高行为准则和承担相应民事责任的协商、仲裁、判案依据，并严格执法和守法。产品责任法律制度是建立健康的商品经济关系和维护用户、消费者及公众权益的基本保证，也是产品责任保险的法律基础和先决条件。

产品责任法律制度是资本主义工业革命和机器生产所带来的产物，它产生于18世纪，至今经历了合同关系责任期、疏忽（或过失）责任期和严格责任期或绝对责任期三个阶段。产品责任法律制度的发展，推动了产品责任的不断发展，促使产品责任归责原则不断趋于严格，而产品责任的不断发展也带动了产品责任法律制度的发展和演变。

产品责任法律制度所规范的产品责任关系，包括以下几项：

1. 产品制造者与产品用户、消费者或公众的民事责任关系。这是产品责任法律制度所规范的主要关系。当产品造成用户、消费者或公众的利益损失时，除非是受害方自己的故意行为或不按操作规则所致，产品制造者均应根据有关法律规定的原则（如疏忽责任、绝对责任）承担相应的损害赔偿责任，以此达到保障产品用户、消费者及公众权益的目的，并促使产品制造者恪尽职责。

2. 产品修配者与被修配产品的用户、消费者或公众的民事责任关系。当被修配的产品造成用户、消费者或公众的损害时，除非是受害方自己的故意行为或不按规则操作、使用所致，修配者均应依法律规定承担相应的损害赔偿责任。

3. 产品销售者与产品用户、消费者或公众的民事责任关系。当被销售的产品造成用户、消费者或公众的损害时，除非是受害方自己的故意行为或不按规则操作、使用所致，产品销售者均应依照法律原则承担相应的损害赔偿责任。

4. 产品制造者与产品销售者的民事责任关系。如果产品责任事故的发生是因其本身缺陷所致，或者产品销售者是按产品制造者原样产品、原样包装出售的，应由产品制造者承担相应的民事责任，产品销售者可以据此依法减免相应的损害赔偿责任；反之，如果产品在销售过程中被改造、损坏或改装、变换包装等，一旦发生产品责任事故，产品制造者将不再负责，而由产品销售者承担一切责任。

由上可见，产品制造者、修配者、销售者构成了产品责任关系的责任方，其中产品制造者承担着最大、最终的责任风险；而产品用户、消费者或公众则构成了产品责任关系中的受害方，是产品责任事故的最终受害者，也是产品责任法律制度所保障的对象。

第二节　产品责任保险经营实务

一、产品责任保险的概述

（一）产品责任保险的概念

产品责任保险是指在此保险有效期内，由于被保险人所生产、出售的产品或商品存在缺陷，造成使用、消费该产品或商品的人或其他任何人在承保区域内发生事故导致人身伤害、疾病、死亡或财产损失，依法应由被保险人负责时，保险人根据保险单的规定，在约定的赔偿限额内负责赔偿、提供保障的一种保险。

（二）产品责任保险的特点

产品责任保险的特点主要表现在以下几个方面：

1. 不承担产品的本身的损失，只承担因产品导致的非产品本身的损害。当然这与产品的质量有内在的关系，但是不能说优良产品就没有风险。

2. 有较强的连续性。因为产品是连续不断地生产和销售的，具有连续性。

3. 随着经济的不断发展，产品的更新和性能的改变速度也在加快，这就要求产品责任保险双方有良好的协商和沟通机制。生产商和销售商在投保时要向保险人提供大量的产品和厂家的资料，保险费又是通过年销售额乘以费率得到的，所以保险人对被保险人情况的深入了解，可以使得被保险人得到更完善的保障和及时的解决方案。

4. 产品责任保险对于生产性企业特别是外向型生产性企业的作用日益重要。随着人们索赔意识的提高，对于与消费者关系密切的产品的索赔越来越多，所以很多产品生产厂商都要求投保产品责任险，并成为一揽子保险中的重要险种。由于很多欧美国家的产品责任索赔很多，而且金额巨大，所以大多数国外进口商要求我国出口产品厂商投保产品责任保险，并成为出口的必要条件。所以，今后的产品责任保险将在企业保险方案中占据重要的地位。

（三）产品责任保险与产品质量保证保险的区别

产品责任保险是指由于被保险企业所生产、出售的产品或商品在承保区域内发生事故，造成使用、消费或操作该产品或商品的人或其他任何人的人身伤害、疾病、死亡或财产损失，依法应由被保险企业负责时，保险人在约定的赔偿限额内负责赔偿、提供保障的一种保险。对被保险企业应承担的诉讼费用等费用，保险人也负责赔偿。

产品质量保证保险是指投保企业生产或销售的产品，如果由于不具备应有的使用性能而事先未作说明的，不符合在产品或者其包装上注明采用的产品标准的，不符合以说明、实物样品等方式表明的质量状况的，导致消费者向投保企业提出索赔，依法应由投保企业承担修理、更换或退货责任，由保险人予以赔偿的一种保险。一般地，保险人还赔偿由于产品修理、更换或退货而引起的鉴定、运输和交通费用。

这两个险种有以下几种区别：

1. 性质不同。产品责任保险是责任保险的一种，而产品质量保证保险属于保证保险的一种。

2. 赔偿范围不同。产品责任保险不赔偿产品本身的损失，而是赔偿产品引起的损害责任。产品质量保证保险则与产品责任保险是互补的关系，它赔偿由于产品质量问题导致的产品本身的损失，而不负责由于产品导致第三方的损害责任。

3. 由于合同权利方的不同，产品责任保险的赔偿与产品消费者和购买者没有直接关系，而在产品质量保证保险下，消费者是通过销售者或生产者向保险公司索赔的。

4. 赔偿金额计算的方法不同。产品责任保险一般规定累计赔偿限额和每次事故赔偿限额，具体赔偿在限额之内的被保险人应承担的法律责任。估算赔偿金额是比较困难的。产品质量保证保险则有所不同，它赔偿在限额内的产品本身的重置价和修理费用，以及必要的更换、退货引起的鉴定费用、运输费用和交通费用等，有一定计算基础，可以在承保前根据依据估算的。

【思考一下】

由于产品缺陷引起事故造成使用者的损失应该属于产品责任保险还是产品质量保证保险的责任范围？

二、产品责任保险的主要内容

（一）投保人和被保险人

制造商、销售商（含出口商、进口商、批发商、零售商）以至于修理商等一切可能对产品事故造成损害负有赔偿责任的人，都具有保险利益，都可以投保产品责任险。根据具体情况需要，可由他们中间的任何一人投保，也可以由他们中间的几个人或全体联名投保。保单的被保险人，除投保人本身外，经投保人申请保险公司同意后，可以将其他相关方也作为被保险人（必要时将加费，详见"增加被保险人条款"），并规定对各被保险人之间的责任互不追偿。各有关方中，制造商应负最大风险，除非其他相关方已将产品重新装配、改装、修理、改换包装或使用说明书，并因此而引起产品事故，应由该相关方负责外，凡产品原有缺陷引起的问题，最后均将追索制造商，由其负责。例如，我国出口至美国的玩具，美国进口商已向美国保险公司投保产品责任险并将当地批发商、零售商均列为被保险人。发生产品事故后，受害人将一切可能对事故负责的相关各方包括我国出口商、制造商均作为被告向美国法院起诉。由于引起事故的玩具是在我国制造，零售商、批发商或进口商未作任何改变，美国零售商、批发商和进口商通过他们的律师向法院申辩后解除了自己的责任，只剩下我国出口商、制造商成为被告。如果我国出口商、制造商也列为该保险单的被保险人，就应由保险公司承担赔偿责任。

（二）产品责任保险的保险责任

产品责任保险的保险责任可以分为以下两项：

1. 在保险有效期内，被保险人所生产、销售、分配的产品或商品在承保区域内发生事故，造成使用、消费或操作该产品或商品的人的人身伤害、疾病、伤残、死亡或财产损失，依法应由被保险人负责时，保险人在保单规定的赔偿限额内负责赔偿。

2. 被保险人为产品事故所支付的诉讼、抗辩费用及其他经保险公司事先同意支付的费用，保险公司也予赔付。若不负责这部分费用，被保险人就得不到充分的保障。但本项费用与责任赔偿金额之和以本保险单明细表中列明的责任限额为限。

（三）产品责任保险的除外责任

所有险种的责任免除一般都分为三个方面：一是绝对责任免除，即保险人不能承保的风险；二是不能在该项保险中承保，但可以在其他保险中承保的风险；三是经过加贴批单或特别约定，加收保险费后才能承保的风险，产品责任险也不例外。

现在介绍几个产品责任保险中比较重要的除外责任：

1. 被保险人根据与他人的合同或协议应承担的责任。保险人根据他们所知的法律规定的责任来厘定费率，确定保险责任。然而，被保险人订立的合同或协议则可能与保险人所了解的有很大不同，往往会增加风险。例如，被保险人提供的产品在各方面都完好无缺，顾客完全有可能因使用不当而受伤，但制造商根据他与顾客订立的赔偿合同，接受赔偿这种损失的条件，那么，他承担的这种合同责任则不在保险责任范围之内。但要注意的是，即使没有这种协议，被保险人仍应承担的责任不在此限。

2. 被保险人根据《劳动法》或雇佣合同对其雇员及有关人员承担的责任。因为这种责任应由工伤保险或雇主责任保险承担。

3. 被保险人所有或照管控制的财产的损失。这种损失应由被保险人投保财产保险来解决。

4. 被保险人故意违法生产、销售的产品发生事故造成用户的人身伤害或财产损失。这种损失的赔偿责任，应由被保险人自己承担。

5. 被保险产品本身的损失，这种损失属产品保证保险范围；产品回收、召回有缺陷产品的费用及损失，这种损失一般使用专门的产品召回保险来承担风险。

6. 用户不按照被保险产品说明去安装、使用，或在非正常状态下使用时造成的损害事故，保险公司不予负责。

7. 对于被保险人的罚款、罚金及惩罚性赔款，保险公司不予负责。

（四）产品责任保险的赔偿处理

当保险人获得被保险人的事故通知或索赔要求时，应及时调查处理赔案。有条件的情况下要及时派员到现场查勘，调查审核出事原因，这有助于责任的认定。在受害人诉讼被保险人时，根据事故情况选择对策，在必要时可以被保险人的名义或同被保险人一起出面应诉。我国的出口产品可能在国外发生事故，产生由产品引起的责任问题。这时，如果承保产品责任保险的保险公司在海外有代理检验机构，便可以现场查勘。保险公司还可以聘请律师以被保险人的名义应诉，省去被保险人很多不便。并且，被保险人所应承担的责任往往会比没有保险更小。

三、产品责任保险承保与赔偿的注意事项

（一）承保准备工作

在与客户商谈产品责任保险的开始阶段，要了解客户的经营性质和被保险人的范围，因为企业的水平高低从一定程度上说明了产品的质量和风险大小。承保产品责任保险最重要的信息部分是产品本身，这包括产品的具体名称、归类和用途。如果是出口产品则要特别注意，由于可能会面临国外高额的索赔金额和诉讼费用，所以要提早考虑到对外分保的问题。产品的年销售额是确定费率的重要指标，所以要核实，并在有条件的情况下，比较近 3 年的销售额，查看有无异常。要了解客户的投保历史和近 5 年的损失记录，这是通过历史比较来预测未来的主要手段。在了解客户的大概情况和需要之后，要请客户认真填写产品责任保险的投保单，并要被保

险人签字或盖章确认。对于第一次投保的客户应要求提供产品的图片和情况介绍，有条件的应提供产品样本。

（二）如何进行风险管理

为有效控制风险，一般承保中国境内注册生产销售的产品在国内销售或出口的企业或在中国境内注册的有关进出口公司及具备进出口资格的制造单位。由于无法评估风险，一般不承保从国外的进口商或由中国进出口公司经营但经外国或国内无技术标准改装（组装）后的中国产品的生产商或销售商。

对于扩展被保险人的问题，原则是一般不同意。有时外商要求，将有关中间商、转口商以及进口产品国的进口商、批发商和零售商作为保单下的共同被保险人，在保证不改变商品内外包装及商标和不改变产品性质及做较大改装的前提下，经保险人同意，可以列明进去，但要加收适当的保费。

【思考一下】

如何能够让更多的企业成为你的投保人？

（三）保险产品范围

1. 合法企业生产的合格品

合法企业生产的合格品并不一定是指优良品，因为任何企业生产的产品，只能要求是合格的，任何企业都不可能制造百分之百的优良品。保险公司要求保险的产品起码是合格品，残次品则不承保。在合格品的基础上，优良品的比率越高，保险费率就越低。

2. 要求有详尽的说明书

说明书是保险公司审核风险的一个重要内容。详尽的说明书，除要告诉产品如何使用，有什么功能之外，还应告诉有什么样的危险。如果没有告诉消费者，在什么情况下会发生危险，就可认定，这是一个不合格的使用说明书，因为这种说明书带来的后果会使保险风险扩大，保险人赔偿责任加大。所以审核使用说明书，从而使其规范化，也是承保的一个重要条件。

3. 保险人对保险客户广告的审查和监督

保险人除对保险客户的产品进行审查之外，还要对保险客户的广告进行审查，防止假广告，欺骗性的广告。因为这些广告会带来更多的索赔和纠纷，每一次产品的纠纷，都会使保险公司付出一定人力、物力及财力上的代价。通过审查可以促进消费者权益的保障，使生产厂家把好产品质量关，也可以说，保险人对保险客户的保险产品的广告具有审查的权利。

4. 承保时要考虑产品的生命周期和以往的销售量及投保历史

销售历史长的，产品存量大，责任事故概率大；销售历史长，投保历史长，风险可评估；销售历史长，投保的历史短，风险不易控制。所以，对销售历史长，投保历史短的保险客户要慎重。

5. 对于以往与现在难以区分的产品，要采取方法予以区分

为了控制风险，保险人对销售历史长却刚刚投保的产品可能采用在保单上注明保险产品的批号，或用可以区别的包装等的方式承保。如果以往销售的与现在投保

的产品不能从产品自身标志上区分，则产品存量较大，责任事故的机会多，风险会成倍地增大，因此，对这类产品在承保时要异常慎重。

（四）承保区域和司法管辖权

承保区域是指被保险人的产品销售的区域，区域的范围大，风险就会相对提高。同时，对于美国和加拿大等产品责任事故赔款和法律费用较高的国家在承保区域内，可能的赔偿会较高，所以费率要适当提高。产品责任保险中的司法管辖是指发生承保的产品责任事故后，由哪国法院受理案件和最终审判，保险人才能认可。国际上对产品责任案件，通常适用加害行为或损害行为地法，在受害人大多在本国事故发生地、住所地法院起诉的情况下，哪个国家的法院有管辖权，一般也就适用哪一国的法律。同一个产品责任案件，由于适用的法律不同，往往会产生差别很大的处理结果或判决，正因为如此，应慎重对待司法管辖权的问题。通常情况下，司法管辖权与承保区域是一样的。

（五）风险评估及管理

1. 风险控制方法

产品责任险承保的风险巨大，如何控制、减免风险隐患，达到防灾防损的目的，最大限度降低发生事故的可能性，是保险经营中重要的一环。保险人可以采取下列措施控制风险：

（1）督促被保险人严格按照产品的技术质量标准进行生产，并将其作为承担保险责任的先决条件。

（2）要求被保险人的各种产品均须备有明确、详细的使用说明书，对其产品的品质、性能、技术指标、使用程序、注意事项给予充分说明，并明确告诉使用者可能出现的危险及禁忌，以此保障广大用户、消费者安全使用该产品，既可有效地减少产品事故的发生，又可以在一定程度上免除保险人对被保险人的损害赔偿责任。

（3）要求被保险人将保险期内产品变更及销售情况的变化及时通知保险人，以便重新评估风险，调整承保条件，采取相应措施来控制新的风险。

（4）审议被保险人的各种产品广告，保证产品广告内容的真实、可靠，谨防虚假广告及不规范广告，以此避免不必要的纠纷或索赔。

（5）建立产品检验或抽查制度，随时掌握被保险产品的质量变化。保险人可与被保险人联合检验或抽查，也可以委托有关部门或机构进行定期或不定期的产品检验或抽查。

（6）与计量、质检等部门及消费者协会保持经常联系，随时掌握上述部门反馈的产品及产品责任事故信息，并协同开展社会化的产品风险管理。

（7）运用赔偿限额、免赔额及保险费率来促使被保险人加强产品质量管理。

（8）做好产品责任保险的承保、理赔及各种产品责任事故的统计分析工作，逐步积累自己的业务资料，并从中摸索出产品责任风险发生的一般规律，为有的放矢地开展风险管理提供科学依据。

（9）充分运用分保的手段，将产品责任保险的风险控制在自己承保能力的限度内，以此达到稳定财务并健康发展产品责任保险业务的目的。

2. 如何进行风险管理

产品责任保险承保管理的核心在于对于产品和被保险人的全面考察，下面几点是在承保时需要注意的，也是管理的重点：

（1）要用适当和符合质量检验的包装和标签。标志和包装上适用的语言和图标要适当和符合标准，出口国外的要符合国际和当地的标准。包装上要做好产品的记录，以利于日后处理或回收产品。

（2）很多产品需要组装或安装，要了解由被保险人安装或组装的产品所占的百分比，参与人员的资格和是否及时进行测试和检验。

（3）要了解产品有没有与其他制造商的产品相组合。有些产品是作为其他产品的零件使用的，也有既可以作为独立产品出现，也可以作为其他产品的零部件的，所以要清楚产品的用途；如果投保的产品安装到汽车或航空、航天工业产品上，那么风险一定比安装在一般工业产品上大很多，所以要明确产品是否会安装在汽车、航空或航天工业产品内、船舶内、核电站里或与辐射活动有关的设备里。而且，为了风险分类更细致，可以进一步了解该产品的缺陷是否会直接导致事故的发生。

（4）近来产品召回的事件频频发生，所以，对于风险较大的产品，要求生产厂商提供具体的产品召回计划，包括产品召回的负责人、费用的安排和赔偿范围的定义。这有利于了解被保险人的管理水平，也是保险人降低风险和损失的措施之一。

（六）确定保险条件

赔偿限额、免赔额和费率是产品责任保险的关键要素，也是评估风险、确定保险条件的重要因素。责任赔偿限额分为两大类：累计赔偿限额和每次事故赔偿限额。责任保险与财产保险不同，责任保险没有一个事先确定金额的方法，所以只有通过双方约定最高的赔偿额度。每次事故赔偿限额是保险公司对于一次事故导致的保险范围内的被保险人的责任的最高赔偿金额。累计赔偿限额则是保险期限内最高的赔偿金额。有些情况下，出于控制风险的考虑，在每次事故赔偿限额下还有每次事故财产损失限额和每人赔偿限额的规定。有些产品，如食品、药品、某些机电产品，发生事故后可能造成众多的人员或财产的损害，就应考虑有较高的限额。总之，应当针对不同产品、不同地区的需要研究确定不同的赔偿限额。一般情况下，保险人负责的诉讼抗辩费用在每次事故赔偿限额以内赔付。但也有单独订立诉讼费用赔偿限额的。

免赔额如前所述，是保险人的一种免责制度，并且通常只针对财产损失。无论受害人财产损失有多大，免赔额以内的损失，保险人不负责。免赔额的表示方法有两种：一种是以百分比的形式出现；一种是以确定金额的方式出现，并均以损失金额为基础。例如可表示为：损失金额的5%，或1 000美元。保险的目的是承担较大的风险，免赔额的设置目的是为了防止金额较小的赔案，因为处理这类赔案的费用较大。这部分风险被保险人自己完全可以承担，同时也可以相应降低保险费。但随着近年来索赔的增多和赔偿金额的加大，免赔额也提高了很多。还有一点要注意的是，免赔额一般是指每次事故的免赔额，并且免赔的部分包括诉讼费。

按照保险经营理论与原则，保险费率的高低，取决于保险人所担风险的大小。产品责任保险承保的是各种不同类型的产品，产品的多样化和危险程度的差异性等，都要求保险人对不同的产品制定不同的费率。在厘定费率时，应考虑下列因素：

1. 产品的特点和可能对人体或财产造成损害的风险大小

药品对人体造成损害的风险高于服装，波及面也广，其使用必须谨慎，因而费率较服装要高；烟花、爆竹的危险性大，应比千斤顶、乐器等产品的费率高。当然，随着时代的变化和事故发生的频率的不同，一种产品在不同时期的风险可能不同，费率就可能不同。由于近几年汽车常常出现高额的索赔事件，原来费率较低的千斤顶目前的费率水平就有较大的上升。

2. 产品数量和产品价格

由于产品责任保险的保险费是由预计年销售额或上年的年销售额乘以费率得来的，产品的销售额与保险费有直接的关系。同类产品的投保数量大、价格高，销售额也高，保险费收入绝对额大，费率就可相对降低；反之则相反。

3. 承保的地区范围，即承保产品的销售地区范围大小

一方面，承保的地区范围大，风险也大，产品责任保险费率亦高，世界范围或出口销售的产品就比国内销售的产品责任风险大；另一方面，承保销往产品责任严格的国家或地区，比销往其他国家或地区的风险大，因为这些国家或地区的索赔金额高，且实行绝对责任制原则，故费率也高，如出口美国与出口非洲国家乃至英国、日本的产品责任保险在费率上就应有所区别。

4. 产品制造者的技术水平和质量管理情况

产品制造者的技术水平高，质量管理好，产品检测严格，其产品的合格率就高，优良的产品本身就是避免或减少产品责任事故风险的关键，因此，其费率应低些；反之则相反。

5. 赔偿限额的高低

在产品的其他条件相同的情况下，赔偿限额越高，费率越高，因为高限额意味着承担着大风险，但限额与费率之间并非成比例增长。

综合上述因素，并结合保险人以往经营同类业务的损失赔偿资料和经验，就能厘定出比较合理的保险费率。

厘定费率以产品分类的费率表为基础，但费率表上的费率只是基础费率，并没有综合考虑其他因素，所以，最后保险费的计算是一个综合、复杂的过程。只有在考虑产品种类、用途、销售区域、销售额、产品质量、司法管辖、赔偿限额的高低和免赔额的多少等综合因素后，才可以确定。同样的产品由于其他条件的不同，费率可能相差很多。保费的公式如下：

$$保险费 = 保险费率 \times 销售额$$

保险公司承担的最大风险的大小是由赔偿限额决定的，所以，会出现销售额与赔偿限额差距较大，而造成风险过大，保险公司无法承担的问题。因此，一般要规定一个最低收费，即无论销售额和保险费率是多少，保险公司对于这一保险单最低要收多少保险费。前面提过，销售额的数字可以是当年的预计数，也可以是上一年的年销售额实际数。这种情况下，就会出现年末实际的销售额与年初告诉保险公司的销售额数字不一致的问题，多数情况下保险公司是采用多退少补的方式，按当年实际销售额来计算收取保险费。

（七）产品责任保险的追溯期

追溯期简单地讲就是追溯到以往的期限，只适用于附加"以索赔提出为基础条款"的责任保险。最早推出以索赔提出为基础的产品责任保险的条款的时候规定，只要产品责任事故在保险期限内提出，索赔即属于保险责任，但这样做的缺陷是会把多年以前的事故在现在引起的索赔包括在现在的保单中，会造成索赔过多的风险。所以提出了追溯期的概念，强调了造成的人身伤害或财产损失而提出的索赔必须是在保单追溯期以内发生的事故引起的。保险人提供的追溯期一般为 1~5 年，且对于第一年投保的产品不给予追溯期，只在续保的情况下提供从第一次投保的起保日期开始计算的追溯期。例如，某公司从 2000 年 3 月 1 日投保自行车的产品责任保险，当年没有追溯期，而经过 2001 年、2002 年两年续保后，在 2002 年 3 月 1 日开出的以索赔提出为基础的保单上就有从 2000 年 3 月 1 日至 2002 年 2 月 28 日为期限的追溯期。

（八）处理诉讼案件的注意事项

由于产品的缺陷导致产品责任事故出现的时候，销售商或生产商要以最快的速度进入到案件的调查中去。有很多巨额的产品责任索赔事件的发生都是因为销售商或生产商忽视了案件的重要性。快速的反应不仅可以较快地了解事故的原因，也有机会尽快解决问题。很多案例证明，侥幸心理往往导致时间的拖延，不仅证据很难收集，而且受害者劳动时间的损失和痛苦的加剧可以使赔偿成倍增长。受害者要证明产品有缺陷，并且该缺陷导致他被伤害，而销售商和生产商要证明的是产品没有缺陷或即使有缺陷，该缺陷也不是导致受害者伤害的原因。现场事物证据是非常重要的，但有可能不是最重要的。产品一般是成批生产的，所以，有明确的销售记录，在销售出去一段时间之后还可以找到购买产品的人和地点对处理诉讼是非常有用的。因为如果可以证明同一批产品的无缺陷对证明自己没有责任是非常有说服力的。现在很多生产厂家都有产品回收计划，这也是以销售出去的产品可以找到并在一定时间内回收为中心的，是产品管理的一个重要方面。在被保险人遭受到索赔之后，被保险人有义务在最短的时间内通知保险人。保险公司不仅可以通过以往索赔的经验给予被保险人指导，而且可以帮助被保险人应诉。有些被保险人有出口到国外的产品，在国外遇到索赔的时候无力应诉，这时，保险人可以利用国际上代理公司的网络帮助被保险人处理索赔，并且由于保险公司可能是索赔的承担者，所以会尽力减少索赔金额。

【案例分析】

OEM 厂家并非高枕无忧

OEM 厂家是指为别人贴牌生产的厂家。目前，广东为别人贴牌生产的厂家较多。许多 OEM 厂家普遍有一个误解，以为按照别人的标准进行生产，就不会承担出口产品责任风险。其实并不这么简单。专家指出，国内的 OEM 厂家在产品设计上、制造上或文字说明上有错误，也具有不可推卸的责任。

一个例子较有代表性：国内一家企业为一个外国品牌贴牌生产爽身粉，然后出口到美国市场。用户在使用过程中，发现瓶子变黄，就此起诉进口商，进口商又起诉OEM厂家。最后裁定的结果是，国内OEM厂家没有按委托方的要求生产，需赔偿100万美元给进口商，以弥补回收产品费用和利润损失。

除OEM厂家外，零件厂家也要承担出口产品责任风险。专家说，虽然零件厂家不直接面对消费者，但只要证明其生产的零部件对消费者造成了伤害，零件厂家也要承担赔偿责任。

总结：我国出口企业针对一些法律体系比较完善的国家或地区出口，应考虑产品所要承担的风险，跟该险种费率，以便在谈判过程中掌握主动。

【本章小结】

国际产品责任法与进出口产品责任保险	产品责任及其法律制度	产品责任是产品侵权损害赔偿责任的简称，它是指产品生产者或销售者因该产品的缺陷致使消费者遭受人身伤害或财产损失时应承担的经济赔偿责任。 所谓产品责任法律制度，是指调整产品责任关系的法律规范的总和。 产品制造者、修配者、销售者构成了产品责任关系的责任方，其中产品制造者承担着最大、最终的责任风险；而产品用户、消费者或公众则构成了产品责任关系中的受害方，是产品责任事故的最终受害者，也是产品责任法律制度所保障的对象。
	产品责任保险经营实务	产品责任保险是指在此保险有效期内，由于被保险人所生产、出售的产品或商品存在缺陷，造成使用、消费该产品或商品的人或其他任何人在承保区域内发生事故导致人身伤害、疾病、死亡或财产损失，依法应由被保险人负责时，保险公司根据保险单的规定，在约定的赔偿限额内负责赔偿。 产品责任保险与产品质量保证保险存在很大的区别。 一切可能对产品事故造成损害负有赔偿责任的人，都具有保险利益，都可以投保产品责任保险。可由其中任何一人投保也可以由几人或全体联名投保。 产品责任保险的保险责任包括两项，除外责任主要有七项。 一次事故的判定标准，指同一批产品，由于同样的原因，造成多人的伤害或者多人的财产损失，都被看成是一次事故。

【课后习题】

一、单选题

1. 按严格责任原则规定，下列不是受害人请求赔偿需要提供的证明的是(　　)。

A. 商品出售后应具有缺陷　　　　　　　　B. 治疗凭证

C. 遭受的损失是由产品的缺陷而产生的

D. 人身伤害或财产损失与产品的缺陷有直接的因果关系

2. 以被保险人对第三者应承担的民事赔偿责任为保险标的的保险是 (　　)。

A. 责任保险　　　　　B. 信用保险　　　　C. 人身保险　　　　D. 财产保险

3. 责任保险属于广义的 (　　) 范畴。

A. 人身保险　　　　　　　　　　　　　　B. 定额保险

C. 信用保险   D. 财产保险

4. 期内发生式，以（　　　）的时间为承保基础。

A. 索赔提出   B. 风险存在

C. 损失发生   D. 合同终止

5. 从责任保险来看，赔偿限额是保险人承担赔偿责任的（　　　）。

A. 平均限额   B. 最低限额

C. 最高限额   D. 基本限额

6. 责任保险的保险标的是（　　　）。

A. 被保险人

B. 第三者

C. 第三者的人身伤亡或财产损失

D. 被保险人对第三者依法应当承担的赔偿责任

7. 产品责任保险主要承保被保险人因生产或销售有缺陷的产品，对产品用户、消费者或其他第三者造成人身伤害或财产损失，依法应承担的（　　　）。

A. 行政责任   B. 刑事责任

C. 民事责任   D. 经济赔偿责任

8. 一个生产电冰箱的厂家，在 2004 年投保产品责任保险，追溯期是两年，有一保险事故发生在 2003 年 8 月 11 日，受害人在 2004 年 11 月第一次提出索赔，保险公司承担赔偿责任。这一保险承保基础是（　　　）。

A. 赔偿限额   B. 期内发生式   C. 期内索赔式   D. 保险金额

二、多选题

1. 通常情况下，责任保险中列有（　　　）限额。

A. 累计赔偿   B. 每次事故赔偿   C. 每人赔偿   D. 保险金额

E. 每日赔偿

2. 通常情况下，因履行责任保险合同发生争议时，可由当事人（　　　）解决，协商不成的，可通过（　　　）或（　　　）解决。

A. 公安机关   B. 仲裁机构   C. 人民法院   D. 人民政府

E. 协商

3. 责任保险的承保基础包括（　　　）。

A. 期内发生式   B. 赔偿限额式   C. 期内索赔式   D. 期内理赔式

E. 定期发生式

4. 产品责任保险中除外责任包括（　　　）。

A. 被保险人所有或照管控制的财产的损失

B. 被保险产品本身的损失

C. 被保险人的罚款、罚金及惩罚性赔款

D. 被保险人为产品事故所支付的诉讼、抗辩费用及其他经保险公司事先同意支付的费用

E. 被保险人雇用员工的人身伤害

5. 产品责任保险的法律基础是（　　　）。

A. 消费者权益保护法　B. 经济法　　　　　C. 产品质量法　　　D. 保险法

E. 合同法

6. 产品质量保证保险被保险人承担的责任是（　　　）。

A. 修理　　　　　　　B. 更换　　　　　　C. 退货　　　　　　D. 返款

E. 协调

三、判断题

1. 产品责任险种生产销售的同一批产品，由于同样原因造成的人身伤害、疾病或死亡或多人的财产损失，应视为一次事故造成的损失。　　　　　　（　　　）

2. 产品责任险的保费计算是以上年销售收入作为预收保费的依据。　（　　　）

3. 责任保险以被保险人对第三者所负的赔偿责任为保险标的，这里的第三者是指被保险人以外的任何人。　　　　　　　　　　　　　　　　　（　　　）

4. 责任保险必须为损害赔偿责任。　　　　　　　　　　　　　　（　　　）

5. 责任保险必须是由于故意行为造成的民事赔偿责任。　　　　　（　　　）

6. 追溯期是在以"索赔提出时间为基础"的承保方式下，保险期限开始之前，保险人可以承担赔偿责任的时间。　　　　　　　　　　　　　　　　（　　　）

7. 期内索赔式，以损失存在的时间为承保基础。　　　　　　　　（　　　）

8. 期内发生式，以索赔提出的时间为承保基础。　　　　　　　　（　　　）

9. 免赔额是由第三者承担的损失限额。　　　　　　　　　　　　（　　　）

四、简答题

1. 产品责任法律制度所规范的产品责任关系包括哪些？

2. 阐述产品责任保险的被保险人的范围。

3. 产品责任保险的保险责任主要有哪两方面？

4. 产品责任保险如何进行风险管理？

【阅读材料】

美国产品责任保险

为保护消费者，美国强制要求在当地销售产品的厂商全部投保产品责任险。美国对产品责任管理已相当完善，在整个商业循环中任何一方——生产商、分销商、出口商、进口商以至零售商均可能牵涉到产品责任的索赔之中。正确评估出口产品的责任风险，制定相关的出口对策，将成为企业在这些地区站稳脚跟、打开局面的重要条件。

在美国经常发生高额索赔的产品责任案件，这一方面是因为，美国人在200多年移民历史中积累了较强的自我保护意识；另一方面是因为，美国政府重视并建立了十分健全的法律法规，对产品责任及其连带责任的赔偿都有很具体的规定。此外历史上类似案例也对此类案件的判决起到了推动作用。

在美国，产品的生产商如果没有投保产品责任保险，或其他形式的信用保证，他是不会也不敢将自己的商品或产品投入到销售渠道的。如果某一个顾客从超级市场买了变质的啤酒，致使他喝坏了肚子，他就可以在法院控告这家超级市场或街道厂商。为了尽量避免索赔案的发生，生产厂商一般对它所生产的产品或商品的外包装印有详细的说明及特别注意事项。有的产品无法在外包装说明时，就一定要附有产品的使用说明书和特别注意事项。

近几年来，美国发生的产品责任索赔案有增无减，索赔的金额也越来越高，引起美国各界人士的关注。从20世纪90年代开始，美国历届政府都在宣称改革美国的产品责任法律，但至今仍无结果。如果产品责任的基本法律制度不能顺利改革，不但影响美国产品在国际市场上的竞争力，而且也会加大外国产品进入美国市场的成本，对美国消费者不利。

外国产品想进入美国市场，出口商首先需要出示的是当地或进口商认可的产品责任保险，或其他信用担保等。发生产品责任案后，原告往往会起诉产品在商业环节中的所有方或任何方。当法院就受害人的赔偿金额作出最后判决时，或在案件的审理过程中，法院鼓励所有的被告方就对受害人的合理赔偿问题，共同磋商各自的分摊责任比例。如果多方磋商遇到的困难较大时，极有可能出现某一被告先行与原告达成解决协议，以免除自己的责任。单个被告免责解脱自己虽说很少，但一旦出现，就会使其他被告处于极为不利的地步。在一般情况下，所有被告会根据各自的责任保险保障限额高低，及在该产品中所占的利益大小，进行合理分摊责任比例。无论如何，为了有效地得到保护，凡涉及产品的设计、生产、分配、销售等环节中所有方，应该事先与有关方签订书面协议，合理承担自己应负的责任，并给予对方以合理保护。

随着亚洲地区的制造商或供货商正大量向美国出口货物。美国进口商迅速意识到了风险。因此，大多数的美国进口商要求出口商为其产品投保并将进口商纳入保障范围内。考虑到产品在市场上面临着潜在的巨大风险，美国进出口商通常会要求外国的出口商（供货商）在其本国内投保产品责任险，并将美国进口商列为额外被保险人共同享受保险利益。他们甚至将购买产品责任保险作为开具信用证的条件之一，如果供货商未能购买产品责任险，他们将拒绝结汇。

产品责任风险有两个特性：

（1）多为已发生事故却未被上报到企业的事件；

（2）一般都属于长尾巴风险。

对于一家经营出口贸易的生产商或销售商来说，产品责任风险可能会带来以下的影响：

（1）一旦发生产品责任事故，企业可能面临消费者的巨额索赔及没完没了的法律诉讼。

（2）如果法庭作出不利的高额判决，他们将被要求支付一大笔赔偿，这笔额外的资金负担无疑对企业将来的生产经营起到负面、甚至灾害性的影响。

（3）经过新闻媒体报道的一件索赔案，有可能招致连锁反应，引发更多的索赔；出口产品的声誉将因此受损，产品在该市场的开拓前景将受阻。

那么如何才能规避产品责任风险呢？就产品而言，降低或减轻风险的最好方法是设计和生产的完美无瑕，然而，现实中这只是一种美好的愿望。因此，采用一种后备保障的方式以减少企业的损失是非常必要的。产品责任保险就是这样一种后备保障的方式，通过保险费的固定支出，确保企业减少在遇到巨额索赔时的财务波动。冰箱、彩电、空调、厨房用具等家电产品对产品责任保险的需求较大，这类产品引发的产品责任索赔案件多为家庭火灾。尤其值得注意的是，美国法律中规定，OEM厂家在设计、制造以及说明标签、警告提示文字等方面所负的责任并不比品牌厂商少。

实际上由出口商购买产品责任保险有很多优点。首先，出口商可以控制保险费用。如果由进口商购买，他们往往会在贸易价格中扣除一定比例的费用作为保险费的支出。其次，出口商可以在购买保险时最大限度地保障自己的权益。由进口商购买时，通常只将其本身作为被保险人，而不会考虑将出口商纳入保险计划。最后，出口商自己购买还可以直接与保险公司进行各方面的业务联系，在提出索赔时，由于双方已经建立起良好的联系，将有利于理赔的最终顺利解决。

任何一个提供产品或服务的机构都不可能保证自己的产品或服务永远完美无缺，一旦出现质量事故必须对消费者承担赔偿责任，厂商就将不得不投入大量人力物力来处理纠纷，而投保产品责任险后，相关的风险就以较小的代价转移给了保险公司。

（资料来源：国务院国有资产监督管理委员会网站。）

附录一

中华人民共和国海商法

（1992 年 11 月 7 日第七届全国人民代表大会常务委员会第二十八次会议通过，1992 年 11 月 7 日中华人民共和国主席令第六十四号公布）

第一章 总 则

第一条 为了调整海上运输关系、船舶关系，维护当事人各方的合法权益，促进海上运输和经济贸易的发展，制定本法。

第二条 本法所称海上运输，是指海上货物运输和海上旅客运输，包括海江之间、江海之间的直达运输。

本法第四章海上货物运输合同的规定，不适用于中华人民共和国港口之间的海上货物运输。

第三条 本法所称船舶，是指海船和其他海上移动式装置，但是用于军事的、政府公务的船舶和 20 总吨以下的小型船艇除外。

前款所称船舶，包括船舶属具。

第四条 中华人民共和国港口之间的海上运输和拖航，由悬挂中华人民共和国国旗的船舶经营。但是，法律、行政法规另有规定的除外。

非经国务院交通主管部门批准，外国籍船舶不得经营中华人民共和国港口之间的海上运输和拖航。

第五条 船舶经依法登记取得中华人民共和国国籍，有权悬挂中华人民共和国国旗航行。

船舶非法悬挂中华人民共和国国旗航行的，由有关机关予以制止，处以罚款。

第六条 海上运输由国务院交通主管部门统一管理，具体办法由国务院交通主管部门制定，报国务院批准后施行。

第二章 船舶
第一节 船舶所有权

第七条 船舶所有权，是指船舶所有人依法对其船舶享有占有、使用、收益和处分的权利。

第八条 国家所有的船舶由国家授予具有法人资格的全民所有制企业经营管理的，本法有关船舶所有人的规定适用于该法人。

第九条 船舶所有权的取得、转让和消灭，应当向船舶登记机关登记；未经登记的，不得对抗第三人。

船舶所有权的转让，应当签订书面合同。

第十条 船舶由两个以上的法人或者个人共有的，应当向船舶登记机关登记；未经登记的，不得对抗第三人。

第二节 船舶抵押权

第十一条 船舶抵押权，是指抵押权人对于抵押人提供的作为债务担保的船舶，在抵押人不履行债务时，可以依法拍卖，从卖得的价款中优先受偿的权利。

第十二条 船舶所有人或者船舶所有人授权的人可以设定船舶抵押权。

船舶抵押权的设定，应当签订书面合同。

第十三条 设定船舶抵押权，由抵押权人和抵押人共同向船舶登记机关办理抵押权登记；未经登记的，不得对抗第三人。

船舶抵押权登记，包括下列主要项目：

（一）船舶抵押权人和抵押人的姓名或者名称、地址；

（二）被抵押船舶的名称、国籍、船舶所有权证书的颁发机关和证书号码；

（三）所担保的债权数额、利息率、受偿期限。

船舶抵押权的登记状况，允许公众查询。

第十四条 建造中的船舶可以设定船舶抵押权。

建造中的船舶办理抵押权登记，还应当向船舶登记机关提交船舶建造合同。

第十五条 除合同另有约定外，抵押人应当对被抵押船舶进行保险；未保险的，抵押权人有权对该船舶进行保险，保险费由抵押人负担。

第十六条 船舶共有人就共有船舶设定抵押权，应当取得持有三分之二以上份额的共有人的同意，共有人之间另有约定的除外。

船舶共有人设定的抵押权，不因船舶的共有权的分割而受影响。

第十七条 船舶抵押权设定后，未经抵押权人同意，抵押人不得将被抵押船舶转让给他人。

第十八条 抵押权人将被抵押船舶所担保的债权全部或者部分转让他人的，抵押权随之转移。

第十九条 同一船舶可以设定两个以上抵押权，其顺序以登记的先后为准。

同一船舶设定两个以上抵押权的，抵押权人按照抵押权登记的先后顺序，从船舶拍卖所得价款中依次受偿。同日登记的抵押权，按照同一顺序受偿。

第二十条 被抵押船舶灭失，抵押权随之消灭。由于船舶灭失得到的保险赔偿，抵押权人有权优先于其他债权人受偿。

第三节 船舶优先权

第二十一条 船舶优先权，是指海事请求人依照本法第二十二条的规定，向船舶所有人、光船承租人、船舶经营人提出海事请求，对产生该海事请求的船舶具有优先受偿的权利。

第二十二条 下列各项海事请求具有船舶优先权：

（一）船长、船员和在船上工作的其他在编人员根据劳动法律、行政法规或者劳动合同所产生的工资、其他劳动报酬、船员遣返费用和社会保险费用的给付请求；

（二）在船舶营运中发生的人身伤亡的赔偿请求；

（三）船舶吨税、引航费、港务费和其他港口规费的缴付请求；

（四）海难救助的救助款项的给付请求；

（五）船舶在营运中因侵权行为产生的财产赔偿请求。

载运 2 000 吨以上的散装货油的船舶，持有有效的证书，证明已经进行油污损害民事责任保险或者具有相应的财务保证的，对其造成的油污损害的赔偿请求，不属于前款第（五）项规定的范围。

第二十三条　本法第二十二条第一款所列各项海事请求，依照顺序受偿。但是，第（四）项海事请求，后于第（一）项至第（三）项发生的，应当先于第（一）项至第（三）项受偿。

本法第二十二条第一款第（一）、（二）、（三）、（五）项中有两个以上海事请求的，不分先后，同时受偿；不足受偿的，按照比例受偿。第（四）项中有两个以上海事请求的，后发生的先受偿。

第二十四条　因行使船舶优先权产生的诉讼费用，保存、拍卖船舶和分配船舶价款产生的费用，以及为海事请求人的共同利益而支付的其他费用，应当从船舶拍卖所得价款中先行拨付。

第二十五条　船舶优先权先于船舶留置权受偿，船舶抵押权后于船舶留置权受偿。

前款所称船舶留置权，是指造船人、修船人在合同另一方未履行合同时，可以留置所占有的船舶，以保证造船费用或者修船费用得以偿还的权利。船舶留置权在造船人、修船人不再占有所造或者所修的船舶时消灭。

第二十六条　船舶优先权不因船舶所有权的转让而消灭。但是，船舶转让时，船舶优先权自法院应受让人申请予以公告之日起满六十日不行使的除外。

第二十七条　本法第二十二条规定的海事请求权转移的，其船舶优先权随之转移。

第二十八条　船舶优先权应当通过法院扣押产生优先权的船舶行使。

第二十九条　船舶优先权，除本法第二十六条规定的外，因下列原因之一而消灭：

（一）具有船舶优先权的海事请求，自优先权产生之日起满一年不行使；

（二）船舶经法院强制出售；

（三）船舶灭失。

前款第（一）项的一年期限，不得中止或者中断。

第三十条　本节规定不影响本法第十一章关于海事赔偿责任限制规定的实施。

第三章　船　员

第一节　一般规定

第三十一条　船员，是指包括船长在内的船上一切任职人员。

第三十二条　船长、驾驶员、轮机长、轮机员、电机员、报务员，必须由持有相应适任证书的人担任。

第三十三条　从事国际航行的船舶的中国籍船员，必须持有中华人民共和国港务监督机构颁发的海员证和有关证书。

第三十四条　船员的任用和劳动方面的权利、义务，本法没有规定的，适用有关法律、行政法规的规定。

第二节　船　长

第三十五条　船长负责船舶的管理和驾驶。

船长在其职权范围内发布的命令，船员、旅客和其他在船人员都必须执行。

船长应当采取必要的措施，保护船舶和在船人员、文件、邮件、货物以及其他财产。

第三十六条 为保障在船人员和船舶的安全，船长有权对在船上进行违法、犯罪活动的人采取禁闭或者其他必要措施，并防止其隐匿、毁灭、伪造证据。

船长采取前款措施，应当制作案情报告书，由船长和两名以上在船人员签字，连同人犯送交有关当局处理。

第三十七条 船长应当将船上发生的出生或者死亡事件记入航海日志，并在两名证人的参加下制作证明书。死亡证明书应当附有死者遗物清单。死者有遗嘱的，船长应当予以证明。死亡证明书和遗嘱由船长负责保管，并送交家属或者有关方面。

第三十八条 船舶发生海上事故，危及在船人员和财产的安全时，船长应当组织船员和其他在船人员尽力施救。在船舶的沉没、毁灭不可避免的情况下，船长可以作出弃船决定；但是，除紧急情况外，应当报经船舶所有人同意。

弃船时，船长必须采取一切措施，首先组织旅客安全离船，然后安排船员离船，船长应当最后离船。在离船前，船长应当指挥船员尽力抢救航海日志、机舱日志、油类记录簿、无线电台日志、本航次使用过的海图和文件，以及贵重物品、邮件和现金。

第三十九条 船长管理船舶和驾驶船舶的责任，不因引航员引领船舶而解除。

第四十条 船长在航行中死亡或者因故不能执行职务时，应当由驾驶员中职务最高的人代理船长职务；在下一个港口开航前，船舶所有人应当指派新船长接任。

第四章 海上货物运输合同
第一节 一般规定

第四十一条 海上货物运输合同，是指承运人收取运费，负责将托运人托运的货物经海路由一港运至另一港的合同。

第四十二条 本章下列用语的含义：

（一）"承运人"，是指本人或者委托他人以本人名义与托运人订立海上货物运输合同的人。

（二）"实际承运人"，是指接受承运人委托，从事货物运输或者部分运输的人，包括接受转委托从事此项运输的其他人。

（三）"托运人"，是指：

1. 本人或者委托他人以本人名义或者委托他人为本人与承运人订立海上货物运输合同的人；

2. 本人或者委托他人以本人名义或者委托他人为本人将货物交给与海上货物运输合同有关的承运人的人。

（四）"收货人"，是指有权提取货物的人。

（五）"货物"，包括活动物和由托运人提供的用于集装货物的集装箱、货盘或者类似的装运器具。

第四十三条 承运人或者托运人可以要求书面确认海上货物运输合同的成立。但是，航次租船合同应当书面订立。电报、电传和传真具有书面效力。

第四十四条 海上货物运输合同和作为合同凭证的提单或者其他运输单证中的

条款，违反本章规定的，无效。此类条款的无效，不影响该合同和提单或者其他运输单证中其他条款的效力。将货物的保险利益转让给承运人的条款或者类似条款，无效。

第四十五条　本法第四十四条的规定不影响承运人在本章规定的承运人责任和义务之外，增加其责任和义务。

第二节　承运人的责任

第四十六条　承运人对集装箱装运的货物的责任期间，是指从装货港接收货物时起至卸货港交付货物时止，货物处于承运人掌管之下的全部期间。承运人对非集装箱装运的货物的责任期间，是指从货物装上船时起至卸下船时止，货物处于承运人掌管之下的全部期间。在承运人的责任期间，货物发生灭失或者损坏，除本节另有规定外，承运人应当负赔偿责任。

前款规定，不影响承运人就非集装箱装运的货物，在装船前和卸船后所承担的责任，达成任何协议。

第四十七条　承运人在船舶开航前和开航当时，应当谨慎处理，使船舶处于适航状态，妥善配备船员、装备船舶和配备供应品，并使货舱、冷藏舱、冷气舱和其他载货处所适于并能安全收受、载运和保管货物。

第四十八条　承运人应当妥善地、谨慎地装载、搬移、积载、运输、保管、照料和卸载所运货物。

第四十九条　承运人应当按照约定的或者习惯的或者地理上的航线将货物运往卸货港。

船舶在海上为救助或者企图救助人命或者财产而发生的绕航或者其他合理绕航，不属于违反前款规定的行为。

第五十条　货物未能在明确约定的时间内，在约定的卸货港交付的，为迟延交付。

除依照本章规定承运人不负赔偿责任的情形外，由于承运人的过失，致使货物因迟延交付而灭失或者损坏的，承运人应当负赔偿责任。

除依照本章规定承运人不负赔偿责任的情形外，由于承运人的过失，致使货物因迟延交付而遭受经济损失的，即使货物没有灭失或者损坏，承运人仍然应当负赔偿责任。

承运人未能在本条第一款规定的时间届满六十日内交付货物，有权对货物灭失提出赔偿请求的人可以认为货物已经灭失。

第五十一条　在责任期间货物发生的灭失或者损坏是由于下列原因之一造成的，承运人不负赔偿责任：

（一）船长、船员、引航员或者承运人的其他受雇人在驾驶船舶或者管理船舶中的过失；

（二）火灾，但是由于承运人本人的过失所造成的除外；

（三）天灾，海上或者其他可航水域的危险或者意外事故；

（四）战争或者武装冲突；

（五）政府或者主管部门的行为、检疫限制或者司法扣押；

（六）罢工、停工或者劳动受到限制；

（七）在海上救助或者企图救助人命或者财产；

（八）托运人、货物所有人或者他们的代理人的行为；

（九）货物的自然特性或者固有缺陷；

（十）货物包装不良或者标志欠缺、不清；

（十一）经谨慎处理仍未发现的船舶潜在缺陷；

（十二）非由于承运人或者承运人的受雇人、代理人的过失造成的其他原因。

承运人依照前款规定免除赔偿责任的，除第（二）项规定的原因外，应当负举证责任。

第五十二条　因运输活动物的固有的特殊风险造成活动物灭失或者损害的，承运人不负赔偿责任。但是，承运人应当证明业已履行托运人关于运输活动物的特别要求，并证明根据实际情况，灭失或者损害是由于此种固有的特殊风险造成的。

第五十三条　承运人在舱面上装载货物，应当同托运人达成协议，或者符合航运惯例，或者符合有关法律、行政法规的规定。

承运人依照前款规定将货物装载在舱面上，对由于此种装载的特殊风险造成的货物灭失或者损坏，不负赔偿责任。

承运人违反本条第一款规定将货物装载在舱面上，致使货物遭受灭失或者损坏的，应当负赔偿责任。

第五十四条　货物的灭失、损坏或者迟延交付是由于承运人或者承运人的受雇人、代理人的不能免除赔偿责任的原因和其他原因共同造成的，承运人仅在其不能免除赔偿责任的范围内负赔偿责任；但是，承运人对其他原因造成的灭失、损坏或者迟延交付应当负举证责任。

第五十五条　货物灭失的赔偿额，按照货物的实际价值计算；货物损坏的赔偿额，按照货物受损前后实际价值的差额或者货物的修复费用计算。

货物的实际价值，按照货物装船时的价值加保险费加运费计算。

前款规定的货物实际价值，赔偿时应当减去因货物灭失或者损坏而少付或者免付的有关费用。

第五十六条　承运人对货物的灭失或者损坏的赔偿限额，按照货物件数或者其他货运单位数计算，每件或者每个其他货运单位为 666.67 计算单位，或者按照货物毛重计算，每公斤为 2 计算单位，以二者中赔偿限额较高的为准。但是，托运人在货物装运前已经申报其性质和价值，并在提单中载明的，或者承运人与托运人已经另行约定高于本条规定的赔偿限额的除外。

货物用集装箱、货盘或者类似装运器具集装的，提单中载明装在此类装运器具中的货物件数或者其他货运单位数，视为前款所指的货物件数或者其他货运单位数；未载明的，每一装运器具视为一件或者一个单位。

装运器具不属于承运人所有或者非由承运人提供的，装运器具本身应当视为一件或者一个单位。

第五十七条　承运人对货物因迟延交付造成经济损失的赔偿限额，为所迟延交付的货物的运费数额。货物的灭失或者损坏和迟延交付同时发生的，承运人的赔偿责任限额适用本法第五十六条第一款规定的限额。

第五十八条　就海上货物运输合同所涉及的货物灭失、损坏或者迟延交付对承运人提起的任何诉讼，不论海事请求人是否合同的一方，也不论是根据合同或者是根据侵权行为提起的，均适用本章关于承运人的抗辩理由和限制赔偿责任的规定。

前款诉讼是对承运人的受雇人或者代理人提起的，经承运人的受雇人或者代理人证明，其行为是在受雇或者受委托的范围之内的，适用前款规定。

第五十九条　经证明，货物的灭失、损坏或者迟延交付是由于承运人的故意或者明知可能造成损失而轻率地作为或者不作为造成的，承运人不得援用本法第五十六条或者第五十七条限制赔偿责任的规定。

经证明，货物的灭失、损坏或者迟延交付是由于承运人的受雇人、代理人的故意或者明知可能造成损失而轻率地作为或者不作为造成的，承运人的受雇人或者代理人不得援用本法第五十六条或者第五十七条限制赔偿责任的规定。

第六十条　承运人将货物运输或者部分运输委托给实际承运人履行的，承运人仍然应当依照本章规定对全部运输负责。对实际承运人承担的运输，承运人应当对实际承运人的行为或者实际承运人的受雇人、代理人在受雇或者受委托的范围内的行为负责。

虽有前款规定，在海上运输合同中明确约定合同所包括的特定的部分运输由承运人以外的指定的实际承运人履行的，合同可以同时约定，货物在指定的实际承运人掌管期间发生的灭失、损坏或者迟延交付，承运人不负赔偿责任。

第六十一条　本章对承运人责任的规定，适用于实际承运人。对实际承运人的受雇人、代理人提起诉讼的，适用本法第五十八条第二款和第五十九条第二款的规定。

第六十二条　承运人承担本章未规定的义务或者放弃本章赋予的权利的任何特别协议，经实际承运人书面明确同意的，对实际承运人发生效力；实际承运人是否同意，不影响此项特别协议对承运人的效力。

第六十三条　承运人与实际承运人都负有赔偿责任的，应当在此项责任范围内负连带责任。

第六十四条　就货物的灭失或者损坏分别向承运人、实际承运人以及他们的受雇人、代理人提出赔偿请求的，赔偿总额不超过本法第五十六条规定的限额。

第六十五条　本法第六十条至第六十四条的规定，不影响承运人和实际承运人之间相互追偿。

第三节　托运人的责任

第六十六条　托运人托运货物，应当妥善包装，并向承运人保证，货物装船时所提供的货物的品名、标志、包数或者件数、重量或者体积的正确性；由于包装不良或者上述资料不正确，对承运人造成损失的，托运人应当负赔偿责任。

承运人依照前款规定享有的受偿权利，不影响其根据货物运输合同对托运人以外的人所承担的责任。

第六十七条　托运人应当及时向港口、海关、检疫、检验和其他主管机关办理货物运输所需要的各项手续，并将已办理各项手续的单证送交承运人；因办理各项手续的有关单证送交不及时、不完备或者不正确，使承运人的利益受到损害的，托运人应当负赔偿责任。

第六十八条 托运人托运危险货物，应当依照有关海上危险货物运输的规定，妥善包装，作出危险品标志和标签，并将其正式名称和性质以及应当采取的预防危害措施书面通知承运人；托运人未通知或者通知有误的，承运人可以在任何时间、任何地点根据情况需要将货物卸下、销毁或者使之不能为害，而不负赔偿责任。托运人对承运人因运输此类货物所受到的损害，应当负赔偿责任。

承运人知道危险货物的性质并已同意装运的，仍然可以在该项货物对于船舶、人员或者其他货物构成实际危险时，将货物卸下、销毁或者使之不能为害，而不负赔偿责任。但是，本款规定不影响共同海损的分摊。

第六十九条 托运人应当按照约定向承运人支付运费。

托运人与承运人可以约定运费由收货人支付；但是，此项约定应当在运输单证中载明。

第七十条 托运人对承运人、实际承运人所遭受的损失或者船舶所遭受的损坏，不负赔偿责任；但是，此种损失或者损坏是由于托运人或者托运人的受雇人、代理人的过失造成的除外。

托运人的受雇人、代理人对承运人、实际承运人所遭受的损失或者船舶所遭受的损坏，不负赔偿责任；但是，这种损失或者损坏是由于托运人的受雇人、代理人的过失造成的除外。

第四节 运输单证

第七十一条 提单，是指用以证明海上货物运输合同和货物已经由承运人接收或者装船，以及承运人保证据以交付货物的单证。提单中载明的向记名人交付货物，或者按照指示人的指示交付货物，或者向提单持有人交付货物的条款，构成承运人据以交付货物的保证。

第七十二条 货物由承运人接收或者装船后，应托运人的要求，承运人应当签发提单。

提单可以由承运人授权的人签发。提单由载货船舶的船长签发的，视为代表承运人签发。

第七十三条 提单内容，包括下列各项：

（一）货物的品名、标志、包数或者件数、重量或者体积，以及运输危险货物时对危险性质的说明；

（二）承运人的名称和主营业所；

（三）船舶名称；

（四）托运人的名称；

（五）收货人的名称；

（六）装货港和在装货港接收货物的日期；

（七）卸货港；

（八）多式联运提单增列接收货物地点和交付货物地点；

（九）提单的签发日期、地点和份数；

（十）运费的支付；

（十一）承运人或者其代表的签字。

提单缺少前款规定的一项或者几项的，不影响提单的性质；但是，提单应当符合本法第七十一条的规定。

第七十四条　货物装船前，承运人已经应托运人的要求签发收货待运提单或者其他单证的，货物装船完毕，托运人可以将收货待运提单或者其他单证退还承运人，以换取已装船提单；承运人也可以在收货待运提单上加注承运船舶的船名和装船日期，加注后的收货待运提单视为已装船提单。

第七十五条　承运人或者代其签发提单的人，知道或者有合理的根据怀疑提单记载的货物的品名、标志、包数或者件数、重量或者体积与实际接收的货物不符，在签发已装船提单的情况下怀疑与已装船的货物不符，或者没有适当的方法核对提单记载的，可以在提单上批注，说明不符之处、怀疑的根据或者说明无法核对。

第七十六条　承运人或者代其签发提单的人未在提单上批注货物表面状况的，视为货物的表面状况良好。

第七十七条　除依照本法第七十五条的规定作出保留外，承运人或者代其签发提单的人签发的提单，是承运人已经按照提单所载状况收到货物或者货物已经装船的初步证据；承运人向善意受让提单的包括收货人在内的第三人提出的与提单所载状况不同的证据，不予承认。

第七十八条　承运人同收货人、提单持有人之间的权利、义务关系，依据提单的规定确定。

收货人、提单持有人不承担在装货港发生的滞期费、亏舱费和其他与装货有关的费用，但是提单中明确载明上述费用由收货人、提单持有人承担的除外。

第七十九条　提单的转让，依照下列规定执行：

（一）记名提单：不得转让；

（二）指示提单：经过记名背书或者空白背书转让；

（三）不记名提单：无需背书，即可转让。

第八十条　承运人签发提单以外的单证用以证明收到待运货物的，此项单证即为订立海上货物运输合同和承运人接收该单证中所列货物的初步证据。

承运人签发的此类单证不得转让。

第五节　货物交付

第八十一条　承运人向收货人交付货物时，收货人未将货物灭失或者损坏的情况书面通知承运人的，此项交付视为承运人已经按照运输单证的记载交付以及货物状况良好的初步证据。

货物灭失或者损坏的情况非显而易见的，在货物交付的次日起连续七日内，集装箱货物交付的次日起连续十五日内，收货人未提交书面通知的，适用前款规定。

货物交付时，收货人已经会同承运人对货物进行联合检查或者检验的，无需就所查明的灭失或者损坏的情况提交书面通知。

第八十二条　承运人自向收货人交付货物的次日起连续六十日内，未收到收货人就货物因迟延交付造成经济损失而提交的书面通知的，不负赔偿责任。

第八十三条　收货人在目的港提取货物前或者承运人在目的港交付货物前，可以要求检验机构对货物状况进行检验；要求检验的一方应当支付检验费用，但是有权向造成货物损失的责任方追偿。

第八十四条　承运人和收货人对本法第八十一条和第八十三条规定的检验，应当相互提供合理的便利条件。

第八十五条　货物由实际承运人交付的，收货人依照本法第八十一条的规定向实际承运人提交的书面通知，与向承运人提交书面通知具有同等效力；向承运人提交的书面通知，与向实际承运人提交书面通知具有同等效力。

第八十六条　在卸货港无人提取货物或者收货人迟延、拒绝提取货物的，船长可以将货物卸在仓库或者其他适当场所，由此产生的费用和风险由收货人承担。

第八十七条　应当向承运人支付的运费、共同海损分摊、滞期费和承运人为货物垫付的必要费用以及应当向承运人支付的其他费用没有付清，又没有提供适当担保的，承运人可以在合理的限度内留置其货物。

第八十八条　承运人根据本法第八十七条规定留置的货物，自船舶抵达卸货港的次日起满六十日无人提取的，承运人可以申请法院裁定拍卖；货物易腐烂变质或者货物的保管费用可能超过其价值的，可以申请提前拍卖。

拍卖所得价款，用于清偿保管、拍卖货物的费用和运费以及应当向承运人支付的其他有关费用；不足的金额，承运人有权向托运人追偿；剩余的金额，退还托运人；无法退还、自拍卖之日起满一年又无人领取的，上缴国库。

第六节　合同的解除

第八十九条　船舶在装货港开航前，托运人可以要求解除合同。但是，除合同另有约定外，托运人应当向承运人支付约定运费的一半；货物已经装船的，并应当负担装货、卸货和其他与此有关的费用。

第九十条　船舶在装货港开航前，因不可抗力或者其他不能归责于承运人和托运人的原因致使合同不能履行的，双方均可以解除合同，并互相不负赔偿责任。除合同另有约定外，运费已经支付的，承运人应当将运费退还给托运人；货物已经装船的，托运人应当承担装卸费用；已经签发提单的，托运人应当将提单退还承运人。

第九十一条　因不可抗力或者其他不能归责于承运人和托运人的原因致使船舶不能在合同约定的目的港卸货的，除合同另有约定外，船长有权将货物在目的港邻近的安全港口或者地点卸载，视为已经履行合同。

船长决定将货物卸载的，应当及时通知托运人或者收货人，并考虑托运人或者收货人的利益。

第七节　航次租船合同的特别规定

第九十二条　航次租船合同，是指船舶出租人向承租人提供船舶或者船舶的部分舱位，装运约定的货物，从一港运至另一港，由承租人支付约定运费的合同。

第九十三条　航次租船合同的内容，主要包括出租人和承租人的名称、船名、船籍、载货重量、容积、货名、装货港和目的港、受载期限、装卸期限、运费、滞期费、速遣费以及其他有关事项。

第九十四条　本法第四十七条和第四十九条的规定，适用于航次租船合同的出租人。

本章其他有关合同当事人之间的权利、义务的规定，仅在航次租船合同没有约定或者没有不同约定时，适用于航次租船合同的出租人和承租人。

第九十五条　对按照航次租船合同运输的货物签发的提单，提单持有人不是承租人的，承运人与该提单持有人之间的权利、义务关系适用提单的约定。但是，提单中载明适用航次租船合同条款的，适用该航次租船合同的条款。

第九十六条　出租人应当提供约定的船舶；经承租人同意，可以更换船舶。但是，提供的船舶或者更换的船舶不符合合同约定的，承租人有权拒绝或者解除合同。

因出租人过失未提供约定的船舶致使承租人遭受损失的，出租人应当负赔偿责任。

第九十七条　出租人在约定的受载期限内未能提供船舶的，承租人有权解除合同。但是，出租人将船舶延误情况和船舶预期抵达装货港的日期通知承租人的，承租人应当自收到通知时起四十八小时内，将是否解除合同的决定通知出租人。

因出租人过失延误提供船舶致使承租人遭受损失的，出租人应当负赔偿责任。

第九十八条　航次租船合同的装货、卸货期限及其计算办法，超过装货、卸货期限后的滞期费和提前完成装货、卸货的速遣费，由双方约定。

第九十九条　承租人可以将其租用的船舶转租；转租后，原合同约定的权利和义务不受影响。

第一百条　承租人应当提供约定的货物；经出租人同意，可以更换货物。但是，更换的货物对出租人不利的，出租人有权拒绝或者解除合同。

因未提供约定的货物致使出租人遭受损失的，承租人应当负赔偿责任。

第一百零一条　出租人应当在合同约定的卸货港卸货。合同订有承租人选择卸货港条款的，在承租人未按照合同约定及时通知确定的卸货港时，船长可以从约定的选卸港中自行选定一港卸货。承租人未按照合同约定及时通知确定的卸货港，致使出租人遭受损失的，应当负赔偿责任。出租人未按照合同约定，擅自选定港口卸货致使承租人遭受损失的，应当负赔偿责任。

第八节　多式联运合同的特别规定

第一百零二条　本法所称多式联运合同，是指多式联运经营人以两种以上的不同运输方式，其中一种是海上运输方式，负责将货物从接收地运至目的地交付收货人，并收取全程运费的合同。

前款所称多式联运经营人，是指本人或者委托他人以本人名义与托运人订立多式联运合同的人。

第一百零三条　多式联运经营人对多式联运货物的责任期间，自接收货物时起至交付货物时止。

第一百零四条　多式联运经营人负责履行或者组织履行多式联运合同，并对全程运输负责。

多式联运经营人与参加多式联运的各区段承运人，可以就多式联运合同的各区段运输，另以合同约定相互之间的责任。但是，此项合同不得影响多式联运经营人对全程运输所承担的责任。

第一百零五条 货物的灭失或者损坏发生于多式联运的某一运输区段的，多式联运经营人的赔偿责任和责任限额，适用调整该区段运输方式的有关法律规定。

第一百零六条 货物的灭失或者损坏发生的运输区段不能确定的，多式联运经营人应当依照本章关于承运人赔偿责任和责任限额的规定负赔偿责任。

第五章 海上旅客运输合同

第一百零七条 海上旅客运输合同，是指承运人以适合运送旅客的船舶经海路将旅客及其行李从一港运送至另一港，由旅客支付票款的合同。

第一百零八条 本章下列用语的含义：

（一）"承运人"，是指本人或者委托他人以本人名义与旅客订立海上旅客运输合同的人。

（二）"实际承运人"，是指接受承运人委托，从事旅客运送或者部分运送的人，包括接受转委托从事此项运送的其他人。

（三）"旅客"，是指根据海上旅客运输合同运送的人；经承运人同意，根据海上货物运输合同，随船护送货物的人，视为旅客。

（四）"行李"，是指根据海上旅客运输合同由承运人载运的任何物品和车辆，但是活动物除外。

（五）"自带行李"，是指旅客自行携带、保管或者放置在客舱中的行李。

第一百零九条 本章关于承运人责任的规定，适用于实际承运人。本章关于承运人的受雇人、代理人责任的规定，适用于实际承运人的受雇人、代理人。

第一百一十条 旅客客票是海上旅客运输合同成立的凭证。

第一百一十一条 海上旅客运输的运送期间，自旅客登船时起至旅客离船时止。客票票价含接送费用的，运送期间并包括承运人经水路将旅客从岸上接到船上和从船上送到岸上的时间，但是不包括旅客在港站内、码头上或者在港口其他设施内的时间。

旅客的自带行李，运送期间同前款规定。旅客自带行李以外的其他行李，运送期间自旅客将行李交付承运人或者承运人的受雇人、代理人时起至承运人或者承运人的受雇人、代理人交还旅客时止。

第一百一十二条 旅客无票乘船、越级乘船或者超程乘船，应当按照规定补足票款，承运人可以按照规定加收票款；拒不交付的，船长有权在适当地点令其离船，承运人有权向其追偿。

第一百一十三条 旅客不得随身携带或者在行李中夹带违禁品或者易燃、易爆、有毒、有腐蚀性、有放射性以及有可能危及船上人身和财产安全的其他危险品。

承运人可以在任何时间、任何地点将旅客违反前款规定随身携带或者在行李中夹带的违禁品、危险品卸下、销毁或者使之不能为害，或者送交有关部门，而不负赔偿责任。

旅客违反本条第一款规定，造成损害的，应当负赔偿责任。

第一百一十四条 在本法第一百一十一条规定的旅客及其行李的运送期间，因承运人或者承运人的受雇人、代理人在受雇或者受委托的范围内的过失引起事故，造成旅客人身伤亡或者行李灭失、损坏的，承运人应当负赔偿责任。

请求人对承运人或者承运人的受雇人、代理人的过失，应当负举证责任；但是，本条第三款和第四款规定的情形除外。

旅客的人身伤亡或者自带行李的灭失、损坏，是由于船舶的沉没、碰撞、搁浅、爆炸、火灾所引起或者是由于船舶的缺陷所引起的，承运人或者承运人的受雇人、代理人除非提出反证，应当视为其有过失。

旅客自带行李以外的其他行李的灭失或者损坏，不论由于何种事故所引起，承运人或者承运人的受雇人、代理人除非提出反证，应当视为其有过失。

第一百一十五条　经承运人证明，旅客的人身伤亡或者行李的灭失、损坏，是由于旅客本人的过失或者旅客和承运人的共同过失造成的，可以免除或者相应减轻承运人的赔偿责任。

经承运人证明，旅客的人身伤亡或者行李的灭失、损坏，是由于旅客本人的故意造成的，或者旅客的人身伤亡是由于旅客本人健康状况造成的，承运人不负赔偿责任。

第一百一十六条　承运人对旅客的货币、金银、珠宝、有价证券或者其他贵重物品所发生的灭失、损坏，不负赔偿责任。

旅客与承运人约定将前款规定的物品交由承运人保管的，承运人应当依照本法第一百一十七条的规定负赔偿责任；双方以书面约定的赔偿限额高于本法第一百一十七条的规定的，承运人应当按照约定的数额负赔偿责任。

第一百一十七条　除本条第四款规定的情形外，承运人在每次海上旅客运输中的赔偿责任限额，依照下列规定执行：

（一）旅客人身伤亡的，每名旅客不超过 46 666 计算单位；

（二）旅客自带行李灭失或者损坏的，每名旅客不超过 833 计算单位；

（三）旅客车辆包括该车辆所载行李灭失或者损坏的，每一车辆不超过 3 333 计算单位；

（四）本款第（二）、（三）项以外的旅客其他行李灭失或者损坏的，每名旅客不超过 1 200 计算单位。

承运人和旅客可以约定，承运人对旅客车辆和旅客车辆以外的其他行李损失的免赔额。但是，对每一车辆损失的免赔额不得超过 117 计算单位，对每名旅客的车辆以外的其他行李损失的免赔额不得超过 13 计算单位。在计算每一车辆或者每名旅客的车辆以外的其他行李的损失赔偿数额时，应当扣除约定的承运人免赔额。

承运人和旅客可以书面约定高于本条第一款规定的赔偿责任限额。

中华人民共和国港口之间的海上旅客运输，承运人的赔偿责任限额，由国务院交通主管部门制定，报国务院批准后施行。

第一百一十八条　经证明，旅客的人身伤亡或者行李的灭失、损坏，是由于承运人的故意或者明知可能造成损害而轻率地作为或者不作为造成的，承运人不得援用本法第一百一十六条和第一百一十七条限制赔偿责任的规定。

经证明，旅客的人身伤亡或者行李的灭失、损坏，是由于承运人的受雇人、代理人的故意或者明知可能造成损害而轻率地作为或者不作为造成的，承运人的受雇人、代理人不得援用本法第一百一十六条和第一百一十七条限制赔偿责任的规定。

第一百一十九条 行李发生明显损坏的，旅客应当依照下列规定向承运人或者承运人的受雇人、代理人提交书面通知：

（一）自带行李，应当在旅客离船前或者离船时提交；

（二）其他行李，应当在行李交还前或者交还时提交。

行李的损坏不明显，旅客在离船时或者行李交还时难以发现的，以及行李发生灭失的，旅客应当在离船或者行李交还或者应当交还之日起十五日内，向承运人或者承运人的受雇人、代理人提交书面通知。

旅客未依照本条第一、二款规定及时提交书面通知的，除非提出反证，视为已经完整无损地收到行李。

行李交还时，旅客已经会同承运人对行李进行联合检查或者检验的，无需提交书面通知。

第一百二十条 向承运人的受雇人、代理人提出的赔偿请求，受雇人或者代理人证明其行为是在受雇或者受委托的范围内的，有权援用本法第一百一十五条、第一百一十六条和第一百一十七条的抗辩理由和赔偿责任限制的规定。

第一百二十一条 承运人将旅客运送或者部分运送委托给实际承运人履行的，仍然应当依照本章规定，对全程运送负责。实际承运人履行运送的，承运人应当对实际承运人的行为或者实际承运人的受雇人、代理人在受雇或者受委托的范围内的行为负责。

第一百二十二条 承运人承担本章未规定的义务或者放弃本章赋予的权利的任何特别协议，经实际承运人书面明确同意的，对实际承运人发生效力；实际承运人是否同意，不影响此项特别协议对承运人的效力。

第一百二十三条 承运人与实际承运人均负有赔偿责任的，应当在此项责任限度内负连带责任。

第一百二十四条 就旅客的人身伤亡或者行李的灭失、损坏，分别向承运人、实际承运人以及他们的受雇人、代理人提出赔偿请求的，赔偿总额不得超过本法第一百一十七条规定的限额。

第一百二十五条 本法第一百二十一条至第一百二十四条的规定，不影响承运人和实际承运人之间相互追偿。

第一百二十六条 海上旅客运输合同中含有下列内容之一的条款无效：

（一）免除承运人对旅客应当承担的法定责任；

（二）降低本章规定的承运人责任限额；

（三）对本章规定的举证责任作出相反的约定；

（四）限制旅客提出赔偿请求的权利。

前款规定的合同条款的无效，不影响合同其他条款的效力。

第六章 船舶租用合同

第一节 一般规定

第一百二十七条 本章关于出租人和承租人之间权利、义务的规定，仅在船舶租用合同没有约定或者没有不同约定时适用。

第一百二十八条 船舶租用合同，包括定期租船合同和光船租赁合同，均应当书面订立。

第二节　定期租船合同

第一百二十九条　定期租船合同，是指船舶出租人向承租人提供约定的由出租人配备船员的船舶，由承租人在约定的期间内按照约定的用途使用，并支付租金的合同。

第一百三十条　定期租船合同的内容，主要包括出租人和承租人的名称、船名、船籍、船级、吨位、容积、船速、燃料消耗、航区、用途、租船期间、交船和还船的时间和地点以及条件、租金及其支付，以及其他有关事项。

第一百三十一条　出租人应当按照合同约定的时间交付船舶。

出租人违反前款规定的，承租人有权解除合同。出租人将船舶延误情况和船舶预期抵达交船港的日期通知承租人的，承租人应当自接到通知时起四十八小时内，将解除合同或者继续租用船舶的决定通知出租人。

因出租人过失延误提供船舶致使承租人遭受损失的，出租人应当负赔偿责任。

第一百三十二条　出租人交付船舶时，应当做到谨慎处理，使船舶适航。交付的船舶应当适于约定的用途。

出租人违反前款规定的，承租人有权解除合同，并有权要求赔偿因此遭受的损失。

第一百三十三条　船舶在租期内不符合约定的适航状态或者其他状态，出租人应当采取可能采取的合理措施，使之尽快恢复。

船舶不符合约定的适航状态或者其他状态而不能正常营运连续满二十四小时的，对因此而损失的营运时间，承租人不付租金，但是上述状态是由承租人造成的除外。

第一百三十四条　承租人应当保证船舶在约定航区内的安全港口或者地点之间从事约定的海上运输。

承租人违反前款规定的，出租人有权解除合同，并有权要求赔偿因此遭受的损失。

第一百三十五条　承租人应当保证船舶用于运输约定的合法的货物。

承租人将船舶用于运输活动物或者危险货物的，应当事先征得出租人的同意。

承租人违反本条第一款或者第二款的规定致使出租人遭受损失的，应当负赔偿责任。

第一百三十六条　承租人有权就船舶的营运向船长发出指示，但是不得违反定期租船合同的约定。

第一百三十七条　承租人可以将租用的船舶转租，但是应当将转租的情况及时通知出租人。租用的船舶转租后，原租船合同约定的权利和义务不受影响。

第一百三十八条　船舶所有人转让已经租出的船舶的所有权，定期租船合同约定的当事人的权利和义务不受影响，但是应当及时通知承租人。船舶所有权转让后，原租船合同由受让人和承租人继续履行。

第一百三十九条　在合同期间，船舶进行海难救助的，承租人有权获得扣除救助费用、损失赔偿、船员应得部分以及其他费用后的救助款项的一半。

第一百四十条　承租人应当按照合同约定支付租金。承租人未按照合同约定支付租金的，出租人有权解除合同，并有权要求赔偿因此遭受的损失。

第一百四十一条 承租人未向出租人支付租金或者合同约定的其他款项的，出租人对船上属于承租人的货物和财产以及转租船舶的收入有留置权。

第一百四十二条 承租人向出租人交还船舶时，该船舶应当具有与出租人交船时相同的良好状态，但是船舶本身的自然磨损除外。

船舶未能保持与交船时相同的良好状态的，承租人应当负责修复或者给予赔偿。

第一百四十三条 经合理计算，完成最后航次的日期约为合同约定的还船日期，但可能超过合同约定的还船日期的，承租人有权超期用船以完成该航次。超期期间，承租人应当按照合同约定的租金率支付租金；市场的租金率高于合同约定的租金率的，承租人应当按照市场租金率支付租金。

第三节 光船租赁合同

第一百四十四条 光船租赁合同，是指船舶出租人向承租人提供不配备船员的船舶，在约定的期间内由承租人占有、使用和营运，并向出租人支付租金的合同。

第一百四十五条 光船租赁合同的内容，主要包括出租人和承租人的名称、船名、船籍、船级、吨位、容积、航区、用途、租船期间、交船和还船的时间和地点以及条件、船舶检验、船舶的保养维修、租金及其支付、船舶保险、合同解除的时间和条件，以及其他有关事项。

第一百四十六条 出租人应当在合同约定的港口或者地点，按照合同约定的时间，向承租人交付船舶以及船舶证书。交船时，出租人应当做到谨慎处理，使船舶适航。交付的船舶应当适于合同约定的用途。

出租人违反前款规定的，承租人有权解除合同，并有权要求赔偿因此遭受的损失。

第一百四十七条 在光船租赁期间，承租人负责船舶的保养、维修。

第一百四十八条 在光船租赁期间，承租人应当按照合同约定的船舶价值，以出租人同意的保险方式为船舶进行保险，并负担保险费用。

第一百四十九条 在光船租赁期间，因承租人对船舶占有、使用和营运的原因使出租人的利益受到影响或者遭受损失的，承租人应当负责消除影响或者赔偿损失。

因船舶所有权争议或者出租人所负的债务致使船舶被扣押的，出租人应当保证承租人的利益不受影响；致使承租人遭受损失的，出租人应当负赔偿责任。

第一百五十条 在光船租赁期间，未经出租人书面同意，承租人不得转让合同的权利和义务或者以光船租赁的方式将船舶进行转租。

第一百五十一条 未经承租人事先书面同意，出租人不得在光船租赁期间对船舶设定抵押权。

出租人违反前款规定，致使承租人遭受损失的，应当负赔偿责任。

第一百五十二条 承租人应当按照合同约定支付租金。承租人未按照合同约定的时间支付租金连续超过七日的，出租人有权解除合同，并有权要求赔偿因此遭受的损失。

船舶发生灭失或者失踪的，租金应当自船舶灭失或者得知其最后消息之日起停止支付，预付租金应当按照比例退还。

第一百五十三条　本法第一百三十四条、第一百三十五条第一款、第一百四十二条和第一百四十三条的规定，适用于光船租赁合同。

第一百五十四条　订有租购条款的光船租赁合同，承租人按照合同约定向出租人付清租购费时，船舶所有权即归于承租人。

第七章　海上拖航合同

第一百五十五条　海上拖航合同，是指承拖方用拖轮将被拖物经海路从一地拖至另一地，而由被拖方支付拖航费的合同。

本章规定不适用于在港区内对船舶提供的拖轮服务。

第一百五十六条　海上拖航合同应当书面订立。海上拖航合同的内容，主要包括承拖方和被拖方的名称和住所、拖轮和被拖物的名称和主要尺度、拖轮马力、起拖地和目的地、起拖日期、拖航费及其支付方式，以及其他有关事项。

第一百五十七条　承拖方在起拖前和起拖当时，应当谨慎处理，使拖轮处于适航、适拖状态，妥善配备船员，配置拖航索具和配备供应品以及该航次必备的其他装置、设备。

被拖方在起拖前和起拖当时，应当做好被拖物的拖航准备，谨慎处理，使被拖物处于适拖状态，并向承拖方如实说明被拖物的情况，提供有关检验机构签发的被拖物适合拖航的证书和有关文件。

第一百五十八条　起拖前，因不可抗力或者其他不能归责于双方的原因致使合同不能履行的，双方均可以解除合同，并互相不负赔偿责任。除合同另有约定外，拖航费已经支付的，承拖方应当退还给被拖方。

第一百五十九条　起拖后，因不可抗力或者其他不能归责于双方的原因致使合同不能继续履行的，双方均可以解除合同，并互相不负赔偿责任。

第一百六十条　因不可抗力或者其他不能归责于双方的原因致使被拖物不能拖至目的地的，除合同另有约定外，承拖方可以在目的地的邻近地点或者拖轮船长选定的安全的港口或者锚泊地，将被拖物移交给被拖方或者其代理人，视为已经履行合同。

第一百六十一条　被拖方未按照约定支付拖航费和其他合理费用的，承拖方对被拖物有留置权。

第一百六十二条　在海上拖航过程中，承拖方或者被拖方遭受的损失，由一方的过失造成的，有过失的一方应当负赔偿责任；由双方过失造成的，各方按照过失程度的比例负赔偿责任。

虽有前款规定，经承拖方证明，被拖方的损失是由下列原因之一造成的，承拖方不负赔偿责任：

（一）拖轮船长、船员、引航员或者承拖方的其他受雇人、代理人在驾驶拖轮或者管理拖轮中的过失；

（二）拖轮在海上救助或者企图救助人命或者财产时的过失。

本条规定仅在海上拖航合同没有约定或者没有不同约定时适用。

第一百六十三条　在海上拖航过程中，由于承拖方或者被拖方的过失，造成第三人人身伤亡或者财产损失的，承拖方和被拖方对第三人负连带赔偿责任。除合同另有约定外，一方连带支付的赔偿超过其应当承担的比例的，对另一方有追偿权。

第一百六十四条　拖轮所有人拖带其所有的或者经营的驳船载运货物，经海路由一港运至另一港的，视为海上货物运输。

第八章　船舶碰撞

第一百六十五条　船舶碰撞，是指船舶在海上或者与海相通的可航水域发生接触造成损害的事故。

前款所称船舶，包括与本法第三条所指船舶碰撞的任何其他非用于军事的或者政府公务的船艇。

第一百六十六条　船舶发生碰撞，当事船舶的船长在不严重危及本船和船上人员安全的情况下，对于相碰的船舶和船上人员必须尽力施救。

碰撞船舶的船长应当尽可能将其船舶名称、船籍港、出发港和目的港通知对方。

第一百六十七条　船舶发生碰撞，是由于不可抗力或者其他不能归责于任何一方的原因或者无法查明的原因造成的，碰撞各方互相不负赔偿责任。

第一百六十八条　船舶发生碰撞，是由于一船的过失造成的，由有过失的船舶负赔偿责任。

第一百六十九条　船舶发生碰撞，碰撞的船舶互有过失的，各船按照过失程度的比例负赔偿责任；过失程度相当或者过失程度的比例无法判定的，平均负赔偿责任。

互有过失的船舶，对碰撞造成的船舶以及船上货物和其他财产的损失，依照前款规定的比例负赔偿责任。碰撞造成第三人财产损失的，各船的赔偿责任均不超过其应当承担的比例。

互有过失的船舶，对造成的第三人的人身伤亡，负连带赔偿责任。一船连带支付的赔偿超过本条第一款规定的比例的，有权向其他有过失的船舶追偿。

第一百七十条　船舶因操纵不当或者不遵守航行规章，虽然实际上没有同其他船舶发生碰撞，但是使其他船舶以及船上的人员、货物或者其他财产遭受损失的，适用本章的规定。

第九章　海难救助

第一百七十一条　本章规定适用于在海上或者与海相通的可航水域，对遇险的船舶和其他财产进行的救助。

第一百七十二条　本章下列用语的含义：

（一）"船舶"，是指本法第三条所称的船舶和与其发生救助关系的任何其他非用于军事的或者政府公务的船艇。

（二）"财产"，是指非永久地和非有意地依附于岸线的任何财产，包括有风险的运费。

（三）"救助款项"，是指依照本章规定，被救助方应当向救助方支付的任何救助报酬、酬金或者补偿。

第一百七十三条　本章规定，不适用于海上已经就位的从事海底矿物资源的勘探、开发或者生产的固定式、浮动式平台和移动式近海钻井装置。

第一百七十四条　船长在不严重危及本船和船上人员安全的情况下，有义务尽力救助海上人命。

第一百七十五条　救助方与被救助方就海难救助达成协议，救助合同成立。

遇险船舶的船长有权代表船舶所有人订立救助合同。遇险船舶的船长或者船舶所有人有权代表船上财产所有人订立救助合同。

第一百七十六条　有下列情形之一，经一方当事人起诉或者双方当事人协议仲裁的，受理争议的法院或者仲裁机构可以判决或者裁决变更救助合同：

（一）合同在不正当的或者危险情况的影响下订立，合同条款显失公平的；

（二）根据合同支付的救助款项明显过高或者过低于实际提供的救助服务的。

第一百七十七条　在救助作业过程中，救助方对被救助方负有下列义务：

（一）以应有的谨慎进行救助；

（二）以应有的谨慎防止或者减少环境污染损害；

（三）在合理需要的情况下，寻求其他救助方援助；

（四）当被救助方合理地要求其他救助方参与救助作业时，接受此种要求，但是要求不合理的，原救助方的救助报酬金额不受影响。

第一百七十八条　在救助作业过程中，被救助方对救助方负有下列义务：

（一）与救助方通力合作；

（二）以应有的谨慎防止或者减少环境污染损害；

（三）当获救的船舶或者其他财产已经被送至安全地点时，及时接受救助方提出的合理的移交要求。

第一百七十九条　救助方对遇险的船舶和其他财产的救助，取得效果的，有权获得救助报酬；救助未取得效果的，除本法第一百八十二条或者其他法律另有规定或者合同另有约定外，无权获得救助款项。

第一百八十条　确定救助报酬，应当体现对救助作业的鼓励，并综合考虑下列各项因素：

（一）船舶和其他财产的获救的价值；

（二）救助方在防止或者减少环境污染损害方面的技能和努力；

（三）救助方的救助成效；

（四）危险的性质和程度；

（五）救助方在救助船舶、其他财产和人命方面的技能和努力；

（六）救助方所用的时间、支出的费用和遭受的损失；

（七）救助方或者救助设备所冒的责任风险和其他风险；

（八）救助方提供救助服务的及时性；

（九）用于救助作业的船舶和其他设备的可用性和使用情况；

（十）救助设备的备用状况、效能和设备的价值。

救助报酬不得超过船舶和其他财产的获救价值。

第一百八十一条　船舶和其他财产的获救价值，是指船舶和其他财产获救后的估计价值或者实际出卖的收入，扣除有关税款和海关、检疫、检验费用以及进行卸载、保管、估价、出卖而产生的费用后的价值。

前款规定的价值不包括船员的获救的私人物品和旅客的获救的自带行李的价值。

第一百八十二条 对构成环境污染损害危险的船舶或者船上货物进行的救助，救助方依照本法第一百八十条规定获得的救助报酬，少于依照本条规定可以得到的特别补偿的，救助方有权依照本条规定，从船舶所有人处获得相当于救助费用的特别补偿。

救助人进行前款规定的救助作业，取得防止或者减少环境污染损害效果的，船舶所有人依照前款规定应当向救助方支付的特别补偿可以另行增加，增加的数额可以达到救助费用的百分之三十。受理争议的法院或者仲裁机构认为适当，并且考虑到本法第一百八十条第一款的规定，可以判决或者裁决进一步增加特别补偿数额；但是，在任何情况下，增加部分不得超过救助费用的百分之一百。

本条所称救助费用，是指救助方在救助作业中直接支付的合理费用以及实际使用救助设备、投入救助人员的合理费用。确定救助费用应当考虑本法第一百八十条第一款第（八）、（九）、（十）项的规定。

在任何情况下，本条规定的全部特别补偿，只有在超过救助方依照本法第一百八十条规定能够获得的救助报酬时，方可支付，支付金额为特别补偿超过救助报酬的差额部分。

由于救助方的过失未能防止或者减少环境污染损害的，可以全部或者部分地剥夺救助方获得特别补偿的权利。

本条规定不影响船舶所有人对其他被救助方的追偿权。

第一百八十三条 救助报酬的金额，应当由获救的船舶和其他财产的各所有人，按照船舶和其他各项财产各自的获救价值占全部获救价值的比例承担。

第一百八十四条 参加同一救助作业的各救助方的救助报酬，应当根据本法第一百八十条规定的标准，由各方协商确定；协商不成的，可以提请受理争议的法院判决或者经各方协议提请仲裁机构裁决。

第一百八十五条 在救助作业中救助人命的救助方，对获救人员不得请求酬金，但是有权从救助船舶或者其他财产、防止或者减少环境污染损害的救助方获得的救助款项中，获得合理的份额。

第一百八十六条 下列救助行为无权获得救助款项：

（一）正常履行拖航合同或者其他服务合同的义务进行救助的，但是提供不属于履行上述义务的特殊劳务除外；

（二）不顾遇险的船舶的船长、船舶所有人或者其他财产所有人明确的和合理的拒绝，仍然进行救助的。

第一百八十七条 由于救助方的过失致使救助作业成为必需或者更加困难的，或者救助方有欺诈或者其他不诚实行为的，应当取消或者减少向救助方支付的救助款项。

第一百八十八条 被救助方在救助作业结束后，应当根据救助方的要求，对救助款项提供满意的担保。

在不影响前款规定的情况下，获救船舶的船舶所有人应当在获救的货物交还前，尽力使货物的所有人对其应当承担的救助款项提供满意的担保。

在未根据救助人的要求对获救的船舶或者其他财产提供满意的担保以前，未经救助方同意，不得将获救的船舶和其他财产从救助作业完成后最初到达的港口或者地点移走。

第一百八十九条　受理救助款项请求的法院或者仲裁机构，根据具体情况，在合理的条件下，可以裁定或者裁决被救助方向救助方先行支付适当的金额。

被救助方根据前款规定先行支付金额后，其根据本法第一百八十八条规定提供的担保金额应当相应扣减。

第一百九十条　对于获救满九十日的船舶和其他财产，如果被救助方不支付救助款项也不提供满意的担保，救助方可以申请法院裁定强制拍卖；对于无法保管、不易保管或者保管费用可能超过其价值的获救的船舶和其他财产，可以申请提前拍卖。

拍卖所得价款，在扣除保管和拍卖过程中的一切费用后，依照本法规定支付救助款项；剩余的金额，退还被救助方；无法退还、自拍卖之日起满一年又无人认领的，上缴国库；不足的金额，救助方有权向被救助方追偿。

第一百九十一条　同一船舶所有人的船舶之间进行的救助，救助方获得救助款项的权利适用本章规定。

第一百九十二条　国家有关主管机关从事或者控制的救助作业，救助方有权享受本章规定的关于救助作业的权利和补偿。

第十章　共同海损

第一百九十三条　共同海损，是指在同一海上航程中，船舶、货物和其他财产遭遇共同危险，为了共同安全，有意地合理地采取措施所直接造成的特殊牺牲、支付的特殊费用。

无论在航程中或者在航程结束后发生的船舶或者货物因迟延所造成的损失，包括船期损失和行市损失以及其他间接损失，均不得列入共同海损。

第一百九十四条　船舶因发生意外、牺牲或者其他特殊情况而损坏时，为了安全完成本航程，驶入避难港口、避难地点或者驶回装货港口、装货地点进行必要的修理，在该港口或者地点额外停留期间所支付的港口费，船员工资、给养，船舶所消耗的燃料、物料，为修理而卸载、储存、重装或者搬移船上货物、燃料、物料以及其他财产所造成的损失、支付的费用，应当列入共同海损。

第一百九十五条　为代替可以列为共同海损的特殊费用而支付的额外费用，可以作为代替费用列入共同海损；但是，列入共同海损的代替费用的金额，不得超过被代替的共同海损的特殊费用。

第一百九十六条　提出共同海损分摊请求的一方应当负举证责任，证明其损失应当列入共同海损。

第一百九十七条　引起共同海损特殊牺牲、特殊费用的事故，可能是由航程中一方的过失造成的，不影响该方要求分摊共同海损的权利；但是，非过失方或者过失方可以就此项过失提出赔偿请求或者进行抗辩。

第一百九十八条　船舶、货物和运费的共同海损牺牲的金额，依照下列规定确定：

（一）船舶共同海损牺牲的金额，按照实际支付的修理费，减除合理的以新换旧的扣减额计算。船舶尚未修理的，按照牺牲造成的合理贬值计算，但是不得超过估计的修理费。

船舶发生实际全损或者修理费用超过修复后的船舶价值的，共同海损牺牲金额按照该船舶在完好状态下的估计价值，减除不属于共同海损损坏的估计的修理费和该船舶受损后的价值的余额计算。

（二）货物共同海损牺牲的金额，货物灭失的，按照货物在装船时的价值加保险费加运费，减除由于牺牲无需支付的运费计算。货物损坏，在就损坏程度达成协议前售出的，按照货物在装船时的价值加保险费加运费，与出售货物净得的差额计算。

（三）运费共同海损牺牲的金额，按照货物遭受牺牲造成的运费的损失金额，减除为取得这笔运费本应支付，但是由于牺牲无需支付的营运费用计算。

第一百九十九条　共同海损应当由受益方按照各自的分摊价值的比例分摊。

船舶、货物和运费的共同海损分摊价值，分别依照下列规定确定：

（一）船舶共同海损分摊价值，按照船舶在航程终止时的完好价值，减除不属于共同海损的损失金额计算，或者按照船舶在航程终止时的实际价值，加上共同海损牺牲的金额计算。

（二）货物共同海损分摊价值，按照货物在装船时的价值加保险费加运费，减除不属于共同海损的损失金额和承运人承担风险的运费计算。货物在抵达目的港以前售出的，按照出售净得金额，加上共同海损牺牲的金额计算。

旅客的行李和私人物品，不分摊共同海损。

（三）运费分摊价值，按照承运人承担风险并于航程终止时有权收取的运费，减除为取得该项运费而在共同海损事故发生后，为完成本航程所支付的营运费用，如上共同海损牺牲的金额计算。

第二百条　未申报的货物或者谎报的货物，应当参加共同海损分摊；其遭受的特殊牺牲，不得列入共同海损。

不正当地以低于货物实际价值作为申报价值的，按照实际价值分摊共同海损；在发生共同海损牺牲时，按照申报价值计算牺牲金额。

第二百零一条　对共同海损特殊牺牲和垫付的共同海损特殊费用，应当计算利息。对垫付的共同海损特殊费用，除船员工资、给养和船舶消耗的燃料、物料外，应当计算手续费。

第二百零二条　经利益关系人要求，各分摊方应当提供共同海损担保。

以提供保证金方式进行共同海损担保的，保证金应当交由海损理算师以保管人名义存入银行。

保证金的提供、使用或者退还，不影响各方最终的分摊责任。

第二百零三条　共同海损理算，适用合同约定的理算规则；合同未约定的，适用本章的规定。

第十一章　海事赔偿责任限制

第二百零四条　船舶所有人、救助人，对本法第二百零七条所列海事赔偿请求，可以依照本章规定限制赔偿责任。

前款所称的船舶所有人，包括船舶承租人和船舶经营人。

第二百零五条　本法第二百零七条所列海事赔偿请求，不是向船舶所有人、救助人本人提出，而是向他们对其行为、过失负有责任的人员提出的，这些人员可以依照本章规定限制赔偿责任。

第二百零六条　被保险人依照本章规定可以限制赔偿责任的，对该海事赔偿请求承担责任的保险人，有权依照本章规定享受相同的赔偿责任限制。

第二百零七条　下列海事赔偿请求，除本法第二百零八条和第二百零九条另有规定外，无论赔偿责任的基础有何不同，责任人均可以依照本章规定限制赔偿责任：

（一）在船上发生的或者与船舶营运、救助作业直接相关的人身伤亡或者财产的灭失、损坏，包括对港口工程、港池、航道和助航设施造成的损坏，以及由此引起的相应损失的赔偿请求；

（二）海上货物运输因迟延交付或者旅客及其行李运输因迟延到达造成损失的赔偿请求；

（三）与船舶营运或者救助作业直接相关的，侵犯非合同权利的行为造成其他损失的赔偿请求；

（四）责任人以外的其他人，为避免或者减少责任人依照本章规定可以限制赔偿责任的损失而采取措施的赔偿请求，以及因此项措施造成进一步损失的赔偿请求。

前款所列赔偿请求，无论提出的方式有何不同，均可以限制赔偿责任。但是，第（四）项涉及责任人以合同约定支付的报酬，责任人的支付责任不得援用本条赔偿责任限制的规定。

第二百零八条　本章规定不适用于下列各项：

（一）对救助款项或者共同海损分摊的请求；

（二）中华人民共和国参加的国际油污损害民事责任公约规定的油污损害的赔偿请求；

（三）中华人民共和国参加的国际核能损害责任限制公约规定的核能损害的赔偿请求；

（四）核动力船舶造成的核能损害的赔偿请求；

（五）船舶所有人或者救助人的受雇人提出的赔偿请求，根据调整劳务合同的法律，船舶所有人或者救助人对该类赔偿请求无权限制赔偿责任，或者该项法律作了高于本章规定的赔偿限额的规定。

第二百零九条　经证明，引起赔偿请求的损失是由于责任人的故意或者明知可能造成损失而轻率地作为或者不作为造成的，责任人无权依照本章规定限制赔偿责任。

第二百一十条　除本法第二百一十一条另有规定外，海事赔偿责任限制，依照下列规定计算赔偿限额：

（一）关于人身伤亡的赔偿请求

1. 总吨位300吨至500吨的船舶，赔偿限额为333 000计算单位；

2. 总吨位超过500吨的船舶，500吨以下部分适用本项第1目的规定，500吨以上的部分，应当增加下列数额：

501 吨至 3 000 吨的部分，每吨增加 500 计算单位；

3 001 吨至 30 000 吨的部分，每吨增加 333 计算单位；

30 001 吨至 70 000 吨的部分，每吨增加 250 计算单位；

超过 70 000 吨的部分，每吨增加 167 计算单位。

（二）关于非人身伤亡的赔偿请求

1. 总吨位 300 吨至 500 吨的船舶，赔偿限额为 167 000 计算单位；

2. 总吨位超过 500 吨的船舶，500 吨以下部分适用本项第 1 目的规定，500 吨以上的部分，应当增加下列数额：

501 吨至 30 000 吨的部分，每吨增加 167 计算单位；

30 001 吨至 70 000 吨的部分，每吨增加 125 计算单位；

超过 70 000 吨的部分，每吨增加 83 计算单位。

（三）依照第（一）项规定的限额，不足以支付全部人身伤亡的赔偿请求的，其差额应当与非人身伤亡的赔偿请求并列，从第（二）项数额中按照比例受偿。

（四）在不影响第（三）项关于人身伤亡赔偿请求的情况下，就港口工程、港池、航道和助航设施的损害提出的赔偿请求，应当较第（二）项中的其他赔偿请求优先受偿。

（五）不以船舶进行救助作业或者在被救船舶上进行救助作业的救助人，其责任限额按照总吨位为 1 500 吨的船舶计算。

总吨位不满 300 吨的船舶，从事中华人民共和国港口之间的运输的船舶，以及从事沿海作业的船舶，其赔偿限额由国务院交通主管部门制定，报国务院批准后施行。

第二百一十一条　海上旅客运输的旅客人身伤亡赔偿责任限制，按照 46 666 计算单位乘以船舶证书规定的载客定额计算赔偿限额，但是最高不超过 25 000 000 计算单位。

中华人民共和国港口之间海上旅客运输的旅客人身伤亡，赔偿限额由国务院交通主管部门制定，报国务院批准后施行。

第二百一十二条　本法第二百一十条和第二百一十一条规定的赔偿限额，适用于特定场合发生的事故引起的，向船舶所有人、救助人本人和他们对其行为、过失负有责任的人员提出的请求的总额。

第二百一十三条　责任人要求依照本法规定限制赔偿责任的，可以在有管辖权的法院设立责任限制基金。基金数额分别为本法第二百一十条、第二百一十一条规定的限额，加上自责任产生之日起至基金设立之日止的相应利息。

第二百一十四条　责任人设立责任限制基金后，向责任人提出请求的任何人，不得对责任人的任何财产行使任何权利；已设立责任限制基金的责任人的船舶或者其他财产已经被扣押，或者基金设立人已经提交抵押物的，法院应当及时下令释放或者责令退还。

第二百一十五条　享受本章规定的责任限制的人，就同一事故向请求人提出反请求的，双方的请求金额应当相互抵销，本章规定的赔偿限额仅适用于两个请求金额之间的差额。

第十二章 海上保险合同
第一节 一般规定

第二百一十六条 海上保险合同，是指保险人按照约定，对被保险人遭受保险事故造成保险标的的损失和产生的责任负责赔偿，而由被保险人支付保险费的合同。

前款所称保险事故，是指保险人与被保险人约定的任何海上事故，包括与海上航行有关的发生于内河或者陆上的事故。

第二百一十七条 海上保险合同的内容，主要包括下列各项：

（一）保险人名称；

（二）被保险人名称；

（三）保险标的；

（四）保险价值；

（五）保险金额；

（六）保险责任和除外责任；

（七）保险期间；

（八）保险费。

第二百一十八条 下列各项可以作为保险标的：

（一）船舶；

（二）货物；

（三）船舶营运收入，包括运费、租金、旅客票款；

（四）货物预期利润；

（五）船员工资和其他报酬；

（六）对第三人的责任；

（七）由于发生保险事故可能受到损失的其他财产和产生的责任、费用。

保险人可以将对前款保险标的的保险进行再保险。除合同另有约定外，原被保险人不得享有再保险的利益。

第二百一十九条 保险标的的保险价值由保险人与被保险人约定。

保险人与被保险人未约定保险价值的，保险价值依照下列规定计算：

（一）船舶的保险价值，是保险责任开始时船舶的价值，包括船壳、机器、设备的价值，以及船上燃料、物料、索具、给养、淡水的价值和保险费的总和；

（二）货物的保险价值，是保险责任开始时货物在起运地的发票价格或者非贸易商品在起运地的实际价值以及运费和保险费的总和；

（三）运费的保险价值，是保险责任开始时承运人应收运费总额和保险费的总和；

（四）其他保险标的的保险价值，是保险责任开始时保险标的的实际价值和保险费的总和。

第二百二十条 保险金额由保险人与被保险人约定。保险金额不得超过保险价值；超过保险价值的，超过部分无效。

第二节 合同的订立、解除和转让

第二百二十一条 被保险人提出保险要求，经保险人同意承保，并就海上保险合同的条款达成协议后，合同成立。保险人应当及时向被保险人签发保险单或者其他保险单证，并在保险单或者其他保险单证中载明当事人双方约定的合同内容。

第二百二十二条 合同订立前，被保险人应当将其知道的或者在通常业务中应当知道的有关影响保险人据以确定保险费率或者确定是否同意承保的重要情况，如实告知保险人。

保险人知道或者在通常业务中应当知道的情况，保险人没有询问的，被保险人无需告知。

第二百二十三条 由于被保险人的故意，未将本法第二百二十二条第一款规定的重要情况如实告知保险人的，保险人有权解除合同，并不退还保险费。合同解除前发生保险事故造成损失的，保险人不负赔偿责任。

不是由于被保险人的故意，未将本法第二百二十二条第一款规定的重要情况如实告知保险人的，保险人有权解除合同或者要求相应增加保险费。保险人解除合同的，对于合同解除前发生保险事故造成的损失，保险人应当负赔偿责任；但是，未告知或者错误告知的重要情况对保险事故的发生有影响的除外。

第二百二十四条 订立合同时，被保险人已经知道或者应当知道保险标的已经因发生保险事故而遭受损失的，保险人不负赔偿责任，但是有权收取保险费；保险人已经知道或者应当知道保险标的已经不可能因发生保险事故而遭受损失的，被保险人有权收回已经支付的保险费。

第二百二十五条 被保险人对同一保险标的就同一保险事故向几个保险人重复订立合同，而使该保险标的的保险金额总和超过保险标的的价值的，除合同另有约定外，被保险人可以向任何保险人提出赔偿请求。被保险人获得的赔偿金额总和不得超过保险标的的受损价值。各保险人按照其承保的保险金额同保险金额总和的比例承担赔偿责任。任何一个保险人支付的赔偿金额超过其应当承担的赔偿责任的，有权向未按照其应当承担的赔偿责任支付赔偿金额的保险人追偿。

第二百二十六条 保险责任开始前，被保险人可以要求解除合同，但是应当向保险人支付手续费，保险人应当退还保险费。

第二百二十七条 除合同另有约定外，保险责任开始后，被保险人和保险人均不得解除合同。

根据合同约定在保险责任开始后可以解除合同的，被保险人要求解除合同，保险人有权收取自保险责任开始之日起至合同解除之日止的保险费，剩余部分予以退还；保险人要求解除合同，应当将自合同解除之日起至保险期间届满之日止的保险费退还被保险人。

第二百二十八条 虽有本法第二百二十七条规定，货物运输和船舶的航次保险，保险责任开始后，被保险人不得要求解除合同。

第二百二十九条 海上货物运输保险合同可以由被保险人背书或者以其他方式转让，合同的权利、义务随之转移。合同转让时尚未支付保险费的，被保险人和合同受让人负连带支付责任。

第二百三十条　因船舶转让而转让船舶保险合同的，应当取得保险人同意。未经保险人同意，船舶保险合同从船舶转让时起解除；船舶转让发生在航次之中的，船舶保险合同至航次终了时解除。

合同解除后，保险人应当将自合同解除之日起至保险期间届满之日止的保险费退还被保险人。

第二百三十一条　被保险人在一定期间分批装运或者接受货物的，可以与保险人订立预约保险合同。预约保险合同应当由保险人签发预约保险单证加以确认。

第二百三十二条　应被保险人要求，保险人应当对依据预约保险合同分批装运的货物分别签发保险单证。

保险人分别签发的保险单证的内容与预约保险单证的内容不一致的，以分别签发的保险单证为准。

第二百三十三条　被保险人知道经预约保险合同保险的货物已经装运或者到达的情况时，应当立即通知保险人。通知的内容包括装运货物的船名、航线、货物价值和保险金额。

第三节　被保险人的义务

第二百三十四条　除合同另有约定外，被保险人应当在合同订立后立即支付保险费；被保险人支付保险费前，保险人可以拒绝签发保险单证。

第二百三十五条　被保险人违反合同约定的保证条款时，应当立即书面通知保险人。保险人收到通知后，可以解除合同，也可以要求修改承保条件、增加保险费。

第二百三十六条　一旦保险事故发生，被保险人应当立即通知保险人，并采取必要的合理措施，防止或者减少损失。被保险人收到保险人发出的有关采取防止或者减少损失的合理措施的特别通知的，应当按照保险人通知的要求处理。

对于被保险人违反前款规定所造成的扩大的损失，保险人不负赔偿责任。

第四节　保险人的责任

第二百三十七条　发生保险事故造成损失后，保险人应当及时向被保险人支付保险赔偿。

第二百三十八条　保险人赔偿保险事故造成的损失，以保险金额为限。保险金额低于保险价值的，在保险标的发生部分损失时，保险人按照保险金额与保险价值的比例负赔偿责任。

第二百三十九条　保险标的在保险期间发生几次保险事故所造成的损失，即使损失金额的总和超过保险金额，保险人也应当赔偿。但是，对发生部分损失后未经修复又发生全部损失的，保险人按照全部损失赔偿。

第二百四十条　被保险人为防止或者减少根据合同可以得到赔偿的损失而支出的必要的合理费用，为确定保险事故的性质、程度而支出的检验、估价的合理费用，以及为执行保险人的特别通知而支出的费用，应当由保险人在保险标的损失赔偿之外另行支付。

保险人对前款规定的费用的支付，以相当于保险金额的数额为限。

保险金额低于保险价值的，除合同另有约定外，保险人应当按照保险金额与保险价值的比例，支付本条规定的费用。

第二百四十一条 保险金额低于共同海损分摊价值的，保险人按照保险金额同分摊价值的比例赔偿共同海损分摊。

第二百四十二条 对于被保险人故意造成的损失，保险人不负赔偿责任。

第二百四十三条 除合同另有约定外，因下列原因之一造成货物损失的，保险人不负赔偿责任：

（一）航行迟延、交货迟延或者行市变化；

（二）货物的自然损耗、本身的缺陷和自然特性；

（三）包装不当。

第二百四十四条 除合同另有约定外，因下列原因之一造成保险船舶损失的，保险人不负赔偿责任：

（一）船舶开航时不适航，但是在船舶定期保险中被保险人不知道的除外；

（二）船舶自然磨损或者锈蚀。

运费保险比照适用本条的规定。

第五节 保险标的的损失和委付

第二百四十五条 保险标的发生保险事故后灭失，或者受到严重损坏完全失去原有形体、效用，或者不能再归被保险人所拥有的，为实际全损。

第二百四十六条 船舶发生保险事故后，认为实际全损已经不可避免，或者为避免发生实际全损所需支付的费用超过保险价值的，为推定全损。

货物发生保险事故后，认为实际全损已经不可避免，或者为避免发生实际全损所需支付的费用与继续将货物运抵目的地的费用之和超过保险价值的，为推定全损。

第二百四十七条 不属于实际全损和推定全损的损失，为部分损失。

第二百四十八条 船舶在合理时间内未从被获知最后消息的地点抵达目的地，除合同另有约定外，满两个月后仍没有获知其消息的，为船舶失踪。船舶失踪视为实际全损。

第二百四十九条 保险标的发生推定全损，被保险人要求保险人按照全部损失赔偿的，应当向保险人委付保险标的。保险人可以接受委付，也可以不接受委付，但是应当在合理的时间内将接受委付或者不接受委付的决定通知被保险人。

委付不得附带任何条件。委付一经保险人接受，不得撤回。

第二百五十条 保险人接受委付的，被保险人对委付财产的全部权利和义务转移给保险人。

第六节 保险赔偿的支付

第二百五十一条 保险事故发生后，保险人向被保险人支付保险赔偿前，可以要求被保险人提供与确认保险事故性质和损失程度有关的证明和资料。

第二百五十二条 保险标的发生保险责任范围内的损失是由第三人造成的，被保险人向第三人要求赔偿的权利，自保险人支付赔偿之日起，相应转移给保险人。

被保险人应当向保险人提供必要的文件和其所需要知道的情况，并尽力协助保险人向第三人追偿。

第二百五十三条 被保险人未经保险人同意放弃向第三人要求赔偿的权利，或者由于过失致使保险人不能行使追偿权利的，保险人可以相应扣减保险赔偿。

第二百五十四条　保险人支付保险赔偿时，可以从应支付的赔偿额中相应扣减被保险人已经从第三人取得的赔偿。

保险人从第三人取得的赔偿，超过其支付的保险赔偿的，超过部分应当退还给被保险人。

第二百五十五条　发生保险事故后，保险人有权放弃对保险标的的权利，全额支付合同约定的保险赔偿，以解除对保险标的的义务。

保险人行使前款规定的权利，应当自收到被保险人有关赔偿损失的通知之日起的七日内通知被保险人；被保险人在收到通知前，为避免或者减少损失而支付的必要的合理费用，仍然应当由保险人偿还。

第二百五十六条　除本法第二百五十五条的规定外，保险标的发生全损，保险人支付全部保险金额的，取得对保险标的的全部权利；但是，在不足额保险的情况下，保险人按照保险金额与保险价值的比例取得对保险标的的部分权利。

第十三章　时效

第二百五十七条　就海上货物运输向承运人要求赔偿的请求权，时效期间为一年，自承运人交付或者应当交付货物之日起计算；在时效期间内或者时效期间届满后，被认定为负有责任的人向第三人提起追偿请求的，时效期间为九十日，自追偿请求人解决原赔偿请求之日起或者收到受理对其本人提起诉讼的法院的起诉状副本之日起计算。

有关航次租船合同的请求权，时效期间为二年，自知道或者应当知道权利被侵害之日起计算。

第二百五十八条　就海上旅客运输向承运人要求赔偿的请求权，时效期间为二年，分别依照下列规定计算：

（一）有关旅客人身伤害的请求权，自旅客离船或者应当离船之日起计算；

（二）有关旅客死亡的请求权，发生在运送期间的，自旅客应当离船之日起计算；因运送期间内的伤害而导致旅客离船后死亡的，自旅客死亡之日起计算，但是此期限自离船之日起不得超过三年；

（三）有关行李灭失或者损坏的请求权，自旅客离船或者应当离船之日起计算。

第二百五十九条　有关船舶租用合同的请求权，时效期间为二年，自知道或者应当知道权利被侵害之日起计算。

第二百六十条　有关海上拖航合同的请求权，时效期间为一年，自知道或者应当知道权利被侵害之日起计算。

第二百六十一条　有关船舶碰撞的请求权，时效期间为二年，自碰撞事故发生之日起计算；本法第一百六十九条第三款规定的追偿请求权，时效期间为一年，自当事人连带支付损害赔偿之日起计算。

第二百六十二条　有关海难救助的请求权，时效期间为二年，自救助作业终止之日起计算。

第二百六十三条　有关共同海损分摊的请求权，时效期间为一年，自理算结束之日起计算。

第二百六十四条　根据海上保险合同向保险人要求保险赔偿的请求权，时效期间为二年，自保险事故发生之日起计算。

第二百六十五条　有关船舶发生油污损害的请求权，时效期间为三年，自损害发生之日起计算；但是，在任何情况下时效期间不得超过从造成损害的事故发生之日起六年。

第二百六十六条　在时效期间的最后六个月内，因不可抗力或者其他障碍不能行使请求权的，时效中止。自中止时效的原因消除之日起，时效期间继续计算。

第二百六十七条　时效因请求人提起诉讼、提交仲裁或者被请求人同意履行义务而中断。但是，请求人撤回起诉、撤回仲裁或者起诉被裁定驳回的，时效不中断。

请求人申请扣船的，时效自申请扣船之日起中断。

自中断时起，时效期间重新计算。

第十四章　涉外关系的法律适用

第二百六十八条　中华人民共和国缔结或者参加的国际条约同本法有不同规定的，适用国际条约的规定；但是，中华人民共和国声明保留的条款除外。

中华人民共和国法律和中华人民共和国缔结或者参加的国际条约没有规定的，可以适用国际惯例。

第二百六十九条　合同当事人可以选择合同适用的法律，法律另有规定的除外。合同当事人没有选择的，适用与合同有最密切联系的国家的法律。

第二百七十条　船舶所有权的取得、转让和消灭，适用船旗国法律。

第二百七十一条　船舶抵押权适用船旗国法律。

船舶在光船租赁以前或者光船租赁期间，设立船舶抵押权的，适用原船舶登记国的法律。

第二百七十二条　船舶优先权，适用受理案件的法院所在地法律。

第二百七十三条　船舶碰撞的损害赔偿，适用侵权行为地法律。

船舶在公海上发生碰撞的损害赔偿，适用受理案件的法院所在地法律。

同一国籍的船舶，不论碰撞发生于何地，碰撞船舶之间的损害赔偿适用船旗国法律。

第二百七十四条　共同海损理算，适用理算地法律。

第二百七十五条　海事赔偿责任限制，适用受理案件的法院所在地法律。

第二百七十六条　依照本章规定适用外国法律或者国际惯例，不得违背中华人民共和国的社会公共利益。

第十五章　附则

第二百七十七条　本法所称计算单位，是指国际货币基金组织规定的特别提款权；其人民币数额为法院判决之日、仲裁机构裁决之日或者当事人协议之日，按照国家外汇主管机关规定的国际货币基金组织的特别提款权对人民币的换算办法计算得出的人民币数额。

第二百七十八条　本法自 1993 年 7 月 1 日起施行。

统一国际航空运输某些规则的公约（华沙公约）

（1929 年 10 月 12 日在华沙签订，1933 年 2 月 13 日生效）

缔约国认为，国际航空运输的条件，在所用文件和承运人的责任方面，有统一规定的必要，为此目的，各派全权代表，经正式授权，签订本公约如下：

第一章　范围和定义

第一条

一、本公约适用于所有以航空器运送旅客、行李或货物而收取报酬的国际运输。本公约同样适用于航空运输企业以航空器办理的免费运输。

二、本公约所指的"国际运输"的意义是：根据有关各方所订的合同，不论在运输中是否有间断或转运，其出发地和目的地是在两个缔约国或非缔约国的主权、宗主权、委任统治权或权力管辖下的领土内有一个约定的经停地点的任何运输。在同一缔约国的主权、宗主权、委任统治权或权力管辖下的领土间的运输如果没有这种约定的经停地点，对本公约来说不作为国际运输。

三、几个连续的航空承运人所办理的运输，如果被合同各方认为是一个单一的业务活动，则无论是以一个合同或一系列的合同的形式订立的，就本公约的适用来说，应作为一个单一的运输，并不因其中一个合同或一系列的合同完全在同一缔约国的主权、宗主权、委任统治权或权力管辖下的领土内履行而丧失其国际性质。

第二条

一、本公约适用于国家其他法人在第一条规定的条件下所办理的运输。

二、本公约不适用于按照国际邮政公约的规定而办理的运输。

第二章　运输凭证

第一节　客票

第三条

一、承运人运送旅客时必须出具客票，客票上应该包括以下各项：

（一）出票地点和日期；

（二）出发地和目的地；

（三）约定的经停地点，但承运人保留在必要时变更经停地点的权利，承运人行使这种权利时，不应使运输由于这种变更而丧失其国际性质；

（四）承运人的名称和地址；

（五）声明运输应受本公约所规定责任制度的约束。

二、如果没有客票或客票不合规定或客票遗失，不影响运输合同的存在和有效，这项运输合同仍将受本公约规则的约束。但是如果承运人承运旅客而不出具客票，承运人就无权引用本公约关于免除或限制承运人责任的规定。

第二节　行李票

第四条

一、运送行李，除由旅客自行保管的小件个人用品外，承运人必须出具行李票。

二、行李票应备一式两份，一份交旅客，一份归承运人。

三、行李票上应包括以下各项：

（一）出票地点和日期；

（二）起运地和目的地；

（三）承运人的名称和地址；

（四）客票的号码；

（五）声明行李将交给行李票持有人；

（六）行李件数和重量；

（七）根据第二十二条第二款声明价值；

（八）声明运输应受本公约所规定责任制度的约束。

四、如果没有行李票或行李票不合规定或行李票遗失，不影响运输合同的存在和有效，这项运输合同仍将同样受本公约的规则的约束。但是如果承运人接受行李而不出具行李票，或行李票上没有包括以下（四）（六）（八）各项，承运人就无权引用本公约关于免除或限制承运人责任的规定。

第三节　航空货运单

第五条

一、货物承运人有权要求托运人填写一称为"航空货运单"的凭证，托运人有权要求承运人接受这项凭证。

二、但是如果没有这种凭证，或凭证不合规定或凭证遗失，不影响运输合同的存在和有效，除第九条另有规定外，这项运输合同同样受本公约的规则的约束。

第六条

一、托运人应填写航空货运单正本一式三份，连同货物交给承运人。

二、第一份注明"交承运人"，由托运人签字；第二份注明"交收货人"由托运人和承运人签字，并附在货物上；第三份由承运人在接受货物时签字，交给托运人。

三、承运人应该在接受货物时签字。

四、承运人的签字可以用戳记代替，托运人的签字可以印就或用戳记代替。

五、如果承运人根据托运人的请求，填写航空货运单，在没有相反的证据时，应作为代托运人填写。

第七条

如果货物不止一件时，承运人有权要求托运人分别填写航空货运单。

第八条

航空货运单上应该包括以下各项：

一、货运单的填写地点和日期；

二、起运地和目的地；

三、约定的经停地点，但承运人保留在必要时变更经停地点的权利，承运人行使这种权利时，不应使运输由于这种变更而丧失其国际性质；

四、托运人的名称和地址；

五、第一承运人的名称和地址；

六、必要时应写明收货人的名称和地址；

七、货物的性质；

八、包装件数、包装方式、特殊标志或号数；

九、货物的重量、数量、体积或尺寸；

十、货物和包装的外表情况；

十一、如果运费已经议定，应写明运费金额、付费日期和地点以及付费人；

十二、如果是货到付款，应写明货物的价格，必要时还应写明应付的费用；

十三、根据第二十二条第二款声明的价值；

十四、航空货运单的份数；

十五、随同航空货运单交给承运人的凭证；

十六、如果经过约定，应写明运输期限，并概要说明经过的路线；

十七、声明运输应受本公约所规定责任制度的约束。

第九条

如果承运人接受货物而没有填写航空货运单，或航空货运单没有包括第八条第一至第九款和第十七款各项，承运人就无权引用本公约关于免除或限制承运人责任的规定。

第十条

一、对于在航空货运单上所填关于货物的各项说明和声明的正确性，托运人应负责任。

二、对于因为这些说明和声明不合规定、不正确或不完备而使承运人或任何其他人遭受的一切损失，托运人应负责任。

第十一条

一、在没有相反的证据时，航空货运单是订立合同、接受货物和承运条件的证明。

二、在没有相反的证据时，航空货运单中关于货物重量、尺寸和包装以及件数的说明，都应该被当作是确实的。除非经过承运人和托运人当面查对并在航空货运单中注明经过查对，或者是关于货物外表情况的说明外，关于货物的数量、体积及情况的说明不能构成不利承运人的证据。

第十二条

一、托运人在履行运输合同所规定的一切义务的条件下，有权在起运地航空站或目的地航空站将货物提回，或在途中经停时中止运输，或在目的地或运输途中交给非航空货运单上所指定的收货人、或要求将货物退回起运地航空站，但不得因为行使这种权利而使承运人或其他托运人遭受损害，并且应该偿付由此产生的一切费用。

二、如果托运人的指示不能执行，承运人应该立即通知托运人。

三、如果承运人按照托运人的指示处理货物，而没有要求托运人出示他所执的航空货运单，因而使该船空货运单的合法执有人遭受损失时，承运人应负责任，但并不妨碍承运人向托运人要求赔偿的权利。

四、收货人的权利根据第十三条规定开始时，托运人的权利即告终止，但是如果收货人拒绝接受货运单或货物，或无法同收货人联系，托运人就恢复他对货物的处理权。

第十三条

一、除上条所列情况外，收货人于货物到达目的地，并在缴付应付款项和履行航空货运单上所列的运输条件后，有权要求承运人移交航空货运单并发给货物。.

二、除另有约定外，承运人应该在货物到达后立即通知收货人。

三、如果承运人承认货物已经遗失或货物在应该到达的日期七天后尚未到达，收货人有权向承运人行使运输合同所赋予的权利。

第十四条

托运人或收货人在履行合同所规定义务的条件下，不论为自己或别人的利益，可以各自用自己的名义分别行使第十二、十三条所赋予的一切权利。

第十五条

一、第十二、十三、十四各条不影响托运人对收货人或收货人对托运人的关系，也不影响从托运人或收货人获得权利的第三者之间的关系。

二、一切同第十二、十三、十四各条规定不同的条款应该在航空货单中明白规定。

第十六条

一、托运人应该提供各种必需的资料，以便在货物交付收货人以前完成海关、税务或公安手续，并且应该将必需的有关证件附在航空货运单后面。除非由于承运人或其代理人的过失，这种资料或证件的缺乏、不足或不合规定所造成的任何损失，应该由托运人对承运人负责。

二、承运人没有检查这种资料或证件是否正确或完备的义务。

第三章 承运人的责任

第十七条

对于旅客因死亡、受伤或身体上的任何其他损害而产生的损失，如果造成这种损失的事故是发生在航空器上或上下航空器过程中，承运人应负责任。

第十八条

一、对于任何已登记的行李或货物因毁灭、遗失或损坏而产生的损失，如果造成这种损失的事故是发生在航空运输期间，承运人应负责任。

二、上款所指航空运输的意义，包括行李或货物在承运人保管下的期间，不论是在航空站内、在航空器上或在航空站外降落的任何地点。

三、航空运输的期间不包括在航空站以外的任何陆运、海运或河运。但是如果这种运输是为了履行空运合同，是为了装货、交货或转运，任何损失应该被认为是在航空运输期间发生事故的结果，除非有相反证据。

第十九条

承运人对旅客、行李或货物在航空运输过程中因延误而造成的损失应负责任。

第二十条

一、承运人如果证明自己和他的代理人为了避免损失的发生，已经采取一切必要的措施，或不可能采取这种措施时，就不负责任。

二、在运输货物和行李时，如果承运人证明损失的发生是由于驾驶上、航空器的操作上或领航上的过失，而在其他一切方面承运人和他的代理人已经采取一切必要的措施以避免损失时，就不负责任。

第二十一条

如果承运人证明损失的发生是由于受害人的过失所引起或助成，法院可以按照它的法律规定，免除或减轻承运人的责任。

第二十二条

一、运送旅客时，承运人以每一旅客的责任以十二万五千法郎为限。如果根据受理法院地法律，可以分期付款方式赔偿损失时，付款的总值不得超过这个限额。但是旅客可以根据他同承运人的特别协议，规定一个较高的责任限额。

二、在运输已登记的行李和货物时，承运人对行李或货物的责任以每公斤二百五十法郎为限，除非托运人在交运时，曾特别声明行李或货物运到后的价值，并缴付必要的附加费。在这种情况下，承运人所负责在不超过声明的金额，除非承运人证明托运人声明的金额高于行李或货物运到后的实际价值。

三、关于旅客自己保管的物件，承运人对每个旅客所负的责任，以五千法郎为限。

四、上述法郎是指含有千分之九百成色的65.5毫克黄金的法国法郎。这项金额可以折合成任何国家的货币取其整数。

第二十三条

企图免除承运人的责任，或定出一个低于本公约所规定责任限额的任何条款，都不发生效力，但合同仍受本公约规定的约束，并不因此而失效。

第二十四条

一、如果遇到第十八、十九两条所规定的情况，不论其根据如何，一切有关责任的诉讼只能按照本公约所列条件和限额提出。

二、如果遇到第十七条所规定的情况，也适用上项规定，但不妨碍确定谁有权提出诉讼以及他们各自的权利。

第二十五条

一、如果损失的发生是由于承运人有意的不良行为，或由于承运人的过失，而根据受理法院的法律，这种过失被认为等于有意的不良行为，承运人就无权引用本公约关于免除或限制承运人责任的规定。

二、同样，如果上述情况造成的损失是承运人的代理人之一在执行他的职务范围内所造成的，承运人也无权引用这种规定。

第二十六条

一、除非有相反的证据，如果收件人在收受行李或货物时没有异议，就被认为行李或货物已经完好地交付，并和运输凭证相符。

二、如果有损坏情况，收件人应该在发现损坏后，立即向承运人提出异议，如果是行李，最迟应该在行李收到后三天内提出，如果是货物，最迟应该在货物收到后七天内提出。如果有延误，最迟应该在行李或货物交由收件人支配之日起十四天内提出异议。

三、任何异议应该在规定期限内写在运输凭证上或另以书面提出。

四、除非承运人方面有欺诈行为，如果在规定期限内没有提出异议，就不能向承运人起诉。

第二十七条

如果债务人死亡，在本公约规定范围内有关责任的诉讼可以向债务人的权利继承人提出。

第二十八条

一、有关赔偿的诉讼，应该按原告的意愿，在五个缔约国的领土内，向承运人住所地或其总管理处所在地或签订契约的机构所在地法院提出，或向目的地法院提出。

二、诉讼程序应根据受理法院的法律规定办理。

第二十九条

一、诉讼应该在航空器到达目的地之日起，或应该到达之日起，或从运输停止之日起两年内提出，否则就丧失追诉权。

二、诉讼期限的计算方法根据受理法院地法律决定。

第三十条

一、符合第一条第三款所规定的由几个连续承运人办理的运输，接受旅客、行李或货物的每一个承运人应该受本公约规定的约束并在合同中由其办理的一段运输的范围内，作为运输合同的订约一方。

二、如果是这种性质的运输，旅客或他的代表只能对发生事故或延误的一段运输的承运人提出诉讼，除非有明文约定第一承运人应该负全程的责任。

三、至于行李或货物，托运人有向第一承运人提出诉讼的权利，有权提取行李或货物的收货人也有向最后承运人提出诉讼的权利。此外，托运人和收货人都可以对发生毁灭、遗失、损坏或延误的一段运输的承运人提出诉讼。这些承运人应该对托运人和收货人负连带责任。

第四章 关于联合运输的规定

第三十一条

一、对于一部分用航空运输，一部分用其他运输方式联合办理的运输，本公约的规定只适用于符合第一条条件的航空运输部分。

二、在联合运输中，在航空运输部分遵守本公约的规定条件下，本公约并不妨碍各方在航空运输凭证上列入有关其他运输方式的条件。

第五章 一般和最后条件

第三十二条

运输合同的任何条款和在损失发生以前的任何特别协议，如果运输合同各方借以违背本公约的规则，无论是选择所适用的法律或变更管辖权的规定，都不发生效力。但在本公约的范围内，货物运输可以有仲裁条款，如果这种仲裁在第二十八条第一款所规定的法院管辖地区进行。

第三十三条

本公约并不妨碍承运人拒绝签订任何运输合同或制订同本公约条款不相抵触的

规章。

第三十四条

本公约不适用于航空运输机构为了开设正式航线进行试航的国际航空运输，也不适用于超出正常航空运输业务以外的特殊情况下进行的运输。

第三十五条

本公约所用的"日"是指连续日，而不是指工作日。

第三十六条

本公约以法文写成一份，存放在波兰外交部档案库，并由波兰政府将正式认证的副本送各缔约国政府。

第三十七条

一、本公约须经批准。批准书应该存放在波兰外交部档案库，并由波兰外交部通知各缔约国政府。

二、本公约一经五个缔约国批准，在第五件批准书交存后第九十天起，就在批准国之间生效。以后于每一批准交存批准书后的第九十天起在交存国和已批准的各国间生效。

三、波兰共和国政府应将本公约开始生效日期和每一批准书交存日期通知缔约国政府。

第三十八条

一、本公约生效后，任何国家可以随时加入。

二、加入本公约，须以通知书送交波兰共和国政府，由波兰共和国政府通知各缔约国政府。

三、加入本公约，在通知书送达波兰共和国政府后第九十天起生效。

第三十九条

一、任何缔约国可以书面通知波兰共和国政府，声明退出本公约，波兰共和国政府应立即通知各缔约国政府。

二、退出本公约，在通知退出后满六个月时生效，并只对声明退出的国家生效。

第四十条

一、缔约国在签字时，或交存批准书时或通知加入时，可以声明所接受的本公约不适用于其所属全部或部分殖民地、保护地、委任统治地或其他在其主权或权力管辖下的任何领土或其他在其宗主权管辖下的任何领土。

二、缔约国以后可能用原来声明除外的所属全部或部分殖民地、保护地、委托统治地或其他在其主权或权力管辖下的任何领土或其他在其宗主权管辖下的任何领土的名义，分别加入。

三、缔约国也可以根据本公约的规定，分别为其所属全部或部分殖民地、保护地、委任统治地或其他在其主权或权力管辖下的任何领土或其他在其宗主权管辖下的任何领土声明退出本公约。

第四十一条

各缔约国可以在本公约生效两年后，要求召开一个新的国际会议，以寻求本公约可能的改进。为此目的，该国应通知法兰西共和国政府，由法兰西共和国政府采取必要措施以筹备该会议。

本公约于 1929 年 10 月 12 日在华沙签订。签字截止期限为 1930 年 1 月 31 日。

附加议定书（关于第二条）

缔约国在批准或加入时，保留声明本公约第二条第一款不适用于其国家、其殖民地、保护地、委任统治地或在其主权、宗主权或权力管辖下任何其他领土所直接办理的国际航空运输权利。

《华沙公约》于 1929 年 10 月 12 日签署，1933 年 2 月 13 日生效。到 1997 年 4 月 20 日共有成员国 146 个。中国 1975 年 8 月 20 日签署，1975 年 11 月 18 日《华沙公约》对中国生效。其他成员国有：阿富汗、阿尔及利亚、阿根廷、澳大利亚、奥地利、巴哈马、孟加拉、巴巴多斯、白俄罗斯、比利时、贝宁、波斯尼亚和黑塞哥维那、博茨瓦纳、巴西、文莱达鲁萨兰、保加利亚、布基纳法索、柬埔寨、喀麦隆、加拿大、乍得、智利、哥伦比亚、科摩罗、刚果、哥斯达黎加、科特迪瓦、克罗地亚、古巴、塞浦路斯、捷克、朝鲜、刚果民主共和国、丹麦、多米尼加共和国、厄瓜多尔、埃及、萨尔瓦多、赤道几内亚、埃塞俄比亚、斐济、芬兰、法国、加蓬、德国、希腊、格林那达、危地马拉、几内亚、洪都拉斯、匈牙利、冰岛、印度、印度尼西亚、伊朗、伊拉克、爱尔兰、以色列、意大利、日本、约旦、肯尼亚、科威特、老挝、拉脱维亚、黎巴嫩、莱索托、利比里亚、利比亚、列支敦士登、立陶宛、卢森堡、马达加斯加、马拉维、马来西亚、马尔代夫、马里、马耳他、毛里塔尼亚、毛里求斯、墨西哥、摩纳哥、蒙古、摩洛哥、缅甸、瑙鲁、尼泊尔、荷兰、新西兰、尼日尔、尼日利亚、挪威、阿曼、巴基斯坦、巴拿马、巴布亚新几内亚、巴拉圭、秘鲁、菲律宾、波兰、葡萄牙、卡塔尔、韩国、摩尔多瓦、罗马尼亚、俄罗斯联邦、卢旺达、沙特阿拉伯、塞内加尔、塞舌尔、塞拉利昂、新加坡、斯洛伐克、所罗门群岛、南非、西班牙、斯里兰卡、苏丹、斯威士兰、瑞典、瑞士、叙利亚、塔吉克斯坦、前南斯拉夫马其顿共和国、多哥、汤加、特立尼达和多巴哥、突尼斯、土耳其、土库曼斯坦、乌干达、乌克兰、阿拉伯联合酋长国、英国（及其属地）、坦桑尼亚、美国、乌拉圭、乌兹别克斯坦、瓦努阿图、委内瑞拉、越南、西萨摩亚、也门、南斯拉夫、赞比亚、津巴布韦。

ICC 跟单信用证统一惯例（UCP600）

（2006 年国际商会修订，2007 年 7 月 1 日生效）

第一条　UCP 的适用范围

《跟单信用证统一惯例——2007 年修订本，国际商会第 600 号出版物》（以下简称 UCP）乃一套规则，适用于所有在其文本中明确表明受本惯例约束的跟单信用证（以下简称信用证）（在其可适用的范围内，包括备用信用证）。除非信用证明确修改或排除，本惯例各条文对信用证所有当事人均具有约束力。

第二条　定义

就本惯例而言：

通知行　指应开证行的要求通知信用证的银行。

申请人　指要求开立信用证的一方。

银行工作日　指银行在其履行受本惯例约束的行为的地点通常开业的一天。

受益人　指接受信用证并享受其利益的一方。

相符交单　指与信用证条款、本惯例的相关适用条款以及国际标准银行实务一致的交单。

保兑　指保兑行在开证行承诺之外作出的承付或议付相符交单的确定承诺。

保兑行　指根据开证行的授权或要求对信用证加具保兑的银行。

信用证　指一项不可撤销的安排，无论其名称或描述如何，该项安排构成开证行对相符交单予以承付的确定承诺。

承付　指：

a. 如果信用证为即期付款信用证，则即期付款。

b. 如果信用证为延期付款信用证，则承诺延期付款并在承诺到期日付款。

c. 如果信用证为承兑信用证，则承兑受益人开出的汇票并在汇票到期日付款。

开证行　指应申请人要求或者代表自己开出信用证的银行。

议付　指指定银行在相符交单下，在其应获偿付的银行工作日当天或之前向受益人预付或者同意预付款项，从而购买汇票（其付款人为指定银行以外的其他银行）及/或单据的行为。

指定银行　指信用证可在其处兑用的银行，如信用证可在任一银行兑用，则任何银行均为指定银行。

交单　指向开证行或指定银行提交信用证项下单据的行为，或指按此方式提交的单据。

交单人　指实施交单行为的受益人、银行或其他人。

第三条　解释

就本惯例而言：

如情形适用，单数词形包含复数含义，复数词形包含单数含义。

信用证是不可撤销的，即使未如此表明。

　　单据签字可用手签、摹样签字、穿孔签字、印戳、符号或任何其他机械或电子的证实方法为之。

　　诸如单据须履行法定手续、签证、证明等类似要求，可由单据上任何看似满足该要求的签字、标记、印戳或标签来满足。

　　一家银行在不同国家的分支机构被视为不同的银行。

　　用诸如"第一流的"、"著名的"、"合格的"、"独立的"、"正式的"、"有资格的"或"本地的"等词语描述单据的出单人时，允许除受益人之外的任何人出具该单据。

　　除非要求在单据中使用，否则诸如"迅速地"、"立刻地"或"尽快地"等词语将被不予理会。

　　"在或大概在"（on or about）或类似用语将被视为规定事件发生在指定日期的前后五个日历日之间，起讫日期计算在内。

　　"至"（to）、"直至"（until，till）、"从……开始"（from）及"在……之间"（between）等词用于确定发运日期时包含提及的日期，使用"在……之前"（before）及"在……之后"（after）时则不包含提及的日期。

　　"从……开始"（from）及"在……之后"（after）等词用于确定到期日时不包含提及的日期。

　　"前半月"及"后半月"分别指一个月的第一日到第十五日及第十六日到该月的最后一日，起讫日期计算在内。

　　一个月的"开始"（beginning）、"中间"（middle）及"末尾"（end）分别指第一到第十日、第十一日到第二十日及第二十一日到该月的最后一日，起讫日期计算在内。

　　第四条　信用证与合同

　　a. 就其性质而言，信用证与可能作为其开立基础的销售合同或其他合同是相互独立的交易，即使信用证中含有对此类合同的任何援引，银行也与该合同无关，且不受其约束。因此，银行关于承付、议付或履行信用证项下其他义务的承诺，不受申请人基于其与开证行或与受益人之间的关系而产生的任何请求或抗辩的影响。

　　受益人在任何情况下不得利用银行之间或申请人与开证行之间的合同关系。

　　b. 开证行应劝阻申请人试图将基础合同、形式发票等文件作为信用证组成部分的做法。

　　第五条　单据与货物、服务或履约行为

　　银行处理的是单据，而不是单据可能涉及的货物、服务或履约行为。

　　第六条　兑用方式、截止日和交单地点

　　a. 信用证必须规定可在其处兑用的银行，或是否可在任一银行兑用。规定在指定银行兑用的信用证同时也可以在开证行兑用。

　　b. 信用证必须规定其是以即期付款、延期付款、承兑还是议付的方式兑用。

　　c. 信用证不得开成凭以申请人为付款人的汇票兑用。

　　d. ⅰ. 信用证必须规定一个交单的截止日。规定的承付或议付的截止日将被视为交单的截止日。

ⅱ. 可在其处兑用信用证的银行所在地即为交单地点。可在任一银行兑用的信用证其交单地点为任一银行所在地。除规定的交单地点外，开证行所在地也是交单地点。

e. 除非如第二十九条 a 款规定的情形，否则受益人或者代表受益人的交单应在截止日当天或之前完成。

第七条　开证行责任

a. 只要规定的单据提交给指定银行或开证行，并且构成相符交单，则开证行必须承付，如果信用证为以下情形之一：

ⅰ. 信用证规定由开证行即期付款、延期付款或承兑；

ⅱ. 信用证规定由指定银行即期付款但其未付款；

ⅲ. 信用证规定由指定银行延期付款但其未承诺延期付款，或虽已承诺延期付款，但未在到期日付款；

ⅳ. 信用证规定由指定银行承兑，但其未承兑以其为付款人的汇票，或虽承兑了汇票，但未在到期日付款；

ⅴ. 信用证规定由指定银行议付但其未议付。

b. 开证行自开立信用证之时起即不可撤销地承担承付责任。

c. 指定银行承付或议付相符交单并将单据转给开证行之后，开证行即承担偿付该指定银行的责任。对承兑或延期付款信用证下相符交单金额的偿付应在到期日办理，无论指定银行是否在到期日之前预付或购买了单据。开证行偿付指定银行的责任独立于开证行对受益人的责任。

第八条　保兑行责任

a. 只要规定的单据提交给保兑行，或提交给其他任何指定银行，并且构成相符交单，保兑行必须：

ⅰ. 承付，如果信用证为以下情形之一：

a）信用证规定由保兑行即期付款、延期付款或承兑；

b）信用证规定由另一指定银行即期付款，但其未付款；

c）信用证规定由另一指定银行延期付款，但其未承诺延期付款，或虽已承诺延期付款但未在到期日付款；

d）信用证规定由另一指定银行承兑，但其未承兑以其为付款人的汇票，或虽已承兑汇票但未在到期日付款；

e）信用证规定由另一指定银行议付，但其未议付。

ⅱ. 无追索权地议付，如果信用证规定由保兑行议付。

b. 保兑行自对信用证加具保兑之时起即不可撤销地承担承付或议付的责任。

c. 其他指定银行承付或议付相符交单并将单据转往保兑行之后，保兑行即承担偿付该指定银行的责任。对承兑或延期付款信用证下相符交单金额的偿付应在到期日办理，无论指定银行是否在到期日之前预付或购买了单据。保兑行偿付指定银行的责任独立于保兑行对受益人的责任。

d. 如果开证行授权或要求一银行对信用证加具保兑，而其并不准备照办，则其必须毫不延误地通知开证行，并可通知此信用证而不加保兑。

第九条　信用证及其修改的通知

a. 信用证及其任何修改可以经由通知行通知给受益人。非保兑行的通知行通知信用证及修改时不承担承付或议付的责任。

b. 通知行通知信用证或修改的行为表示其已确信信用证或修改的表面真实性，而且其通知准确地反映了其收到的信用证或修改的条款。

c. 通知行可以通过另一银行（"第二通知行"）向受益人通知信用证及修改。第二通知行通知信用证或修改的行为表明其已确信收到的通知的表面真实性，并且其通知准确地反映了收到的信用证或修改的条款。

d. 经由通知行或第二通知行通知信用证的银行必须经由同一银行通知其后的任何修改。

e. 如一银行被要求通知信用证或修改但其决定不予通知，则应毫不延误地告知自其处收到信用证、修改或通知的银行。

f. 如一银行被要求通知信用证或修改但其不能确信信用证、修改或通知的表面真实性，则应毫不延误地通知看似从其处收到指示的银行。如果通知行或第二通知行决定仍然通知信用证或修改，则应告知受益人或第二通知行其不能确信信用证、修改或通知的表面真实性。

第十条　修改

a. 除第三十八条另有规定者外，未经开证行、保兑行（如有的话）及受益人同意，信用证既不得修改，也不得撤销。

b. 开证行自发出修改之时起，即不可撤销地受其约束。保兑行可将其保兑扩展至修改，并自通知该修改之时，即不可撤销地受其约束。但是，保兑行可以选择将修改通知受益人而不对其加具保兑。若然如此，其必须毫不延误地将此告知开证行，并在其给受益人的通知中告知受益人。

c. 在受益人告知通知修改的银行其接受该修改之前，原信用证（或含有先前被接受的修改的信用证）的条款对受益人仍然有效。受益人应提供接受或拒绝修改的通知。如果受益人未能给予通知，当交单与信用证以及尚未表示接受的修改的要求一致时，即视为受益人已作出接受修改的通知，并且从此时起，该信用证被修改。

d. 通知修改的银行应将任何接受或拒绝的通知转告发出修改的银行。

e. 对同一修改的内容不允许部分接受，部分接受将被视为拒绝修改的通知。

f. 修改中关于除非受益人在某一时间内拒绝修改否则修改生效的规定应被不予理会。

第十一条　电信传输的和预先通知的信用证和修改

a. 以经证实的电信方式发出的信用证或信用证修改即被视为有效的信用证或修改文据，任何后续的邮寄确认书应被不予理会。

如电信声明"详情后告"（或类似用语）或声明以邮寄确认书为有效信用证或修改，则该电信不被视为有效信用证或修改。开证行必须随即不迟延地开立有效信用证或修改，其条款不得与该电信矛盾。

b. 开证行只有在准备开立有效信用证或作出有效修改时，才可以发出关于开立或修改信用证的初步通知（预先通知）。开证行作出该预先通知，即不可撤销地保证不迟延地开立或修改信用证，且其条款不能与预先通知相矛盾。

第十二条　指定

a. 除非指定银行为保兑行，对于承付或议付的授权并不赋予指定银行承付或议付的义务，除非该指定银行明确表示同意并且告知受益人。

b. 开证行指定一银行承兑汇票或作出延期付款承诺，即为授权该指定银行预付或购买其已承兑的汇票或已作出的延期付款承诺。

c. 非保兑行的指定银行收到或审核并转递单据的行为并不使其承担承付或议付的责任，也不构成其承付或议付的行为。

第十三条　银行之间的偿付安排

a. 如果信用证规定指定银行（"索偿行"）向另一方（"偿付行"）获取偿付时，必须同时规定该偿付是否按信用证开立时有效的 ICC 银行间偿付规则进行。

b. 如果信用证没有规定偿付遵守 ICC 银行间偿付规则，则按照以下规定：

ⅰ. 开证行必须给予偿付行有关偿付的授权，授权应符合信用证关于兑用方式的规定，且不应设定截止日。

ⅱ. 开证行不应要求索偿行向偿付行提供与信用证条款相符的证明。

ⅲ. 如果偿付行未按信用证条款见索即偿，开证行将承担利息损失以及产生的任何其他费用。

ⅳ. 偿付行的费用应由开证行承担。然而，如果此项费用由受益人承担，开证行有责任在信用证及偿付授权中注明。如果偿付行的费用由受益人承担，该费用应在偿付时从付给索偿行的金额中扣取。如果偿付未发生，偿付行的费用仍由开证行负担。

c. 如果偿付行未能见索即偿，开证行不能免除偿付责任。

第十四条　单据审核标准

a. 按指定行事的指定银行、保兑行（如果有的话）及开证行须审核交单，并仅基于单据本身确定其是否在表面上构成相符交单。

b. 按指定行事的指定银行、保兑行（如有的话）及开证行各有从交单次日起的至多五个银行工作日用以确定交单是否相符。这一期限不因在交单日当天或之后信用证截止日或最迟交单日届至而受到缩减或影响。

c. 如果单据中包含一份或多份受第十九、二十、二十一、二十二、二十三、二十四或二十五条规制的正本运输单据，则须由受益人或其代表在不迟于本惯例所指的发运日之后的二十一个日历日内交单，但是在任何情况下都不得迟于信用证的截止日。

d. 单据中的数据，在与信用证、单据本身以及国际标准银行实务参照解读时，无须与该单据本身中的数据、其他要求的单据或信用证中的数据等同一致，但不得矛盾。

e. 除商业发票外，其他单据中的货物、服务或履约行为的描述，如果有的话，可使用与信用证中的描述不矛盾的概括性用语。

f. 如果信用证要求提交运输单据、保险单据或者商业发票之外的单据，却未规定出单人或其数据内容，则只要提交的单据内容看似满足所要求单据的功能，且其他方面符合第十四条 d 款，银行将接受该单据。

g. 提交的非信用证所要求的单据将被不予理会，并可被退还给交单人。

h. 如果信用证含有一项条件，但未规定用以表明该条件得到满足的单据，银行将视为未作规定并不予理会。

i. 单据日期可以早于信用证的开立日期，但不得晚于交单日期。

j. 当受益人和申请人的地址出现在任何规定的单据中时，无须与信用证或其他规定单据中所载相同，但必须与信用证中规定的相应地址同在一国。联络细节（传真、电话、电子邮件及类似细节）作为受益人和申请人地址的一部分时将被不予理会。然而，如果申请人的地址和联络细节为第十九、二十、二十一、二十二、二十三、二十四或二十五条规定的运输单据上的收货人或通知方细节的一部分时，应与信用证规定的相同。

k. 在任何单据中注明的托运人或发货人无须为信用证的受益人。

l. 运输单据可以由任何人出具，无须为承运人、船东、船长或租船人，只要其符合第十九、二十、二十一、二十二、二十三或二十四条的要求。

第十五条　相符交单

a. 当开证行确定交单相符时，必须承付。

b. 当保兑行确定交单相符时，必须承付或者议付并将单据转递给开证行。

c. 当指定银行确定交单相符并承付或议付时，必须将单据转递给保兑行或开证行。

第十六条　不符单据、放弃及通知

a. 当按照指定行事的指定银行、保兑行（如有的话）或者开证行确定交单不符时，可以拒绝承付或议付。

b. 当开证行确定交单不符时，可以自行决定联系申请人放弃不符点。然而这并不能延长第十四条 b 款所指的期限。

c. 当按照指定行事的指定银行、保兑行（如有的话）或开证行决定拒绝承付或议付时，必须给予交单人一份单独的拒付通知。

该通知必须声明：

ⅰ. 银行拒绝承付或议付；及

ⅱ. 银行拒绝承付或者议付所依据的每一个不符点；及

ⅲ. a）银行留存单据听候交单人的进一步指示；或者

b）开证行留存单据直到其从申请人处接到放弃不符点的通知并同意接受该放弃，或者其同意接受对不符点的放弃之前从交单人处收到其进一步指示；或者

c）银行将退回单据；或者

d）银行将按之前从交单人处获得的指示处理。

d. 第十六条 c 款要求的通知必须以电信方式，如不可能，则以其他快捷方式，在不迟于自交单之翌日起第五个银行工作日结束前发出。

e. 按照指定行事的指定银行、保兑行（如有的话）或开证行在按照第十六条 c 款ⅲ项 a）或 b）发出了通知之后，可以在任何时候将单据退还交单人。

f. 如果开证行或保兑行未能按照本条行事，则无权宣称交单不符。

g. 当开证行拒绝承付或保兑行拒绝承付或者议付，并且按照本条发出了拒付通知后，有权要求返还已偿付的款项及利息。

第十七条　正本单据及副本

a. 信用证规定的每一种单据须至少提交一份正本。

b. 银行应将任何带有看似出单人的原始签名、标记、印戳或标签的单据视为正本单据，除非单据本身表明其非正本。

c. 除非单据本身另有说明，在以下情况下，银行也将其视为正本单据：

ⅰ. 单据看似由出单人手写、打字、穿孔或盖章；或者

ⅱ. 单据看似使用出单人的原始信纸出具；或者

ⅲ. 单据声明其为正本单据，除非该声明看似不适用于提交的单据。

d. 如果信用证要求提交单据的副本，提交正本或副本均可。

e. 如果信用证使用诸如"一式两份"（in duplicate）、"两份"（in two fold）、"两套"（in two copies）等用语要求提交多份单据，则提交至少一份正本，其余使用副本即可满足要求，除非单据本身另有说明。

第十八条　商业发票

a. 商业发票：

ⅰ. 必须看似由受益人出具（第三十八条规定的情形除外）；

ⅱ. 必须出具成以申请人为抬头（第三十八条 g 款规定的情形除外）；

ⅲ. 必须与信用证的货币相同；且

ⅳ. 无须签名。

b. 按指定行事的指定银行、保兑行（如有的话）或开证行可以接受金额大于信用证允许金额的商业发票，其决定对有关各方均有约束力，只要该银行对超过信用证允许金额的部分未作承付或者议付。

c. 商业发票上的货物、服务或履约行为的描述应该与信用证中的描述一致。

第十九条　涵盖至少两种不同运输方式的运输单据

a. 涵盖至少两种不同运输方式的运输单据（多式或联合运输单据），无论名称如何，必须看似：

ⅰ. 表明承运人名称并由以下人员签署：

＊承运人或其具名代理人，或者

＊船长或其具名代理人。

承运人、船长或代理人的任何签字，必须标明其承运人、船长或代理人的身份。代理人签字必须标明其系代表承运人还是船长签字。

ⅱ. 通过以下方式表明货物已经在信用证规定的地点发送、接管或已装运。

＊事先印就的文字；或者

＊表明货物已经被发送、接管或装运日期的印戳或批注。

运输单据的出具日期将被视为发送、接管或装运的日期，也即发运的日期。然而如单据以印戳或批注的方式表明了发送、接管或装运日期，该日期将被视为发运日期。

ⅲ. 表明信用证规定的发送、接管或发运地点，以及最终目的地，即使：

　　a）该运输单据另外还载明了一个不同的发送、接管或发运地点或最终目的地；或者，

　　b）该运输单据载有"预期的"或类似的关于船只、装货港或卸货港的限定语。

　　ⅳ. 为唯一的正本运输单据，或者，如果出具为多份正本，则为运输单据中表明的全套单据。

　　ⅴ. 载有承运条款和条件，或提示承运条款和条件参见别处（简式/背面空白的运输单据）。银行将不审核承运条款和条件的内容。

　　ⅵ. 未表明受租船合同约束。

　　b. 就本条而言，转运指在从信用证规定的发送、接管或者发运地点至最终目的地的运输过程中从某一运输工具上卸下货物并装上另一运输工具的行为（无论其是否为不同的运输方式）。

　　c. ⅰ. 运输单据可以表明货物将要或可能被转运，只要全程运输由同一运输单据涵盖。

　　ⅱ. 即使信用证禁止转运，注明将要或者可能发生转运的运输单据仍可接受。

第二十条　提单

　　a. 提单，无论名称如何，必须看似：

　　ⅰ. 表明承运人名称，并由下列人员签署：

＊承运人或其具名代理人，或者

＊船长或其具名代理人。

承运人、船长或代理人的任何签字必须表明其承运人、船长或代理人的身份。

代理人的任何签字必须标明其系代表承运人还是船长签字。

　　ⅱ. 通过以下方式表明货物已在信用证规定的装货港装上具名船只：

＊预先印就的文字，或者

＊已装船批注注明货物的装运日期。

　　提单的出具日期将被视为发运日期，除非提单载有表明发运日期的已装船批注，此时已装船批注中显示的日期将被视为发运日期。

　　如果提单载有"预期船只"或类似的关于船名的限定语，则需以已装船批注明确发运日期以及实际船名。

　　ⅲ. 表明货物从信用证规定的装货港发运至卸货港。

　　如果提单没有表明信用证规定的装货港为装货港，或者其载有"预期的"或类似的关于装货港的限定语，则需以已装船批注表明信用证规定的装货港、发运日期以及实际船名。即使提单以事先印就的文字表明了货物已装载或装运于具名船只，本规定仍适用。

　　ⅳ. 为唯一的正本提单，或如果以多份正本出具，为提单中表明的全套正本。

　　ⅴ. 载有承运条款和条件，或提示承运条款和条件参见别处（简式/背面空白的提单）。银行将不审核承运条款和条件的内容。

　　ⅵ. 未表明受租船合同约束。

　　b. 就本条而言，转运系指在信用证规定的装货港到卸货港之间的运输过程中，将货物从一船卸下并再装上另一船的行为。

c. i. 提单可以表明货物将要或可能被转运，只要全程运输由同一提单涵盖。

ii. 即使信用证禁止转运，注明将要或可能发生转运的提单仍可接受，只要其表明货物由集装箱、拖车或子船运输。

d. 提单中声明承运人保留转运权利的条款将被不予理会。

第二十一条 不可转让的海运单

a. 不可转让的海运单，无论名称如何，必须看似：

i. 表明承运人名称并由下列人员签署：

＊承运人或其具名代理人，或者

＊船长或其具名代理人。

承运人、船长或代理人的任何签字必须标明其承运人、船长或代理人的身份。

代理人签字必须标明其系代表承运人还是船长签字。

ii. 通过以下方式表明货物已在信用证规定的装货港装上具名船只：

＊预先印就的文字，或者

＊已装船批注表明货物的装运日期。

不可转让海运单的出具日期将被视为发运日期，除非其上带有已装船批注注明发运日期，此时已装船批注注明的日期将被视为发运日期。

如果不可转让海运单载有"预期船只"或类似的关于船名的限定语，则需要以已装船批注表明发运日期和实际船名。

iii. 表明货物从信用证规定的装货港发运至卸货港。

如果不可转让海运单未以信用证规定的装货港为装货港，或者如果其载有"预期的"或类似的关于装货港的限定语，则需要以已装船批注表明信用证规定的装货港、发运日期和船名。即使不可转让海运单以预先印就的文字表明货物已由具名船只装载或装运，本规定也适用。

iv. 为唯一的正本不可转让海运单，或如果以多份正本出具，为海运单上注明的全套正本。

v. 载有承运条款和条件，或提示承运条款和条件参见别处（简式/背面空白的海运单）。银行将不审核承运条款和条件的内容。

vi. 未注明受租船合同约束。

b. 就本条而言，转运系指在信用证规定的装货港到卸货港之间的运输过程中，将货物从一船卸下并装上另一船的行为。

c. i. 不可转让海运单可以注明货物将要或可能被转运，只要全程运输由同一海运单涵盖。

ii. 即使信用证禁止转运，注明转运将要或可能发生的不可转让的海运单仍可接受，只要其表明货物装于集装箱、拖船或子船中运输。

d. 不可转让的海运单中声明承运人保留转运权利的条款将被不予理会。

第二十二条 租船合同提单

a. 表明其受租船合同约束的提单（租船合同提单），无论名称如何，必须看似：

i. 由以下人员签署：

＊船长或其具名代理人，或者

*船东或其具名代理人，或者

*租船人或其具名代理人。

船长、船东、租船人或代理人的任何签字必须标明其船长、船东、租船人或代理人的身份。

代理人签字必须表明其系代表船长、船东还是租船人签字。

代理人代表船东或租船人签字时必须注明船东或租船人的名称。

ⅱ. 通过以下方式表明货物已在信用证规定的装货港装上具名船只：

*预先印就的文字，或者

*已装船批注注明货物的装运日期。

租船合同提单的出具日期将被视为发运日期，除非租船合同提单载有已装船批注注明发运日期，此时已装船批注上注明的日期将被视为发运日期。

ⅲ. 表明货物从信用证规定的装货港发运至卸货港。卸货港也可显示为信用证规定的港口范围或地理区域。

ⅳ. 为唯一的正本租船合同提单，或如以多份正本出具，为租船合同提单注明的全套正本。

b. 银行将不审核租船合同，即使信用证要求提交租船合同。

第二十三条　空运单据

a. 空运单据，无论名称如何，必须看似：

ⅰ. 表明承运人名称，并由以下人员签署：

*承运人，或者

*承运人的具名代理人。

承运人或其代理人的任何签字必须标明其承运人或代理人的身份。

代理人签字必须表明其系代表承运人签字。

ⅱ. 表明货物已被收妥待运。

ⅲ. 表明出具日期。该日期将被视为发运日期，除非空运单据载有专门批注注明实际发运日期，此时批注中的日期将被视为发运日期。

空运单据中其他与航班号和航班日期相关的信息将不被用来确定发运日期。

ⅳ. 表明信用证规定的起飞机场和目的地机场。

ⅴ. 为开给发货人或托运人的正本，即使信用证规定提交全套正本。

ⅵ. 载有承运条款和条件，或提示条款和条件参见别处。银行将不审核承运条款和条件的内容。

b. 就本条而言，转运是指在信用证规定的起飞机场到目的地机场的运输过程中，将货物从一飞机卸下再装上另一飞机的行为。

c. ⅰ. 空运单据可以注明货物将要或可能转运，只要全程运输由同一空运单据涵盖。

ⅱ. 即使信用证禁止转运，注明将要或可能发生转运的空运单据仍可接受。

第二十四条　公路、铁路或内陆水运单据

a. 公路、铁路或内陆水运单据，无论名称如何，必须看似：

ⅰ. 表明承运人名称，并且

＊由承运人或其具名代理人签署，或者

＊由承运人或其具名代理人以签字、印戳或批注表明货物收讫。

承运人或其具名代理人的收货签字、印戳或批注必须标明其承运人或代理人的身份。

代理人的收货签字、印戳或批注必须标明代理人系代表承运人签字或行事。

如果铁路运输单据没有指明承运人，可以接受铁路运输公司的任何签字或印戳作为承运人签署单据的证据。

ⅱ．表明货物在信用证规定地点的发运日期，或者收讫待运或待发送的日期。运输单据的出具日期将被视为发运日期，除非运输单据上盖有带日期的收货印戳，或注明了收货日期或发运日期。

ⅲ．表明信用证规定的发运地及目的地。

b．ⅰ．公路运输单据必须看似为开给发货人或托运人的正本，或没有任何标记表明单据开给何人。

ⅱ．注明"第二联"的铁路运输单据将被作为正本接受。

ⅲ．无论是否注明正本字样，铁路或内陆水运单据都被作为正本接受。

c．如运输单据上未注明出具的正本数量，提交的份数即视为全套正本。

d．就本条而言，转运是指在信用证规定的发运、发送或运送的地点到目的地之间的运输过程中，在同一运输方式中从一运输工具卸下再装上另一运输工具的行为。

e．ⅰ．只要全程运输由同一运输单据涵盖，公路、铁路或内陆水运单据可以注明货物将要或可能被转运。

ⅱ．即使信用证禁止转运，注明将要或可能发生转运的公路、铁路或内陆水运单据仍可接受。

第二十五条　快递收据、邮政收据或投邮证明

a．证明货物收讫待运的快递收据，无论名称如何，必须看似：

ⅰ．表明快递机构的名称，并在信用证规定的货物发运地点由该具名快递机构盖章或签字；并且

ⅱ．表明取件或收件的日期或类似词语。该日期将被视为发运日期。

b．如果要求显示快递费用付讫或预付，快递机构出具的表明快递费由收货人以外的一方支付的运输单据可以满足该项要求。

c．证明货物收讫待运的邮政收据或投邮证明，无论名称如何，必须看似在信用证规定的货物发运地点盖章或签署并注明日期。该日期将被视为发运日期。

第二十六条　"货装舱面"、"托运人装载和计数"、"内容据托运人报称" 及运费之外的费用

a．运输单据不得表明货物装于或者将装于舱面。声明货物可能被装于舱面的运输单据条款可以接受。

b．载有诸如"托运人装载和计数"或"内容据托运人报称"条款的运输单据可以接受。

c．运输单据上可以以印戳或其他方式提及运费之外的费用。

第二十七条　清洁运输单据

银行只接受清洁运输单据，清洁运输单据指未载有明确宣称货物或包装有缺陷的条款或批注的运输单据。"清洁"一词并不需要在运输单据上出现，即使信用证要求运输单据为"清洁已装船"的。

第二十八条 保险单据及保险范围

a. 保险单据，例如保险单或预约保险项下的保险证明书或者声明书，必须看似由保险公司或承保人或其代理人或代表出具并签署。

代理人或代表的签字必须表明其系代表保险公司或承保人签字。

b. 如果保险单据表明其以多份正本出具，所有正本均须提交。

c. 暂保单将不被接受。

d. 可以接受保险单代替预约保险项下的保险证明书或声明书。

e. 保险单据日期不得晚于发运日期，除非保险单据表明保险责任不迟于发运日生效。

f. i. 保险单据必须表明投保金额并以与信用证相同的货币表示。

ii. 信用证对于投保金额为货物价值、发票金额或类似金额的某一比例的要求，将被视为对最低保额的要求。

如果信用证对投保金额未做规定，投保金额须至少为货物的 CIF 或 CIP 价格的百分之一百一十。

如果从单据中不能确定 CIF 或者 CIP 价格，投保金额必须基于要求承付或议付的金额，或者基于发票上显示的货物总值来计算，两者之中取金额较高者。

iii. 保险单据须表明承保的风险区间至少涵盖从信用证规定的货物接管地或发运地开始到卸货地或最终目的地为止。

g. 信用证应规定所需投保的险别及附加险（如有的话）。如果信用证使用诸如"通常风险"或"惯常风险"等含义不确切的用语，则无论是否有漏保之风险，保险单据将被照样接受。

h. 当信用证规定投保"一切险"时，如保险单据载有任何"一切险"批注或条款，无论是否有"一切险"标题，均将被接受，即使其声明任何风险除外。

i. 保险单据可以援引任何除外条款。

j. 保险单据可以注明受免赔率或免赔额（减除额）约束。

第二十九条 截止日或最迟交单日的顺延

a. 如果信用证的截止日或最迟交单日适逢接受交单的银行非因第三十六条所述原因而歇业，则截止日或最迟交单日，视何者适用，将顺延至其重新开业的第一个银行工作日。

b. 如果在顺延后的第一个银行工作日交单，指定银行必须在其致开证行或保兑行的面函中声明交单是在根据第二十九条 a 款顺延的期限内提交的。

c. 最迟发运日不因第二十九条 a 款规定的原因而顺延。

第三十条 信用证金额、数量与单价的伸缩度

a. "约"或"大约"用于信用证金额或信用证规定的数量或单价时，应解释为允许有关金额或数量或单价有不超过百分之十的增减幅度。

b. 在信用证未以包装单位件数或货物自身件数的方式规定货物数量时，货物数

量允许有百分之五的增减幅度，只要总支取金额不超过信用证金额。

c. 如果信用证规定了货物数量，而该数量已全部发运，及如果信用证规定了单价，而该单价又未降低，或当第三十条 b 款不适用时，则即使不允许部分装运，也允许支取的金额有百分之五的减幅。若信用证规定有特定的增减幅度或使用第三十条 a 款提到的用语限定数量，则该减幅不适用。

第三十一条　部分支款或部分发运

a. 允许部分支款或部分发运。

b. 表明使用同一运输工具并经由同次航程运输的数套运输单据在同一次提交时，只要显示相同目的地，将不视为部分发运，即使运输单据上表明的发运日期不同或装货港、接管地或发送地点不同。如果交单由数套运输单据构成，其中最晚的一个发运日将被视为发运日。

含有一套或数套运输单据的交单，如果表明在同一种运输方式下经由数件运输工具运输，即使运输工具在同一天出发运往同一目的地，仍将被视为部分发运。

c. 含有一份以上快递收据、邮政收据或投邮证明的交单，如果单据看似由同一快递或邮政机构在同一地点和日期加盖印戳或签字并且表明同一目的地，将不视为部分发运。

第三十二条　分期支款或分期发运

如信用证规定在指定的时间段内分期支款或分期发运，任何一期未按信用证规定期限支取或发运时，信用证对该期及以后各期均告失效。

第三十三条　交单时间

银行在其营业时间外无接受交单的义务。

第三十四条　关于单据有效性的免责

银行对任何单据的形式、充分性、准确性、内容真实性、虚假性或法律效力，或对单据中规定或添加的一般或特殊条件，概不负责；银行对任何单据所代表的货物、服务或其他履约行为的描述、数量、重量、品质、状况、包装、交付、价值或其存在与否，或对发货人、承运人、货运代理人、收货人、货物的保险人或其他任何人的诚信与否、作为或不作为、清偿能力、履约或资信状况，也概不负责。

第三十五条　关于信息传递和翻译的免责

当报文、信件或单据按照信用证的要求传输或发送时，或当信用证未作指示，银行自行选择传送服务时，银行对报文传输或信件或单据的递送过程中发生的延误、中途遗失、残缺或其他错误产生的后果，概不负责。

如果指定银行确定交单相符并将单据发往开证行或保兑行，无论指定银行是否已经承付或议付，开证行或保兑行必须承付或议付，或偿付指定银行，即使单据在指定银行送往开证行或保兑行的途中，或保兑行送往开证行的途中丢失。

银行对技术术语的翻译或解释上的错误，不负责任，并可不加翻译地传送信用证条款。

第三十六条　不可抗力

银行对由于天灾、暴动、骚乱、叛乱、战争、恐怖主义行为或任何罢工、停工或其无法控制的任何其他原因导致的营业中断的后果，概不负责。

银行恢复营业时，对于在营业中断期间已逾期的信用证，不再进行承付或议付。

第三十七条 关于被指示方行为的免责

a. 为了执行申请人的指示，银行利用其他银行的服务，其费用和风险由申请人承担。

b. 即使银行自行选择了其他银行，如果发出的指示未被执行，开证行或通知行对此亦不负责。

c. 指示另一银行提供服务的银行有责任负担被指示方因执行指示而发生的任何佣金、手续费、成本或开支（费用）。

如果信用证规定费用由受益人负担，而该费用未能收取或从信用证款项中扣除，开证行依然承担支付此费用的责任。信用证或其修改不应规定向受益人的通知以通知行或第二通知行收到其费用为条件。

d. 外国法律和惯例加诸于银行的一切义务和责任，申请人应受其约束，并就此对银行负补偿之责。

第三十八条 可转让信用证

a. 银行无办理信用证转让的义务，除非其明确同意。

b. 就本条而言：

可转让信用证系指特别注明"可转让"（transferable）字样的信用证。可转让信用证可应受益人（第一受益人）的要求转为全部或部分由另一受益人（第二受益人）兑用。

转让行系指办理信用证转让的指定银行，或当信用证规定可在任一银行兑用时，指开证行特别如此授权并实际办理转让的银行。开证行也可担任转让行。

已转让信用证指已由转让行转为可由第二受益人兑用的信用证。

c. 除非转让时另有约定，有关转让的所有费用（诸如佣金、手续费、成本或开支）须由第一受益人支付。

d. 只要信用证允许部分支款或部分发运，信用证可以分部分地转让给数名第二受益人。

已转让信用证不得应第二受益人的要求转让给任何其后受益人。第一受益人不视为其后受益人。

e. 任何转让要求须说明是否允许及在何条件下允许将修改通知第二受益人。已转让信用证须明确说明该项条件。

f. 如果信用证转让给数名第二受益人，其中一名或多名第二受益人对信用证修改的拒绝并不影响其他第二受益人接受修改。对接受者而言该已转让信用证即被相应修改，而对拒绝修改的第二受益人而言，该信用证未被修改。

g. 已转让信用证须准确转载原证条款，包括保兑（如果有的话），但下列项目除外：

——信用证金额，

——规定的任何单价，

——截止日，

——交单期限，或者

—最迟发运日或发运期间。

以上任何一项或全部均可减少或缩短。

必须投保的保险比例可以增加，以达到原信用证或本惯例规定的保险金额。

可用第一受益人的名称替换原证中的开证申请人名称。

如果原证特别要求开证申请人名称应在除发票以外的任何单据中出现时，已转让信用证必须反映该项要求。

h. 第一受益人有权以自己的发票和汇票（如有的话）替换第二受益人的发票和汇票，其金额不得超过原信用证的金额。经过替换后，第一受益人可在原信用证项下支取自己发票与第二受益人发票间的差价（如有的话）。

i. 如果第一受益人应提交其自己的发票和汇票（如有的话），但未能在第一次要求时照办，或第一受益人提交的发票导致了第二受益人的交单中本不存在的不符点，而其未能在第一次要求时修正，转让行有权将从第二受益人处收到的单据照交开证行，并不再对第一受益人承担责任。

j. 在要求转让时，第一受益人可以要求在信用证转让后的兑用地点，在原信用证的截止日之前（包括截止日），对第二受益人承付或议付。本规定并不损害第一受益人在第三十八条 h 款下的权利。

k. 第二受益人或代表第二受益人的交单必须交给转让行。

第三十九条　款项让渡

信用证未注明可转让，并不影响受益人根据所适用的法律规定，将该信用证项下其可能有权或可能将成为有权获得的款项让渡给他人的权利。本条只涉及款项的让渡，而不涉及在信用证项下进行履行行为的权利让渡。

参 考 文 献

［1］杨良宜、汪鹏南：《英国海上保险条款详论》，大连，大连海事大学出版社，2009。

［2］刘玮：《海上保险》，天津，南开大学出版社，2006。

［3］黄海东、孙玉红：《国际货物运输保险》，北京，清华大学出版社，2010。

［4］顾寒梅：《涉外保险理论与实务》，上海，复旦大学出版社，2005。

［5］杨良宜：《海上货物保险》，北京，法律出版社，2010。

［6］肖林玲：《国际货物运输代理》，北京，高等教育出版社，2009。

［7］应世昌：《新编国际货物运输与保险》，北京，首都经济贸易大学出版社，2011。

［8］杨长春：《国际货物运输公约逐条解释》，北京，对外经济贸易大学出版社，1999。

［9］曾立新：《国际运输货物保险》，北京，对外经济贸易大学出版社，2007。

［10］刘宪：《国际货物运输》，北京，清华大学出版社，2012。

［11］孟恬：《国际货物运输与保险》，北京，对外经济贸易大学出版社，2010。

［12］汪鹏南：《海上保险合同法详论》，大连，大连海事大学出版社，2011。

［13］曾立新：《海上保险学》，北京，对外经济贸易大学出版社，2001。